책 속을 걷다 3
―대비적 사유에 기대어

하창수 지음

머리말

글쓰기는 좋은 글을 찾아 읽는 것에서 시작된다. 좋은 글에 대한 판단은 읽는 사람에 따라서 달라지겠지만, 대체로 평소 막연하게 생각하고 있던 것을 콕 집어서 적실하게 표현한 것이 우선 눈에 들어올 것이다. 그 다음으로는 표피적인 현상에 머물던 시선을 그 현상을 가능하게 한 배후에까지 안내하는 글이 눈에 들어올 수 있다.

또 다른 좋은 글은 독자의 시선을 현상에서 그 배후의 토대로 안내할 뿐만 아니라, 그것이 생성되어 출현하기까지의 누적된 내력을 밝혀주는 데까지 인도하는 글이다. 바로 앞의 글이 인식의 공간적 두께로 안내해 준다면 지금 이 글은 인식의 시간적 깊이를 헤아리게 해준다. 인식의 사회적 차원에 역사적 차원을 더해주는 것이다.

이러한 과정을 거치다 보면, 이제는 읽고 있는 글을 창출하는 논리에 시선이 가닿게 된다. 그 논리들 중에는 동양에서처럼 자연이라는 전체를 내세우거나, 서양에서처럼 신이라는 절대자를 내세운 일원론적 사유, 동양의 음과 양이라는 범주의 순환으로, 서양의 정신과 육체라는 범주의 분석으로 대상을 해석하는 이원론적 사유, 우리 시조에서 보이는 초-중-종, 서양의 처음-중간-끝, 또는 정-반-합이라는 변증법과 같은 삼원론적 사유, 중국 한시에서 보이는 기-승-전-결과 같은 사원론적 사유 등이 있음을 알아차리게 된다.

여기서 한 걸음 더 나아가면, 이러한 논리가 가진 양면성, 또는 적합성과 폐단이 눈에 들어오기도 할 것이다. 일원론적 사유는 전체를 한꺼번에 해석하고 설명해주니, 일목요연하고 통쾌하게 느껴질 수도 있다. 그러나 다른 한편으로 그것은 하나로 묶여질 수 없는 것을 하나로 묶는 억지 주장에 궤변이 될 수도 있다는 것을 발견하게도 된다.

일원론적 사유가 종교를 지배하면, 그것은 근본주의가 되고, 이단을 단속하고 처리하느라 종교 본래의 소명을 팽개치게 된다. 뿐만 아니라 그러한 종교가 현대 정치에 스며들면, 종교와 정치가 분리되지 못하고 착종되어 신정정치가 된다. 정치를 운영해야 할 정치인은 배제되고, 종교인이 정치를 지배하며, 현대를 중세 사회와 다를 바 없는 수준으로 뒷걸음질 치게 한다.

일원론적 사유가 정치에 바로 스며들면 전체주의가 된다. 개체와 개별의 특성은 무시되고, 전체에 끌어들일 수 있는 요소만 허용된다. 그래서 전체주의는 항상 전체에 수용될 가능성 여부로 개체와 개별을 감시한다. 이런 체제에서는 개체와 개별의 다양성이나 창조성이 생성되고 발현될 소지는 없어진다. 개체나 개별은 전체에 소용될 수 있도록 스스로를 왜곡하고 단속한다.

일원론적 사유가 인식에 고착되어 있으면 사유를 환원주의로 퇴행시킬 우려가 있다. 사유를 무한으로 펼쳐진 여백으로 전개시키지 못하고, 도중에서 우물 안 개구리 식으로 돌아와 버린다. 타자와의 대화와 토론의 장에서 발전할 수 있는 경로를 따라가지 않고, 높은 인식의 계기를 마다하고 자기 수준에 맞게 그것을 떨어뜨려 버린다.

이원론적 사유는 일원론적 사유에 비해 하나의 범주를 더 감안한 것이니, 일원론적 사유보다 한 차원 격상된 것으로 볼 수 있다. 인식의 섬세함에서 한 걸음 더 나아간 것으로, 두 범주의 대화와 공존이 가능할 수 있을 것이다. 그러나 이것은 사실 겉으로만 이원적 구조를 가지고 있을 뿐이지, 일원론적 사유보다 더 협소하고 왜곡이 심한 경우가 허다하다.

도덕이나 종교에서 선과 악은 따로 존재하는 것이라기보다는 선이 스스로를 선으로 자처하기 위해 타자를 악으로 규정한 데서 악이 만들어지는 경우가 일반적이다. 절대적 선이 없듯이, 절대적 악도 없다. 선이 스스로를 절대화하여 끔찍해질수록 악도 절대적이고 끔찍해지는 것일 뿐이다. 상대적인 것이 스스로를 절대화하는 곳에서 늘 발생하는 현상이다.

정치에서도 상대와 대화하고 타협하는 것이 아니라, 전쟁에서 적과 전투하듯이 상대는 적이 되고, 자신과 의견이 다른 모든 타자는 물리쳐서 섬멸해야 할 적군이 된다. 이원론적 사유의 가장 열악한 형태인 흑백논리가 난무하는 이러한 전쟁과 전투의 현장에서는 언제 자신에게 돌아올지 모르는 화살이나 총탄을 피하기 위해, 이원론적 사유의 또 다른 형태인 양비론과 양시론이 흥행하게 된다.

이처럼 일원론적 사유와 이원론적 사유의 결함을 피하기 위해 만들어진 것이 삼원론적 사유 곧 변증법적 사유다. 정반합적 사유는 정과 반을 고려했으니, 일원론적 사유를 넘어섰고, 합을 고려했으니 이원론적 사유도 넘어섰다고 자부할 수 있다. 그 섬세함에서는 두 가지 사유를 넘어섰다고 득의해도 나무랄 수 없을 것이다.

그러나 그 안을 자세히 들여다보면 쉽사리 그 자부와 득의에 동의하기 어려운 점을 찾을 수 있다. 정-반의 사유에서 지양과 내함을 통해 상대를 전면 부정하지 않고 부분 수용하는 정도가 이원론적 사유와의 차별성이라 할 수 있다. 그러나 기본적으로 그 부분적 수용이 실현되기 쉽지 않아 차별성이 그다지 의미 있게 이루어지기는 어렵다. 게다가 합 역시 현실적으로 이루어지는 종합이라기보다는, 그렇게 되었으면 하고 바라는 소망의 투영이기 십상이다.

따라서 변증법적 사유는 현실에서 실현되는 사유라기보다는, 사유의 형식으로 남을 공산이 크다. 다시 말해 인식과 존재가 일치되는 논리적 사유로서는 한계가 이미 많이 드러난 것이다. 그래서 철학적 사유가 아닌, 사회 현실을 다루는 사회학적 사유에서는 변증법적 사유가 그다지 환영받지도 못할뿐더러 철회된 지도 오래인 것 같다.

　이에 대한 대안으로 논의된 것이 기-승-전-결의 사원론적 사유인데, 이는 물론 중국 한시인 절구와 율시의 전개 방식에서 유래되어 확대된 것이다. 그러니까 사원론적 사유는 애초에 논리적 사유보다는 시적 사유에서 출발한 것이라 보아야 할 것이다. 그리고 변증법적 사유 단계의 정-반 사이에 승이 들어가 있을 뿐, 기-전-결은 정-반-합과 다를 바 없다. 다시 말해 정과 반에 해당하는 기와 전 사이에 승이 한 단계 더 들어가 있는 차이다.

　이 승은 정과 반에는 없는 것으로, 신영복은 이를 완충지대, 지지부진, 숙성기, 양적 축적 기간 등으로 규정하여 차별성을 논한 적 있다(『담론』, 돌베개, 2017, 36쪽). 이 차별성이 변증법적 사유를 넘어서는 유다른 사유는 아닐 것이다. 지금까지 힐끗 살펴본 사유의 유형과 유다른 사유로 들 수 있는 것은 직관이다. 그러니까 글을 쓰기 위해서는 위와 같은 사유나 직관에 의존할 수밖에 없다.

　이 책은 다른 사람의 책과 글을 읽고 소개하는 성격이 짙다. 다만 그 소개를 조금 싱겁게 하지 않게 하기 위해 나름의 의도를 가미한 것일 뿐이다. 그 방법이 앞의 1, 2권에서와 마찬가지로, 이원론적 사유에서 착안한 대비적 사유다. 다만 이원론적 사유에서 흔히 보이는 폐단인, 자기정체성 확보를 위해 끌어온, 타자성을 인정하지 않는 타자 대신, 대등한 이원적 범주를 가져와 대립적으로 살펴보고자 했다.

　이때 두 범주는 한쪽이 한쪽을 종속시켜 지배하는 것이 아니라, 서로가 서로를 비추는 거울이 되어 스스로를 명확하게 드러내는 양상이 된다. 물론 더러는 둘이 대등한 긴장을 유지하지 못하고 한쪽으로 기우는 경우도 보일 것이다. 그러나 그것은 너무 오랫동안 한쪽으로 경도된 것을 복원하여 대등하게 만들기 위한 의도에 기인한 것이다. 이제 고인이 되신 부모님 영전에 이 책을 바친다.

2025.
승학산 자락에서

차례

머리말　5

하늘과 땅　15
풍경과 영혼　36
심연과 표면　56
개인과 사회　81
수성獸性과 인성人性 그리고 영성靈性　101
주연과 조연　126
민중과 지식인 또는 대중과 엘리트　148
삶과 진리　165
자연과 신　182
길과 걷기　202

이데올로기와 유토피아　　228

비극과 비참　　251

역사와 비참　　268

거주와 비참　　285

노동과 비참　　304

인간과 돈　　327

자유주의와 민주주의 그리고 신자유주의　　346

대의제와 관료제　　367

전쟁과 정치 그리고 경제　　381

이스라엘과 팔레스타인　　404

찾아보기　　430

책 속을 걷다 3

하늘과 땅

인간은 머리를 들어 눈으로 하늘을 보고, 발을 내딛어 몸으로 땅을 밟는다. 하늘과 그것을 보는 눈 사이에는 거리가 있지만, 땅과 그것을 밟는 몸 사이에는 거리가 없다. 하늘과 눈 사이가 '공간'이라면, 땅과 몸 사이는 '장소'다. 공간과 장소의 개념적 차이에 대해서는 많은 이야기가 있을 수 있다. 그러나 가장 명확한 차이는, 공간이 '인식 대상으로서의 곳'이라면, 장소는 '체험 터전으로서의 곳'이다.

이 차이를 진리와 결부시킨다면, 전자는 '인식적 진리', 후자는 '실존적 진리'가 된다. 이를 더 밀고 나가면 전자는 관찰자의 것이고, 후자는 행위자의 것이다. 조금 더 밀고 나가면 전자는 '이론'으로 연결되고, 후자는 '실천'으로 연계된다. 전자는 전체적 구도에, 후자는 부분적 집중에 초점을 맞춘다. 눈의 시야는 넓고, 몸의 부딪침은 좁기 때문이다. 이 둘을 종합하는 것이 바람직하지만, 그것이 쉽지 않다는 것은 인간의 이론과 실천의 역사가 증명한다.

공간 인식에는 주체의 의도가 투사되기 마련이다. 그래서 그 의도를 성찰하지 않으면 '목적론적 이데올로기'의 침투를 간과하여 진실에 가닿기 어렵다. 장소 체험에는 주체의 실존이 생생하게 묻어 있다. 그러나 그 외부를 통찰하지 않으면 '유일무이唯一無二의 유아론唯我論'을 놓칠 우려가 있어 진실이라 인정하기 어렵다. 그리하여 가끔 내적 성찰과 외적 통찰이 결합된 현명한 글에는 이 둘을 겹쳐 보려는 겹눈의 시각이 내비치는 것을 볼 수도 있다.

사람들이 하늘이라는 공간을 어떻게 인식했으며, 땅이라는 장소를 어떻게 체험했는지를 더듬어 보면, 인간 삶의 한 부분이 또렷이 드러난다. 이를 위해서는 먼저 하늘과 땅이 어떻게 생겨나게 되었는지를 이야기하는 신화로까지 거슬러 올라가야 한다. 신화는 인간이 생각한 것을 그럴 듯하게 표현한 최초의 언어 형태이기 때문이다.

지구상의 여러 인종 중 선주민은 자신들의 천지창조 신화를 가지고 있었다. 오랜 이주의 역사를 가지고 있는 이주민은 이동 중 천지창조 신화를 유실하기도 했다. 그러나 신화에 기록되지 않았다 해서 천지창조 및 그와 관련된 이야기가 완전히 사라지는 것은 아니다. 입에서 입으로 전해지는 구전설화나 샤머니즘과 같은 신앙으로 보전되기 때문이다.

1) 미르치아 엘리아데 지음, 『신들, 여신들, 그리고 창조의 신화들』, 하퍼 & 로우 출판사, 1974. 83쪽.

이러한 창조신화는 민족마다 다양한 모습을 보이는데, 이를 유형별로 압축하면 크게 두 가지로 대별된다. 그 하나는 무에서 유, 곧 질료 없이 형상을 만들어내는 것이고, 다른 하나는 유에서 유, 곧 질료에서 형상을 만들어내는 것이다. 전자는 인간이 아닌 고귀한 존재가 생각이나 말로써 우주/천지를 창조하는 것이다. 후자는 작은 입자 같은 것에서 우주/천지를 자라게 하거나 무정형의 덩어리 또는 원초적 존재를 둘로 분리/절단하는 것이다.[1)]

무에서 유로든, 유에서 유로든 천지가 창조되고 난 뒤 인간도 생겨나 하늘을 이고 땅을 밟으며 살아왔다. 인간은 그러한 하늘을 어떻게 생각하고 땅을 어떻게 일구었느냐에 따라 자신의 삶을 형성하게 되었다. 예로부터 하늘을 이야기하기 좋아하는 사람들은 사농공상 중 사士계급

/지식인이었고, 땅을 일굴 수밖에 없는 사람들은 농農계급/민중이었다.

하늘

공간으로서의 하늘은 체험하기가 곤란하다. 오늘날처럼 비행기나 열기구에 몸을 실을 수는 있지만, 그것이 땅에서 하는 것처럼 하늘을 체험하는 것이라고 말할 수는 없다. 비행기나 열기구에 갇힌 사람은 하늘이라는 공간을 잠깐 스쳐 지나갈 뿐이다. 그것은 자동차나 열차에 갇혀 세상을 스쳐가는 것보다 훨씬 더 스침의 요소가 강할 것이다.

이처럼 하늘은 체험의 장소가 아니라 인지나 인식의 대상이다. 다시 말해 목적론을 도입하기 쉬운 공간이다. 장소로서의 체험으로 논박하기가 쉽지 않기 때문이다. 그래서 하늘은 정치 이데올로기와 종교 이데올로기의 온상이 되었다. 이 세상을 지배하는 세력이 이 세상의 계급과 운영 법칙을 설명한 정치 이데올로기나, 이 세상 이전의 근원적인 곳, 이후의 최종적인 곳으로 천국을 설정한 종교 이데올로기를 위한 최상의 공간이 하늘이다.

하늘은 지상 권력의 원천으로서 지상 권력에 정당성을 부여한다. 땅의 제일 높은 곳은 우주산으로서 땅의 배꼽이다. 이 땅의 배꼽인 우주산 꼭대기는 하늘의 배꼽인 북극성에 닿아 있다. 땅의 배꼽과 하늘의 배꼽, 우주산과 북극성은 맞닿아 세계의 중심을 이루며 생명이 순환하고 권력이 작동하는 기제가 된다. 그래서 우주산은 아무나 오를 수 없다. 최고의 권력자나 이를 겸한 제사장만 오를 수 있다.[2]

중국에서는 지상을 지배할 권위를 하늘이 제왕에게 부여했다는 관

2) 미르치아 엘리아데 지음, 이윤기 옮김, 『샤머니즘』, 까치, 1992, 240-250쪽 참조.

념을 의례儀禮로 제도화했다. 그것은 높은 산에 올라 하늘에 제사를 지내는 봉선封禪의식으로 확립되었다. 봉은 태산泰山에 흙단을 세우고 천신에게 올리는 제사이고, 선은 태산 아래 양보산梁父山에서 땅의 신에게 올리는 제사이다.[3] 옛날 황제黃帝를 비롯하여 순, 그리고 주나라의 성왕과 강왕을 거쳐 진나라 시황, 전한의 무제, 후한의 광무제에 이르기까지 72명의 제왕들이 봉선을 시행했다고 하는데, 후대로 내려올수록 하늘에 올리는 엄숙한 의식이 왕을 찬양하는 것으로 변질되었다고 한다.[4]

이 변질의 대표적인 예는 진시황이었다. 태산에 올라 봉선을 행하고 난 뒤 스스로 북받쳐 태산에 비석을 세워 진나라의 위대함과 자신의 공적을 자랑하는 내용을 새기게 했다. 뒤를 이은 2세 황제/호해도 전국을 순행하면서 시황제가 세운 각석 측면에 자신의 공적을 자랑하는 글을 새겨 넣게 했다. 이런 형식의 비문은 나중에 개인이 세우는 송덕비의 원형이 되었다.[5]

그러나 하늘에 제사를 지내는 제천의식은 주술적 요소가 다분했다. 하늘의 상제上帝는 인간이 원하는 바를 이루게 해달라고 공물을 바치는 적극적 주술의 대상으로서 인격신에 가까웠다. 다시 말해 정치적 지배 이데올로기로 삼기에는 샤머니즘적 요소가 강하고, 정치 사상적 정교함이 부족했다. 그래서 봉건 제국을 이룩한 주나라에 들어와서는 봉선의식과는 별도로 제帝의 개념 대신 천天의 개념을 도입한다.

천의 개념을 따르면, 왕은 천명天命을 받아 천자天子로서 지상을 다스리는 존재가 된다. 이는 곧 하늘이 왕에게 명령을 내려 자신의 뜻을 관철하는 것이 되고, 왕이 하늘의 명령을 받들어 세상을 통치하는 것이 된다. 그러니 천명을 받는 존재는 천자가 아니고는 될 수가 없다. 이렇게 왕은 천의 신성성을 후광으로 통치의 정당성을 확보한다.

---

3) 이승훈 지음, 『한자의 풍경』, 사계절, 2023, 443쪽.

4) 유협 지음, 황선열 옮김, 『문심조룡』, 신생, 2018, 257-260쪽 참조.

5) 이승훈 지음, 앞의 책, 443-444쪽 참조.

왕인 천자가 천명을 내세워 그 정당성을 과시한 최초의 기록은 주나라 초기에 만들어진 대우정大盂鼎에 보인다. 이 청동기의 명문銘文에는 강왕이 장군 우盂에게 관직과 함께 수레와 말 그리고 1,700명의 백성을 하사했다는 내용이 들어 있는데, 그 첫 구절에 "위대한 문왕이 천명을 받아 부패한 상나라를 멸망시켰다"는 문장이 나온다.[6]

사마천은 서백이 사후 문왕文王으로 추존되기 전에 이미 천명과 관련된 인물이었음을 보다 자세하게 전한다. 서백은 국가사업이나 법도, 성품이나 사람 접대 등 어느 하나 나무랄 데 없어, 주위의 제후들이 마침내 "서백은 아마도 천명을 받은 군주인가 보군"이라는 말을 저절로 하게 만든다.

그와 아울러 백이와 숙제 등을 비롯한 많은 선비들이 그에게 귀의하고, 서백이 주위의 여러 군소 나라와 부족을 정벌함에도 불구하고, 상商/은殷나라 주왕紂王은 "내게 천명이 있는 게 아니더냐? 그가 무엇을 할 수 있겠느냐!"고 버티다가, 결국 서백 곧 문왕 창昌의 아들인 무왕武王 발發에게 패망하고 만다.[7] 그러니까 아버지 문왕이 받은 천명을 아들 무왕에 이르러 완전히 실현했다는 것이다.

그래서 상/은나라를 물리친 다음날 무왕이 주공과 소공 등 여러 신하들과 함께 윤일尹逸의 집전으로 하늘에 제사를 지낸 뒤, 아버지 문왕이 받은 천명을 재확인한다. "은나라의 끝머리 자손 주왕은 선조의 밝은 덕은 저버리고 신들을 멸시하여 제사를 받들지 아니하고 상나라 백성들을 무식하고 포악하게 대하여 그 밝게 드러난 행위가 하늘의 상제에게까지 알려졌습니다." 무왕이 머리를 숙이고 두 번 절을 하고 난 뒤, 윤일이 다시 제문을 읽는다. "위대한 명령을 받아들여 은나라를 물리치고 밝은 천명을 받아들이시오." 무왕은 다시 머리를 숙이고 두 번 절한 뒤 밖으로 나간다.[8]

6) 이승훈 지음, 앞의 책, 291쪽.

7) 사마천 지음, 김원중 옮김, 『사기 본기』, 민음사, 2016, 122-124쪽 참조.

8) 『일주서』, 김학주 지음, 『주공 단』, 연암서가, 2022, 18-10쪽에서 재인용.

봉선의식에서 제천의식의 의례화가 이루어졌듯이, 천명의식 역시 이처럼 의례화로 진행된 것은, 이 천명이 주나라가 정복한 온 천하에 통용됨을 알리려는 의도를 띠고 있었기 때문이다. 그리고 이 천명이 무력적인 지배를 넘어선 것임을 뒷받침하기 위해, 무왕의 동생인 주공 단旦은 정치, 사회, 문화, 학술 등 모든 분야에 걸쳐 쇄신된 면모를 마련했다. 주나라가 서주西周에서 동주東周로 쇠약해진 춘추시대 말기에도 주공 단이 마련한 근본적인 토대는 시들지 않았고, 그것에 내포된 천명사상 역시 공자와 맹자로 이어져 정치적인 윤리로 발전한다.

춘추시대의 공자에 이르면 천명은 인仁과 함께 논의된다.[9] 다시 말해 국가 운영의 중심이 하늘의 명령에서 왕의 덕성으로 내려온다. 곧 천명을 아는 자는 덕치를 행하는 왕인 것이다. 그래서 노애공魯哀公이 "국가의 존망과 화복이 정말로 천명에 따른 것입니까? 아니면 사람에 따른 것입니까?"라고 물었을 때, "나라의 존망과 화복은 모두 자신에게 달렸을 뿐이니 하늘과 땅의 재앙에 의하여 바뀌지 않습니다."라고 대답했다. 나아가 "하늘과 땅의 재앙은 선정을 이길 수 없으며, 괴이한 꿈에 대한 이런저런 해몽도 선행을 이길 수 없으므로, 이런 것을 깨달아 안다면 정사에 신중을 기하고 극도의 정성을 다할 것입니다. 오직 명석한 왕만이 이를 깨달아 실천할 것입니다."라고 덧붙인다.[10]

주공 단은 무왕 사후 왕에 오른 조카 성왕을 보필하며 주나라의 토대를 확립했을 뿐만 아니라, 이후 춘추시대를 거치며 그 토대가 중국문화로 발전할 수 있는 기틀을 마련했다. 공자에게 국가의 원형은 주나라이며, 정치의 모델은 주공이었다. 주공은 천자가 아니지만 천자 이상의 사업을 이룩한 사람이다. 공자도 주공처럼 천자는 아니지만, 평범한 천자 이상의 일을 하고 싶었을 것이다. 그래서 천명을 그의 사유에서

---

9) 공구 저, 이가원 역해, 『논어』, 동서문화사, 1976, 103쪽.

10) 왕숙 주, 진기환 역주, 『공자가어 상』, 명문당, 2022, 178-180쪽.

버릴 수 없어 인 앞에 내세웠을 것이다.

묵자는 공자의 천명 대신 '천의天意 또는 천지天志'를 내세운다.[11] 하늘의 뜻을 살피는 것은 하늘의 명령을 따르는 것보다 시야가 더 넓어져야 가능한 것이다. 그에게 하늘의 뜻을 따르는 것은 곧 정의로운 정치를 펼치는 것이고, 하늘의 뜻에 위배되는 것은 폭력의 정치를 행하는 것이다. 정의로운 정치는 모두에게 이로운 정치이고, 폭력의 정치는 모두에게 이롭지 않은 정치이다. 전자의 정치를 행하는 군주는 성군이고, 후자의 정치를 행하는 군주는 폭군이다.

그러나 정의로움 곧 올바름은 위에서 아래로 내려오는 것이지 아래에서 위로 올라가는 것은 아니다. 이는 공자의 생각과 같으며, 이후 주희의 생각에도 가 닿는다. 묵자는 하늘의 뜻을 올바르게 땅에 펼쳐 모두를 이롭게 한 성군의 예로 요임금, 순임금, 탕임금과 문왕, 무왕을 들고, 하늘의 뜻을 올바르게 땅에 펼치지 못해 모두를 해롭게 한 폭군의 예로 걸왕, 주왕, 유왕, 여왕을 든다.

묵자는 "하늘의 뜻에 순종하는 것이 정의의 법칙"이라 했다.[12] 그러니까 정의로운 정치를 펼치는 것이 하늘의 뜻을 따르는 것이다. 그가 말하는 정의가 구체적으로 드러난 것은 아마 겸애兼愛와 비공非攻을 말하는 부분일 것이다. 예나 이제나 이 세상이 불의不義와 불인不仁으로 가득 찬 세상이 되는 것은 힘 센 자가 힘 약한 자를 치는 데서 시작되는 것임에 틀림없고, 이를 극복하여 사람 살 만한 세상으로 바꾸려면 서로 사랑하는 길밖에 없음은 누구나 하는 소리가 아니던가. 곧 정의로운 정치는 사랑/겸애와 평화/비공이 이루어지는 정치라는 말이다.

전국시대의 맹자는 그가 사숙한 스승 공자의 천명을 '천도天道'로 바꾸어 말하는데, 어떤 이는 이 천도가 묵자의 천지天志를 각색한 것으로 보기도 한다. 이러한 혐의는, 맹자가 묵자의 겸애를 친애親愛로 공격하

11) 묵자 지음, 최환 옮김, 『묵자』, 을유문화사, 2019, 415-422쪽 참조.

12) 묵자 지음, 최환 옮김, 앞의 책, 452쪽.

면서도, 묵자의 의義를 이利에 대한 대립 개념으로 삼아 자신의 주장을 펼칠 때를 보면 수긍할 수밖에 없을 것이다. 그러나 맹자의 의는 묵자의 의보다 훨씬 과격하다. 묵자의 「상동尙同」을 살펴보면, 그가 정치적 절차나 질서를 얼마나 중요하게 생각했는지 알 수 있다. 그러나 맹자는, 왕이 천명과 천도에서 벗어나 부덕과 불의를 행할 때, 국가의 존망을 그러한 왕에게 맡겨둘 수 없음을 천명하는 데까지 나아간다. 이른바 역성혁명이 불가피성을 말한다.

제선왕齊宣王이 "탕왕은 걸왕을 쫓아내고 무왕은 주를 토벌하였습니다. 신하로서 그 임금을 죽여도 좋습니까?"라고 물었을 때, "인을 해치는 자를 적賊이라 하고, 의를 어기는 자를 일컬어 잔殘이라고 합니다. 잔적한 자를 일부一夫라고 합니다. 일부인 주를 죽였다는 말은 들었어도 임금을 죽였다는 것은 아직 듣지 못했습니다"라고 맹자는 대답한다.[13] 왕에게만 부여됐던 천명이 뒤집혀 다른 사람에게 옮겨갈 수 있는 상황이 된 것이다.

그러나 순자에 이르면, 주나라에서 비롯되어 공자와 묵자 그리고 맹자에 이르기까지 이어지며 이야기되던 천명/천지/천도 자체를 받아들이지 않는다. 순자에게 하늘은 그냥 하늘일 뿐이다. 「천론天論」에서 순자는 "성인은 하늘에 대해 알려고도 하지 않으며 추구하지도 않는다."고 말하면서, 사람으로서의 입장을 버리고 하늘을 생각한다면 곧 만물의 실정을 잃게 될 것이라고 주장한다.[14] 그래서 하늘의 일과 사람의 일을 구분할 줄 아는 사람이 지인至人이고, 사람의 일을 하늘에 결부시켜 왈가왈부하는 이는 소인배가 된다. 하늘에 대한 이러한 견해로 말미암아 순자는 유가의 주류에서 벗어나게 된다.

전한前漢 무제 때 동중서가 나타나 다시 하늘을 정치에 끌어들인다.

---

13) 맹가 지음, 이가원 역해, 『맹자』, 동서문화사, 1976, 251쪽.

14) 순자 지음, 김학주 옮김, 『순자』, 을유문화사, 2018, 566쪽, 580쪽.

유가 사상을 정치 이념으로 받아들인 동중서에 의하면, 정치는 왕의 일인데 이는 하늘과 무관하게 이루질 수 없다는 것이다. 이른바 천인감응天人感應이다. 하늘의 의지에 반해 정치가 이루어질 경우, 하늘은 왕을 준엄하게 질책한다는 것이다. 그의 이재설異災說에 의하면, 왕이 정치를 잘못하고 있다면 작은 규모의 자연현상을 통해 경고를 보내고, 경고에도 불구하고 계속 하늘의 뜻을 무시하면 대재앙을 내리게 된다.[15]

비록 유가의 정치이념을 실현하기 위한 방편으로 한 주장이었겠지만, 그 주장 자체는 유가의 주류인 공자와 맹자로부터도 후퇴한 것이다. 더구나 그들이 탈피하려고 한 주술적 요소를 다분히 포함하고 있다. 그러니까 동중서의 천인감응은 유가 사상 안에서 볼 때도 극복되어야 할 요소를 안고 있고, 유가의 밖에서 볼 때는 더욱 비판할 요소가 두드러지는 셈이다.

그 비판의 날을 들이댄 이는 후한後漢 광무제 때에 출생한 왕충王充이다. 그는 동중서의 천인감응을 겨냥하여 속된 유가의 주장이라며 속인의 주장과 같다고 깎아내린다. 왜 속되다고 보는가. 하늘의 본성을 해치고, 무위자연의 현상을 무리하게 사람의 의식적 활동으로 바꾸어 주장하기 때문이다. 그런데도 사람은 대지를 움직이려 하고 하늘을 감동시키려 한다. 그러나 그것은 헛된 짓이다. 하늘은 지극히 높고 큰 데 비해 인간은 너무나도 보잘것없는 존재이기 때문이다.

그래서 사람의 행위로 하늘을 감동시킬 수 없고, 하늘 역시 사람의 행위에 반응할 수 없다. 천도는 무위無爲하다는 게 그의 결론이다.[16] 남은 길은 하늘을 쳐다보지 말고 정치를 제대로 하는 것이다. 그의 논조에는 노자가 자연에 대해 사유한 내용과 순자가 「천론」에서 펼친 생각이 다분히 깔려 있음을 헤아릴 수 있다. 따라서 노자와 순자를 대수

[15] 강신주 지음, 『철학 vs 철학』, 오월의 봄, 2022, 846-848쪽 참조.

[16] 왕충 지음, 성기옥 옮김, 『논형』, 동아일보사, 2026, 542-560쪽 참조.

롭게 생각하지 않는 주류 유가들이 하늘을 쉽사리 포기하지 않을 것이라는 것도 쉽게 헤아려진다.

그 대표적인 인물이 남송南宋의 주희다. 그는 주나라 이래 공자의 천명, 묵자의 천의 또는 천지, 맹자의 천도에 이어 '천리天理'를 내세웠다. 그 천리의 대립 개념이 '인욕人欲'이다. 주희는 전통 유가에 결여된 사변적인 체계를 마련하기 위해, 주돈이와 소강절, 정호/정이 그리고 장재 등 선배의 논의를 종합하는 한편, 그들이 바탕으로 삼은 불교와 도교의 철리哲理를 흡수하고 개조하여 자신의 인식론과 우주론 그리고 심성론과 윤리학을 확립했다.

이러한 주희에게서 두드러진 것 중 하나는 이원론이다. 이理와 기氣가 그러하고 천리와 인욕도 그러한 것 중의 하나이다. 자크 데리다가 직시했듯이, 두 개의 대립항을 맞세우는 것은 그 둘을 대등하게 취급하기 위해서가 아니다. 대체로 하나를 추켜세우고 하나를 깎아내려 자신의 주장을 관철하기 위해서다. 기보다는 이를, 인욕보다는 천리를 추켜세워 자신의 논리를 끌고 가기 위해 이와 기, 천리와 인욕의 이원론을 내세운 것이다.

주희 역시 처음에는 격물格物에서 치지致知로 나아가듯, 감성적이고 경험적인 기질지성氣質之性 곧 인욕에서 이성적이고 선험적인 천지지성天地之性 곧 천리를 찾으려 했다. 그러나 이러한 도정은 마침내 천리에 치중하여 인욕을 버려야 하는 당위론의 윤리학으로 귀결시키고 만다. 다시 말해 현실적 경험의 풍부성을 외면하고 사변적 교조성으로 나아가는 길을 열게 된다.[17] 유가의 선조들이 주술적인 하늘에서 정치적인 윤리로 끌어내린 하늘을 주희는 인간의 현실에서 떼어내 다시 형이상학적인 사변의 틀에 가두어 버린 셈이다.

---

17) 리쩌허우 지음, 정병석 옮김, 『중국고대사상사론』, 한길사, 2005, 448-451쪽 참조.

근대에 이르면, 주희의 천리와 인욕의 대립 개념은 봉건주의적 금욕주의에서 나온 것으로 보고, 오히려 인욕을 제창하고 천리에 반대하는 상황이 된다. 탄쓰퉁은 "천리는 인욕 속에 있으므로 인욕이 없으면 천리도 발현될 수 없다"고 했다. 캉유웨이 역시 "천하의 생명이 있는 것들은 모두 즐거움을 구하고 고통을 면하려 할 뿐 다른 도는 없다."고 했다. 따라서 인욕은 결코 악이 아니며 인욕을 억압하는 것, 곧 천리도 결코 선이 아니라는 결론에 도달한다.[18] 이처럼 근대의 사상가들은 주희가 형이상학적인 윤리학의 틀 속에 이원화시킨 천리와 인욕을 현실적이고 세속적인 일원화의 틀 안에 풀어놓는다.

지금까지 살펴본 하늘을 주술과 정치 및 사변의 영역에서, 현실 경험과 일상 실천의 영역으로 끌어내려 시야를 넓히고 깊게 한 것은 동학이다. 이는 인식 공간으로서의 하늘을 장소 체험으로서의 하늘로 바꾸는 데서 가능해진 것이다. 최제우의 시천주侍天主에서 하느님을 모시는 것은 내 몸이다. 장소 체험의 주체인 내 몸이 하느님을 모신다는 것은 하늘/하느님의 모든 덕성이 나의 존재 내면 전체에 육화된다는 뜻이다.[19]

이는 인위적으로 되는 것도 아니고, 단계적으로 되는 것도 아니다. 하늘/하느님을 몸/실천으로 모심으로써 존재 전체가 변화됨으로써 자연스럽게 이루어지는 것이다. 그래서 최제우는 이를 무위이화無爲而化라 했다. 그래서 〈동학론〉에서 "내가 말하는 도를 몸으로 받아들여 닦는 자는 허하게 보여도 내실이 있는 사람들이다. 그런데 듣기만 하고 흘려버리는 자는 겉으로 실하게 보여도 그 내면은 허탕인 자들이다."[20] 다시 말해 이론/인식이 가진 한계를 지적하며 실천/실존이 그것을 온전하게 함을 말하고 있는 것이다.

최제우에 이르러 하늘은 공간/인식에서 장소/체험으로, 이론/정치

[18] 리쩌허우 지음, 임춘성 옮김, 『중국근대사상사론』, 한길사, 2005, 213-214쪽.

[19] 최제우 저, 김용옥 역, 『용담유사』, 〈교훈가〉, 통나무 2022, 173쪽, 176쪽, 김용옥 지음, 『동경대전1』, 〈대선생주문집〉, 통나무, 2021, 140쪽, 『동경대전2』, 〈포덕문〉, 통나무, 2021, 61쪽 참조.

[20] 김용옥 저, 『동경대전2』 〈동학론〉, 145쪽.

체제/윤리학의 범주에서 실천/생활세계/구체행위로 내려와 안착한 것이다. 최시형은 여기서 나아가 최제우의 사상을 더욱 명료화하여 그것으로 다른 모든 것을 포괄한다. 최제우가 시천주를 말하며 몸으로 하늘/하느님을 받아들여야 함을 말하는데, 최시형은 양천주養天主를 말함으로써 이미 하늘/하느님이 내 몸에 들어와 있음을 말한다. 그러면 인즉천人卽天(나중에 손병희에 의해 인내천人乃天으로 표명되기도 한), 곧 사람이 하늘이니, 사인여천事人如天, 곧 사람을 하늘처럼 섬기지 않을 수 없게 된다.

이를 염두에 두고 다시 아래위로 확대하면 또 하나의 결론에 도달한다. '하늘은 사람에게 의지하고, 사람은 밥에 의존한다. 이 세상의 진리는 밥 한 그릇에 있다'[21]가 그것이다. 최시형의 이런 사유와 실천은 누구도 해내지 못한 두 가지 의의를 선취하는데, 그 하나는 하늘을 위에서 아래로 '지배'의 관점에서 논의한 것을 뒤집어 아래로부터 위로 '생산'(양천주의 '양'에는 농부가 생명을 기르는 것이나 인간이 마음속에 하늘/하느님을 기르는 것은 같다는 은유가 잠복해 있다)의 혁신적 관점에서 보도록 만들었으며, 또 하나는 경천敬天 · 경인敬人 · 경물敬物(양천이 경천이 되어 확대되면 경인과 경물은 자연스럽게 따라올 것이다)을 말함으로써, 오늘날 포스트휴머니즘이나 신유물론을 선취하는 생태학적 시야까지 열어둔 것이다. 또 하나 덧붙이자면 하늘에 매여 있던 시선을 땅으로 돌려놓는 역할까지 했다는 것이다.

[21] 김용옥 저, 『동경대전 2』 김인혜, 〈동학연표〉, 490쪽.

땅

땅은 사람이 의존해야 하는 밥이 나오는 곳이다. 그래서 땅은 생산의 근원이자 생명의 원천이다. 그 생산/생명을 가능하게 하는 주체는 농農 계급이다. 그래서 노자는 "사람은 땅을 본받는다"고 했는데, 특히 농부가 그러할 것이다. 농부는 하늘보다 낮은 땅에 처함으로써 겸손하고, 땅이 주는 것만 받음으로써 욕심이 적다. 겸손하고 욕심이 적은 사람은 "자기에게 필요한 만큼 현명한 까닭에 더욱 현명하다."[22] 사士계급의 이야기에 농부 현자賢者가 나타나는 이유다.

이러한 농부는 몸을 부려 땅을 경작함으로써 자신의 생계를 이어갈 뿐 아니라, 그 생산물을 세금으로 바쳐 국가의 지배를 유지하게 만들며, 공업화 이전까지 농경문화를 형성하고 발전시켜 왔다. 지배계급도 이러한 농계급과 농경문화의 토대 위에 있기에 이를 무시할 수는 없었다. 심지어 애초에는 농경민이 아니었으면서도 스스로를 농경민의 후예라는 전설까지 만들려고 한 나라가 나타나기도 했다. 주周나라가 바로 그러한 나라다.

주周는 상商나라의 제후국 시절 산서성 북쪽 험준한 산악 지대에서 유목 생활을 하던 민족이었다. 문화 수준도 높지 않았고, 고유한 문자나 청동기 문화도 갖고 있지 않았다.[23] 그에 비해 주나라가 패망시킨 상나라는 하남성 남쪽 지역의 비옥한 땅에서 농업의 바탕 위에 상당한 문화를 향유하고 있었다. 주민족에게 없는 청동기와 갑골문자 그리고 화폐까지 사용한 문화 민족이었다.[24] 그럼에도 불구하고 주나라는 상나라가 은殷으로 도읍을 옮긴 것을 빌미로 상나라를 은나라로 비하하여 불렀고, 사마천을 비롯한 많은 이들이 이 명칭을 답습하였다.

상나라의 농업 문화를 접하고 난 뒤의 자격지심인지는 몰라도, 주나라는 자민족의 뿌리인 유목적 전통은 돌아보지 않고, 스스로를 농업 민족의 후예임을 자처하는 작업에 돌입하여 시조를 전설화한다. 실질적인 시조인 고공단보를 거슬러 올라가 자신들의 시조계보를 확장하여

22) 몽테뉴 지음, 손우성 옮김, 『수상록II』, 동서문화사, 2019, 733쪽, 호라티우스의 말 재인용.

23) 이승훈 지음, 앞의 책, 225쪽.

24) 김학주 지음, 앞의 책, 74쪽.

후직后稷을 조상신으로 섬기기에 이른다. 이러한 건국신화 또는 시조전설의 내용은 주공이 정리한 『시경』(「대아大雅·생민生民」), 사마천이 쓴 『사기』(「周本紀」)에도 그대로 이어진다.

이들의 내용을 따르면, 기棄(후직의 어릴 때 이름)는 어릴 시절 놀이를 하면서 삼과 콩 심기를 좋아했고, 어른이 되어서는 농사짓기를 좋아했다. 적절한 토지에 적절한 곡식을 심고 거두어 백성들이 모두 이를 본받으니, 요임금은 소문을 듣고 기를 농사農師/농업을 관장하는 벼슬로 삼고, 요임금은 기를 태邰에 봉하고 후직이라 불렀으며, 희씨姬氏를 성으로 내렸다. 후직의 '후'는 우두머리란 뜻이고, '직'은 오곡 또는 수수란 의미다. 이렇게 농업을 중시한 주나라는 이를 시조전설에 단순히 투영하는 것에 머물지 않고 더 나아간다.

주나라는 도읍의 궁전 좌우에 조상 사당이 있는 종묘宗廟와 토지신과 곡물신을 모시는 사직社稷을 나란히 배치했다. 다시 말해 조상신과 농사의 신을 동급으로 모셨고, 이는 주나라가 농업 중시를 의례 형태로 보여준 것이다.[25] 그러나 시간의 흐름과 그에 따른 망각은 이러한 시조의 전설화와 농사신의 의례화라는 과정 뒤에 있었던 유목적 전통을 무화시키고, 농업적 사실을 소급시켜 역사적으로 기정사실화하게 된다. 이렇게 되면 주나라는 처음부터 농업 국가였던 것이 되어 버린다.

하지만 고고학의 발굴은 『시경』과 『사기』가 말하는 주나라의 옛 모습이 왜곡되어 전해졌음을 밝혀낸다. 그렇다고 왜곡된 모습이 쉽사리 본래대로 정정되어 전해지지는 않는다. 왜곡된 것은 그것대로 전승이 되는 법이다. 주나라 800년 역사에서 후반기, 춘추시대의 말기에 이르면, 주나라 초기에 확립된 왜곡된 모습이 오히려 정상적인 모습으로 자리 잡고, 그 뿌리가 부정되는 것을 볼 수 있다. 다시 말해 뿌리인 유목민으로서의 주민족은 없고 농경민으로서의 주민족만 있을 뿐이다.

25) 이승훈 지음, 앞의 책, 224쪽.

공자에게서도 이를 확인할 수 있다. 자로子路가 강강함에 대하여 여쭈어 보자 공자께서 말씀하셨다. "남방의 강함 말인가? 북방의 강함 말인가? 아니면 너의 강함 말인가? 너그럽고 부드러움으로 가르치고 무도한 자에게도 보복하지 않는 것은 남방의 강함이니 군자가 이에 처한다. 무기와 갑옷을 깔고 자면서 죽음을 두려워하지 않음은 북방의 강함이니 강폭한 자가 이에 처한다."[26] 후자는 무왕이 상나라를 패망시키기 전까지의 주나라의 모습과 무관하지 않다. 전자는 무왕 사후 주공이 패망한 상나라 지식인들을 모아 학술과 문화를 받아들여 확립된 주나라의 모습과 관련된다.

그러니까 공자가 묘사한 남방과 북방은 어찌 보면 주나라의 앞뒤 두 얼굴이다. 하지만 세월이 흐르면 한쪽은 과도하게 부정되어 무화되고, 한쪽은 과도하게 긍정되어 유일로 남게 된다. 서주가 동주로 약화되어 춘추시대 말기에 이른 것은 어쩌면 무위武威와 문덕文德을 함께 하지 못하고, 무폭武暴과 문약文弱에 이르렀음을 보여 주는 것이다. 그럼에도 공자는 그 무폭이 주나라의 근본 모습이었던 것은 외면하고, 그러한 무폭이 만연한 당시 동주의 모습에서 벗어나고자, 지금은 사라진 주공 시절의 문덕만 애써 강조한 것으로 보인다.

사계급은 스스로 농계급보다 우월적인 위치에 있다고 자부하지만, 국가를 떠받치는 농계급을 무시할 수는 없었을 것이다. 그래서 사계급이 농계급을 어떤 관점으로 대하는가를 드러내는 얘기가 만들어지는데, 이 얘기 또한 공자와 결부되어 전형적인 패턴을 형성한다. 공자의 제자인 자로가 만난 노인은 농계급의 노인이지만, 지식인인 사계급에 굴하지 않는다. 오히려 그들이 몸을 움직여 농사일도 하지 않고, 그들이 먹고 사는 곡식을 분간하지 못하는 것에 대해 호통을 친다. 자로에게 노인의 얘기를 들은 공자는 그가 '은자隱者'임이 틀림없다고, 자로에

[26] 박일봉 편저, 『중용』, 육문사, 2012, 148쪽.

게 노인을 다시 찾게 했지만, 찾지 못한다.[27]

여기에 등장한 농부 노인은 실제 인물이기보다는 자로와 공자가 얘기를 전개하기 위한 방편일 수 있다. 후에 굴원이 「어부漁父」에서 어부를 등장시켜 자신의 이야기를 풀어놓는 것도 같은 패턴이라 할 수 있다. 어쨌든 공자는 노인을 농부로서 인정하는 것이 아니라 은자로서 인정하는 것이다. 농부나 농업에 대해서는 원래 관심이 없었고, 농부는 그런 현자일 수가 없다. 그래서 제자 번지가 농사일에 대해 물었을 때 사계급이 관심 둘 일이 아니라며 간단히 물리치기도 했다. 이 정도가 사계급이 농계급에 대한 태도로서 최대치라 볼 수 있다. 현자가 농부의 땅에 자신을 숨겨 은자가 되는 것이지, 농부가 땅을 일구며 땅에서 터득한 것으로 현자가 되는 것이 아니다.

농민에 대해 공자가 취한 패턴, 곧 이야기 방식과 태도의 전형은 고려말의 정도전에게도 그대로 답습되며 통용된다. 정도전은 이인임 등의 친원정책에 반대하다가 나주 회진의 거평부곡에 유배된 적이 있었다. 그는 이곳에서 2년 동안 지내면서 여러 편의 글을 쓰기도 했는데, 그 중 하나가 농부와의 대화로 이루어진 「답전부答田夫」라는 글이다. 물론 '전부'는 농부다. 농부가 보기에 세상의 벼슬아치는 곧 탐관오리일 뿐이며, 선비는 곧 곡학아세하는 인물일 뿐이다.

작자가 농부의 말을 다 듣고 난 뒤 그의 집에 머물며 가르침을 받고자 하지만, "나는 대대로 농사짓는 사람이오. 밭을 갈아 나라에 세금을 내고, 그 나머지로 처자를 먹여 살리니, 그 이상은 내가 알바 아니오. 당신은 나를 혼란스럽게 하지 말고 가시오." 그러고는 더 이상 말을 하지 않자, 작자는 그를 공자 시절의 은자 장저와 걸익에 비유하며 탄식하고 물러난다.[28]

이처럼 사계급이 본 농민의 최대치는 농촌에 파묻혀 지내는 은자의

---

[27] 공구 저, 이가원 역해, 앞의 책, 204-205쪽.

[28] 이종묵·장유승 편역, 『한국 산문선 2』, 민음사, 2017, 22-26쪽 참조.

모습이다. 그러나 대부분의 왕조나 지식인에게 농민은 부림의 대상일 뿐이다. 전국시대 말기 진秦나라 재상이었던 여불위呂不韋가 주도하여 편찬한 『여씨춘추』 「상농편」에는 부림의 대상인 농민의 순종적인 면을 그렇지 않은 상인들에 대비하여 잘 묘사해 놓았다.

"농부들은 순박하고 단순하며 언제나 명령을 받아들일 태세가 되어 있었고, 그들은 어린이 같이 순진하고 이기심이 적었다. 그들의 재산은 거추장스럽고 옮길 수 없어, 위험을 당해도 제 고장을 떠날 줄 몰랐다."[29] 그러나 이러한 충성스러운 농민을 그에 합당하게 대접한 왕조는 없었고, 대부분의 지주 관료들은 그들이 감당해야 할 토지에 대한 세금도 소작인 농민들에게 부담지우는 게 대체적인 행태였다.

물론 춘추전국시대의 제자백가 중에는 많은 수를 차지하는 농민을 대변하는 인물이 없지는 않았다. 허행이 바로 그런 인물이다. 그의 '농가農家' 사상은 신농씨神農氏를 농업신으로 모시면서 농업을 바탕으로 한 평등하고 자급자족적인 생활을 영위하고자 했음을 보여준다. 개인은 모두 자신의 노동으로 자신의 생활을 유지해야만 하고, 군주 또한 이와 같아야 하지, "백성을 해쳐서 자신을 봉양하는", 즉 타인의 노동을 착취하여 생활해서는 안 된다고 주장하였다.[30]

허행의 이러한 농가 사상은 농기구를 생산하는 수공업자를 포함시키고, 그의 사상에 동조하는 몇몇의 무리를 모으는데 그쳤을 뿐, 더 큰 규모의 평화롭고 평등한 공동체를 건설하는 데까지는 나아가지 못했다. 그들을 둘러싼 세상은 이미 강고한 종법등급宗法等級 제도, 곧 계급적 지배구조가 뿌리를 내리고 있었고, 이웃 나라를 침략하여 더 큰 나라를 만들기 위한 전란이 그칠 새가 없었다. 따라서 그의 농가 사상은 그러한 현실에 대한 사상적 저항이었고, 그러한 현실에서 벗어나고

29) 펑유란 지음, 정인재 옮김, 『중국철학사』, 마루비, 2018쪽에서 재인용.

30) 양적 지음, 노승현 옮김, 『동서인간론의 충돌』, 백의, 1997, 104-105쪽.

싶은 소규모 공동체의 꿈이었지, 전면적으로 현실화될 가능성은 없었다.

땅을 일구는 농민의 이러한 소박한 꿈은 노자의 '소국과민小國寡民'으로 나타나기도 했고, 도연명의 '무릉도원武陵桃源'으로 형상화되기도 했다. 이 꿈 속에 묘사된 장소도 허행의 농가에서처럼, 자급자족의 소규모 평등 공동체다. 그래서 그곳은 타인의 노동 위에 군림하는 자도 없고, 타인의 재산을 약탈하고 인명을 살상하는 전란도 없다. 그러나 그곳은 바깥세상과 차단된 곳이다. 바깥세상은 여전히 착취와 약탈과 살상이 일상인 곳이다.

무릉도원에 살고 있는 사람들은 진秦나라 때의 전란을 피해 들어왔다고 말한다. 왜 하필 진나라를 지목했을까. 진대야말로 토지 사유와 매매를 특징으로 하는 지주 경제제도가 최종적으로 확립된 시기였고, 토지 겸병과 농민의 유망流亡/일정한 거처 없이 떠돌아다님이 야기한 사회 동란이 시작된 시대였기 때문이다.[31] 이렇게 두 곳이 판이判異한 것은 두 곳이 동시에 존립할 수 없다는 뜻이다. 한쪽은 현실이고 한쪽은 꿈, 곧 유토피아란 의미다. 잔혹한 한쪽의 현실 곧 디스토피아에서 그것이 없는 정반대의 다른 한쪽 유토피아를 꿈꾸어 본 것이다.

땅과 농사와 삶에 결부된 꿈을 걷어내고 현실을 직면하면, 땅에 대한 두 가지 태도가 나타난다. 하나는 지주의 것으로 땅을 소유하여 부를 향유하는 것이고, 다른 하나는 농부의 것으로 땅에 속해 노동으로 농작물을 생산하는 것이다. 이처럼 둘은 땅과 맺는 관계에서 다르다. 지주는 땅에서 나는 산물로 부를 누리며 땅과 간접적인 관계를 맺는다. 농부는 땅을 경작하여 농작물을 생산하며 땅과 직접적인 관계를 맺는다.

직접적인 관계를 맺는다는 것은 대상과 접촉하게 된다는 것을 뜻한다. 직접적 접촉은 주체와 대상의 내밀한 만남을 만들어낸다. 내밀한

---

[31] 정재서 지음, 『도교와 문학 그리고 상상력』, 푸른숲, 2000, 259쪽.

만남은 주체와 대상의 교류와 닮음을 초래한다. 농부가 땅을 일구어 농사를 짓는다는 것은 이러한 대상과의 접촉과 내밀한 만남 그리고 교류와 닮음을 이룬다는 것을 의미한다.

농사를 짓는 평생의 과정에서 땅은 농부의 몸에 자신을 새기며, 농부는 땅을 자신의 몸으로 받아들인다. 그것은 농부의 피부, 주름, 뼈대, 자세로 드러난다. 흙을 일구어 피부는 흙색이 되고, 고랑과 두둑 곧 이랑을 닮아 얼굴에 주름이 생기며, 땅과 가까이 해 땅을 향해 허리가 굽고, 마침내 죽어 그 흙/땅 속으로 들어간다. 농부의 삶은 이처럼 흙/땅과 일치해 가는 삶이다.

땅 속으로 사라지면서도 농부는 그 땅에서 자신이 알뜰히 살았음을 그대로 남긴다. 조수옥 시인이「곡선의 나라」에서 묘사한, 다랑논과 그것을 일군 농부의 휘어진 등뼈의 닮음이 그것이다. 평생 다랑논을 온몸으로 일군 농부는 그 몸을 지탱하는 중심축인 수직의 등뼈가 그가 일군 다랑논의 곡선에 일치해 가서, 휘어진 등뼈 곧 곡선이 된 것이다.

땅을 소유한 지주든 땅에 속한 농부든 오랫동안 땅과 관계를 맺을 수는 없다. 그들의 편한 소유나 고된 소속도 잠시일 뿐이다. 다시 말해 땅은 영원하지만, 그 땅과 관련된 인간은 영원하지 않다. 인간은 잠시 땅의 구성 요소로 있거나 땅에 속해 있었을 뿐이다. 홍대용은 이러한 사정을 격하하여 표현했다. "사람은 거대한 땅의 세계에 기생하는 하찮은 존재가 되어 버렸다."[32]고.

노자도 이러한 사정에 대해 심오한 한 말씀을 남겼다. "하늘은 길고 땅은 영원하다. 하늘과 땅이 그렇게 영원한 까닭은 스스로를 위해 살지 않기 때문이다. 그러므로 능히 영원히 존재할 수 있다."[33] 이에 비추어 보면, 영원하지 않은 인간이 영원히 살 것 같이 천지자연을 자신을 살

32) 홍대용 저, 문중양 역해,『의산문답』, 아카넷, 248쪽.

33) 김영수 역해,『제자백가』, 동서문화사, 2016, 101쪽.

기 위한 방편으로 마음대로 하다 보니, 이제 영원한 천지자연을 자신과 똑같은 일시적이고 치명적인 존재로 만들어 가고 있다.

하늘 아래 땅 위에 사는 모든 존재 중 인간만이 스스로를 특별한 존재로 여기며 살아왔다. 그 중에서도 더 특별하다고 여긴 인간들은 하늘을 들먹이며 땅 위에 불평등한 계층 구조를 만들어 유지해 왔다. 그 과정에서 땅과 가장 가까웠던 농민의 경험과 인식이 하늘에 근원을 둔 체제에 스며들 수는 없었다. 단지 하늘을 들먹이기를 좋아하는 자들은 '농자천하지대본農者天下之大本'이라는 명분을 내세우며 땅의 농민을 지배해 왔을 뿐이다.

명분으로서의 천하지대본인 농업은 산업화 이후 비할 바 없이 냉대를 받으며 뒷전으로 밀려난다. 공업이 전면으로 나서면서 땅은 공장 건물이 세워지는 공간으로 변한다. 땅은 직접 농작물을 생산해내는 장소가 아니라, 농작물을 가공하거나 공산품을 제조해내는 공장 건물에 짓눌리는 공간이 된다. 공장에서 나온 산물은 생활에 풍요와 편리를 제공하는 한편, 땅을 억압하고 하늘까지 오염시키는 원인이 된다.

예전에는 하늘을 본받은 정치가 땅을 본받은 농민을 지배하려 했다면, 지금은 자본을 추종하는 경제가 하늘과 땅을 지배하려고 한다. 옛날 하늘의 정치가 땅의 농민을 지배하려 한 것은 지금 자본의 경제가 땅과 하늘을 지배하려 한 것에 비하면, 규모나 속도 면에서 비교가 되지 않는다. 경제의 자본이 하늘과 땅을 지배하려는 욕망은 시간과 공간의 경계를 허물고 빠른 속도로 뻗어 나간다.

그 종착역의 모습은 지금 되어가는 꼴로 보건대, 인간이 더 살기 좋은 공간이나 장소는 아닐 것이다. 기후 변화에 대한 둔감, 각국의 자국 보호 경제 정책, 기후 대책 미비 등을 떠올려 보기만 해도 하늘과 땅의 미래를 낙관할 수 없다는 것은 자명할 것이다. 그래서 얼마 전까지만 해도 비과학적인 언설에 불과한 것으로 치부하던 제임스 러브록의 '가이아 이론'이 다시 들먹여지는 지경에 이르렀다. 이는 앞에서 본, 전한 시절 동중서의 천인감응의 서양식 확대판으로 보일 수도 있다. 그러나 한쪽이 주술에 이끌리고 있다면, 다른 한쪽은 과학을 끌고 오려 한다는 차이가 있다.

지구가 스스로를 조절하는 거대한 유기체라면, 인간이 지금까지 지구에 자행한 것을 그대로 수용하는 것이 오히려 비정상일 것이다. 인간이 자행한 자원의 채굴과 그것을 활용한 전 지구적 오염과 파괴는 지구가 정상성과 항상성을 유지할 수 있는 한도를 오래전에 넘어섰을 것이다. 질적인 변화는 임계점을 넘어 섰을 때 일어난다. 인간은 이제 점성술적인 관념으로 하늘의 변화를 보거나 주술적인 믿음으로 땅의 징후를 보고 있을 수 없음을 안다. 몸으로 하늘과 땅의 장소적 변화를 겪고 있기 때문이다.

그리고 아는 것이 전부가 아님도 안다. 앞에서 보았듯이, 공간은 장소와 다르고, 관찰자는 행위자와 다르고, 인식적 진리는 실존적 진리와 다르고, 이론은 실천과 다르다. 하늘과 땅을 더 이상 이런 상태나 더 악화되는 상태로 방치하느냐, 아니면 개선하느냐 하는 것은, 이 둘, 곧 각각의 전자와 후자를 종합할 수 있는 힘을 인간이 발휘할 수 있느냐 없느냐 하는 것에 달려 있을 것이다.

풍경과 영혼

본디 '풍경'은 거리를 두고 바라보는 자의 것이다. 시야에 들어온 들판과 산천이라는 풍경은 향유하는 자가 붙인 이름이지, 그곳에서 일하는 사람들이 붙인 명칭이 아니다. 일하는 사람들에게 그곳은 일터이자 작업 '환경'일 뿐이다. 다시 말해 향유하는 자에게 풍경은 눈으로 바라보고 즐기는 공간이고, 일하는 자에게 환경은 몸을 움직이고 부대껴야 할 장소이다.

그렇다고 하여 풍경이 늘 거리를 둔 시각적 요소로만 감지되는 것은 아니다. 풍경을 제대로 향유하는 자가 가까이 다가가면, 그 풍경은 물소리와 새소리, 나무 냄새와 꽃향기, 바위와 물의 촉감 등 시각보다 더 예민하고 원초적인, 신체의 다양한 구체적 감각으로 느껴지는 대상으로 다가오기도 하기 때문이다.

오감으로 감지되는 빼어난 풍경을 만나면 그것을 자주 접하고자 하는 마음이 생기게 되고, 그것을 글에 담거나 그림으로 옮기고 싶은 심정에 이르기도 하며, 풍경을 찾아가는 데서 머물지 않고 그 풍경을 가까이 두고자 하는 마음으로 한층 더 나아가기도 한다. 이렇게 풍경과 가까워져 풍경을 겪다 보면, 풍경과 마음의 교감이 이루어져, 풍경은 단순히 외부에 머무는 감지/인지/인식의 대상이 아니라, 체험의 대상으로 변하여 내부로 들어오게 된다. 다시 말해 외부 풍경은 영혼의 내면 풍경이 되기도 한다.

풍경

리처드 니스벳은 세상을 바라보는, 동양과 서양의 서로 다른 시선을 비교하면서, 중국인의 특징을 간략히 서술한 적이 있다. "모든 중국인은 성공하고 있을 때는 유교도이고, 실패하면 도교도가 된다"[1]고. 도가/도교가 이상적인 상태로 본 것은 자연이다. 중국인으로서 벼슬/출세(유교도)를 버리고 고향/자연(도교도)으로 돌아간 자를 대표하는 인물은 노자와 도연명이다.

풍경을 언급하는 대부분의 사람들은, 특히 「귀거래혜사歸去來兮辭」나 많은 산수시 또는 전원시를 남긴 자연 애호가로서의 도연명이 '풍경'이라는 말을 처음 썼을 것이라 짐작한다. 그러나 그의 전집에는 '풍물風物'이란 단어만 있을 뿐[2], 풍경이라고 적시하여 묘사한 곳을 찾을 수 없다. 풍물을 '풍광風光과 경물景物'의 줄인 말로 보면, 풍물을 풍경으로 번역할 수는 있다.

어쨌든 풍경이라는 단어가 그의 글에 등장하지 않은 것만은 확인할 수 있다. 풍경이라는 말을 문헌상으로 처음 만날 수 있는 곳은 도연명의 시문이 아니라 유협의 『문심조룡』이라는 책이다.[3] 그 책의 「물색物色」 편에 "감정을 풍경 위에서 탐색했고"라는 구절이 나오는데, 이것이 풍경이라는 단어를 확인할 수 있는 최초의 경우로 보인다.

이후 이백의 시에서 가끔 풍광이라는 단어와 함께 풍경이라는 시어를 만날 수 있다. "늘 술을 마시며 풍경을 좇느라"(「친척 동생인 이지요

[1] 리처드 니스벳 지음, 최인철 옮김, 『생각의 지도』, 김영사, 2004, 42쪽.

[2] 도연명 지음, 이치수 역주, 『도연명 전집』, 「사천에서 노닐며」[序], 문학과지성사, 2011, 74-75쪽.

[3] 유협 지음, 황선열 옮김, 『문심조룡』, 「물색」, 신생, 2018, 487쪽.

남평태수에게 주다」 2수 중 제1수에서)⁴⁾, "풍경이 매번 근심을 일으키니"(「사공정」에서)⁵⁾, "금릉의 풍경이 좋아서"(「금릉의 신정」⁶⁾에서) 등이 이백의 시에서 풍경이라는 단어를 볼 수 있는 대표적인 경우이다. 두보의 시에서도 가끔 풍경이라는 시어를 만날 수 있다. "신정에서 눈을 드니 풍경이 처절하고"(「12월 초하루 3수」 중 제2수에서)⁷⁾, "바로 이것이 강남의 멋진 풍경"(「강남에서 이구년을 만나다」에서)⁸⁾ 등이 두보의 시에서 풍경이라는 시어를 만날 수 있는 대표적인 경우이다.

이처럼 당시唐詩에 이르면 풍경이란 단어뿐 아니라 풍경을 읊은 풍경시, 곧 자연시, 산수시, 전원시라고 일컬어지는 시작품이 풍성해진다. 송대宋代의 소동파가 '시중유화詩中有畵'의 예로 든, 왕유의 「산중에서」라는 시가 씌어진 것도, 후세에 그림 「한강독조도寒江獨釣圖」의 아이디어를 제공한, 유종원의 「강설江雪」이라는 시가 나온 것도 모두 이 당대이다.

"형계 시냇물 줄어 바닥 흰 돌 드러나고/날씨 차가워 어느덧 단풍잎도 드문데/한적한 산길에는 원래 비 내리지 않았건만/ 빈 산중의 짙푸름은 사람의 옷을 적실 듯하다."(「산중에서」)⁹⁾. 늦가을 산속에 들어가 거닐며 본 풍경을 그림처럼 묘사했다. 특히 마지막 구절은 그러한 풍경이 자신의 옷을 적시는 것으로 묘사해 놓았지만, 사실은 자신이 그 풍경 속으로 스며드는 듯한 표현으로 읽힌다. 그리고 예전 국어교과서에 실린 정비석의 「산정무한」에서 단풍을 묘사한 부분의 원형적 표현이라는 생각도 든다.

"새도 날지 않고/인적마저 끊겼는데/쪽배에 도롱이 삿갓 쓴 늙은이/눈 내리는 찬 강에 홀로 낚시 드리우네."(「강설」)¹⁰⁾. 흔히 빼어난 자연풍광을 두고 한 폭의 그림 같다는 말을 하는데, 이 시를 두고 하는 소리인 것 같이 느껴질 정도다. 낚시를 하는 노인의 차림새와 그 주위의

---

4) 이영주·임도현·신하윤 역주, 『이태백 시집 3』, 학고방, 2015, 361-362쪽.

5) 이영주·임도현·신하윤 역주, 『이태백 시집 6』, 학고방, 2015, 222쪽.

6) 이영주·임도현·신하윤 역주, 『이태백 시집 7』, 학고방, 2015, 276쪽.

7) 김만원·김성곤·김준연·박홍준·이남종·이석형·이영주·이창숙 역해, 『두보전집 제7권』, 서울대학교출판문화원, 2016, 623쪽.

8) 허만하 지음, 『길과 풍경과 시』, 솔, 2002, 44-45쪽에서 재인용.

9) 왕유 지음, 박삼수 옮김, 『왕유 시 전집 1』, 지식을만드는지식, 2017, 108쪽.

10) 이원섭 역해, 『당시』, 현암사, 1980, 416쪽.

풍경이 그대로 다가온다. 그래서 후세에 이런 풍경을 담은 그림의 원조가 되었으리라.

왕유가 보여준 '시중유화'의 자연시나 유종원이 보여준 '한강독조도'의 원조로서의 풍경시는 자연 풍경의 언어적 형상화다. 다시 말해 자연시나 풍경시는 풍경을 '글에 담은' 것이다. 이 풍경시는 풍경을 '그림에 담은' 풍경화의 선구가 된다. 풍경화는 풍경시라는, 풍경이 언어적 굴절을 거친 것에 만족하지 못하고, 풍경을 오롯이 그대로 가까이 가져오고 싶었던 마음에서 나타났다. 그래서 풍경시가 성행한 것이 당대였다면, 풍경화가 성행한 것은 그 후의 송대宋代였다.

그래서 북송北宋 시대에 이르면 풍경화/산수화에 대한 이론과 실제가 확립될 정도가 된다. 그 대표적 인물이 곽희이고, 그가 저술한 책이 『임천고치林泉高致』다. 이 책은 우리나라에도 들어와 산수화의 지침이 된다. 겸재 정선은 이 책을 외울 정도로 탐독했다고 한다. 흔히 애용되고 마주치기도 하는 '8경八景'도 북송 때 화가 송적이 「소상팔경도瀟湘八景圖」를 그리면서 비롯되었다고 한다.[11]

11) 강영조 지음, 『풍경에 다가가기』, 효형출판, 2006, 76쪽, 154쪽.

12) 노신 지음, 한무희 옮김, 『노신전집 Ⅲ』, 일월서각, 1987, 72쪽.

송나라 때 성행한 산수화는 청나라 때까지 이어지는 도중에, 그림을 벗어나 다소 부정적인 면모도 보였던 모양이다. 특히 소상팔경에서 비롯된 '8경'에 대한 열풍이 빚어낸 바람직하지 않은 모습을 루쉰은 그냥 지나치지 않는다. "우리들 중국인은 너나없이 대부분이 '십경병十景病'이라는 것을, 적어도 '팔경병八景病'을 앓고 있다. 그 병이 더욱 무거워진 것은 청조淸朝에 들어온 뒤인 듯하다."[12]

하기야 소상팔경이 우리나라와 일본에도 파급되어, 고려말에는 이인로, 이규보, 이제현 등이 소상팔경을 시제로 자주 사용하였을 뿐만 아니라, 지금 우리나라 곳곳에서도 웬만한 곳이라면 이 팔경이 없는 데가 없을 정도다. 루쉰이 비난한 중국의 팔경병이 우리나라를 그냥 스쳐가지는 않은 모양이다. 특히 지방자치 시대가 도래하면서 더욱 그러하지 않았는가. 한편으론 팔경을 내세워야 하는 지역 당사자의 입장에서 보면, 그 심정을 헤아리지 못할 것도 없을 듯하다.

그런데 풍경시 작법과 독법을 가르치는 글은 접하기 쉽지 않은 반면, 풍경화의 이론과 실제를 가르치는 글을 접하기는 그보다 쉽다. 아마 표현 수단의 다름이 그 바탕에 깔려 있겠지만, 그것만으로 쉽사리 단정 짓는 것은 단견이 될 수 있을 것 같다. 어쨌든 곽희는 앞의 책에서 산수화/풍경화를 그리는 이유, 곧 풍경화가 등장한 배경을 말하고 있다.

"임천林泉을 사랑하고 구름과 안개를 벗 삼으려는 뜻은 꿈속에서도 그리는 바이지만, 실제로는 눈과 귀로 보고 듣고 싶은 것은 단절되어 있다. 이럴 때 훌륭한 솜씨를 얻어서 산수를 생생하게 그려낸다면, 대청이나 방안에서 나오지 않고서도 천석泉石과 계곡을 즐길 수 있다. 이것이야말로 세상 사람들이 산수를 그리는 것을 귀하게 여기는 까닭이다."[13] 그러니까 실제의 풍경을 그림으로 대신한 것이 풍경화 또는 실경實景/진경眞景산수화라는 것이다.

그러면서 그는 산수화를 그리는 자의 근본 자세에 대해서도 한 마디 하는 것을 잊지 않았다. "화가는 무엇보다 먼저 그리고 싶은 강과 동산과 정신적으로 하나[혼연일체]가 되어야 한다."[14]고. 그러면 풍경과 하나가 되어 그 풍경을 마음에 담아온 화가가, 풍경화를 감상하는 사람이 자신과 똑같이 그 풍경을 그림을 통해 느끼도록 하기 위해서는 풍경을 화폭에 어떻게 옮겨 놓아야 하는가.

정선은 이에 대한 나름의 고안물을 마련했다. 자신이 풍경 속을 거닐고 풍경을 감상하며 그것과 혼연일체가 되었듯이, 그림 속에 자신과 같이 풍경을 감상하는 인물을 그려 넣는 것이다. 따라서 진경산수화를

13) 강영조 지음, 앞의 책, 77쪽에서 재인용.

14) 헤르만 폰 카이저링 지음, 홍문우 옮김, 『방랑하는 철학자』, 파람북, 2023, 345쪽에서 재인용.

제대로 감상하려면, 그림 속의 인물처럼 자연 공간을 소요하듯이 보아야 한다. 그렇게 되면 감상자는 단순히 화가의 그림을 감상하는 것이 아니라, 화폭 속으로 들어가 화폭 속의 인물처럼 풍경을 체험하는 것이 되는 것이다.[15]

그래서 겸재는 진경 또는 실경을 즐겨 그리면서, 자신이 그린 풍경을 감상하는 방법으로서, 풍경화 속에 배치해 놓은 조망점眺望點과 인물들의 조망 행동, 곧 감상 대상의 초점과 감상 주체의 시선이 마주치는 세부적인 행동, '올려다보다-내려다보다-바라보다-둘러보다-언뜻 보다-넘어보다-사이로 보다-마주보다' 등을 통해, 풍경을 자세히 감상하도록 했다. 다시 말해 그림 속 인물의 행동이 그림 속 풍경을 제대로 보는 방도가 되도록 하고, 그것이 다시 그림 밖 감상자가 그림을 제대로 보는 지침이 되도록 한 것이다.

그런데 그림으로 풍경을 대신하는 것에도 한계가 있었을 것이다. 게다가 풍경 곧 자연을 단순히 심미적 차원으로만 간주할 수 없었던 노자나 공자의 후예라 자처하는 인물들은 더욱 그러했을 것이다. 그래서 발품을 팔아 직접 자연 속으로 걸어 들어갔다. 신라 말의 최치원과 고려 말의 이색은 스스로 그렇게 했고, 조선 초의 김시습과 남효온은 불가피하게 그렇게 했으며, 조선 중기의 조식과 이황도 또한 스스로 그렇게 했다.

그들에게 가야산, 봉화산 및 상대산, 금오산(경주 남산), 금강산 및 지리산, 지리산, 청량산 등의 자연은 커다란 풍경인 동시에 커다란 책이었다. 풍경 곧 자연은 그 자체로 머물지 않고, 사물과 자신 그리고 다른 인간과 세상을 살피고 터득하게 하는 '경관 텍스트'가 된다. 그래서 사물을 보고(관물觀物), 자기를 성찰하고(찰기察己), 다른 사람을 살

15) 강영조 지음, 앞의 책, 78쪽 참조.

피며(찰인察人), 세상을 살펴보는(찰세察世) 데까지 이르게 된다. 이것은 심미審美의 주객 혼융일체인 동시에, 체득體得의 주객 합일의 경지라[16] 하겠다.

이러한 과정에서 생긴 심미적 표현이 분출된 것이, 바로 '팔경'을 떠올리게 하는 '구곡' 내지 '십이곡'이다. 이 역시 그 근원은 팔경이 그러한 것과 마찬가지로 송대에 닿아 있다. 신유학 또는 성리학을 확립한 남송南宋 주희의 「무이구곡가武夷九曲歌」가 그 원조다. 성리학을 들여온 안향의 조카 안축의 「죽계별곡」, 이황의 「도산십이곡」, 이이의 「고산구곡가」가 이 대열에 들어선 시가들이다. 주희가 그러했듯이, 자신이 들렀던 산천 계곡의 절경을 지나치지 못하고 시에 담아 놓은 것이다. 시가의 내용을 살피면 심미에 머물지 않고 체득으로 나아가고자 하는 의도가 읽히기도 한다.

집을 나서 자연을 찾아가던 의지를 더 밀고 나가면 어떤 것이 나타날까. 그것은 자연으로 향하던 발길을 돌려 자연을 자기 가까이로 가져오는 것이다. 바로 집에 또는 집 가까이에 정원을 마련하는 것으로 나타난다. 그러면 멀리 가지 않고도 풍경화보다 더 실감나게 실제의 자연과 더불어 사는 삶이 가능해진다.

이런 정원을 마련하는 사람은 어떤 사람들일까. 앞의 니스벳의 말에서도 짐작할 수 있듯이, 현실을 순조롭게 헤쳐나간 인물들이 아니다. 물론 왕유와 같이 벼슬길과 전원을 아슬아슬하게 왔다 갔다 한 인물도 있고, 드물게는 이현보처럼 치사객致仕客으로 벼슬살이를 끝내고 고향 산천으로 돌아가 말년을 여유롭게 지낸 인물도 있으며, 대부분의 벼슬아치들처럼 벼슬살이에 허덕이며 전원을 꿈꾸기만 하다가 끝내 누리지 못한 인물도 있다. 그러나 대체로 동서양을 막론하고 정원을 탄생시킨 사람들은 현실 정치에 실망하고 낙향한 관리나 정치인이었다.[17]

16) 최원석 지음, 『사람의 산, 우리 산의 인문학』, 한길사, 2014, 367쪽.

17) 강영조 지음. 앞의 책, 102쪽.

한국의 대표적 정원인, 전남 담양에 있는 소쇄원도 예외가 아니다. 양산보는 스승 조광조가 기묘사화로 참화를 겪는 것을 보고 낙향하여 계곡에 정원을 조성했다. 그는 평소 도연명을 흠모하고 '귀거래사'를 탐독했다고 하는데, 아마 그의 처지를 도연명의 처지와 동일시한 심사에서였을 것이다. 정원 조성에 도움을 준 대표적인 인물은 면앙정 송순과 하서 김인후다.[18]

특히 김인후는 「소쇄원 48영」을 지어 오감을 활용한 '오감 풍경 감상법'을 제시하기도 했다. 이 감상법은 풍경과 신체와의 철저한 상호 교섭을 보여준 것에 그 특징이 있다. "시선의 이동과 회전, 시야의 섬세한 변이, 풍경의 조건에 조응하는 신체 자세, 자연에 협음하는 인공의 소리를 선별하는 예민한 귀, 전신으로 감지하는 경물들의 감촉, 그리고 풍경과 교향交響하는 음식물을 가려내는 미각" 등이 김인후식 풍경 감상법의 요체다.[19] 이는 또한 외부 풍경이 신체적 접촉과 교감의 결과로, 그것이 일종의 각인이 되어 내면 풍경으로 전화되는 전초가 된다.

이러한 정원, 곧 정치 현실에 좌절하고 실망한 사람이 조성한 정원은 어떤 모습으로 나타날까. 그것이 그들을 좌절하게 한 현실의 오탁汚濁과는 확연히 다른, 이상적인 상태를 상징하는 모습이 되리라는 것은 쉽게 짐작할 수 있다. 인간 현실에 때 묻지 않은, 자연 그대로의 정갈한 모습으로 '신선'이나 '정토' 또는 '낙원'을 이미지화하며 지향했을 것이다.

그래서 정원을 구성하는 요소들의 명칭은 도교적, 불교적, 성리학적 세계관이나 가치관에 의존한다. 전북 남원의 광한루원의 세 개 섬, 곧 오작교 옆 오른쪽의 영주도, 중앙의 봉래도, 왼쪽의 방장도는 각각은 도교의 신선 세계인 삼신산, 곧 영주산, 봉래산, 방장산을 본떠 조형한 것이다.[20]

18) 역사경관연구회 지음, 『한국정원답사수첩』, 동녘, 2008, 167쪽, 181쪽 참조.

19) 강영조 지음, 앞의 책, 40쪽.

20) 역사경관연구회 지음, 앞의 책, 98쪽.

사찰에 있는 연지蓮池는 연꽃을 심어 완상하기 위한 못으로서, 불교의 극락정토를 본떠 현세에 구현해 놓은 것이다. 또 다른 못으로는 부처의 그림자를 비추기 위한 불영지佛影池, 탑의 그림자를 비추기 위한 탑영지塔影池, 산의 그림자를 비추기 위한 산영지山影池도 있다.[21]

대부분의 정원에는 연못을 만들었는데, 둘레는 사각이고, 안쪽에 둥근 섬이 있다. 성리학적 우주관인 천원지방天圓地方을 압축하여 형상화한 것이다. 집 안에 하늘과 땅, 물과 섬을 다 들여온 셈이다. 섬에는 적송을, 못 안에는 수련을, 못가 언덕에는 수양버드나무와 대나무를 심는데, 이 나무들 조성에도 대체로 성리학적 가치관을 적용시켰다.

정원에는 그 안을 거닐며 완상할 수 있는 이런 자연적 요소 외에도, 안착하여 쉴 수 있는 인공적 요소인 각閣, 루樓, 정亭, 당堂 등을 마련했다. 이러한 요소들의 이름을 짓는 데에는 역시 고대 시문詩文이 동원되었다. 고대 그리스의 플라톤에게 이데아가 있었듯이, 옛 사람들에게는 현실의 모든 실상에는 원형이 있고, 실상은 원형에 기댐으로써 후광 또는 아우라를 내뿜기를 기대했을 것이다.

소쇄원의 '광풍각光風閣'과 '제월당霽月堂'은, 송나라 소동파의 문인門人 황정견이 주무숙(주돈이)의 인물됨을 말하면서, "비 개인 뒤 해가 뜨며 부는 청량한 바람과 같고, 비 개인 하늘의 상쾌한 달빛과 같다/광풍제월光風霽月"고 한 글에서 유래했고, 전남 구례의 '운조루雲鳥樓'는 도연명의 「귀거래혜사」의, "구름은 무심히 산봉우리에서 피어오르고, 새는 날다 지쳐 제 집으로 돌아올 줄 아네/운무심이출수雲無心以出岫, 조권비이지환鳥倦飛而知還"라는 구절의 앞 글자에서 하나씩 따온 것이며, 전남 순천시의 송광사 '우화각羽化閣'은 소동파의 「적벽부」의 한 구절, "날개 돋쳐 날아오르는 신선/우화이등선羽化而登仙"에서 따왔다고 한다.[22]

21) 앞의 책, 338쪽.

22) 앞의 책, 179쪽, 125쪽, 191쪽.

영혼

정원은 인간이 풍경으로 다가간 최종적인 모습일까? 풍경을 감지 또는 인식 대상으로서의 공간이나 객체로 대한다면 더 나아갈 수 없을지도 모른다. 칸트가 말했듯이 인간 이성으로는 물자체 또는 객체는 알 수 없고 단지 그것에서 비롯되는 表象표상만 볼 수 있을 뿐이기 때문이다. 그때 인간은 그 표상을 사물 또는 객체 자체라고 착각할 수 있다. 그러나 인간에게는 이성 능력 외에 또 다른 능력이 있기에, 보고 즐기는 대상이나 인식 대상으로서의 풍경에 머물지 않고 나아간다.

노자는 풍경 곧 자연에서 인간의 사유와 그 결과물을 훨씬 상회하는 원리를 찾아 함축적인 언어로 표현했다. 그러면서 인간 사유의 현실적 한계를 깨닫게 했다. 스피노자는 자연이 곧 신이라는 명제를 내세움으로써 자연을 신과 같은 자리에 놓았다. 그러면서 이른바 정통 종교가 가진 신앙적 한계를 돌아보게 했다. 헨리 데이빗 소로는 자연을 무수한 수련을 통해 스스로를 완성시킨 존재로 파악했다. 그러면서 돌 속에 설교가 응축되어 있고 냇물 속에 책이 흐르고 있다고 일깨워 주었다. 이러한 사유는 결국 자연을 신앙의 대상으로 삼는 종교로까지 나아가게 만들었다.

애니미즘 또는 샤머니즘이 그러한 자연 숭배의 원초적 모습이기는 하다. 그러나 현대에 와서도 인간 문명의 한계와 그로 인한 혐오감으로 자연을 종교화하는 경우가 생기기도 한다. 그 대표적인 인물 중 하나가 초월주의 철학자 에머슨의 친구인 존 뮤어다. 그에게 인간이 발달시켜 온 문명은 영혼과 무관하게 존재한다. 도시와 문명 그리고 그것을 바탕으로 영위되는 현실 종교는 인간 영혼에게 말을 거는 능력을 상실했다. 인간의 영혼에게 말을 거는 것은 야생 풍경밖에 없다. 그래서 사람과

도시를 떠나 영성이 오롯한 자연을 발견하고자 요세미티로 간다.[23]

그러나 자연이 성지이고 풍경이 신전이어서 그것이 믿음의 대상이 될 수는 있지만, 많은 종교가 그러하듯이, 인간 외부의 자연과 풍경을 영혼의 내면 풍경으로 변화시키는 방법론을 제시하는 것을 보는 것은 쉽지 않다. 종교는 대체로 절대적 가치를 내세우며 믿음 또는 숭배를 일방적으로 내면화하기를 강제할 뿐, 그 절대적이고 보편적인 가치를 상대적이고 개별적인 인간 개개인이 주체적 입장에서 어떻게 다가가서 안으로 받아들여야할지 자세히 가르쳐주지는 않는다. 그것은 개인에게 맡겨진 과제가 되기 십상이다.

물리학자로 출발한 가스통 바슐라르는 객체에 부합하는 과학적 사고를 방해하는 사유를 찾다가 상상력을 발견했다. 그 상상력을 적극적으로 탐색한 결과, 그것은 이성 능력과는 다른 독특한 자신만의 능력을 지니고 있고, 또한 여러 차원이 있음을 알아냈다. 이성과 상상력은 마치 논리적 사유와 직관의 관계처럼, 서로를 배제하는 능력이라기보다는, 대비되면서 또한 상호 보완하여 인간의 능력을 온전하게 하는 것으로 파악된다.

외부 풍경을 객관적, 합리적 이성만으로 사유해서는 내면 풍경이 될 수 없다. 객관적이고 합리적인 사유인 이성에서 보면, 외부와 내면 사이를 인간 몸이 경계 지으며 막고 있기 때문이다. 이 경계를 관통하여 길을 내어, 외부와 내부가 소통하고 교감하여, 외부 풍경이 내면 풍경으로 전환되기 위해서는 이성과는 다른 인간의 능력이 필요하다. 그것이 곧 상상력이다.

이성이 객체를 그대로 두고 관찰하여 객체의 본질과 현상을 파악하는 방법이라면(사고실험이 아닌 실험실의 견본/조작 실험은 제외하고), 상상력은 객체의 경계와 형태를 허물고 객체 내부로 들어가거나

[23] 리베카 솔닛 지음, 양미래 옮김, 『야만의 꿈들』, 반비, 2022, 344-345쪽 참조.

객체를 해체하며 사유하는 방법이다. 허물고 해체하여 다시 생성하는 상상력을, 바슐라르는 그 단계에 따라 형태적 상상력, 물질적 상상력, 역동적 상상력이라 부른다. 이 외에도 상상력의 인류적인 보편성을 말하기 위해 융의 원형 개념을 빌려온 원형적 상상력을 제시하기도 하는데, 여기서는 논외로 하기로 한다.

형태적 상상력은 물자체에 대한 이성의 한계처럼, 외부의 대상을 그대로 둔 채 상상하기 때문에 주체의 상상력은 대상의 표면에 머물다 떠나가는 한계를 드러낸다. 외부 대상의 표면을 뚫고 들어가는 직관처럼, 형태적 상상력의 한계를 극복하기 위해서는 외부 대상을 물질로 분해하여 그 근저에 있는 본질적인 물질로 드러내는 물질적 상상력이 필요하다. 고대 그리스의 물·불·공기·흙이나, 인도 고대철학인 로카야타 학파(또는 차르바카 학파)와 자이나교 및 불교의 지地·수水·화火·풍風도 물질적 상상력으로 탐구한, 자연의 본질적 물질의 사례다.

그러나 물질적 상상력을 발동하여 물질 또는 사물의 본질을 알아냈다 하여 그것이 온전히 주체 자신의 것이 되지는 않는다. 형태적 상상력이 사물의 형태 표면을 스쳐 가는 것이라면, 물질적 상상력은 비록 형태를 본질적인 물질로 환원하여 인식했지만, 아직 물질 자체에 머물러 있다. 이를 주체의 내부로 끌어들이기 위해서는 역동적 상상력이 필요하다. 이는 주체의 내재화에 저항하는 대상을 주체의 의지로 제압하고 주체의 것이 되게 하는 꿈이자 힘이다.[24]

이 역동적 상상력으로 풍경을 대하거나 풍경의 요소들을 접하면, 풍경은 단순히 여기저기에 있는 존재가 아니게 된다. 그것은 모두 자신의 꿈과 의지를 실현하고 있는 존재이다. 나무는 땅 위에 그저 서 있는 물체가 아니라, 가지는 하늘을 향해 상승하고 뿌리는 땅속으로 하강하

[24] 이상의 바슐라르의 상상력의 단계에 대한 설명은, 곽광수·김현의 『바슐라르 연구』, 민음사, 1976, 29-34쪽 참조.

여, 존재의 높이와 깊이를 실현하는 생명체가 된다. 산정의 바위는 그저 산을 장식하는 물체가 아니라, 산 밑에서는 상상할 수 없는 비바람과 추위로 스스로를 단련시킨 견고한 존재가 된다.

자연이나 풍경 또는 사물을 이러한 역동적 상상력으로 파악할 수 있다면, 또는 이를 예술로 형상화한 것을 제대로 감상할 수 있다면, 그것은 주체를 변화시키는 감동을 준다. 그러한 감동을 바슐라르는 '혼의 울림'이라 했다. 혼의 울림은 일시적일 수도 있지만, 때로 주체의 영혼에 지워지지 않는 '각인刻印'으로 존재할 수 있다. 그때 외부의 풍경은 내면의 풍경, 곧 영혼의 한 자락이 된다.

길 위의 철학자였던 에릭 호퍼는 이를 인간과 인간 사이에도 적용하여 말한 적이 있다. 그는 오랜 세월 동안 만난 수천의 얼굴 중에 마음속에 새겨져 내면 풍경이 된 얼굴이 12명을 넘지 않는다고 말했다.[25] 내면 풍경이 된 얼굴은 어떤 얼굴일까. 아마 아름다운 영혼이 외부로 표출된 그런 얼굴이 아니었을까. 그래서 스스로 그런 영혼이 되는 것을 삶의 목표로 삼는 사람도 있고, 그런 영혼을 만나는 것을 인간관계의 목표로 삼는 사람도 있다.

이러한 아름다운 영혼은 사람에게서만 발견되는 것은 아니다. 역동적 이미지로 존재의 높이와 깊이를 보여준 나무에게서도 아름다운 영혼을 읽어낼 수 있다. 나무는 자신의 생성물에 집착하지 않는다. 나무는 잎을 만들지만 잎을 고집하지 않는다. 잎은 때가 되면 떨어져 소로가 말한 것처럼, 인간에게 어떻게 죽어야 하는지를 일러준다. 또한 잎이 떠나간 자리에 열매가 맺혀, 잎을 버림으로써 한 단계 성숙을 성취할 수 있음도 보여준다.

위와 같은 나무에 대한 서술을 시로 형상화한다면 어떤 시가 될까.

25) 에릭 호퍼 지음, 방대수 옮김, 『길 위의 철학자』, 이다미디어, 2014, 145쪽.

이형기의 시 「낙화」가 이를 명징하게 보여준다. "가야 할 때가 언제인 가를/분명히 알고 가는 이의/뒷모습은 얼마나 아름다운가.//봄 한 철/ 격정을 인내한/나의 사랑은 지고 있다.//⋯지금은 가야 할 때/무성한 녹음과 그리고/머지 않아 열매 맺는/가을을 향하여/나의 청춘은 꽃답 게 죽는다.//⋯나의 사랑, 나의 결별/샘터에 물 고인 듯 성숙하는/내 영혼의 슬픈 눈."[26]

이처럼 나무는 소유의 양적인 축적만으로는 영적인 성숙, 영혼의 아 름다움을 이룩할 수 없음을 스스로의 변화를 통해 보여준다. 그래서 나무와 성인聖人은 공통점을 가진다고 말하기도 한다. 그 둘은 하늘과 땅의 기운을 경청하여 소통함으로써 천지자연의 도를 실현하는 존재자 이기 때문이다.[27] 노자가 말한 것처럼 천지자연은 자신을 위해 살지 않기 때문에 영원하다. 인간은 자신을 위한 욕망에 사로잡혀 살기 때문 에 영원하지도 못하고 치명적致命的인 존재가 된다. 들뢰즈는 욕망의 이 치명성을 명쾌하게 지적한 적이 있다. 욕망은 자기 파괴에 이르기까 지 만족을 모른다고.[28]

자신의 양적인 축적 욕망에 사로잡혀 자기를 파괴하지 않고, 오히려 존재 변환을 통해 아름다운 영혼을 보여주는 존재가 나무와 같은 식물 만 있는 것은 아니다. 동물, 그것도 곤충에게서 이런 경우를 찾아낼 수 있음을 생물학자 베른트 하인리히는 흥미롭게 보여준다. 그에 따르 면 곤충은 그 생애주기 중에 여러 차례 탈피를 겪으면서 성충 단계에 도달하며, 탈피할 때마다 몸이 더 커지고 형태도 바뀌곤 한다.

메뚜기와 개미처럼 탈피 과정에서 형태의 변화가 거의 없는 것이 있 는가 하면, 나비와 딱정벌레처럼 '파국적일' 만큼 극적인 신체 변형을 겪는 것도 있다. 이 후자의 경우는 변태 과정에서 전자의 경우와는 전 혀 다른 유전자 지침이 작용하는 것으로 짐작되기도 한다. 소동파의

[26] 한국언어문화연구원 편, 『한국 대표 명시 2』, 빛샘, 1999, 470쪽.

[27] 강판권 지음, 『나무철학』, 글항아리, 2019, 45-47쪽.

[28] 김상환·홍준기 엮음, 『라깡의 재탄생』, 창작과 비평사, 2002, 346쪽.

글에서 보았듯이, 인간은 신선이 되어 날아오르기를 꿈꾸지 않았는가. 조장의 풍습을 가진 민족은 사후에 새가 되어 하늘을 맘껏 날기를 꿈꾸지 않았는가. 우화羽化하는 곤충은 우화를 통해서 한 개체에서 다른 개체로의 부활, 한 종에서 다른 종으로의 환생을 살아서 스스로 실현하고 있는 것은 아닌가.[29]

이처럼 외부의 풍경/자연이나 그 요소를 상상력으로 접근하면, 이성으로 다가갔을 때와 달리, 그것들에서 많은 것을 읽어내며 감탄하고 감동하게 된다. 나아가 그 결과는 자연 경배의 신앙이 되기도 하고, 철리 파악의 사상이 되기도 하며, 인간에게 사라져 가는 영혼의 실체가 되기도 한다. 그러한 과정에는 외부 풍경을 내면 풍경으로 변전시키고자 하는 꿈과 의지가 담겨 있음이 느껴지기도 한다.

그러나 외부 풍경이 어떻게 내면 풍경으로 변전되는가, 다시 말해 객체의 외부 풍경이 주체와 어떻게 접촉하고 교감하고 교류하여 내면 풍경이 되는가, 곧 그 과정이 제대로 묘사되는 것을 접하기는 쉽지 않다. 물론 그 과정이 전광석화처럼 순식간에 이루어져 주체 자신도 그것을 제대로 파악할 수 없었을 가능성도 있다. 하지만 드물게 그 과정을 묘사하는 글을 만나는 행운을 누릴 수도 있다.

하나는 '나무'이고 또 하나는 '바위'다. 나무가 아닌 숲은 하이데거의 사유에서도 만날 수 있다. 하이데거는 『숲길』에서 존재의 비은폐성을 접할 수 있는 가능성의 공간으로서 '숲속의 빈터'를 제시한 적이 있다. 하지만 그의 사유는 존재를 좇아가는 탐색에 집중되어 있어, 숲을 이루는 나무가 나의 내면으로 들어오는 과정에 관심을 두어 묘사하지는 않는다.

나무라는 외부 풍경이 어떻게 주체의 영혼으로 들어와 내면 풍경으

---

[29] 베른트 하인리히 지음, 김명남 옮김, 『생명에서 생명으로』, 궁리, 2015, 240쪽.

로 자리 잡는가. 이 과정을 형상화한 이는 시인 박목월이다. 허만하 시인도 그의 책에서 이 시에 대해, "'안'이 드러나는 희귀한 사례"로 언급한 적이 있다.30) 「나무」라는 그의 시를 읽다 보면, 비록 시라는 형식적 한계 때문으로 여겨지는, 구체성의 결함이 없지는 않지만, 어쨌든 외부 풍경의 내면적 전환을 또렷하게 묘사하고 있다.

"유성에서 조치원으로 가는 어느 들판에 우두커니 서 있는, 한 그루 늙은 나무를 만났다. 수도승일까. 묵중하게 서 있었다./다음 날 조치원에서 공주로 가는 어느 가난한 마을 어구에 그들은 떼를 지어 몰려 있었다. 멍청하게 몰려 있는 그들은 어설픈 과객일까. 몹시 추워 보였다./공주에서 온양으로 우회하는 뒷길 어느 산마루에 그들은 멀리 서 있었다. 하늘 문을 지키는 파수병일까. 외로워 보였다./온양에서 서울로 돌아오자 놀랍게도 그들은 이미 내 안에 뿌리를 펴고 있었다. 묵중한 그들의, 침울한 그들의, 아아 고독한 모습. 그 후로 나는 뽑아낼 수 없는 몇 그루의 나무를 기르게 되었다."31)

외부 풍경으로서의 나무는 세 가지 모습으로 포착되는데, 이는 주체인 내면 풍경과 조응하기 위한 예비 단계의 모습이다. '들판에 서 있는 한 그루 늙은 나무', '마을 어구에 떼를 지어 몰려 있는 나무들', '산마루에 멀리 서 있는 나무들'은 주체의 마음에 들어오기 위해서는 한 차례 변전을 겪어야 한다. 그것은 묵중한 수도승, 몹시 추운 과객, 외로운 파수병으로 의인화되어야 한다. 그것은 주체의 자아상을 되비추는 모습이어야 하기 때문이다. 그래야 주체의 자아와 동일시되거나 합치되어 내면으로 쉽게 들어올 수 있다.

그러나 이러한 의인화된 동일시나 합치는 일시적인 심정에 머물 수도 있지만, 여기서는 그러한 상태를 넘어선다. 내 안에 뿌리를 내리고 있기 때문이고, 내가 그 나무들을 기르게 되었기 때문이다. 이는 나아

30) 허만하 지음, 앞의 책, 68쪽.

31) 한국언어문화연구원 편, 『한국의 명시 1』, 빛샘, 2000, 80쪽.

가 외부 풍경인 나무의 모습이 주체의 자아에 초래한 심정인 묵중과 침울 그리고 고독의 상태를 당분간 지속할 것임을, 어쩌면 그러한 상태를 지향할 것임을 짐작할 수도 있다.

다만 여기서 확인해 보아야 할 것은, 풍경이 내면으로 자리 잡는 것이 어떤 경로를 통해서인가 하는 점이다. 결론은 그것이 '체득'으로 보기에는 아쉬운 면을 남기고 있다는 것이다. '득'은 명확히 묘사되어 있지만, 시각적 요소만 뚜렷하고 '체'를 통한 경로가 묘사되어 있지는 않다는 것이다. 몸의 경로를 통과한 체험이 아닌 것이 지속적인 효력을 발휘하는 경우가 드묾은 보편적인 진실이 아닌가.

그래서 체득이라는 경로를 통해 영혼에 각인된, 외부 풍경의 내면화를 암벽 등반 과정으로 묘사한 경우를 살펴볼 처지에 이르게 된다. 그 사례 중 하나가, 그의 등단작인 황석영의 「입석부근立石附近」[32]이다.

32) 황석영 소설집, 『객지』, 창작과비평사, 1976, 357-388쪽.

"사람들은 산을 그저 올려다보는 것만으로 만족해했다. 그것은 피와 살을 가지고 있지 않은 산이며, 그림엽서나 사진 같은 창조가 없는 산이었다. 모든 사랑은 밖에서 바라보는 것이 아니고, 그 속으로 파고 들어가서 직접 그것과 갈등을 불러일으키는 행동에서부터 출발한다는 것을 차츰 알게 되었다."

이 진술은 먼저 산에 대해 일반인이 지니고 있는 태도를 지적한다. 그것은 풍경/산에 대한 구경꾼/관광객의 관점이자 형태적 상상력에 머문 입장이다. 이는 풍경/산의 외부와 표면을 넘어서지 못한다. 외부와 표면을 뚫고 들어가기 위해서는 구경하는 단계를 지나 사랑하는 행위의 단계가 필요함을 말한다. 그것은 대상을 피와 살을 가진 생명체로 간주하는 것이며, 충돌과 갈등을 통해 교감하고 교류하는 존재임을 인식하는 것이다.

"얼굴들이 내 눈앞에 여럿 나타났다. 새로운 바위 길을 만들다 죽어간 친구들의 얼굴이었다. 제삼 피치를 개척하다 거꾸로 박힌 친구, 트라바스 횡단 중에 떨어져 암벽 위에 안면을 벗기우며 떨어져 죽은 친구, 야영에 눈사태를 만나 깔려 죽은 친구들."

사랑은 대상과의 충돌과 갈등을 필연적인 과정으로 수반하지만, 그 끝이 사랑의 온전한 모습으로 완성되지 않을 수도 있다. 그 끝에 죽음이 한계상황으로 도사리고 있을 수도 있다. 그것을 회피하다면 사랑은 시작도 할 수도 없다. 그래서 많은 이가 산을 오르고 거기서 죽을 수도 있는 것이다. 사랑은 도중에 죽은 자들의 희생 위에 이루어질 수 있는 것임을 기억함으로써 앞으로 그 완성을 향해 나아간다.

"나는 등에다 힘을 주고 자일을 당겨 쥔 채 곰처럼 바위에 붙어 있는 택의 구부정한 등을 내려다보고 있었다. 그의 허리에는 내가 잡고 있는 자일이 팽팽히 매어져 있었다. 나에겐 그것이 둘의 혈관이라고 느껴졌다. 그것은 엄마와 아가의 탯줄처럼 매우 신성하고 생명적인 것으로 느껴졌다."

한계 상황은 일상생활에서와는 유다른 의식이 발동한다. 암벽 등반의 동료는 일상에서의 친구와는 비교가 되지 않는 동료의식이 생겨나게 한다. 그것은 둘을 연결한 자일을 혈관으로 인식할 정도로, 엄마와 아기를 연결한 생명줄인 탯줄로 여겨질 정도로 진중하고 신성한 것이다. 이러한 연결과 밀착은 동료 사이에만 이루어지는 것이 아니다. 그 둘이 오르는 바위와의 사이에서도 이루어진다.

"바위 벽이 빈 것처럼 쿵쿵 울린다. 귀가 멍멍해진다. 하켄이 틈 안으로 한치 한치 파들어 가고 있다. 바지직, 바지직, 하며 바위 부스러기가 떨어진다. 나는 이 녹슨 쇠에 생명이 생겨서 내 피가 하켄 속의 혈관으로 흘러들어가는 것 같았다."

암벽 등반에 동원된 도구는 이제 단순한 등반 도구가 아니다. 암벽을 몸 전체로 제대로 오르기 위해서는 바위벽이라는 외적 형태에 상처를 내며 파고들 수밖에 없다. 그래야 바위벽이라는 외부와 표면에서 바위라는 존재의 안으로 들어가 내면의 본체와 만날 수 있다. 이것이 형태적 상상력의 한계를 돌파해 역동적 상상력을 발동시키는 사랑이고, 꿈이고, 의지다. 등반자의 피가 하켄을 통해 바위로 흘러들어가는 것이다. 마치 수혈자의 피가 환자의 몸으로 들어가 환자를 소생시키듯이.

"정상에 섰을 때, 우리들의 발밑을 튼튼히 받쳐줄 오직 하나의 근거지인 땅이 귀하고 고마운 곳임을 깨달았다. 하산해서 내려오면 우리 몸과 걷는 길이 새롭게 변해 있었다. … 그러므로 우리는 작업이 끝난 뒤 피곤한 몸을 끌고 산에서 내려올 때에, 위대한 사상이 적힌 책을 모조리 읽어 치우고 도서관을 나올 때의 소박한 자부심과, 여행이 끝나고 인파가 밀리는 도회지의 정거장을 나서면서, 나는 이 많은 사람들과는 다른 사람이다라고 느끼듯이 자기가 새 사람이나 된 것 같은 기분을 느끼곤 했다."

한계상황을 몸으로 통과한 사람은 그 이전의 사람과 달라진 사람이다. 한계상황은 그 이전의 그의 취약한 부분을 죽이고, 그 자리에 강인한 새로운 부분을 생성시켜 주기 때문이다. 이는 의례화한 차원이 아닌, 세상 모든 통과의례의 공식이기도 하다. 물론 이 한계상황에서의 체득이 영원한 효력을 지니는 것은 아닐 것이다. 그리고 한계상황이 체득해준 진실이 일상의 모든 계기에 적용되지 않을 수도 있다. 일상이 모두 한계상황은 아니기 때문에.

그러나 어쨌든 한계상황을 극복한 이의 영혼이 그전의 영혼과 달라져 있을 것임을 의심하기는 어려울 것이다. 그래서 유효기간이 지나면 또다시 스스로를 또 한계상황으로 몰고 가는 인물도 있다. 그런 대표적인 인물이 라인홀트 메스너다. 그는 등반을 통해 사상가가 된 사람이라 볼 수 있다. 그가 19세의 나이로 돌아가 소설을 쓰라는 요구를 받았다면, 아마 인용한 이 황석영의 소설과 비슷한 소설을 쓰지 않았을까 싶다.

"내 마음 속에는 어둠 가운데 우뚝 서 있는 또 하나의 거대한 바위가 생겨나고 있었다." 이것이 이 소설의 마지막 결론이다. 외부의 객체적 풍경이 내면의 주체적 풍경으로, 영혼의 확고한 모습으로 자리 잡은 것을 보여준다. 바슐라르는 바위를 대지의 골격이라 했다. 그렇다면 그 대지의 암벽을 오르는 것은 바로 오르는 자의 영혼에 사상의 골격을 세우는 것이 아니겠는가. 황석영의 이 소설은 외부의 풍경이 내면의 풍경으로 자리 잡는 과정과 그 결과를 하나의 전형으로 보여준다.

이와 정반대의 방향을 보여주는 경우도 있을 수 있다. 다시 말해 나의 내면 영혼을 쏟아 부어 외부의 물체를 만들어가는 것이다. 바로 장인과 그 장인이 만든 물건이 이에 해당된다. 장인이 만든 물건은 장인의 손놀림과 도구로만 만들어진 것이 아니다. 장인의 손과 도구는 앞의 인용 소설에서 본, 자일이나 하켄처럼 주제와 객체를 연결하는 혈관이나 탯줄처럼 피를 돌게 하고 생명을 생성시키는 끈일 뿐이다. 그 끈을 타고 피와 생명이 흘러야, 곧 장인의 심혼이 작품에 온전히 흘러들어 담겨야 비로소 장인의 작품은 완성된다. 그러나 이에 대한 구체적인 언급은 이 글의 범위를 넘어서는 것이다.

심연과 표면

인간은 삶을 순조롭게 영위하기를 바란다. 그것은 일상이 가볍게 진행되는 것을 의미하기도 한다. 순조로운 삶, 가벼운 일상은 장애나 방해 없이 매끄러운 표면의 길을 가는 것과 같다. 그러나 그러한 바람이 늘 이루어지지는 않는다. 매끄러운 길에 장애물이나 방해물이 나타나 가던 길을 어렵게 만들 수도 있다. 나아가 그것은 순조로운 삶, 가벼운 일상의 표면에 균열을 내며, 그 균열 사이로 또 하나의 차원, 곧 심연이 있음을 알려준다.

이러한 심연은 인간의 삶과 일상에만 존재하는 것이 아니다. 심연은 곳곳에 두루 존재한다. 심연은 단어 자체가 품고 있듯이, 물이라는 자연과 또 다른 자연인 땅뿐만 아니라, 인간의 마음에도, 심지어 신에게도 존재한다. 심연은 표면의 이면이기 때문에, 표면이 있는 곳에는 심연이 있을 수밖에 없다. 니체가 "인간이 있는 곳 가운데 심연 아닌 곳이 어디 있으랴! 삶을 들여다보는 것 자체가 심연을 보는 것이 아닌가"[1]라고 말한 것에서도 이를 짐작할 수 있다.

심연이 자신을 숨길 수 있는 표면을 필요로 하는 것처럼, 표면 역시 자신이 그 위로 몸을 늘여서 덮을 수 있는 내면의 무언가가 필요한 것이다.[2] 심연은 표면의 가벼움과 얇음 그리고 얇음을 떠받치는, 무게와

1) 프리드리히 니체 지음, 곽복록 옮김, 『차라투스트라는 이렇게 말했다』, 동서문화사, 2014, 167쪽.

2) 호세 오르테가 이 가세트 지음, 신정환 지음, 『돈키호테 성찰』, 을유문화사, 2023, 53쪽.

두께 그리고 깊이로 존재한다. 그것은 저절로 눈에 띄는 것도 아니고, 스스로를 보여주려고 하지도 않는다. 다만 그것을 들여다보려고 하는 이에게만 보일 뿐이다.

심연

심연深淵은 바다에서 시작된다. 지구 표면의 70% 이상을 차지하는 바다는 모든 생명체의 근원이며, 지구 생명체의 90%가 아직도 바다에서 살고 있다. 나아가 바다는 그 속의 생명체들뿐만 아니라 지상의 생명체들에게도 생존에 적절한 온도와 습도를 제공하며 지구 환경을 조절한다. 바다의 표층수와 심층수는 순환하며 태양 복사에너지와 인간의 활동으로 배출한 열을 흡수하여, 지구의 기후 환경을 유지하게끔 한다.

바다는 멀리 나아갈수록 깊어진다. 바다의 깊이는 산의 높이와 유사하다. 둘 다 인간의 생활공간에서 멀어지면서 깊어지고 높아진다. 산의 최고봉은 인간이 직접 오를 수 있지만, 바다의 최저 심연은 인간이 직접 가 닿을 수 없다. 산에서는 산소의 희박을 견딜 수 있지만, 심연에서는 수압을 견딜 수 없기 때문이다. 그래서 고산의 높이는 몸으로 체험할 수 있지만, 심연의 깊이는 몸으로 겪을 수 없다. 수치로만 알 수 있을 뿐이다.

우리 땅과 잇닿아 있는 남해는 평균 수심 100미터, 최대 수심 210미터 정도이고, 황해의 평균 수심은 44미터, 최대 수심은 103미터이며, 동해의 평균 수심은 1,350미터, 최대 수심은 1,530미터이다. 영역의 경계를 어디에 설정하느냐에 따라 차이는 있지만, 대체로 우리 땅 삼면에 면해 있는 바다의 평균 수심은 동네 가까운 산의 높이와 거의 같고, 최대 수심은 지리산이나 한라산의 높이에 못 미친다.

바다의 깊이를 몸으로 체험할 수 없다고 하여, 바다에서 생긴 조난 사고와 연루된 가족의 심정적인 깊이를 소멸시킬 수는 없다. 가까이는 세월호나 스텔라지호 사고가 그러했고, 다소 멀리는 우키시마호 침몰이 그러했다. 더 멀리는 타이타닉호도 그러했다. 심정적인 깊이는 당시의 충격으로도 가늠할 수 있지만, 오랜 시간의 경과로도 지울 수 없는 상처와 해결되지 않는 안타까움으로도 헤아려 볼 수 있다.

앞에서 본 것처럼, 황해의 수심은 그다지 깊지 않다. 그러나 그 바다에 새겨진 가족적·역사적 상처는 깊어, 시로 형상화되어 분단의 역사와 함께 이어지고 있다. "1947년 봄/심야/황해도 해주의 바다/이남과 이북의 경계선 용당포//사공은 조심 조심 노를 저어가고 있었다./울음을 터뜨린 한 영아嬰兒를 삼킨 곳./스무몇 해나 지나서도 누구나 그 수심水深을 모른다."[3] 바다에 수장된 혈육의 주검은 다시 가족의 가슴에 평생이라는 시간의 깊이로 묻힌다.

서구 문명의 중심이었던 지중해의 평균 수심은 1,458미터, 최대 수심은 4,404미터이고, 대서양의 평균 수심은 3,926미터, 최대 수심은 8,385미터이며, 인도양의 평균 수심은 3,963미터, 최대 수심은 7,450미터이고, 태평양의 평균 수심은 4,282미터, 최대 수심은 11,053미터이다.[4] 바다는 200미터 깊이로 내려가면 햇빛이 미치지 못하여 생물의 생존이 어렵고, 인간의 직접적인 탐사도 불가능한 심해深海가 된다. 심해는 그래서 많은 비밀과 내밀을 간직한 심연의 원천이 된다.

바다에만 심연이 있는 것은 아니다. 땅 위의 호수도 심연을 품고 있다. 지상 최고最古 최대의 호수는 바이칼호다. 저수량으로도 최대 규모이고, 수심도 1,742미터로 웬만한 바다의 수심을 능가한다. 바이칼호

---

3) 김종삼 시선, 「민간인」, 『북치는 소년』, 민음사, 1979, 82쪽.

4) 바다와 수심에 대한 언급은 김기태 지음, 『세계의 바다와 해양생물』, 채륜, 2008을 참조했음.

를 방문한 파블로 네루다는 바이칼호 연구소 연구원들에게 들었다는 과장된 이야기를 다소 들뜬 기분으로 전하기도 했다. "바이칼호는 우랄산맥의 눈동자다. 정확한 깊이는 모른다. 수심 2,000미터쯤 칠흑 같은 심연에는 장님 물고기가 잡힌다. 시베리아 보드카를 곁들여 이 고기 맛을 본 사람은 세상에 몇 안 될 것이다."라고.[5]

야생의 근저에는 고갈되지 않는 진실/진리가 있다고, 진실의 밑바닥은 깊다고, 부박浮薄한 세상에서는 진리/진실은 밑바닥으로 내려가 잠복한다고 여긴 헨리 데이빗 소로는 월든 호수의 깊이를 재보지 않고 그냥 지나칠 수 없었던 모양이다. 누구도 호수에 대한 측량 정보를 필요로 하지 않았는데도 불구하고, 그는 특기인 측량술을 발휘하여 인치까지 정확하게 표시한 월든 호수의 실측도를 만들었다. 그러면서 호수의 가장 깊은 지점이 102피트(약 31미터)라는 것을 밝혀, 메사추세츠주의 호수 중 월든 호수가 가장 깊다는 것도 확인했다.[6]

우리 땅에 대한 애정을 오롯이 대동여지도 제작에 바친 고산자 김정호 역시 백두산 천지의 심연을 지나치지 못했을 것이다. 김정호의 삶을 형상화한 소설에는 그가 혜산포수의 도움을 받아 통나무를 엮어 만든 배를 타고, 천지 한가운데로 나가 천지의 호심湖心을 재는 장면을 묘사해 놓았다. 당시의 도구로써는 실제의 깊이 384미터를 정확히 측정하기가 쉽지 않았을 것인데, 거의 실제 깊이에 가까울 정도의 결과를 얻었다. "세군데를 재보았는데 한곳은 980척(약 323미터)이구 다른 두 곳은 노끈이 모자라서 못쟀네. 그러니 이 못 깊이 천척(330미터)이 훨씬 넘는 것 같네."[7]

땅 자체에도 심연은 있다. 도시의 땅 밑 하수도가 비교적 얕은 심연이라면, 탄광의 갱도는 그보다 훨씬 깊은 심연일 것이고, 지진이 일어

[5] 박병규·이경민 옮김, 『파블로 네루다 자서전』, 민음사, 2023, 344–345쪽.

[6] 로라 대소 월스 지음, 김한영 옮김, 『헨리 데이비드 소로』, 돌베개, 2020, 297쪽.

[7] 강학태 지음, 『조선의 아들 하』, 한마당, 1988, 50쪽.

나는 진원震源은 땅의 가장 깊은 심연일 것이다. 도시의 하수도가 일반인에게는 존재 자체를 잊고 지내는 공간이라면, 탄광의 갱도는 하수도와 마찬가지로 일반인들은 알지 못하지만 광부들에게는 일터이고, 지진이 발생하는 근원은 지상의 인간과 건조물들을 삼켜버리는 거대한 심연일 것이다.

일반인에게 도시 지하수도로의 모습을 제대로 묘사해 보여준 사람은 프랑스 작가 빅토르 위고다. 옛 왕정 시절 파리의 지하수도로는 2만 3,000미터에 불과했지만, 위고 당시에는 22만 6,610미터, 600리의 거대한 미궁이자 창자가 되어 있었다.[8] 그러한 지하수도로는 지상의 인간과 도시가 배설한 것의 경로이자, 역사와 문명의 어두운 이면이 침전되어 있는 시궁창이다. 위고는 지하수도로의 어둠에 빛을 들이대면서, 인간과 도시, 역사와 문명의 이면 곧 심연을 고스란히 드러내 보여준다.

그러니까 지하수도로는 하수만 흘러가는 곳이 아닌 것이다. '숲에 동굴이 있듯이 파리에는 그에 걸맞은 지하수도로가 있었다.' 지하수도로는 때로는 폭동을 일으킨 시민들, 이교도로 몰린 신자들, 강도나 절도를 저지른 범죄자들의 무덤이었고 은신처였다. 그래서 "범죄, 지혜. 사회에 대한 항의, 신앙의 자유, 사상, 절도, 인간의 법률이 추구하는 것, 또는 추구한 것 모두가 그 구덩이 속에 숨어 있었다."[9]

이처럼 역사와 문명은 지상의 표면만을 스쳐 지나가는 것이 아니라, 지하수도로의 심연을 통과하기 마련이라는 것이다. 쓰레기가 일상생활의 한 면모를 보여주듯이, 도시의 창자, 도시의 시궁창인 지하수도로는 그 침전물을 통해 지상 도시 생활과 문명 그리고 역사의 이면을 고스란히 보여준다. 한때의 소나기나 홍수가 그 이면을 정화할 수는 없다. 그보다 더 자주 오염된 것이 그 자리를 도로 채우기 때문이다.

---

[8] 빅토르 위고 지음, 송면 옮김, 『레 미제라블 III』, 동서문화사, 2016, 1705쪽.

[9] 앞의 책, 1691쪽.

광부가 일상적으로 드나드는 탄광의 갱도를 스스로 일반인에게 드러내 보여주기는 쉽지 않을 것이다. 광부가 자신의 삶을 스스로의 표현 수단에 담아 드러낼 정도로 그 삶이 여유롭지 않기 때문이기도 하고, 행위자가 스스로 관찰자가 되어 자신의 행위를 드러내는 경우도 많지 않기 때문이다. 그래서 광부라는 행위자의 행위는 대체로 관찰자인 화가/사진가나 작가의 도움을 받아 일반인에게 알려지는 경우가 대부분이다. 빈센트 반 고흐와 조지 오웰이 이에 해당하는 인물이다.

고흐는 신앙심 깊은 아버지의 권유로 목사가 되는 길에 들어서면서, 벨기에 보리 나쥬 탄광지대의 쁘띠 와므 마을에 무보수 임시 전도사로 가게 된다. 빈한貧寒한 마을 사람들은 난방을 위해 온전한 석탄을 땔 수 없다. 석탄을 캘 때 따라 나온 쓸모없는 물질인 테리가 산을 이룬 곳에 가서 약간이나마 난방에 쓸모 있는 것을 캐 와야 한다. 일종의 이삭줍기다. 고흐도 마을 사람들과 테리 산행에 동참한다. 비누가 없는 마을 사람들이 동질감을 느끼는 것은 몸에 밴 탄가루다.

마을 사람들이 자신의 전도에 귀를 기울인 것은 테리 산에 갔을 때 묻혀온 탄가루 때문이었음을 알게 된 고흐는, 그들과 밀착된 생활을 위해 자신이 가진 것을 최소화하여, 그 나머지를 그들에게 나누어 준다. 얼마 있다 받게 된 월급도 마찬가지로 그들을 위해 쓴다. 이렇게 함으로써 고흐는 하느님의 말씀을 전하는 전도사로서의 자신, 일상을 사는 자신과의 괴리감, 곧 위선僞善을 극복할 수 있을 것이라 생각한다. 그러나 그것은 자신의 입장에서 생각한 것일 뿐이었다. 마을사람들과의 일체감은 그 정도로는 이루어질 수 없는 것이었다. 그들은 얼굴이 검게 된 사람만 신뢰하기 때문이다.

고흐의 생활과 태도를 지켜보고 따르던 마을 사람들 중에는 그 부분에 대해 고흐에게 뼈아픈 지적을 하는 사람이 있었다. "내 말뜻은 당신이 본 건 우리들의 땅 위에서의 생활뿐이라는 거요. 그건 별로 중요할 게 없소. 땅 위에선 우린 그저 잠만 자는 거니까. 우리들 사는 게 어떤 건지 실감하려면 탄갱으로 내려가, 새벽 3시부터 오후 4시까지 우리가 일하는 모습을 봐야 하오."[10]

강철 궤도를 따라 800미터 수직 갱도를 내려가는 케이지 안에서 고흐는 '암흑의 구덩이로 곧장 떨어져 알지 못할 심연으로 추락해 버리지 않을까 하는 공포'를 느낀다. 케이지가 닿은 바닥에서 수평 갱도를 따라 석탄 매장지로 가는 통로는 손과 무릎으로 기어가야 하는 곳도 있고, 지하 감옥 같은 칸막이 작업장은 작은 칸들이 각목으로 받쳐져 있다. 이 작은 굴에서 다섯 명이 한 조가 되어 작업을 한다. 두 명이 곡괭이로 석탄을 캐내면, 세 번째 사람이 그 석탄을 끌어내고, 네 번째 사람이 작은 탄차에 싣고, 다섯 번째 사람이 그 탄차를 좁은 궤도를 따라 밀고 내려간다. 네 번째와 다섯 번째 작업자는 어린 사내애와 어린 여자애다. 아이들은 여덟 살이 되면 갱도로 내려가 5명 한 조 작업의 두 작업을 감당해야 한다.

갱도가 밑으로 내려갈수록 굴들은 더 작아져 바닥에 누워서 곡괭이를 휘둘러야 한다. 탄 먼지를 들이키며 작업을 해야 하니 고문실에 가깝다. 게다가 환기 장치 없는 굴속에서 탄가루와 땀으로 범벅이 된 몸으로 작업을 하는 이들에게 굴속은 언제 사고가 일어날지 모르는 위험한 곳이다. 버팀목이 느슨해지다 부러지면 굴이 무너지고, 탄화수소가스를 제대로 빼내지 못하여 폭발해도 마찬가지다.

고흐는 지하 갱도에 6시간을 머물자 열기와 먼지 그리고 공기 부족으로 기절할 지경에 이른다. 돌아가자는 말이 고문실을 벗어난다는 말로 들린다. 그러면서 그는 자신이 전하고자 하는 하느님의 말씀이 이들에게는 하나의 사치품에 불과할 것이라는 깨달음에 도달하기도 한다.

---

10) 어빙 스톤 지음, 최승자 옮김, 『빈센트 반 고흐』, 까치, 1981, 26쪽.

그러던 중 탄갱 폭발사고로 57명의 인명 사고가 난다. 광업소는 그다지 도움을 주지 않고, 지원자로 이루어진 구조대의 작업도 별 효과가 없자, 갱도는 광부들의 무덤이 되어 버린다. 고흐가 할 수 있는 일은 이들 57명 영혼들을 위한 장례를 집전하는 일뿐이다.

그러나 그마저도 두 목사가 그를 찾아옴으로써 제대로 마무리를 짓지 못한다. 목사 둘은 장례 예배를 보기 위해 모인 마을 사람들을 내쫓고, 그 자리에서 고흐를 임시 전도사직에서 끌어내려 버린다. "도대체 자넨 혼자서 무슨 짓을 한 건가? 이런 굴속에서 예배를 보다니, 어쩌겠다는 건가? 무슨 야만 종교를 새로 창시한 거야? 예의심도, 경배심도 없나? 이게 기독교 성직자에게 어울리는 행동인가? 이런 식의 짓거리를 하다니, 자네 완전히 미쳤군? 우리 교회를 모독할 생각인가?"[11]

고흐의 신앙은 낮은 데로 임하는 것이다. 낮은 곳 바닥에 진리/진실이 있다고 믿기 때문이다. 낮은 곳으로 내려가 그 낮은 곳과 일치하는 것이 진정한 신앙이자 일상이라고 생각한다. 일상적 삶과 신앙의 일치, 곧 일원론적 신앙이다. 목사의 교회는 높은 곳에서 낮은 곳을 내려다보며 거리를 두고 있어야 한다. 진리/진실은 저 높은 곳에 있다. 낮은 곳에 있는 그들을 높은 곳으로 인도해야 한다. 높은 곳의 신앙과 낮은 일상적 삶이 일치하는 것은 있을 수 없다. 일상적 삶과 신앙의 거리, 곧 이원론적 신앙이다.

삶은 진리/진실로만 이루어져 있지 않다. 삶을 영위하는 인간은 진리/진실만을 추구할 수 없는 존재이기 때문이다. 삶이 온전히 진리/진실로만 이루어져야 한다고 고집하면, 곧 일원론적 신앙으로만 치달으면 광기에 이르게 된다. 노회老獪한 성직자들은 교회 조직과 인간 세상을 통해 그것을 잘 알고 있다. 법복을 입고 거리를 두고 일상적 삶 위에 서 있어야 한다. 그러나 삶이 진리/진실로만 이루어져 있지 않다고 하

11) 앞의 책, 50쪽.

여 이원론적 신앙으로 일관하면 그 속에 들어 있는 위선이 드러나기 마련이다.

초보 전도사 고흐는 두 목사들과 달리, 삶과 신앙이 일치하는 길로 가고자 했지만, 그 길이 자기에게 주어질 수 없다는 것을 깨닫고, 종교집단과 결별하고 자신이 가야 할 길이 예술임을 깨닫고 그 길로 나아간다. 그러나 그의 삶의 태도는 그 길에서도 달라지지 않는다. 그것은 신앙과 삶의 일치와 마찬가지로 예술과 삶의 일치를 추구하는 길이었다. 그의 그림에서 열정과 함께 약간의 광기가 보이는 것도 그 때문일 것이다.

고흐가 임시 전도사로서 광산으로 간 것은 1878년, 그의 나이 25세 때였다. 그로부터 58년 뒤인 1936년 33세 때, 조지 오웰은 한 진보단체로부터 잉글랜드 북부 노동자들의 실상을 취재해 달라는 제의를 받고, 랭커셔와 요크셔 일대의 탄광 지대로 간다. 그곳 광부들의 삶을 조사하는 과정에서 탄광의 갱도로 내려간다. 고흐 이후 60년 가까이 시간이 흘렀지만 작업 환경과 작업 시간 그리고 작업자의 모습에 큰 변화는 없다. 다만 삽으로 탄을 탄차에 담고 탄차를 미는, 여덟 살에서 열 살 사이의 아이들 모습이 보이지 않는 것만 다를 뿐이다.

수직 갱도를 내려가는 것은 기계 속도가 자아내는 약간의 공포감을 이겨내면 그만이지만, 평균 1.5킬로미터, 보통 5킬로미터, 최장 8킬로미터의 수평 갱도는 순전히 걷거나 쪼그려 또는 기어서 가야 한다. 1.5킬로미터를 가는 데 오웰이 거의 한 시간 걸렸는데, 광부는 20분이 걸리지 않는다. 돌아오기는 가기보다 더 어렵다. 수직 갱도까지의 길이 약간 오르막인데다 이미 지쳐 있고, 거북이걸음에다 자주 쉬었다 가야 하기 때문이다. 땅속에서의 3킬로미터 이동이 지상의 40킬로미터를 걸어 다닌 것보다 더 지친다. 게다가 이 이동 시간은 출퇴근 시간이 되어 작업시간 계산에 포함되지도 않는다.

막장 안은 더위, 소음, 혼란, 암흑, 탁한 공기 그리고 참을 수 없는 갑갑한 공간, 곧 지옥과 같은 것은 여전하다. 온몸이 시커메진 사람들이 무릎을 꿇고 고개를 숙이거나 기면서 보통의 두세 배 힘든 자세로 작업을 해야 하는 것도 변함이 없다. 작업 환경도 나아지지 않아 사고율이 높고, 광부들도 이를 대수롭지 않게 생각한다. 일터가 곧 전쟁터인 것이다. 매년 광부 900명 중 하나 꼴로 목숨을 잃으며, 여섯 명 중 하나가 상해를 당한다. 다음으로 위험한 직업은 뱃일인데, 사고로 인한 사망률은 1년에 1,300명 중 하나 꼴이다. 그러니까 광부가 이 세상 직업 중 가장 힘들고 사고율도 가장 높은 직업이다.[12]

그래서 오웰은 자신이 "봐줄 만한 거리 청소부가 될 수 있고, 무능한 정원사가 될 수도 있고, 최악의 농장 인부가 될 수도 있지만, 아무리 애를 쓰고 훈련을 받는다 해도, 광부는 될 수가 없다."고 말한다. "그랬다간 몇 주 만에 죽어버리고 말 것이다."[13]라고 토로한다. 이처럼 탄광의 갱도는 땅의 심연, 직업의 심연, 노동의 심연으로, 땅 위에 살고 있는 사람들에게는 제대로 알려지지 않거나 경험하기 어려운 상태로 존재한다. 탄광의 이러한 여건은 최근 우리나라에서도 그다지 달라지지 않은 것 같다. 석탄 수요가 줄어들어 4개 남은 탄광이 폐광의 수순을 밟고 있는 것만 달라진 점이다.

땅의 가장 깊은 심연을 일깨우는 것은 지진이다. 심해를 직접 경험할 수 없듯이, 지진 역시 진원을 직접 경험할 수 없다. 단지 그 여파인 지상 인간과 그 인간이 건조한 것의 붕괴와 함몰을 통해 그 참상을 목격할 수 있을 뿐이다. 어쩌다 지진이 자주 발생하는 지역에 거주하던 인간이 경험한 지진을 묘사하는 것에서 그 공포감을 짐작할 수 있을

12) 조지 오웰 지음, 이한중 옮김, 『위건 부두로 가는 길』, 한겨레출판, 2013, 61쪽.

13) 앞의 책, 46-47쪽.

뿐이다.

칠레의 시인 파블로 네루다는 그의 자서전에서 발파라이소라는 지역 주민들이 경험하고 기억하는 지진의 공포를 들려준다. 이 도시 주민들의 기억 속 지진은 천재지변, 흔들리는 땅의 전율, 땅 깊은 곳에서 올라오는 포효로, 인간에게 모든 것이 끝났다고 알려주는 소리로 각인되어 있다. 이렇게 각인된 지진은 처음에는 막연한 진동으로 시작되어, 벽과 지붕이 무너지고, 먼지와 화염이 치솟고, 인간의 비명과 침묵이 감돌 때, 바다에서 거대한 파도가 솟구쳐 남아 있는 생명을 모두 휩쓸며 끝난다.

"이러한 공포는 성난 황소가 달려들거나 칼로 위협받거나 물에 빠졌을 때 느끼는 그런 공포가 아니다. 우주적인 공포다. 한순간에 전 우주가 무너져서 산산조각 나는 그런 공포다."[14] 지진이 우주적 공포라면 지진의 진원은 우주적 심연이다. 지구에서 목격하거나 느낄 수 있는 최대의 심연은 땅의 깊은 곳을 건드리는 인간의 침투가 잦아질수록 비례하여 반응할 것이다. 땅속 자원을 향한 시추와 채굴도, 심연이 표면에 가하는 반응을 재촉하는 인간 욕망의 하나일 것이다.

인간은 꿈을 통해 영혼을 발견했다고 한다. 영혼을 발견한 인간은 데카르트처럼 신체를 정신 아래에 두기도 하고, 스피노자처럼 신체와 정신을 동등하게 취급하기도 하고, 니체나 메를로-퐁티처럼 정신을 이야기하기에 앞서 정신을 규정하는 신체에서 출발해야 한다고 말하기도 했다. 그런가 하면 실존철학자들처럼, 전란을 겪으면서 객체의 토대가 쉽게 허물어지는 것에 회의를 느끼며, 객체에서 철수하여 주체의 정신만이 유일하게 믿고 의지할 수 있다고 주장했다.

그러나 실존 주체의 정신도 주체가 마음대로 할 수 없는 부분을 가지

[14] 박병규 · 이경민 옮김, 앞의 책, 111쪽.

고 있다는 주장이 제기되었다. 꿈이 그러한 것처럼, 인간의 마음도 통일적이지도 합리적이지도 않으며, 인간 주체의 의식이 임의로 조정하거나 조절할 수 없는, 무의식의 심연을 가지고 있다는 것이다. 따라서 인간의 정신을 의식의 차원에서만 일목요연하게 설명하는 것은, 그것을 떠받치고 있는 무의식의 작용을 간과하는 것이 된다. 이런 주장을 대표하는 인물이 지그문트 프로이트와 칼 융이다.

프로이트에게 인간의 마음은 표면과 심연으로 되어 있는데, 표면은 빙산의 드러난 부분처럼 작고, 심연은 잠긴 부분처럼 크다. 초자아와 자아가 표면의 의식이라면, 리비도/이드는 심연의 무의식이다. 생물학적 존재로서의 본능인 이드를 문화적 존재로서의 초자아가 조절하며 자아가 형성된다. 이 조절의 숙련도가 곧 인격의 성숙도가 된다. 달리 말해 이드의 본능 충동 곧 쾌락 추구를 초자아의 문화적 검열을 통과하여 현실이 수용할 수 있는 수준/승화로 실현하면서 자아의 성숙도가 높아진다.

그러니까 인간은 자신에 대해서나 타인에 대해서나 표면인 의식만 인식할 수 있을 뿐이다. 그 의식의 심연인 무의식은 그 자체로 알 수 없다. 무의식은 의식의 검열관인 초자아가 잠들었을 때만이 작동하기 때문이다. 정신과 치료를 위해 정신분석학이 꿈이나 실수, 최면을 동원하는 이유가 여기에 있다. 그리고 주체성을 내세우는 실존철학의 의식에 동의하지 않는 이유도 마찬가지다. 심연은 자연에서나 인간의 마음에서나 접근을 쉽사리 허용하지 않는다.

융의 분석심리학에서 마음의 표면은 페르조나와 자아로 구성되어 있고, 심연은 아니마, 아니무스 그리고 그림자로 되어 있다. 전자가 의식의 부분이라면, 후자는 무의식의 부분이다. 전자의 의식적 자아가 후자의 무의식을 의식에 총괄하여 통합하는 과정이 인격을 성숙시키고 완성해 가는 과정으로서, 개성화 또는 자기실현으로 불린다.

페르조나/탈/가면은 사회적 역할이나 지위로 주어지는 자아의 한 부분이다. 가정에서의 '아버지'나, 직장에서의 '부장'이 그러한 예다. 사회생활을 위해서 페르조나는 필요하지만, 이는 남이 만들어준 것, 남에게 보이고 싶은 자아이기 때문에 언제든지 상실될 수 있다. 역할과 지위가 사라졌을 때, 그냥 한 '인간'으로 돌아왔을 때, 페르조나가 진정한 자아가 아니었음을 알게 된다. 그래서 자아는 페르조나가 자신의 전부가 아니라는 것을 알고, 무의식을 의식화하여, 무의식이 저차원에 머물러 있지 않도록 하고, 자아ego와 의식을 풍요롭게 하여 자기self를 실현해야 한다.

그런데 앞의 정신분석학에서 그러했듯이, 분석심리학에서도 자아가 무의식을 직접적으로 대면하여 끌어오는 것은 어렵다. 이른바 관조나 성찰을 통해 자아가 내면을 들여다볼 때 보이는 것은 의식의 흐름일 뿐이다. 융의 분석심리학에서 자아의 무의식을 쉽게 포착할 수 있는 방법은 투사이다. 투사는 자아와 타자의 만남에서 자주 일어나기 때문에 마음만 먹는다면 가능한 방법이다. 그러나 일반적으로 사람들은 자신의 무의식이 타인에 투사되어 표현되지만, 거기서 자신의 무의식의 한 부분을 읽어내지는 않는다.

인간의 대면관계에서 투사가 자주 일어나는 이유 가운데 하나는 투사함으로써 마음이 일시적으로 편해진다는 데 있다. 왜냐하면 그 순간 자기는 깨끗한 사람이고 나쁜 것은 다른 사람이라고 믿기 때문이다.[15] 그러나 다른 사람에게 투사하여 비난하고 비판한 결점이나 오점은 사실은 자아의 모습이다.

타인은 나를 비추는 거울이고 나는 타인을 비추는 거울이다. 이는 성찰에 적용할 수 있는 말이다. 그런데 일반적으로는 타인의 모습을

---

15) 이부영 지음, 『자기와 자기실현』, 한길사, 2003, 127쪽.

통해 자아를 들여다보거나, 자아의 내면을 들여다보고 타인을 헤아려 주는 것이 아니라, 자아의 부정적인 이면을 타인에게 덮어씌운다. 그래서 투사를 성찰하면 일정 정도 자아의 무의식을 알아챌 수 있다.

아니마는 남성 속의 이상적 여성, 아니무스는 여성 속의 이상적 남성 상이다. 이 상들은 자아의 수준에 따라 여러 가지 모습으로 형성되고 투사되며 스펙트럼을 이룬다. 좁게는 부모, 부부와 같은 가족 관계에서, 보다 넓게는 종교 지도자, 정치 지도자, 체육인, 연예인 등의 사회 관계에서 나타나기도 한다. 자아는 성장하고 성숙하는 과정에서 아니마와 아니무스를 의식화하여 순조롭게 내면화하지 못하면, 관계의 왜곡으로 가족 갈등과 사회 갈등을 야기하게 된다.

그 왜곡은 이상적인 상에 대한 지나친 기대와 열광이 한 몫을 한다. 종교 지도자에 대한 광신적 추종, 연예인 아이돌 팬덤과 이를 닮은 정치 지도자에 대한 편향된 추종이 대표적인 경우이다. 이런 신앙생활과 정치활동 그리고 여가생활은 자아를 풍성하게 성숙시키기보다는 오히려 옹색하게 퇴행시키는 동시에, 그 자아가 살아가는 사회도 각박하게 만들어 뒷걸음질 치게 만드는 길이 된다.

그림자는 자아의 열등한 인격의 한 측면이다. 자아가 가장 싫어하기 때문에 절대로 그렇게 되지 않으려고 노력해온 그 성격이다.[16] 무의식 중 투사가 가장 빈번하게 드러나는 것도 이 그림자에서다. 인간은 완전한 존재가 아니기에 타인을 만나는 자리에서 인간의 불완전한 면모는 곳곳에서 출몰하기 마련이고, 그에 따라 타인의 면전에서 또는 뒷담화로 나의 그림자인 줄도 알아차리지 못한 채 타인을 비난하며 나를 비난하고 있는 것이다. 그림자라는 무의식의 심연을 잘 드러낸 것으로 허먼 멜빌의 『모비 딕』을 넘어서는 작품을 만나기는 어려울 것 같다. 멜빌은 나다니엘 호손의 작품에서 읽어낸 '인간 영혼의 어두운 심연'과 셰익스

16) 이부영 지음, 『그림자』, 한길사, 2018, 85쪽, 89쪽.

피어 탐독에서 읽어낸 '비극적인 도전'으로, 자신이 바다에서 한 경험을 재구성하여 걸작을 만들어낸다.

백경에게 다리 하나를 잃고 고래 뼈로 만든 의족을 단 선장 에이허브는 분노와 광기의 집념으로 백경을 추적한다. 이 추적을 통해 외부의 바다는 추적하는 자의 내면의 심연이 되고, 그 심연의 바닥에는 분노와 광기의 그림자가 짙게 드리워져 있음을 보게 된다. 그러면서도 에이허브는 자신의 분노와 광기를 스스로 온전히 인식하지 못하고 고래에 대한 적의敵意로 투사한다. 빛이 강하면 그림자가 짙어지듯이, 그림자는 추적이 진행될수록 더욱 짙어져 결국 포경선 피쿼드호와 에이허브 선장은 심연으로 가라앉고 만다. 그림자는 자아에 의해 통합되지 못한 채 무의식의 심연, 바다의 심연에 침몰해 버린 것이다.

고대의 신은 인간과 별반 다르지 않았다. 아마 인간의 속성을 신에게 투영했기 때문일 것이다. 다른 것이라고는 전지전능이라는 능력의 차이뿐이었다. 그러나 후대에 오면 신은 하늘에, 인간은 땅에 거주하며 사이가 멀어지다가, 마침내는 서로 침투할 수 없는 경계와 벽이 생기며 단절된다. 인간이 신을 추방했거나 신이 인간에게서 철수했기 때문이다. "그리스도가 집도 없이 굶주려 방황하고, 위험에 처했으며, 이제는 그가 인간에게 구원을 받아야 할 차례라고 느꼈다"[17]라는 니코스 카잔차키스의 말도 이런 생각을 대변한다.

도스토예프스키는 비록 소설 속 인물을 통해서이지만, 이에 대해 보다 구체적으로 적시한다. 대주교 등 세속화된 종교 권력이 신과 인간 사이를 가로막고 서서 신의 아들이 지상에 재림하여 하늘나라를 건설하려는 것을 방해한다는 것이다. 그래서 지상을 장악한 종교 권력이 노예화된 인간들을 발판으로 그리스도를 축출하여, 마치 처음에 예수

17) 니코스 카잔차키스 지음, 안정효 옮김, 『영혼의 자서전』, 고려원, 1981, 229쪽.

가 십자가에 못 박혀 하늘나라로 돌려보내졌듯이. 재림을 끝까지 방해하며 그를 하늘나라로 돌려보내려 한다는 것이다.[18]

이와 비슷한 생각을 쇠렌 키르케고르도 이어간다. 키르케고르에게 땅에 있는 인간이 하늘에 있는 신의 현현顯現을 목격할 수 있었던 것은 예수의 성육聖肉과 십자가에 매달림이었다. 따라서 인간이 신을 대면하기 위해서는 예수의 성육에 대한 믿음으로 '십자가 앞으로 나아가야' 한다. 그렇게 하기 위해서는 순교까지를 각오해야 한다. 즉 신 앞에 혼자 서야 한다. 단독자가 되어야 한다. 키르케고르가 참된 신앙, 참된 기독교가 대중의 종교가 될 수 없다고 한 연유다.[19] 대중/군중 종교는 정치적이고, 정치적인 종교는 권력이며, 종교 권력은 도스토예프스키의 인물 이반이 자신의 서사시 계획에서 말한 것처럼, 단독자의 신앙이나 자유와 무관한, 종교 권력자의 탐욕과 지배욕의 발현이기 때문이다.

알베르트 슈바이처는 이런 생각을 다소 완화시켜 말한다. 대부분의 사람들은 생계 유지와 사회 활동으로 생활세계를 영위해 나가기 때문에, 주체적이고 내면적인 사유/사색을 추구할 여유를 가지지 못한다. 이들의 고민을 해결해주는 것은 조직화된 단체다. 종교 단체 역시 예외가 아니다. 종교 단체는 미리 준비해둔 종교 신념을 그 단체의 신도들에게 주체적인 고뇌 없이도 내면화할 수 있도록 준비해 두고 있다. 주체적인 사유/사색은 종교 집단과 구성원 모두에게 불편한 것이다.[20] 주체적 사색으로 이런 불편을 겪은 슈바이처이기에 이런 지적을 했을 것이다.

루시앙 골드만은 이와 같은 상황을 현대의 보편적인 사상으로 설명하려고 한다. 서구 자본주의 사회의 합리주의와 개인주의는 공동체와 우주의 개념을 제거하고, 고립된 개인과 무한한 공간으로 대체함으로써, 진정한 윤리와 종교 영역은 더 이상 독립적인 영역으로 존재하지

[18] 도스또예프스키 저, 채대치 역, 『까라마조프 형제들 I』, 동서문화사, 1976, 제2부 제5편 「5 대심문관」, 이반의 말, 386-416쪽 참조.

[19] 키르케고르 저, 박덕환 역/해설, 『불안의 개념/죽음에 이르는 병』, 대양서적, 1980. 30-31쪽 참조.

[20] 알베르트 슈바이처 저, 곽복록 역, 『나의 생활과 사색에서/물과 원시림 사이에서/람바레네 통신』, 동서문화사, 1975, 203쪽 참조.

않게 되었다. 다시 말해 진실한 도덕이나 진정한 신에게 내어줄 자리가 없게 되었다. 과학적 사고와 기술적 승리가 진보의 표현으로 찬양되는 자리에서 신은 세상을 떠나 심연 속으로 숨어버렸다. 이제 신은 더 이상 현현하는 신이 아니라 '숨은 신'이다. 그 숨은 신은 인간이 갈 곳을 명확히 가리켜 보여줄 수 없고, 인간의 영혼은 신에게 기대어 엄밀한 진실을 발견할 수 없게 되었다.[21]

숭배와 경배의 대상으로서의 인격신 개념을 섭리의 개념으로 바꾸면 이신론理神論이 되듯이, 존재자로서의 신의 개념을 존재의 개념으로 바꾸면 신은 무한자無限者가 된다. 숨은 신은 무한자로서의 신의 개념으로 가는 단초가 된다. 생성하여 소멸하는 존재자의 끝은 무無이고, 생성과 소멸을 주재하지만 스스로는 생성도 소멸도 하지 않는 존재의 심연은 무한자다.

신적인 것을 무한자와 최초로 동일시한 사람이 고대 그리스의 아낙시만드로스라면[22], 현대에 이르러 신을 무한자와 동일시한 사람은 에마뉘엘 레비나스다. 신이 무한자라는 것은 인간이 신을 온전히 경험할 수도, 인식할 수도 없다는 것을 말한다. 그럼에도 유한한 인간이 이러한 무한한 신을 받아들이고자 한다면, 신의 무한성을 인간에게 실현해야 한다. 그것은 타자에 대해 무한한 책임과 희생으로 구체화된다.[23] 그래서 레비나스는 '십자가 곁을 지나치는' 것에 대해 꼬집지만, 폴 리쾨르는 개인주의가 종교화된 세계에서 그것의 현실적 불가능성을 꼬집는다.

다석 류영모 역시 신이라는 존재의 심연에 대한 탐색에서 무 또는 무한에 이르게 된다. 그가 폭넓으면서도 올곧은 신앙의 길을 가는 데서 관통해야 할 것 중에는 교회도 있고 국가도 있다. 신을 모색해 가는 길에서는 조직도 애국도 방해가 될 수 있기 때문이다. 류영모에게 진정

21) 루시앙 골드만 지음, 송기형·정과리 옮김, 『숨은 신』, 연구사, 1986, 36-43쪽, 104쪽 참조.

22) 한나 아렌트 지음, 홍원표 옮김, 『정신의 삶』, 푸른숲, 2019, 217쪽 주22 참조.

23) 에마뉘엘 레비나스 지음, 김도영·문성원 옮김, 『타자성과 초월』, 그린비, 2020, 84-98쪽 참조.

한 신앙은 키르케고르나 레비나스에게서와 마찬가지로 '십자가에 기대는 신앙이 아니라 십자가를 지는 신앙'이다. 그리고 그러한 신앙에서 도달한 신을 하나의 명제로 확립한다. 신은 '없이 계신다'는 명제[24]가 그것이다.

앞의 숨은 신의 개념과 유사한, 무한자의 단초로서의 신의 개념이다. 신은 존재하면서 부재하고, 부재하면서 존재한다는 것이다. 부재하는 것은 물질적/육신적인 것이다. 물질적/육신적인 것은 존재자가 되어 시공간의 제한을 받기 때문에 신적인 것이 될 수 없다. 그래서 신적인 것이 되기 위해서는 이러한 제한된 것이 부재해야 한다. 그러면 남는 것은 신성한 것, 영적인 것이다. 신성하고 영적인 것이 남은 상태로 존재하는 것이 신이다.[25] 물질적/육신적인 것이 존재하지 않기에 무이며, 신적/영적인 것이 시간과 공간을 초월하여 존재하기에 무한한 것이다. 그 무한한 것이 신의 심연으로 존재한다.

표면

이처럼 심연에는 사실과 진실/진리가 잠복해 있다. 인간은 이런 심연을 들여다보는 것을 원하지 않는다. 심연을 들여다보는 것은 곧 사실과 진실/진리와 맞닥뜨려야 하는 것이고, 그것은 심각한 고뇌를 동반하는 것이기 때문이다. 그러므로 심연을 들여다볼 수 있는 사람은 사실/진실/진리와 대면할 수 있는 담대한 자라야 한다. 그러한 사람은 인류 역사상 극히 소수에 불과했다. 대부분의 사람들은 사실/진실/'진리'와 대면하기보다는 '편리'하게 사는 것을 선호한다.

편리한 삶에 기여하는 것은 과학과 기술이다. 과학은 정확한 계산을

---

24) 이상국 지음, 박영호 공저 및 감수, 『저녁의 참 사람』, 메디치, 2021, 359쪽.

25) 프레드릭 제임슨 지음, 임경규 옮김, 『포스트모더니즘, 혹은 후기자본주의 문화 논리』, 문학과지성사, 2022, 779-781쪽 참조.

제공하고 기술은 그것을 기계에 적용한다. 이 계산과 기계를 가장 적극적으로 활용하는 곳은 산업 분야다. 산업의 목적은 이윤 획득이다. 이윤 획득이 지속적으로, 누적적으로 이루어지기 위해서는 산업 영역의 공간적 확대가 요구된다. 공간적 확대는 지역적, 국가적 경계를 넘나들 수 있음을 말한다. 그러기 위해서는 제품의 규격화가 필요하다. 이는 달리 말해 표준화고, 일종의 획일화다.

이러한 산업의 전면화는 시기만 다를 뿐이었지, 영국의 산업혁명 이후 전 지구적으로 이루어졌다. 나아가 산업화는 공간적이고 양적인 팽창에 그치지 않고, 산업 분야와 이웃하는 다른 분야를 잠식하거나 포섭하는 질적 변환도 이루었다. 이른바 토대인 물질과 경제가 상부구조인 정신과 문화를 포섭하고 일원화하여 평평하게 함으로써, 둘은 상대적 자율성을 상실하게 되고, 둘을 구별하여 말하는 것 자체가 무의미해져 버렸다.[26]

26) 헤르베르트 마루쿠제 저, 차인석 역, 『일차원적 인간』, 삼성출판사, 1978, 21쪽.

먼저 생활세계 주위의 것들이 평평해진다. 움푹 파여 부패한 물이 흐르거나 고이던 하수로는 복개됨으로써 길과 함께 평평해진다. 산더미를 이루던 쓰레기장은 쓰레기를 땅 밑에 매립함으로써 공원처럼 평평해진다. 육지와 섬을 갈라놓았던 바다 위로 연육교가 놓임으로써 육지와 바다와 섬은 연결되어 평평해진다. 사람과 차량이 오르내리던 산길은 터널을 뚫음으로써 평평해진다.

산업사회는 생산 공정과 제품의 규격화/표준화를 바탕으로 이루어져 있어, 개성화나 주체화를 용납하지 않는다. 모든 것은 똑같은 것이 되어 평평한 컨베이어 벨트를 타고 이동해야 한다. 이는 생산 과정에 그치지 않고 소비에까지 관철되어야 한다. 개성화나 주체화 같이 울퉁불퉁하여 매끄럽지 못한 것은 솎아 내거나 걸러 내야 한다. 그것은 유통되어서는 안 되는 불량품이기 때문이다.

다시 말해 산업사회 곧 자본주의 경제체제는 개성화나 주체화를 배제하고 등질화等質化를 추구함으로써 전체주의적 속성을 내재하고 있다[27]는 것이다. 질적인 것은 양적인 것으로 양화되어 평평하게 되어야 하며, 차이가 나는 것은 차이 없이 같은 수준으로 평준화되어 평평해져야 한다. 이렇게 등질화된 모든 것은 주체와 대상이 거리 없이 일체가 된 동질화同質化로 나아간다.

이 거리가 없는 일체의 상태, 곧 동질화는 체제가 일상을 향해 은밀하게 거두고자 하는 효과다. 거리가 없으면 머리로 해석하고 비판하는 인식활동이 불가능해진다. 오로지 몸을 통과하는 체험만 있을 뿐이다. 이때 몸은 스스로 활동하는 능동체의 몸이 아니다. 체제는 대상의 몸을 통해 자신의 의지를 능동적으로 관철하지만, 대상의 몸은 체제의 의지와 동일시된 자신의 욕구가 지나가는 피동적 통로일 뿐이다. 이렇게 산업의 전체주의 시스템은 생산과 유통 그리고 소비와 폐기에 이르기까지 전 과정을 장악하게 된다.

이 산업의 전체주의화는 기계화에서 비롯된 것이다. 기계화된 산업사회에서 사는 인간은 기계를 닮는다. 기계화는 인간적인 것을 배제함으로써 완성된 체계다. 기계를 닮은 산업은 인간적인 것을 요구하는 노동조합을 백안시白眼視하고, 기계를 닮은 관료제는 인간적인 것을 요구하는 민원을 사갈시蛇蝎視하고, 기계를 닮은 전체주의 정치는 민주적인 것을 요구하는 시민을 적대시敵對視한다.

이렇게 경제, 행정, 정치 등 생활세계에 적극적인 영향을 미치는 체제가 전체주의적 경향을 띠고 지속되면, 심연의 사실과 진실/진리는 사라지고, 표면의 허위의식 곧 이데올로기가 횡행하게 된다. 심연은 침묵에 잠기고, 표면은 이데올로기 투쟁으로 소란스러워진다. 주체성, 개성화, 자기실현과 같은 내면과 심연에서 분출하는 욕구는 억압되거

[27] 앞의 책, 177쪽

나 감지되지 못하고, 체제의 요구만 개체의 표면을 스쳐간다. 개체는 체제 곧 시스템의 자기 관철 통로나 수단이 된다.

다시 말해 인간의 사유와 행동 그리고 인간 사회는 삼차원이라는 입체성을 상실하고 납작해져서 일차원적 사유와 행동으로, 일차원적 사회라는 수평적 표면에서 살게 된다. 일차원적 사회가 제공하는 편리와 그에 따른 행복이라는 것에 젖어 살다 보면, 스스로 일차원에 갇혀 있다는 것을 인식하지 못함으로써, 그것에 대해 성찰하거나 저항하지 않는다. 기계의 자동화가 인간 반응의 자동화를 촉발하기 때문이다. 일차원의 표면에 제시된 경로 중 하나를 선택하는 것을 편리라 생각하고, 그렇게 사는 것을 행복이라고 여긴다.

이처럼 인간의 삶이 표면에 고착된다는 것은 인간의 사유가 표면과 일체가 되어 해석적·비판적 거리를 갖지 못하고 순응하며 추종한다는 것을 뜻한다. 과학과 기술이 결합된 공장의 생산 공정은 미디어를 통해 유통과 소비로 이어진다. 이 유통과 소비를 재촉하는 것은 광고 언어다. 광고 언어는 언어의 표면화가 이루어지는 대표적인 것이다. 언어의 기표와 기의는 필연적인 관계가 없고, 더욱이 언어는 실제에 가 닿을 수 없다는 것을 가르치는 언어학의 이론도 있지 않은가.

광고 언어는 미디어의 이미지와 결합되어 표면을 종횡무진 활주滑走한다. 문자라는 거리와 굴절을 통한 상상력과 사색은 배제되고, 거리와 굴절 없이 직접적인 이미지의 즉물적 수용이 주도하게 된다. 내면의 숙고와 초월적 사고는 비효율로 배척되고, 외면의 신속과 계산적 사유는 효율로 환영받는다. 광고 언어는 부정하고 비판하고 성찰하는 지지부진한 전달 수단이 되어서는 안 되고, 단정하고 지시하고 명령하는 신속 명쾌한 전달 도구가 되어야 한다.

이러한 현상은 언어 예술을 포함하여 모든 예술에도 나타난다. 형이상학적 고뇌가 담긴 이른바 고급예술은 귀족적 취미를 추구한 것으로 평가되어 폄훼되고, 대중예술은 소비의 민주적 경향을 배려한 것으로 재평가된다. 둘을 모두 수용하는 다양성은 인정되지 않는다. 수평적인 유한 표면에서 바깥과 층위를 인정하는 것은 일차원을 벗어나는 것이기 때문이다. 일차원 또는 수평적 유한 표면은 이처럼 협소하고 궁색窮塞한 것이다. 양적 팽창이 질적 수준을 배제한 결과이기도 하다.

정치 역시 경제를 닮아 또는 경제에 잠식당해 일차원으로 축소된다. 일상생활에서 소통이 불가능하고, 일방적 자기주장의 부력浮力만 있어, 대화의 깊은 침전沈殿을 거둘 수 없듯이, 정치도 대화하고 타협하여 결과를 도출하지 않는다. 흔히 말하듯 정치 현장에는 상대는 없고 우군과 적만 있다. 경제가 전쟁이듯이, 정치도 전쟁이 된 것이다. 전쟁이 다른 국가와 민족과의 평화로운 공존을 부정하는 데서 출발하듯이, 진정한 대화 없는 정쟁은 경제의 규격화나 획일화, 표준화와 등질화에 못지않은 독점주의적, 전체주의적 발상에서 비롯된 것이다.

어쨌든 산업사회는 형이상학적인 것을 물리적인 것으로, 내적인 것을 외적인 것으로 만들어버렸다.[28] 이 산업사회의 영향력은 앞에서 본 것처럼 모든 분야에 파급된 결과, 삼차원은 말할 것도 없고, 이차원도 불가능하게 하여, 마침내 일차원화 됐다. 곧 심연은 표면이 되었다. 심연을 상실하고 배제한 인간과 세계는, 수평적 유한 표면이라는 일차원적 사회에서, 일차적으로 사유하고 말하고 행동하기를 강제당하며, 효율이 제공하는 편리를 행복으로 여기며 살도록 요구받고 있다. 표면적인 세상 밖의 다른 세상은 없으며, 표면적인 의미 외의 다른 깊은 의미 같은 것은 없다고 강제하는 세상에서 그렇다고 여기며 살고 있다.

이와 같은 일차원의 표면이 이차원과 삼차원의 심연을 회복하는 것

28) 앞의 책, 177쪽.

은 가능할까. 대체적인 의견은 회의적이다. 일찍이 르페브르는 체제의 '강제'에 대응하는 길로 '전유專有'를 제시한 적이 있다. 전유는 체제에 장악된 자신의 본질을 탈환해 와서 재소유하는 것이다.[29] 그것에는 '고집'과 '저항'의 두 갈래 길이 있다. '고집'이 내면화의 전유라면, '저항'은 외재화의 전유라 할 수 있다.

고집 곧 내면화의 전유를 위해서는 종교, 과학, 예술, 철학 등이 나름의 역할을 수행할 수 있겠고, 저항 곧 외재화의 전유를 위해서는 시위, 봉기, 혁명 등을 떠올릴 수 있겠다. 그러나 내면화의 전유가 체제에 대한 대응책이 되기 위해서는 개인에서 걸어 나와 개인들 간의 연대가 필요하고, 외재화의 전유가 대응책이 되기 위해서는 일시적이고 국지적인 것을 넘어서는 지속과 확대가 요구된다. 개인주의와 행복교가 만연된 세상에서 둘 다 쉽게 이루어질 수 있는 것은 아니다.

특히 체제가 전유에 대해 손을 놓고 있지 않기 때문이다. 체제의 신자유주의와 디지털화는 일차원화와 표면화를 심화시키고 가속화시켜 거의 제로 차원화 곧 투명화를 이루어가고 있다. 신자유주의는 고전자유주의가 안고 있던 민주주의 요소 곧 평등을 팽개침으로써 불평등을 심화시켰다. 곧 소수의 부의 독점과 다수의 빈곤 확대를 확연히 갈라놓았다. 이에 디지털화가 맞물리면 산업사회가 내재하고 있던 전체주의 경향을 훨씬 넘어서는 통제사회가 도래할 것임을 예견케 한다.

신자유주의는 그런 면에서 신자본주의이고 과도자본주의이다. 무겁고 느린 제조업의 상품보다는, 가볍고 **빠른** 금융에 집중하며 스스로를 급속히 불려가야 하기에, 자기 앞에 놓인 모든 것을 해체하고 분리하고 용해하여 흡수하기 좋은 형태로 만든다. 즉 인간의 실존을 상업적 관계들의 망 안으로 완전히 녹여 넣는다.[30] 이에 필요한 것이 정보/데이터의 디지털화다. 인간적 실존은 정보의 형태로 분해되고 계량화되어 디

---

29) 앙리 르페브르 지음, 박정자 옮김, 『현대세계의 일상성』, 기파랑, 2005, 22쪽, 39쪽 참조.

30) 한병철 지음, 전대호 옮김, 『오늘날 혁명은 왜 불가능한가』, 김영사, 2024, 111쪽.

지털 망으로 흘러들어가 빠르고 널리 통용된다.

산업사회에서 제품을 규격화하고 표준화하듯이, 디지털시대의 정보사회에서는 정보가 되지 않는 것은 모두 배제된다. 활용될 수 있는 정보만이 그 인간이고, 그 인간의 전부다. 따라서 그 인간을 안다는 것은 그에 대한 정보를 다 가지고 있다는 뜻이다. 디지털 정보사회에서는 자신의 정보를 제공하지 않으면 일상을 유지할 수 없어, 일상을 유지하기 위해 제공한 정보가 디지털화를 더욱 가속시킨다.

정보를 다 털린 인간에게는 내밀도 없고 비밀도 없다. 곧 심연은 없고 표면만 있는 인간을 지나 투명한 인간이 되었고, 그 투명한 인간을 미디어시스템이 장악한 투명사회가 되었다. 산업화가 규격화/표준화를 벗어나는 불량품을 미리 제거했듯이, 디지털 사회에 맞지 않는 정보는 사전에 이미 정보의 가치를 잃고 사라졌다. 그래서 통용되는 정보가 바로 그 인간이고, 그는 정보를 통해 안을 다 들여다볼 수 있는 인간, 투명인간이 된다. 실존의 무게와 깊이와 두께가 없는 그런 인간이 된다.

일차원적으로 존재의 명맥을 유지하던 인간은 투명인간이 됨으로써 제로 차원의 존재가 된 것이다. 제로 차원의 인간은 어떤 모습일까. 물론 현재를 살아가는 디지털 시대의 인간은 스스로를 제로 차원의 존재라 여기지 않을 것이다. 그럼에도 불구하고 그의 실존을 보장하는 몸이라는 실체는 정보 안으로 들어갈 수 없다. 다시 말에 디지털 사회에서 그는 처음부터 실존성을 부정당하는 것이다.

실존성 부정은 여러 부정적인 성향을 초래하는데, 일상생활에서 공허감에 젖거나 허무주의에 빠지는 것이 그 첫 번째 성향이 될 것이다. 이는 자연스럽게 자존감 상실로 이어지거나, 이를 인정하지 않으려는 반대급부로 나르시시즘으로 나아가기도 한다. 그러나 나르시시즘은 자신과 주위에 대한 인식 능력이 결여되어 있다는 것을 반증하는 것에 지나지 않는다.

이처럼 실존의 한계를 지적한다고 해서 쉽사리 그 부정성을 스스로 극복하여 실존성을 획득하기는 쉽지 않을 것이다. 앞에서 보았듯이, 경제는 인간 활동의 한 영역이 아니라, 다른 영역을 모두 자신의 하위 영역으로 두면서 최고의 영역이 되어 있다. 디지털화한 정보를 주도하는 시스템 역시 경제와 연결되어 하위 영역으로 봉사하고 있다.

그래서 이러한 경제 체제에서는 인간 실존의 온전한 회복을 꿈꾸는 것은 어렵다고 보아야 할 것이다. 르페브르가 말한 전유 역시 쉽지 않을 것이다. 기껏해야 생산물 낭비, 시간의 남용, 딴짓하기, 태만과 이직 등으로 감옥과 같은 시스템을 내부로부터 침식시키면서[31], 자신이 시스템에 동화되지 않았다는 것을 스스로에게 입증하려는 소극적인 대응을 보여줄 수는 있다.

그러나 이는 디지털화에 비추어 보면 최후의 몸부림에 지나지 않아 보인다. 인간은 이미 신자유주의 체제의 생산 주체도 아니고, 디지털 체제의 도구 사용자도 아니다. 노동자는 생산 주체인 기계의 협력자이듯이, 디지털에 접속하는 자는 도구의 사용자가 아니라 미디어 복합체 내에서의 회로판들이거나 회로의 한 접점에 지나지 않기 때문이다.[32] 인간은 이제 실존적 심연을 떨어내고 나와 디지털의 표면에서 명멸明滅하는 존재로 나아가고 있는 것 같다.

---

31) 미셸 드 세르토 지음, 신지은 옮김, 『일상의 발명』, 문학동네, 2023, 320쪽.

32) 노르베르트 볼츠 지음, 윤종석 옮김, 『구텐베르크-은하계의 끝에서』, 문학과지성사, 2000, 151쪽 참조.

개인과 사회

모든 것은 변한다. 봄-여름-가을-겨울에 따라 자연 현상이 변하고, 자연의 변화에 따라 생生-장長-수收-장藏의 식물 생태도 변하며, 생명체가 아닌 사물도 성成-주住-괴壞-공空으로 진행되며 형태를 달리한다. 이런 변화 속에 살고 있는 인간의 육신이 생生-노老-병病-사死라는 생애 주기로 진행되며 변하는 것은 당연하다. 그리고 이러한 인간이 몸담고 있는 사회나 국가가 창업創業-수성守成-경장更張-쇠퇴衰退라는 궤적을 그리며 변하는 것도 당연하다.

인간 삶을 이처럼 생노병사라는 생물학적 진행으로 살펴볼 수도 있지만, 그가 몸담고 있는 사회와 관련시켜 적응과 갈등 등에 초점을 맞추어 사회학적 견지에서 살필 수도 있다. 인간은 생명을 타고난 존재인 동시에 사회 속에 출현하는 존재이기 때문이다. 인간이 사회 속에 출현한다는 것은 집단이 개체보다 우선한다는 뜻이다. 그래서 개체에게는 집단에 적응해야 하는 과제가 주어지고, 집단은 개체를 통합해야 하는 과제를 안게 된다.

인간과 사회의 적응과 통합의 관계는 일방적으로 고정된 것이 아니고 상호적이고 유동적이기 때문에, 불가역적인 것은 아니다. 다만 수성과 쇠퇴가 사회/국가의 불가역적인 방향을 강하게 보여준다면, 창업과 경장은 사회/국가의 가역적인 성향을 더 강하게 보여준다고 하겠다. 그래서 사회학적 견지에서는 인간과 사회의 관계를 세 가지 명제로 요약한다. "사회는 인간의 산물이다. 사회는 객관적인 현실이다. 인간은 사회적 산물이다."[1]가 그것이다. 이 세 가지 요소를 제대로 살필 수 있다면, 인간과 사회의 관계를 제대로 헤아릴 수 있을 것이다.

개인

사회가 인간의 산물이라는 것은 인간이 다른 생물체의 집단에서 떨어져 나와 그것과 차별되는 집단을 형성했다는 것을 말한다. 그렇게 형성된 사회는 인간의 주관적인 의도나 의지로 쉽사리 변경할 수 없는 객관적인 현실로 존재한다. 곧 사회는 객관적인 현실이 된다. 인간이 이 객관적인 현실에서 살아가기 위해서는 현실에 통용되는 가치관이나 행동 양식을 수용해야 한다. 그래서 인간은 사회적 산물로 규정된다. 그렇다고 하여 인간이 일방적으로 사회에서 통용되는 것을 수용하기만 하는 것은 아니다. 거꾸로 인간의 활동이 사회에 영향을 미쳐 사회를 변화시키기도 하기 때문이다. 그러면 처음으로 돌아와, 사회가 인간의 산물이 된다.

인간이 사회에 출현하여 제일 먼저 맞닥뜨리는 집단은 가족과 이웃이다. 다시 말해 혈연과 지연 공동체가 인간에게 일차적인 영향을 미치는 사회다. 이 일차적인 사회는 직접적인 대면 관계로 이루어져, 관습과 전통이 강한 영향을 미친다. 그래서 이보다 더 큰 사회, 곧 간접적이고 추상적인 관료사회나 국가에 비해 생물학적 속성이 더 강하다. 그러나 인간이 성장할수록 가족과 마을보다는 국가가 제공한 가치관이나

---

[1] 피터 버그·토마스 루크만 지음, 박충선 옮김 『지식 형성의 사회학』, 홍성사, 1982, 93쪽.

행동 양식에 더 강하게 노출됨으로써 사회학적 특성을 띠게 된다. 가족과 마을도 국가와 동떨어져 존립할 수 없다. 가족과 마을은 국가의 지배 체제 아래의 하위 체제로, 소규모로, 축소판으로, 국가의 영향권을 벗어날 수 없기 때문이다.

인간은 그가 속한 공동체에서 성장하여 성인이 되면, 공동체는 그를 공동체의 구성원으로 인정하고 받아들이는 의례를 치른다. 이른바 성인식이다. 이 의례를 통해 그는 공동체의 정식 구성원으로서의 자격을 갖게 된다. 그러나 사회의 변화에 따라 공동체가 더 큰 사회에 흡수되고, 그에 따라 공동체 의식이 희박해지면서, 인간은 공동체와 연결이 끊어지면서 개체가 되어 사회 속으로 흩어진다. 그에 따라 공동체가 공식적으로 치르던 성인식도 사라진다.

따라서 개체는 공동체의 일원이라는 과정을 거치지 않고 사회 속의 구성원이 되어야 하는 처지가 된다. 사회는 공동체였던 지연地緣의 마을뿐만 아니라, 혈연血緣의 가족도 해체하여 사회 속으로 흡수하고 있기 때문이다. 제대로 된 사회의 구성원이 되는 길에 도움을 얻을 만한 것이 없어짐으로 하여, 개체가 사회의 성인으로, 진정한 구성원으로 인정받는 것은 오로지 자신의 역량에 맡겨지게 된다.

개체가 공동체나 사회의 '구성원'으로 머물지 않고 '개인'이 된 것은 근대에 들어와서다. 대가족의 집약적 노동에 기반한 농업사회에서는 개인이 출현하기 어렵다. 농업사회의 토대는 대가족이고, 대가족은 집약노동을 가능케 한다. 따라서 개체는 대가족의 한 구성원이자 집약노동자의 일원으로 존재한다. 그러던 사회가 핵가족의 개별적 노동이 필요한 공업/산업사회로 변하면서, 여러 세대로 이루어진 공동생활 위주의 가정이 부모와 자녀로 이루어진 단출한 가정으로 변한다. 이 단출한

가정에서 부모와 자녀는 자신들의 '방'을 가짐으로써 사생활이 가능한 진정한 개인이 된다.[2]

이제 사회와 개인은 농업사회와 다른, 공업/산업사회에 적합한 가치관과 행동 양식을 제공하고 수용해야 한다. 여기에 보다 효과적인 장치는 가정과 이웃이 아니라 학교다. 다시 말해 산업사회는 필요로 하는 개인을 길러내기 위해서 보편적인 공교육 곧 보통교육과 전문교육을 실시해야 하고, 개인은 그것을 지식과 기술 및 교양으로 내면화해야 한다. 이 내면화가 곧 인간이 사회의 산물이라는 명제의 구체화다.

이런 과정을 통해 보면, 한 인간의 개인화는 곧 사회화와 다르지 않다는 것을 알 수 있다. 그래서 호르크하이머와 아도르노는 "개인화가 사회화의 길을 거쳐서만 가능하다"고 했고, 하버마스는 "개인성 역시 명백히 사회적으로 만들어진 현상인 것이다. 이것은 사회화 과정 자체의 산물이지 사회화 과정에서 벗어난 잔여 욕구성향의 표현이 아니다. 사회화 과정은 동시에 개인화 과정이다"[3]라고 했을 것이다.

이 개인화 곧 사회화 과정에서 개인은 공동체의 구성원으로서 맞닥뜨린 과제보다 훨씬 복잡하고 힘든 과제에 부딪친다. 도움을 받을 수 있는 공동체가 사라졌기 때문이다. 그래서 개인은 자신이 맞닥뜨리는 개인과 사회에 대한 태도에 따라 자신의 사회적 삶에 대한 궤적을 제각기 다르게 그려 나간다. 그러나 이를 일반화하여 뭉뚱그려 얘기해 볼 수도 있다. 로버트 파크는 개인의 사회화를 '경쟁, 갈등, 화해, 동화'의 네 가지 과정으로 요약한다.

"경쟁은 사회적 상호작용의 원초적이고 보편적이며 기본적인 형태로서 접촉이 없는 상호작용이다. 갈등은 간헐적이며 개별적인 것으로서 사회 속에서 그가 점할 위치를 결정해준다. 화해는 갈등의 중단을 의미하는 것으로서 지위나 권력의 분배체계와 지배-복종 관계가 잠정

---

[2] 프레드릭 제임슨 지음, 임경규 옮김, 『포스트모더니즘, 혹은 후기자본주의 문화 논리』, 문학과지성사, 2022, 222쪽 참조.

[3] 위르겐 하버마스 지음, 장춘익 옮김, 『의사소통행위이론Ⅰ』, 나남출판, 2006, 568쪽, 『의사소통행위이론Ⅱ』, 나남출판, 2006, 104쪽.

적으로 고정되고, 법률이나 규범을 통해 통제되는 경우에 나타난다. 동화란 다른 사람이나 집단의 기억/감정/태도/경험/역사 등을 획득함으로써 그들과 함께 공통의 문화에 참여하게 되는 상호 침투나 병합의 과정이다."[4]

그러나 이는 어디까지나 일반화에 지나지 않는다. 개인은 그가 마주치는 다른 개인과 사회에 대해 훨씬 까다롭고 세밀한 상황을 거쳐야 자신의 사회화 패턴을 드러낸다. 개인도 사회도 투명하게 자신을 드러내지 않는다. 게다가 인식적 차원과 존재적 차원은 다르다. 개인이든 사회든 실존적 체험으로 겪어보지 않고는 자신의 정체를 드러내지 않는 불투명한 상태로 존재하기 때문이다. 개인과 사회에 대한 다양한 견해가 속출하는 배경이다.

개인의 다른 개인에 대한 이해는 역지사지 또는 감정이입에서 출발한다. 감정이입에 의한 역지사지가 없다면 개인은 자신과 사회만 있을 뿐, 자신과 다른 개인 곧 타인은 안중에 없을 것이다. 그러나 감정이입에 의한 타인/타자의 인식은 타인/타자의 신체에 가로막혀 자신에게 되돌아온다. 불투명한 타자의 신체는 나의 감정이 뚫고 들어갈 수 없는 장벽이다. 따라서 내가 인식하는 타자는 타자로서의 타자가 아니라 내가 구성한 타자일 수밖에 없다. 이것이 후설이 시도한 감정이입 또는 역지사지를 통한 타자 지향 인식의 한계다.[5]

그래서 하이데거나 사르트르는 인식론적 타자 접근이 아닌 존재론적 타자 접근을 시도한다. 그러나 존재론적 접근도 인식론적 접근에 못지않게 한계에 봉착한다. 하이데거의 개인이 나아간 일상의 사회에서 개인은 개인으로 존재하는 것이 아니기 때문이다. 개인은 단독자로서가 아니라 공동존재를 형성해 '세인世人/세상 사람'으로 있다. 개인은

4) 루이스 코저 지음, 신용하·박명규 옮김, 『사회사상사』, 한길사, 2016, 515–516쪽.

5) 서동욱 지음, 『타자철학』, 반비, 2022, 78–92쪽 참조.

자신의 독자적인 존재 양식을 찾기보다는 세인 속으로 들어가 '그들'과 함께 하는 방식을 선호한다. 그래서 세인의 가치관이나 행동 양식이 나의 것이 된다. 그들은 나를 지배하고, 나는 취사선택의 고민과 부담을 면제받는다.

사르트르에게는 하이데거의 공동존재 같은 것은 없다. 그에게 개인은 원자화된 개인으로 있을 뿐이다. 그에게 "타자는 나와 전적으로 이질적이고 나에게 동화되는 것에 결단코 저항하는 자, 그렇기에 나와 '투쟁' 관계에 들어서는 자이다."[6] 그래서 타인은 바로 지옥이다. 타인이 지옥이 되는 이유는 그가 가진 시선 때문이다. 개인 대 개인은 곧 시선 대 시선의 마주침이다. 따라서 나와 "타자의 관계에서 관건은 타자의 시선 아래 종속되거나, 반대로 나의 시선을 통해 타자를 제압해 내 시선의 판단 아래 타자를 두거나 하는 투쟁이다."[7]

이처럼 개인이 놓인 상황을 두 사람이 다르게 파악했듯이, 그 한계 극복의 길 역시 다르게 제시한다. 하이데거에게 문제가 되는 것은 일상의 세인에 예속된 현존재다. 현존재가 진정한 개인/실존과 공동존재/민족으로 나아가기 위해서는 한계상황에까지 자신을 밀고나가 그 앞에 자신을 세우는 결단이 필요하다. 그러나 일상의 현존재와 한계상황 앞의 결단을 거쳐 이르게 되는 실존 사이에는 심연이 존재한다. 그 심연은 일상의 인간이 쉽게 건널 수 없는 또 하나의 한계상황이다. 게다가 루카치가 그렇게 했듯이, 하이데거가 폄훼한 일상이 그렇게 해도 될 만큼 가벼운 것인가 하는 비판을 제기할 수도 있다.

사르트르에게 시선의 한계를 극복하게 하는 것은 거울과 책이다. 거울은 타인의 시선을 의식하지 않고 자신을 성찰할 수 있는 매개체다. 책은 읽기와 동시에 쓰기다. 책을 읽고 쓰는 것은 나 자신이 주체가 되는 의식 활동이다. 이처럼 거울과 책은 타인의 시선이 강탈한 나의

---

6) 앞의 책, 171쪽.

7) 앞의 책, 184쪽.

자유를 확보하고 향유케 한다. 타인의 시선이 나의 지옥의 단초라면, 거울과 책은 나의 자유의 단초다. 그러나 거울보기를 통한 자의식의 성찰이 타인에게 어떻게 가 닿을 수 있는지는 알 수 없으며, 책의 집필과 독서의 주체가 타인에게 어떻게 이르는지 그 경로를 헤아리기도 어렵다. 따라서 사르트르의 거울과 책을 통한 자유는 개인의 자유에 머무를 공산이 크다.

그래서 들뢰즈는 사르트르처럼 개인 대 개인으로 타인을 규정하지 않는다. 하이데거처럼 개인을 공동존재로 비약시키지도 않는다. 그는 "타인이란 나의 지각장 속에 놓여 있는 하나의 대상도 아니고 나를 지각하는 하나의 주체도 아니다. 타인은 무엇보다도 지각장의 한 구조이다. 타인이 부재할 경우 이 장은 하나의 전체로서 기능하지 못한다."[8]고 말한다. 구성원에 앞서 공동체가 있었듯이, 피사체에 앞서 배경이 있듯이, 개인에 앞서 구조로서의 선험적 타인이 있는 것이다.

이 지각장 구조에서의 타인은 "가능 세계, 현존하는 얼굴, 실재 언어 또는 언술"이라는 세 가지 요소로 이루어진다.[9] 이는 사르트르의 시선보다 폭이 넓고, 하이데거의 공동존재보다 구체적이다. 이러한 타인은 일상의 생활세계에서 만나는 타인에 가까운 개념이 된다. 다시 말해 신체의 장벽에 가로막힌 타인, 자아가 알 수 없는, 경계 밖에 존재하는 타인, 불투명한 실존으로서의 타인 개념을 염두에 두면서도, 타인을 자아와 연계시켜 인식할 수 있는 가능성을 보여준다.

타인은 자아가 스스로 볼 수 없는 자아의 이면을 보여주는 존재다. 지각장 구조에 들어간 자아는 그곳에 선험적으로 자리 잡은 타인을 통해, 인간 공통의 요소와 차이의 요소를 발견하여 온전한 인간 인식에 도달할 수 있다. 이것이 우리가 살아가는 일상의 인간이고 개인이고 타인이다. 그럼에도 불구하고 들뢰즈를 포함하여 지금까지 보아온 개

8) 질 들뢰즈 지음, 이정우 옮김, 『의미의 논리』, 한길사, 1999, 481쪽.

9) 서동욱 지음, 앞의 책, 557-558쪽.

인과 타인은 철학적 사유에서 도출된 개인이지, 일상 생활세계에서 활동하는 모습을 보여주는 개인은 아니다. 그러한 모습의 개인을 보는 것은 사회학적 사유로 접근했을 때 가능하다.

개인이 사회로 나아갈 때, 그가 사회에 대해 취할 수 있는 양극단은 동화同和와 불화不和다. 토마스와 즈나니에츠키는 이 양극단적 태도와 그 사이에서 개인의 세 가지 반응 유형을 읽어낸다. 동화에 해당하는 태도를 가진 이는 '속물'이다. 속물은 "항상 순응주의적이며 가장 안정적인 요소들로 사회전통을 대체로 순응한다." 불화에 해당하는 태도를 가진 이는 '보헤미안'이다. 보헤미안은 속물과 정반대로 "기질이 충분하게 굳어지지 않고 변화 가능성이 열려 있는 반항자다." 이 양극단의 가운데 존재하는 가장 바람직한 태도를 가진 이가 '창조자'다. 창조자는 다양한 관심사를 드러내며 새로운 조건들에 잘 적응하는 혁신자다. 단순히 전통의 틀 안에서만 행동하지도 않고, 사회적 요구에 대해 무분별하게 반항하지도 않는다. 대신 혁신과 전통을 신중하게 조합하여 관습의 숲에 새로운 길을 개척한다.[10]

10) 루이스 코저 지음, 신용하·박명규 옮김, 앞의 책, 729-730쪽 참조.

레이먼드 윌리엄스는 이러한 사회학적인 관점에 역사적인 사유도 곁들여 이보다 다양한 개인 유형을 찾아낸다. 신민과 하인, 반역자/혁명가와 망명자와 부랑자, 개혁가 혹은 비평가가 그것이다. 신민과 하인은 동화에, 반역자/혁명가와 망명자와 부랑자는 불화에, 개혁가 또는 비평가는 그 사이에 위치시킬 수 있겠다.

'신민'과 '하인'은 사회적 폭력이나 압력을 받아도 자신에게 지정된 위치를 수용해야 하는 인간이다. 이들이 그럴 수밖에 없는 것은 그 위치를 벗어나서는 자신의 삶을 유지할 방도가 없기 때문이다. 이들은 이미 지난 시절의 유물로 인식될 수도 있지만, 사회의 지배적 속성상 아직도 여전히 실재로서 존재할 수 있다. 체제의 중간과 하부 기능인에게서 이들 후계자를 발견하는 것은 어렵지 않다.

'반역자/혁명가'는 통용되고 있는 사회 체계에 반발함으로써 또 다른 사회 체계를 확립하려 한다. 그가 속한 사회의 생활방식이 틀렸다고 느끼고 그것과 싸우면서 새로운 삶의 방식을 제안한다. 다시 말해 새로운 사회에 대한 열망과 헌신을 고수하는 개인이다. 그러나 사회 체계의 가장 중요한 부분을 공격하기 때문에 현실적 위험에 많이 노출되어 있다. 그래서 실제로 많은 개인이 속한 유형은 아니다.

'망명자'는 그가 속한 사회의 생활방식을 거부한다는 면에서 반역자/혁명가처럼 단호하다. 사회와 싸우는 대신 그 사회를 떠나는 개인이다. 기존 사회를 탈출하거나 빠져나갈 수 있는 여건이 된다는 뜻이다. 빠져나가 다른 사회의 구성원이 되어, 자신의 개인적 현실과 긴요한 가치관이나 태도의 체제를 발견하고 동조하게 된다. 망명자로 남아서 자신이 거부했거나 자신을 거부한 사회로 돌아오지 못하고, 그가 도달한 사회에서도 중대한 관계들을 형성하지 못하는 경우가 더 많다. 진정한 망명자는 그냥 기다리는 것뿐이다. 사회가 바뀌면 고향으로 돌아갈 수 있겠지만, 실제적 변화의 과정에는 개입하지 않는다.

빠져나가지 않고 사회와 분리된 존재로 스스로 망명자가 된 '내부 망명자/자발적 망명자'도 있다. 그는 자신이 태어난 사회 안에 살고, 그 안에서 움직이기도 하지만, 자신의 개인적 현실 전체를 걸고 있는 대안적 원칙들로 인해, 그 사회의 목적들을 거부하고 그 사회의 가치관을 경멸한다. 그러나 그 원칙들을 위해 싸우지는 않으며, 다만 지켜보고 기다릴 뿐이다. 자신이 다르다는 것을 알고 있으며, 그의 활동은 이 차이점을 보존하고, 그 분리성의 조건인 개인성을 유지한다. 반역자/혁명가와 달리 그의 반대는 개인적 단계에 머물러 있다. 다른 반대자들과도 관계를 형성하기가 힘들다. 그는 타협해야 할까봐 지나치게 조심한다. 그가 방어하고자 하는 것은 자신의 생활 패턴과 정신이기에 모든 관계가 잠재적 위협이 된다. 사회 내에서 자신의 내면에 있는 원칙을 지키며 혼자 걷는 사람이다.

'부랑자'는 자신의 사회에 몸담고 머물지만 그 사회가 추구하는 목적들은 무의미하며, 통용되는 가치관이 적절하다고 여기지도 않는다. 망명자에게 있는 자존심이나 삶의 원칙 고수 같은 것도 결여되어 있다. 기껏해야 그냥 자신을 가만히 내버려 두기를 바랄 뿐이다. 사회뿐만 아니라 자신의 내부에서도 의미를 발견하지 못한다. 그가 반대하는 것은 자신이 속한 사회가 아니라, 본질적으로 사회 그 자체라는 조건이다. 사회는 가능하면 피하고 싶은 무의미한 사건과 압력의 총체일 뿐이다.

'개혁가'나 '비평가'는 반역자/혁명가와 달리 기존 사회와 단절된 새로운 사회를 바라지는 않는다. 그들이 소속되어 있는 사회와 그들이 바꾸고자 열망하는 사회 사이의 연속성이 파괴되는 것을 바라지 않는다. 그 둘은 양립이 가능하여, 그들이 바라는 사회는 기존 사회의 수정과 변화로 충분히 가능하다고 판단하기 때문이다.[11]

이처럼 개인의 사회적 출현과 그에 따른 개인의 다양한 모습을 볼 수 있지만, 대체적인 추세는 사회보다는 개인 위주로 수렴되어 왔다. 어디에도 예속되지 않으려는 주체적 자유와 어떠한 타자와도 공유하지 않으려는 사적 소유의 욕망을 견지하려는 개인주의로 귀결되었다. 개인주의에서는 타자와의 관계에서 자유와 욕망을 우선으로 내걸었다. 어떠한 윤리와 종교와 정치도 이를 저지할 수 없었다. 주체적 자유를 최우선으로 내세우면 아나키즘이 될 것이고, 사적 소유의 욕망을 최우선으로 내걸면 자본주의가 될 것이다. 그러니까 작금의 개인 앞에 보이

---

11) 레이먼드 윌리엄스 지음, 성은애 옮김, 『기나긴 혁명』, 문학동네, 2021, 127-132쪽 내용을 요약하여 정리했음.

는 길은 두 갈래 길이다. 아나키스트가 되는 길과 자본주의자가 되는 길.

아나키즘을 거슬러 올라가며 원조나 관련자들을 여럿 호명할 수도 있겠지만, 개인을 유일신과 대립된 개념으로 '유일자'로 규정한 막스 슈티르너를 지나칠 수는 없을 것 같다. 그의 유일자는 다른 어떤 것으로도 대체할 수 없는 유일무이한 자다. "나에게는 나를 넘어서는 그 어떤 것도 없다." 어떤 외부의 힘도 나의 자유, 나의 생명, 나의 주권을 침탈할 수 없다. 기독교의 신은 유일한 주권자로서 인간 위에 군림한다. 그 신의 자리에 나를 세운다.

기독교 신의 철학적 표현이라 할 헤겔의 절대정신에 나를 대립시키고, 신의 세속적 형태인 국가 위에 나를 세운다. 홉스의 리바이어던이 보여주는 대로, 지상에 군림하는 신, 이 국가야말로 진정한 적이다. "내 고유한 의지는 국가를 파괴하는 것"이다. "신이건 인간이건 내 위에 있는 모든 상위의 본질은 나의 유일성을 약화시킨다."

"나도 물론 인간을 사랑한다. 개인뿐만 아니라 모든 인간을 사랑한다. 그러나 나는 에고이즘의 형식으로 그들을 사랑한다." 이타주의는 에고이즘의 한 형태이지 그 부정은 아니다. 사람과 사람의 연대 혹은 연합도 긍정한다. 집단의 힘으로 나를 억누르지 않는 방식의 연합, 유일자들의 연합, 평등한 개인들이 자발적으로 연대하여 만든, 비지배적 연합사회, 슈티르너가 생각한 이상적인 미래 사회의 모습이다.[12]

그러나 슈티르너가 그린 이상적인 미래 사회의 모습은 역사상 잠깐 나타났다가 사라져 버렸다. 프랑스의 파리코뮌이나 우리나라 동학의 집강소가 그것이다. 근대 이후 현재까지 개인이나 인간은 모든 것을 자신 안으로 수렴시킨 자본주의 사회 안에서 서식하고 있다. 그 안에는 슈티르너가 말한 유일자로서의 개인이 설 자리는 마련되어 있지 않다.

[12] 고명섭 서평, 막스 슈티르너 지음, 박홍규 옮김, 『유일자와 그의 소유』, 《한겨레신문》 학술·지성, 2023년 9월23일 32면에서 발췌 요약함.

자유는 개인에게 있는 것이 아니라 자본에 있기 때문이다. 그럼에도 불구하고 유일자의 자유를 견지하려 한다면, 아마 그는 앞에서 본 내부 망명자 또는 자발적 망명자로 존재할 것이다.

사회

사회라는 추상적 개념의 최초의 구체적인 형태는, 앞에서 본 것처럼 가족과 이웃일 것이다. 가족과 이웃은 공동사회로서, 페르디난트 퇴니스에게는 이익사회보다 훨씬 유기적이고 바람직하며 더 자연적인 것이었다.[13] 그러나 소규모로 존재하는 공동사회는 구성원에게 소속감과 안정감을 주지만, 그곳에 계속 머물러 있을 수는 없다. 성장에 따른 생활 영역의 확대가 그로 하여금 이익사회에로의 진입을 재촉하기 때문이다.

이익사회는 거대하고 복잡한 사회다. 이익사회로 진입한 구성원은 공동사회에서와는 다른 체계를 맞닥뜨리게 된다. 그리고 마침내 국가라는 체계에 봉착하게 된다. 국가라는 체계는 국가 구성원의 총합이 아니다. 구성원과 체계는 서로 다른 요구를 가지고 있다. 그래서 개인이나 소집단은 대규모 체제로 순조롭게 함입陷入되지 않으며, 대규모 집단은 개인이나 소집단을 조화롭게 포섭하지 않는다. 알력과 갈등이 상존한다. 그 둘은 시스템과 메커니즘이 다르기 때문이다. 흔히 하는 말로 바꾸면 규모가 달라지면 규칙이 달라지기 때문이다.

게다가 대규모 집단에는 이미 기존의 구성원들이 자리를 잡고 있기 때문에, 집단이 팽창하지 않는 한 함입과 포섭이 쉽게 이루어지지 않는다. 비는 자리만큼만 신규 구성원을 충원하거나 내부에서 승진시킨다.

---

13) 루이스 코저 지음, 신용하·박명규 옮김, 앞의 책, 238쪽.

그래서 외부에서 집단 내부로 신규 구성원을 수평적으로 충원하는 통로와 집단 내부에서 수직적으로 이동하는 장치를 마련하여 집단을 운영한다. 이러한 운영이 즉흥적이거나 임의적이지 않고, 지속적이며 원칙적인 것이 되기 위해서는 '제도화'를 필요로 한다.

이렇게 제도화로 정착되고 운영되는 제도는 시간이 흐르면서 역사성과 통제성을 띠게 된다.[14] 제도는 개인보다 오래 전에 이미 존재한 역사적 산물이고, 개인은 이 제도를 통과해야만 제도 속으로 진입할 수 있기 때문에 제도의 통제를 벗어날 수 없다. 그러므로 제도를 경험하는 개인은 제도가 객관적인 현실임을 인정하게 된다. 다시 말해 제도가 구성원을 여과시키고 배치시키는 장치임을 받아들이게 된다. 그러나 모든 인간이 이 제도를 인정하고 수용한다고 보기는 어렵다.

그래서 제도를 설명하고 정당화하는 과정, 곧 '합법화'가 필요하다. 합법화는 그것의 실질적인 필수조건들에 규범적인 위엄을 부여하여 제도적 질서를 정당화시킨다. 이 정당화된 질서는 개인에게 그가 하는 행동과 그런 행동을 취해야만 이유를 말해 줄 뿐만 아니라 사물들이 현재의 상태로 있는 이유를 말해주기도 한다. 그리고 이 합법화는 단순한 일회적인 규범으로 멈추지 않는다. 여러 수준으로 지속적이고 중층적으로 이루어진다.

초기의 합법화는 법조문과 같은 언어 전달로 이루어지고, 이차적으로는 이론적인 주장/이데올로기를 포함하는 형태로 이루어지며, 삼차적으로는 명백한 이론을 포함하는 포괄적인 준거틀을 제공하는 방식으로 이루어지고, 사차적으로는 상징 세계로 융합하는 구성으로 이루어진다.[15] 다시 말해 개인이 사회 제도 속으로 들어가면, 그는 단순히 일상생활의 경험적 현실 제도에만 직면하는 것이 아니라, 그가 알든 모르든, 그 제도를 떠받치고 있는 법과 이론 그리고 이데올로기와 상징

14) 피터 버그·토마스 루크만 지음, 박충선 옮김, 앞의 책, 85쪽.

15) 앞의 책, 132-135쪽 참조.

세계 속으로 흘러들어가, 그것들에 의해 칭칭 감기는 형태가 되는 것이다.

하나의 제도가 만들어지면 쉽게 바뀌지 않는 연유도 제도가 가진 이러한 복합적이고 중층적인 구성에 있다. 아놀드 토인비가 '제도의 끈질긴 힘'이라는 개념을 말한 연유도 이에서 멀리 떨어져 있지 않을 것이다. 거기에다 이러한 제도에 이의를 제기하거나 바꾸기 위해 행동하는, 위협적인 경우를 대비하여 제도는 또 다른 무기를 소지하고 있으니, 바로 그것들을 이단으로 모는 것이다.

이단은 보수적인 세력들을 자기편으로 끌어들여 새로운 세력의 싹을 자르기 좋은 방편임을, 정통을 자처하는 세력들은 잘 알고 있다. 이들 앞에 회의론과 다원주의와 같은 새롭거나 다양한 제도를 꿈꾸는 것은 안정된 제도와 질서를 전복하는 세력으로 지목되어 위축되거나 소멸된다. 이렇게 되면 앞에서 제시한, 인간과 사회에 대한 세 가지 요약된 명제 중 '사회는 객관적 현실이다'를 넘어, 사회가 스스로를 객체화하여 고정시키려는 것으로 비치게 된다.

그러나 개인은 주체적 자유와 사적 소유의 권리를 쉽게 포기하지 않는다. 사회가 인간의 산물임을 역사적 사실로 보여주는 흐름이 형성된다. 자유주의의 출현이 그것이다. 왕과 귀족만이 누리던 자유를 탈취하여 스스로 시민이 되면서, 개인의 자유와 권리가 사회에 우선하는 것임을 보여준다. 나아가 개인이 비록 사회에 우선하는 존재이기는 하지만, 개인이 단순히 고립된 존재가 아니라 다른 개인들과 함께 살아가는 존재임을, 민주주의와 사회주의 이념의 일부를 수용하여, 자유민주주의, 사회민주주의로 실현하며 방증한다.

그러나 자유주의가 진행되면서 자유주의 안에 들어와 있던 민주주의 요소와 사회주의 요소는 퇴색된다. 그리고 현실 민주주의와 현실 사회주의도 이념으로서 제대로 힘을 발휘하지 못한다. 자유주의를 촉발했던 개인이 주체적 자유보다는 사적 소유의 욕망으로 기울어졌기 때문이다. 당당한 시민으로 살기보다는 부유한 부르주아지로 살기를 선호했기 때문이다. 다시 말해 정치적 시민으로 살기보다는 경제적 신민으로 살기가 훨씬 덜 위험하고 훨씬 더 편하다는 것을 알아챘기 때문이다. 이로부터 인간 일상을 지배하는 최종적 타자나 체계는 정치에서 경제로 전환하게 된다.

이러한 전환이 지속되면서 애초의 자유주의는 고전적 자유주의로 명명되며 뒷전으로 밀려나고, 새로운 자유주의 곧 신자유주의가 등장한다. 신자유주의는 고전적 자유주의가 내포하고 있었던 정치 시민 요소가 사라지고 경제 시민 요소만 남았기에, 이매뉴얼 월러스틴은 신자유주의라 불려서는 안 되고, 자유주의의 악화된 형태, 신자본주의로 불리는 것이 정직한 것이라 말하기도 한다.

어쨌든 민주주의와 사회주의를 무력화시키면서 인간이 배제됨으로써, 그 자리를 차지하는 것은 돈, 곧 자본이다. 다시 말해 현대 인간이나 개인에게 최종적 타자나 체계는 정치의 국가가 아니라 경제의 자본이다. 자본이 다른 모든 것의 의미나 가치를 측정하는 기준이다. 게다가 이 자본은 자신을 규제하려는 어떤 정치적 의지나 윤리적 의도도 자신 안으로 수렴하여 용해시킴으로써 스스로를 팽창시키는 힘을 간직하고 있다. 인간의 일상 생활세계에서 이 자본주의 체제를 넘어선 체제가 자리 잡을 가능성은 보이지 않는다.

이제 자본주의 체제가 최종적 체계로서 인간의 삶을 결정하는 주체가 되어 있다. 인간은 그 주체의 대상일 뿐이다. 인간의 일상적 삶의 요소인 생산-유통-소비-폐기의 전 과정을 자본이 장악했을 뿐만 아니라, 삶 전체를 계산적 사유로 영위하도록 만들었다. 다시 말해 자본주의는 인간의 산물로서의 사회가 인간의 개선/개혁 의지와 무관하게 요지부동의 사실로 버티고 있으며, 그것은 객관적 현실이 아니라 인간으로서는 어쩔 도리가 없는 객체적 사물이 되어 버렸다. 이 객체적 사물화의 징후를 헤겔은 외화外化, 마르크스는 소외疎外라 했는데, 그 결정판은 루카치의 물화物化다.

물화는 인간 활동의 산물들을 인간 자신이 생산한 것임에도 불구하고 자신의 산물이 아닌 다른 무엇으로 감지케 하는 것이다. 인간의 주체적 역량은 생산 활동의 전체 역량 중 일부분에 지나지 않기 때문이다. 복잡한 분업화와 기계적 자동화는 인간 신체와 정신을 미약한 것에 지나지 않음을 주지시킨다. 따라서 인간은 사회에 커다란 영향을 미치지 못한다. 물화는 체제를 인간으로 하여금 바위나 벽을 마주하고 서 있는 것과 같은 처지로 여기게 만든다. '계란으로 바위치기'라는 말도 이 물화 상태의 한 표현 형식이다. 인간이나 인간의 활동이 아무런 의미나 가치를 띠지 못하게 된다. 그러니까 물화는 비인간화이자 객체화이자 사물화이다.

이 물화된 비인간적인 사회에서 인간이 버텨내는 것은 대규모 사회의 포괄적 한계가 안고 있는 약간의 느슨함 때문이다. 소규모 집단의 특징이기도 한 '속속들이'나 '시시콜콜'을 면해, 자신 전체가 아니라 부분적으로만 사회에 내주기만 하면 된다고 여기기 때문이다. 다시 말해 대규모 사회의 어두운 구석을 찾아 자신의 안식처로 삼을 수 있다고 생각한다. 그러나 미디어의 발달은 이러한 소극적이고 소박한 소망의 기미를 허락하지 않고 빈틈의 여지를 파고든다.

개인이 사회에 대해 자발적 함입을 허용하지 않을 때, 더 이상 개인화가 사회화요, 사회화가 개인화라는 명제를 받아들이기 어려운 상황이 된다. 개인의 정체성 확립이 사회 속에서 가능한 것인가를 회의하게 된다. 회의가 절망에 이르면 그 절망의 끝에서 그와는 다른 새로운 사회를 꿈꾸는 유토피아가 등장하게 된다. 그러니까 유토피아는 기존 사회에 대한 절망과 비판이며, 그것을 대체하는 새로운 사회에 대한 소망이자 희망이다. 고대 이래로 수많은 유토피아가 출몰한 배경이다.

그리고 그것은 기존 사회의 정치와 경제 그리고 문화에 대한 환멸이고 절망이기 때문에, 대규모 사회의 권력을 넘어서는, 윤리적이고 종교적인 색채가 강한 소규모 사회로 구성된다. 그곳에는 정치의 차별 없이 모두가 평등하고, 경제의 독점 없이 자급자족하며, 문화의 오염 없이 쾌활하다. 정치의 근본인 위계가 의미 없고, 경제의 근본인 화폐가 쓸모가 없으며, 지배의 명분인 이데올로기가 필요치 않다.

앞에서 말한 피리고핀이니 집강소처럼, 역사적 현실로 출현한 유토피아도 있지만 그다지 오래 지속되지 못했다. 더러 아미시와 같이, 대규모 사회의 현실과 절연하여 소규모 종교 집단의 형태로 존재하기도 한다. 그러나 대부분의 유토피아는 꿈으로서 신화나 전설 또는 문학 작품 속에 존재한다. 그래서 유토피아의 현실 출현보다는 유토피아의 정신을 지적 사유로 끌어들이는 것에 초점을 맞추기도 한다. 그때 유토피아 정신은 현실 사회의 부정적 측면에 대한 비판적 거리 두기로 작동한다.

유토피아의 추구가 소집단에 머물다 사라지면서 현실 사회에 대한 비판적인 거리두기의 정신적 기제로 이월되는 것은 긍정적인 경우로 받아들일 수 있다. 그러나 유토피아를 현실 사회에 무리하게 접목시키려 하다 보면 예상치 못한 부작용을 초래한다. 미국의 인민사원의 집단 자살이나 우리나라의 오대양 사건이 그 대표적인 경우이다. 그들은 그들이 추구하는 유토피아로 가는 도중에 스스로 변질하여 디스토피아의 악몽 속으로 추락해 사라져 갔다.

그러나 유토피아적 소망이 이러한 종교적 색채를 띤 소집단에만 스며드는 것은 아니다. 종교와 정치가 혼재하거나 서로 갈등한 서양 중세기의 신정神政사회도 종교의 유토피아로 정치의 현실을 오도하며 대규모 사회를 디스토피아의 악몽 속으로 끌고 들어간 사례라 할 수 있다. 십자군 전쟁은 신정정치의 절정이자 확대판이었다. 신학이 정치학과 다르듯이 종교와 정치는 그 원리나 메커니즘이 다르다. 종교와 정치가 결합되면, 종교는 종교대로 순수한 기능을 잃어버리고, 정치는 정치대로 제대로 기능을 발휘하지 못하게 된다.[16]

신정정치의 여파는 아직도 지구상에서 완전히 사라진 것이 아니다. 이스라엘과 팔레스타인 분쟁과 그 끝나지 않은 전쟁이 이를 증명해준다. 이스라엘과 아랍 국가들은 동일한 종교의 분파인데도 서로를 인정하지 않는다. 그리고 신정정치의 유산을 철회하지 않고 그대로 유지하는 면에서도 일치한다. 이스라엘은 구약성서라는 복합적 유산을 복합적 관점에서 성찰하지 않고 역사로 받아들인다. 신화가 역사적 요소를 띠고 있다 하더라도 역사 그 자체는 아니다. 종교가 위계적 요소를 가지고 현실 위에 군림할 수 있지만, 현실 정치가 가진 포괄적인 능력을 발휘할 수는 없다.

그러나 이들 두 집단은 종교와 정치를 결합해 신정정치로 현실 사회를 끌고 가려 한다. 종교와 정치의 일원화, 일상과 신앙의 일원화는 용어에서 풍기는 것만큼 바람직한 결과를 초래하지 못한다. 앞의 다른 글에서 본 것처럼, 이원화가 위선을 노출한다면, 일원화는 광기로 치닫는다. 위선의 끝은 인격의 파멸이고, 광기의 끝은 생존의 종말이다. 따라서 진정한 일상과 신앙은 일원화에서 이원화, 이원화에서 일원화로 가는 길 어디쯤에 있을 것이다. 이에 비추어 본다면, 신정정치의

---

[16] 난바루 시게루, 「국가와 종교」, 고명섭 지음, 『생각의 요새』, 교양인, 2023, 374쪽에서 재인용.

끝은 허위와 광기가 결합된 전쟁과 학살이다. 그리고 진정한 정치와 종교는 정치에서 종교로, 종교에서 정치로 가는 어름에 자리 잡을 것이다. 이는 인간이 육신과 동시에 정신을 가진 존재이기 때문에 피할 수 없는 운명으로 여겨진다.

이제 인간 일상의 최종적 타자는 신과 인간을 내쫓은 자리를 차지한 자본이다. 이 자본은 지상의 모든 경계를 지우며 달려가 한 곳에 집중되어 둥지를 틀었다. 그 둥지를 '군산정복합체'라 이른다. 군산정복합체는 이름 그대로 군대와 산업과 정치가 결합되었으니, 무소불위無所不爲의 체제가 된 셈이다. 아직도 신에게 매달려 있는 신정정치 체제가 문제를 일으키고는 있지만, 그것도 독립된 변수가 아니다. 단지 군산정체제가 가진 상수의 일환일 뿐이다.

강대국의 군산정복합체는 스스로의 체제를 유지하며 그와 관련된 자들의 생존과 번영을 누리기 위해 지상에 이 무소불위의 힘을 발휘할 준비가 되어 있고 또한 발휘하기도 한다. 자신의 영역은 안전하게 둔 채로 다른 지역을 제물로 삼아, 군대를 이용한 전쟁으로, 산업을 동원한 경제제재로, 정치를 통한 동맹과 적대로, 세상을 굴려갈 수 있다. 그러나 강대국이라 하여 무소불위의 힘이 소진되지 않고 영원할 수는 없다. 경쟁국이 나타나 서로를 소진시키고, 약소국이 강대국을 따라가려고 애쓰기도 하는 이 상태가 언제까지 갈지를 헤아리는 것은 쉽지 않다.

체제는 체제 내적 인간에게는 최종 타자로 여겨진다. 체제 외부에 서지 않으면 체제의 정체를 제대로 알 수 없기 때문이다. 그러나 체제 외부에서 보면, 그것도 모든 존재와 마찬가지로 변할 수밖에 없는 것으로 보일 것이다. 종교적, 정치적, 경제적 체제에 매여 있지 않은 인간에게 모든 존재의 최종적 타자는 그 체제가 아니라, 시간의 영원과 공간의 무한이다. 영원과 무한 앞에 모든 존재는 변질되거나 무無로 수렴되어 사라진다.

그러나 영원과 무한 앞에 벌거벗은 채 설 수 없는 것이 일상의 인간이다. 그래서 일상을 뒤덮고 있는 체제 속에서 고투하며 나아가다가, 단지 체제보다 먼저 사라질 뿐이다. 그러나 때로는 무로 사라지는 것이 아니라, 그가 살아낸 것이 훌륭하게 남아 체제보다 더 긴 생명력을 발휘하며 사회에 영향을 미치기도 한다. 그런 인물이 바로 '사회는 인간의 산물이다'라는 명제를 증명하는 인간이 되는 것이다.

수성獸性과 인성人性 그리고 영성靈性

인간은 불완전하게 태어나 살면서 완전하게 되기를 바란다. 다시 말해 동물로 태어나 인간으로 살면서 신에게 다가가고자 한다. 괴테가 "나무는 하늘까지 자라지 않도록 되어 있다."라고 말한 것에 비추어 보면, 인간의 그 바람이 쉽게 이루어지지 않을 것임을 예상할 수 있다. 그러나 칼 힐티가 "인간은 신이 될 수 있다"고까지 말한 것을 헤아려 보면, 인간이 그 바람을 쉽게 포기하지 않을 것임도 짐작할 수 있다.

인간은 생명을 육신에 부여받아 살기에 동물적 속성을 버릴 수는 없다. 그러나 인간은 육신 안에 정신/영혼을 간직하고 살기에 동물로서의 삶에 만족할 수도 없을 것이다. 그래서 지상에 왔다 사라져간 인간들이 그렇게 했듯이 인간은 동물과 인간 사이를 오가는 삶을 살거나, 더러는 동물과 인간과 신 사이를, 또는 인간과 신 사이를 오르내리는 행적을 그리며 살아갔고 또 살아갈 것이다.

칸트가, "인간은 물리적인 자기애로서의 '동물성', 자신을 타인과 비교하는 이성에 기반한 '인간성', 그리고 도덕법칙에 대한 존경을 의사규정에 충분한 동기로 받아들이는 '인격성'의 소질을 가지고 있다"[1]고 말한 것은, 앞에서 말한 인간의 행적을 철학적 관점에서 피력한 것이다. 이를 종교적 관점을 감안하여, 세 번째 인격성을 인성에 포함시키

1) 박경남, 「갈등에 대한 칸트의 이해에서 인간성과 인격성」, 경북대 철학과 4단계 BK21 사업팀 엮음, 『철학의 시선으로 본 갈등과 소통 2』, 북코리아, 2023, 16쪽.

고, 그 인격성의 자리를 영성으로 바꾸면, 인간은 '수성'과 '인성' 그리고 '영성'으로 된 복잡한 존재로 볼 수도 있겠다.

수성獸性과 인성人性

인간의 바탕이 동물이라는 것을 학술적으로 천명한 대표적인 인물은 다윈과 프로이트다. 다윈은 인간의 생태가 그러하다고 했고, 프로이트는 인간의 마음 바탕이 그러하다고 했다. 이 동물성으로 삶을 시작한 인간이 인간성을 획득하여 사회의 구성원이 될 수 있다고 보아 마련한 의례가 앞의 글(개인과 사회)에서 본 성인식이고, 한자 문화권에서는 관례冠禮였다.

남송南宋의 주희는 당위적 윤리학에 치우쳐, 천리天理를 따르기 위해 인욕人欲을 버려야 한다고 각박하게 말한 바 있다. 천리가 인격성에 해당한다면, 인욕은 동물성과 인간성에 해당시킬 수 있겠다. 칸트는 인간의 인식과 존재를 두루 감안하여, 동물성과 인간성의 소질을, 도덕법칙의 준수를 준칙의 동기로 삼는 인격성의 소질에 인도될 때는 선의 소질로 고려될 수 있다[2]고 조금 여유 있게 말했다.

인간은 몸으로 살기에 생-노-병-사의 생애주기를 거치는 것에서는 다른 동물과 다를 게 없다. 그리고 인간의 일상생활에서 노동으로 마련한 의식주 가운데 의를 제외하면, 먹고 거주하는 일에서도 인간과 동물이 하등 다를 바가 없다. 동물도 먹이를 찾아다니고 둥지에 들어 잠을 자고 새끼를 키우니까 말이다. 인간이 식물을 재배하고, 동물을 사육하여 그들에 대한 우위를 확보했다는 의식을 가지면서, 인간이 스스로를 유다른 존재로 인식하게 된 것뿐이다. 다시 말해 인간은 동물의 한 종

2) 앞의 글, 앞의 책, 23쪽.

류일 뿐이다.

　이를 조금 현학적으로 말하면 다음과 같은 얘기가 될 것이다. 모든 인간의 유전자는 하위 생명체의 인자를 공유한다. 그 여백에 인간의 속성이 나중에 첨가되었을 뿐이다.[3] 또는 발전한 형태가 미발전한 형태의 제요소를 포함한다. 발달한 나중의 형태는 미발달한 형태의 제요소를 변형하고 위축시켜 포함하고 있으며, 또한 과거의 형태가 잠재적으로 포함하고 있었던 요소를 현재화하기 때문에, 전자에 관한 이해가 후자의 이해를 위한 열쇠로 되는 것이다.[4] 즉, 인간과 동물은 서로를 비추는 거울과 같기 때문에 둘 모두를 이해하면, 각각을 이해하는 데 더욱 도움이 된다는 말로 풀이할 수도 있겠다.

　그럼에도 불구하고 인간은 스스로를 다른 동물과 같은 부류에 넣을 생각이 없었다. 하위 생명체/미발달 형태가 상위 생명체/발달 형태에 대해 동등권을 주장할 수 없었듯이, 상위 생명체/발달 형태가 하위 생명체/미발달 형태에 대한 우월권을 양보할 생각이 없었을 것이다. 그 우월권이나 우월의식은, 다른 동물이 따라올 수 없는 엄청난 능력을 인간이 가졌다는 생각에서 나온 것이다.

　인간은 신체 자체를 진화시키지는 못했지만, 신체의 연장물이라 할 수 있는 도구를 빠른 속도로 진화시켰다. 그에 힘입어 인간만의 문명을 만들어내고 발달시켰다. 신체 연장물의 급속한 진화와 그것으로 만든 문명의 눈부신 발달은, 인간성이 본래 동물적 본성에 뿌리박고 있다는 사실을 잊어버리게 만들었다.[5] 그리하여 물질적 변화는 정신적 변화를 추동해 내어, 인간은 스스로에 대한 개념을 재규정하기에 이르렀다.

　칸트와 아렌트는 인간을 단순히 동물 종의 하나로 보려고 하지 않았다. 그래서 인간에 대한 보다 세밀한 규정이 필요했다. 칸트는 판단력비판에서 '인간들'을, 윤리학에서 '추상적 인간'을, 역사철학에서 '인류'

[3] 니겔 바리 지음, 고양성 옮김, 『죽음의 얼굴』, 예문, 2001, 60쪽.

[4] 견전석개見田石介 지음, 김정로 옮김, 『마르크스의 방법론 연구』, 지양사, 1986, 132쪽.

[5] 에드워드 홀 저, 김광문·박종평 역, 『보이지 않는 차원』, 형제사, 1979, 4쪽.

를 다루었는데, 이에 영향을 받은 아렌트는 인간을, 이 세계 안에 존재하는 '개별자로서의 인간들', 개별적 인간이 공통적으로 지니는 보편성으로서의 '이데아적 인간', 역사 속에 실현되어 가는 인간 집단 일반으로서의 '인류'로 차별화했다.[6]

그러니까 세 부류의 인간 중에 첫째 부류인 개별적 인간은 누구에게나 해당하는 것으로서, 앞에서 본 다른 동물과 크게 구별되지 않는 인간이다. 동물에 비해 양적 풍요와 과정적 편리에 변화가 있었을 뿐이기 때문이다. 그러나 나머지 둘은 인간의 질적 변화 없이는 불가능한 것이다. 둘은 선택과 견지에 따라 개별적 인간을 다르게 만드는 요소가 내재해 있기 때문이다. 이에 비추어 보면, 사람에 따라 인생항로의 궤적이 달라지는 것도 인간 자신이 인간을 어떤 관점으로 규정하느냐가 그 출발점이 된다는 것을 알 수 있겠다.

지상에 실제로 존재하는 인간은 대체로 스스로를 추상적/이데아적 인간이나 인류와 결부시켜 생각하지 않는다. 스스로 그렇듯이 일상에 매몰되어 살아가는 인간들일 뿐이라고 생각한다. 따라서 이러한 인간들이 다른 인간과 생명체들을 어떻게 대했을까를 헤아려 보는 것은 어렵지 않다. 늘 보듯이, 개별적 인간 곧 나머지 두 인간관에 의해 절제되지 않는, 동물성이 혼재된 인간이 어떤 일을 벌이고 있는지는, 현재 눈앞에 전개되고 있는 현실이 그 증거로서 제출되어 있기 때문이다.

인간이 스스로를 절제할 수 있는 장치로 흔히 드는 이성理性이 이미 도구적 이성이 된 지 오래고, 그에 따라 인간의 욕망 앞에 다른 인간이 자기 욕망 실현의 수단이 된 지 오래다. 따라서 동물에 대해서야 말해 무엇 하겠는가. 그러나 동물에 대한 인간의 행위가 어디까지 이르렀는지는 그 경로가 복잡해지면 제대로 알 수가 없다. 그러나 때로는 그러

---

[6] 한나 아렌트 지음, 홍원표 옮김, 『정신의 삶』, 푸른숲, 2019, 66쪽, 주3) 참조.

한 것에 대해 탐사가 이루어지거나 그에 대한 정보가 보도되어 알게 되는 경우도 있다.

하나의 사례로 인간과 닭의 관계를 살펴보자. 헨리 소로에 의하면 닭은 야생 꿩이 가축화한 동물이다. 재레드 다이아몬드는 최초의 야생 동물 가축화의 예로 개를 들며, 시기는 기원전 1만년쯤으로 추정한다. 그러니까 야생동물의 가축화는 오랜 시간이 소요되었다. 그렇게 가축화된 동물은 자신이나 자신들의 조상이 오래 전 야생에서 왔다는 것을 잊고 인간 주위에 머물며 살아온 것이다. 개와 소가 그러하고, 돼지와 말이 그러하며, 닭과 염소가 또한 그러하다.

닭은, 아침에 닭장을 열어 놓으면 마당이나 수채 또는 텃밭을 돌아다니며 먹이를 찾거나 주인이 던져주는 모이를 먹기도 하다가 저녁이 되면 닭장으로 들어가 잠을 잤다. 재수가 없으면 그들을 노리는 족제비에게 잡혀 먹히기도 하지만. 그러나 대부분의 닭은 알을 낳아 주기도 하고, 일부의 알은 병아리가 되어 주인집에 기특한 존재로 인정받았다. 그 주인집에 사위가 방문하여 닭이 소신공양되는 경우가 아니면 수명을 다할 때까지 사는 행운을 누리기도 했다.

그러나 지금의 닭은 어떤가. 달걀에 대한 수요가 늘어남으로써 닭은 이제 마당이나 집 구석을 어슬렁거리는 여유를 누릴 수 없다. 공장형 밀집 사육 시스템 안으로 들어간 닭들은 소비량을 맞추기 위해 혹사를 당해야 한다. 산란계 농장의 배터리 케이지에서 암탉 한 마리에게 주어지는 공간은 에이포 용지 3분의 2크기(0.05제곱미터)다. 한 농가에서 이런 케이지를 12단까지 쌓아놓고 최대 수십 만 마리씩 키운다. 창문 하나 없는 무창계사에서 스트레스를 받은 닭이 서로를 쪼아 상처 입히는 걸 막기 위해 부리를 자르기도 한다.[7]

달걀이 아니라 닭을 통째로 필요로 하는 통닭집이나 작은 몸집의 육

[7] 이오성 기자, 〈공장형 밀집 사육 이번에는 바뀔까?〉, 《시사IN》, 2017, 9.2.

계를 필요로 하는 삼계탕 집으로 가는 닭들도 비참하고 짧은 생을 인간에게 바치고 가기는 산란계와 다를 바 없다. 2만 마리가 육계 사육의 손익분기점이라면, 그 밀집도가 어느 정도일지 짐작할 수 있다. 뿐만 아니라 제대로 된 마당 한 번 밟지 못하고 어린 나이로 생을 마감하는 처지는, 대규모 축산 공장의 비육우가 넓은 들판이나 논밭을 한 번도 밟아보지 못하고 18개월이라는 짧은 생애를 마치고 인간의 식탁에 오르는 것에 비교하는 것도 하릴없는 짓일 것이다.

닭에게 비참은 여기서 끝나지 않는다. 집약형 축산에 적응하여 독성이 강해진 조류독감이 해마다 찾아온다. 조류독감에 감염된 닭은 48시간 내에 폐사斃死하고, 양계 농가는 쑥대밭이 된다. 달걀 값이 치솟는 것은 말할 것도 없고, 3,000만 마리가 넘는 닭이 생매장되며, 정부 지급 살처분 보상금이 2,300억 원이 풀리고, 생매장에 동원된 인력이 트라우마를 겪으면서 위생 문제뿐 아니라 정신 문제까지 거론된 해도 있었다.[8]

인간의 욕심만이 동물의 삶의 비참함을 초래하는 것은 아니다. 인간의 무심함이 때로는 동물을 죽음으로 몰고 가기도 한다. 인간의 편리를 위해 새로 만든 길과 고쳐 만든 수로 등이 그러하다. 새로 만든 길은 인간의 자동차 길이지만, 그 전에는 동물 자신의 길이었기에 로드-킬로 죽어가고, 고쳐 만든 콘크리트 수로는 그곳에 빠지거나 들어간 동물에게는 수직 벽의 감옥이 되어, 예전처럼 흙 경사면을 딛고 올라올 수 없어 죽어간다.

이보다 더 대량의 죽음을 초래하는 것은 건물의 투명벽과 길가의 방음벽이다. 2018년 10월 환경부와 국립생태원이 발표한 「인공구조물에 의한 야생조류 폐사방지 대책 수립」 보고서에 따르면, 국내에서 건물 유리창에 부딪히는 새는 한 해 764만 9,030마리에 달하고, 투명 방음

[8] 앞의 글 참조.

벽에 부딪히는 새는 19만 7,732마리로 추정된다고 한다. 모두 합치면 한 해 784만 6,762마리, 하루 평균 약 2만 1,000마리 새가 사람이 만든 인공적인 구조물에 부딪혀서 목숨을 잃는 셈이다.

우리가 그렇게 죽어간 새들을 쉽사리 볼 수 없는 것은, 주검이 눈에 띄기 전에 치워졌기 때문이고, 주검이 있는 장소에 접근하는 일이 없기 때문이다. 자기 눈에 띄지 않는다고 해서 없는 것이 아니며, 자기 눈에 보이는 것이 전부가 아닌 것이다. 그러나 우리는 분신술을 쓸 수도 없고, 모든 장소에 존재할 수도 없다. 그래서 자신이 본 것으로만 생각하고 판단한다. 그래서 정저지와井底之蛙가 될 수밖에 없고, 한 발 물러서 보아야 할 때가 있음을 알고, 겸손해져야 한다는 당위에 도달하기도 한다.

먹이를 사냥하러 나간 새가 충돌해 죽은 경우에 둥지에서 기다리는 새끼들은 모두 죽을 수밖에 없다. 이 같은 간접적인 영향으로 사망하는 새들은 통계에 포함되지 않는다. 어쨌든 유리창과 방음벽은 새들에게 최상의 포식자가 되었다.9) 맹금류 스티커나 세로 가로 각각 5, 10센티미터의 무늬나 스티커를 붙이는 것을 예방책으로 내놓고 있기는 하다.

맹금류 스티커는 그다지 효과가 없음이 밝혀졌고, '5×10 규칙'의 무늬나 스티커는 그 많은 건물의 유리창과 방음벽에 어느 정도 범위까지 붙여질 수 있을지 실효성을 신뢰하기도 어렵다. 그러나 야생의 조류를 이런 관점에서 살피는 것은, 앞에서 본, 욕망으로 가축을 사육하며 동물을 대참사로 몰고 가는 것에 비교하면, 동물의 생명에 대해 훨씬 나아진 입장임에는 틀림없다.

여기서 한 걸음 더 나아가면 인간이 동물을 단순히 자기 목적을 위한 수단으로 이용하는 것이 아니라, 인간과 동물을 동등한 입장으로 보거

9) 나경희 기자, 〈새 충돌 줄이려면 '5×10 규칙' 기억하라〉, ≪시사IN≫, 2021. 6.8 참조.

나, 인간이 동물로부터 배우는 처지에 있었음을 성찰하고, 동물이 인간보다 나은 점이 있음을 드러내는 관점이 나타나기도 했다.

『그리스 철학자열전』을 쓴 디오게네스 라에르티우스는 "우리는 다른 동물보다 위에 있는 것도 아래에 있는 것도 아니다. 하늘 아래 있는 모든 것은 같은 법과 운을 받는다."고 말했다.

데모크리토스는 "인간 기술의 대부분은 짐승들에게서 배웠다. 거미로부터 베짜기와 바느질하기, 제비로부터 집짓기, 고니와 꾀꼬리부터 음악, 그리고 여러 동물들의 (식물 섭취를 통해서 스스로를 치유하는) 본보기에서 의약을." 게다가 "동물들은 우리가 하는 꼴보다 훨씬 더 절도가 있으며, 본성이 우리에게 명령하는 한계 안에서 더 한층 절도 있게 자기를 지킨다."고 덧붙인다.[10]

홍대용도 정통 유가의 생각과 달리, 위의 서구 사람들과 같은 견해를 표명한 적이 있다. "사람의 기준으로 사물(초목과 금수)을 보면 사람이 귀하고 사물이 천하며, 사물의 기준으로 사람을 보면 사물이 귀하고 사람이 천하다. 하늘에서 바라보면 사람과 사물은 균등하다." 이는 라에르티우스의 견해와 다를 바 없다.

그리고 "군신 간의 의리는 벌에게서 취했고, 병법은 개미에게서 취했으며, 예절의 제도는 다람쥐에게서 취했고, 그물로 물고기 잡는 법은 거미에게서 취했다."[11] 이는 현재 전하지 않는 『관윤자關尹子』에 나오는 내용을 따온 것이긴 하지만, 데모크리토스가 말한 내용 및 인간-동물의 관계와 부합한다.

앞에서처럼, 동물을 인간 욕심을 충족시키기 위한 수단으로 다루는 사람들은 그들 안에 있는 동물성으로만 동물을 대한다. 다시 말해 자신 속에 있는 다른 속성 곧 인성과 영성을 작동시키지 않는다. 그에 비해 라에르티우스와 데모크리토스 그리고 몽테뉴와 홍대용은 동물을 자기

---

10) 몽테뉴 지음, 손우성 옮김, 『수상록 I』, 동서문화사, 2020, 487쪽, 493쪽, 501쪽 참조.

11) 홍대용 저, 문중양 역해, 『의산문답』, 아카넷, 2019, 49-50쪽 참조.

욕심을 채우기 위한 수단으로 다룰 필요가 없었다. 그때는 그들 속에 있는 인성과 영성이 작동한다. 그러면 욕심을 가진 사람이 동물을 볼 때와 달리, 동물 속에 들어 있는 다른 속성이 발견된다. 그것은 인간과 같은 것, 인간이 배울 것, 인간보다 나은 것 등이 된다.

이 세 번째 경우, 곧 인간보다 나은 것을 발견하기 위해서는 그것을 바라보는 인간이 단지 인성만 가지고 있어서는 부족하다. 영성을 필요로 한다. 이 지점이 인성이 영성으로 넘어갈 수 있는 고갯마루다. 다시 말해 영적 체험을 추구하는 자만이 영성을 지닐 수 있고, 다른 생명에게서 영성의 기미를 찾아낼 수 있다.

"순례자: 자벌레는, 오체투지五體投地로 기어[포匍], 천리만리길을 좁혔어도[월越], 나비가 되어 날기까지는, 제 몸 길이만큼도 움직임을 이뤄내지 못했다고 본다 해도 틀릴 성부르지 않는데, 나비를 이뤄내려, 그 자벌레가, 그 자벌레라는 껍질을 벗으려 하는 그 일정기간 동안에, 어떤 식으로든, 하나의 바르도가 거기 개입된다는 것이, 이 아비의 믿음이다. 그리하여 그 자벌레가, 나비를 성공시켰을 때, 포월匍越이 초월超越을 추월追越했다고 이를 테다."[12]

12) 박상륭 장편소설, 『잡설품』, 문학과지성사, 2008, 476쪽.

앞의 글(풍경과 영혼)에서 인용한, 베른트 하인리히의 '변태'에 대한 과학적 설명을, 여기서는 소설적 상상력의 '포월'로 다시 만나게 된다. 포월은 경계나 한계를 단순히 뛰어넘는 것이 아니라 기어서 넘어야 한다. 뛰어넘는 것은 땅을 몸에 새기지 않는다. 기어서 넘는다는 것은 땅을 몸에 새기는 것이다. 땅의 울퉁불퉁함을 몸에 새김으로써 땅과 그것을 훑은 자신의 힘을 육화하고, 그 육화된 힘을 바탕으로 자신의 결정적 한계를 넘어 땅을 떠나는 날개를 얻는 것이 포월이다.

그러나 모든 곤충이 '탈피'를 하지만 모든 곤충이 '변태'를 하는 것은 아니다. 메뚜기나 개미는 탈피를 하지만, 나비나 매미처럼 변태를 하지는 않는다. 탈피는 변화하기 위한 필수 과정이지만, 반드시 변태를 수반하는 것은 아니다. 어떤 곤충은 성체의 축소판 형태로 알에서 나오기도 하고, 성장하면서 몸 크기의 변화만 있을 뿐 탈피 과정에서 거의 변화가 없는 것도 있다. 그런데도 왜 변태를 하는 곤충이 있는가. 변태가 그 곤충이 성체에 도달하기 위해서 필요한 성장의 기능이고, 과거 진화의 역사에서 거쳤던 형태를 차례차례 발달시켜야 하기 때문이다.[13]

마찬가지로 모든 인간이 인간으로 살면서 영성을 추구하는 것은 아니다. 인간으로 살면서 동물로 추락하기도 하고, 인간을 최종적 단계로 설정하여 살기도 한다. 우리의 정신이 아직까지 영적이지 못하고 물질적인 것에 머물러 있다는 뜻이고, 우리가 사는 세상이 물질 위주로 굴러가고 있다는 것을 반영하는 것이기도 하다. 정신적/영적으로 사는 것을 염두에 둔 인간이라면, 작금의 지구상 인간의 행태가 아직 신체적/물적 인간으로 삶을 영위하는 초보 단계에 머물러 있는 것으로 보일 것이다.

흔히 보통사람으로 살겠다, 또는 평범하게 살겠다고 피력하는 사람들이 있다. 그러나 보통 사람/평범한 사람으로 살겠다고 하는 사람의 삶은 의도대로 되지 않는 것이 보통이다. 그러한 사람은 대부분 사람 이하로 살게 된다. 목표와 도달 사이의 간극이 발생하기 때문이다. 다시 말해 실제로 보통 사람으로 평범하게 살려면, 보통/평범 이상의 삶을 추구해야 한다. 그래야 간극이 작용하여 보통/평범의 수준에 도달할 것이다.

어쨌든 탈피에서 변태로 나아가는 삶을 추구하는 사람은 그다지 많지 않다. 몸을 불리는 양적 성장의 탈피에서 멈추고 질적 진화를 꾀하는 변태의 길로 들어서는 사람은 많지 않다. 왜 그럴까. 그 길은 힘들고

---

[13] 베른트 하인리히 지음, 김명남 옮김, 『생명에서 생명으로』, 궁리, 2015, 238-240쪽 참조.

어려운 길이라고 여기기 때문이다. 질적 변화는 양적 누적만으로 저절로 이루어지지 않는다. 탈피가 여러 차례 이루어져도 단 한 번의 변태도 되지 않는 것과 마찬가지다. 포월은 땅을 걷고 달리는 것만으로 되지 않는다. 기어야 한다, 오체를 투지하듯이. 변태에 질적 변화 또는 종적種的 변화가 느껴지고, 영성에 종교적 징후가 느껴지는 것도 이 때문이다.

인성人性과 영성靈性

인간은 대체로 자기중심적이고 우물 안 개구리로 살기 때문에 자기 밖, 우물 밖을 사유할 수가 없다. 그래서 몽테뉴는 플루타르크를 인용하여, 짐승 사이에는 사람과 사람 사이만큼 거리가 보이지 않는다고 했다. 사람과 짐승 사이보다는 사람과 사람 사이의 거리가 더 멀다고 생각한다고 했다. 왜 반려견이란 말이 생겼겠는가. 한 걸음 더 나아가면, 사람들의 정신과 정신 사이에는 땅에서 하늘까지만큼 헤아릴 수 없는 층계가 있다[14]고 했다. 그러니 인성과 영성 사이에 얼마만큼의 간극이 있을지 짐작하고도 남을 것이다.

가끔 자기 밖을, 우물 밖을 사유할 수 있는 인간이 나타나 타자를 발견하고, 그 타자의 최종적 존재에 대한 탐색에서 자신을 왜소하게 만드는 존재와 마주치기도 한다. 그러면 그는 자신이 중심이 되는 것이 아니라, 그 최종적 타자를 자신에게로 들여와 중심으로 받아들이게 된다. 이러한 상태는 자신의 소아小我가 우주적 대아大我와 일체가 된 것으로, 영적 삶의 참다운 본질이기도 하다.[15] 한마디로 대아의 신성神性이 소아의 영성靈性과 일치가 되는 상태를 체험하게 된다. 이를 흔히

14) 몽테뉴 지음, 손우성 옮김, 앞의 책, 275-276쪽.

15) 라다크리슈난 지음, 이거룡 옮김, 『인도철학사Ⅰ』, 한길사, 1997, 210쪽.

신비체험이라고도 한다. 계시종교의 창시자들이 스스로 겪었다고 내세우는 것이기도 했다.

그러나 앞의 글(심연과 표면)에서 본 것처럼, 인간이 신을 추방해 버림으로써, 신이 세계를 떠나 숨은 신이 됨으로써, 신성과 영성 사이에는 건널 수 없는 심연이 존재하게 되었다. 그래서 보통 인간들은 신성도 영성도 체험할 계기를 갖기 어렵게 되었다. 신성은 제도적 종교 집단이 매개로 들어섬으로써, 영성은 구도의 계기를 스스로 갖지 못함으로써, 직접적 체험으로 간직하기가 힘들게 되었다.

"종교가 계약인 반면, 영성은 여행이다. 대부분의 사람들은 권위자들이 제시하는 준비된 대답을 그냥 받아들이는 반면, 영성을 찾는 구도자들은 그리 쉽게 만족하지 않는다. 그들은 잘 알거나 가고 싶은 곳만이 아니라, 그 커다란 질문이 이끄는 곳이라면 어디든 따라갈 각오가 되어 있다."[16] 종교가 종교 권력이 된 지는 오래다. 종교 권력은 세속 정치와 경쟁하며 권력에 오염되어 있다. 신성이 영성으로 내려올 수가 없다. 종교의 신성과 구도의 영성이 만날 길은 가로막혀 있다. 종교 권력에 의해 차단된 신성을 개인이 영성으로 만나기 위해서는 종교적 제도를 떠나 구도求道의 순례에 나서야 한다.

"이런 여행이 종교와 근본적으로 다른 것은, 종교가 세속적 질서를 굳건히 하려는 시도인 반면, 영성은 그런 질서에서 도망치려는 시도이기 때문이다. 기존 종교의 믿음과 관습에 도전하는 것은 많은 경우 영성을 좇는 구도자들의 가장 중요한 의무 중 하나이다. 영성은 종교에 위협이다."[17] 인간은 살면서 생긴 여러 의문에 대한 답을 필요로 한다. 그러나 개인이 속한 단체가 제시하는 대부분의 답은 천편일률적이다. 개인이 가진 질문은 구체적 현실성을 띠지만, 단체가 제시하는 답은 추상적 보편성에 머물러 있다.

16) 유발 하라리 지음, 김명주 옮김, 『호모 데우스』, 김영사, 2017, 256쪽.

17) 앞의 책, 258쪽.

설령 단체가 제시하는 답이 구체성을 띤다 하더라도, 그것이 나의 체험으로 확인된 것이 아니라면 나의 것은 아니다. 구체적 현실성을 띤 자신만의 답을 얻기 위해서는 단체/제도 종교에서 제시한 답 차원에 머물러서는 안 된다. 그래서 앞으로 나아가야 한다. 그 길은 구도의 길이고, 영성을 생성하는 길이며, 보편적 의문에 대한 자신만의 구체적인 답을 길어 올리기 위한 실존적 체험의 길이다. 이 길은 실제적인 길인 동시에 비유적인 길이다. 실제의 장소에서 일어날 수도 있고, 인간 정신 내면에서 일어날 수도 있기 때문이다.

"'영성'은 인간의 삶이 생물학 이상이라는 감각을 표현한다. 인간으로서 우리는 육체적 만족이나 정신적 우월감을 넘어선 목표들에 자연스럽게 끌리면서 더 깊은 의미와 성취를 추구한다."[18] 현세의 삶이 최종적 삶이 아니라는 것에서 내세來世라는 관념이 생겨났듯이, 인간이 육적肉的 존재에 머무르는 것에 만족할 수 없어 영적 삶이라는 관념을 만들어냈다. 이처럼 영성이라는 관념은 영생永生이라는 관념과 무관할 수 없다. 육신은 소멸되어도 육신에서 분리되어 나온 영혼은 소멸되지 않는다는 것이니까.

영생이라는 관념이 그러하듯이, 영성도 종교에서 출발한 관념이다. 그러나 삶의 궁극적이고 구체적인 진리를 구하는 자는 영성을 종교적 울타리 안에만 가두어 두지 않는다. 종교도 진리를 구하는 길에서 만날 수 있는 하나의 계기일 뿐이라고 여기기 때문이다. 그러나 영성에 관한 한 종교가 그 출발이고 중심이었던 것은 부정할 수 없다. 정치권력과 화폐권력의 신이 일상을 지배하게 되었고, 일상인들은 그 신 앞에 조아린 신도가 되어 버린 상태에서, 그나마 고립된 수도원같이 세속과 절연된 장소에서 영성의 가능성을 시험하기도 했으니까.

이러한 영성은 고립된 종교에서 나와 사회와 정치에 변화를 일으키

[18] 필립 셸드레이크 지음, 한윤정 옮김, 『영성이란 무엇인가』, 불광출판사, 2023, 9쪽.

는 영향력을 발휘하기도 하고, 세속에 수렴되어 상품화되는 경로를 밟기도 한다. 이러한 영향과 경로를 감안하면, 영성에 대한 탐색이 의미 없는 것이 되지 않을 것이라는 생각이 들기도 하고, 최근에는 이 영성을 다른 분야를 연구하는 데에 키워드로 삼는 것을 목격하면 더욱더 그런 생각을 게 된다.

영성만을 주제로 한 권의 책을 저술한 셸드레이크는, 그의 책에서 영성의 여러 부문을 다루며 나아간다. 영성이 종교에만 한정된 것이 아님을 보여주기 위해, 영성을 종교적 영성, 비의적 영성, 세속적 영성의 세 갈래로 나누어 고찰한다. 그리고 세 갈래 영성의 각각에 대해서도 시야가 편벽되지 않음을 보여주고자 애를 쓴다. 그래서 종교적 영성은 유대교, 기독교, 이슬람교, 힌두교, 불교, 유교 등 세계의 대표적인 종교를 망라하고, 비의적 영성도 인지학, 신지학, 장미십자회, 프리메이슨, 비전통적 카발라, 강신술에까지 시선이 미치며, 세속적 영성도 윤리학, 철학, 심리학, 젠더 연구, 미학, 과학에 이르기까지 살핀다.

세 갈래의 영성이 보여주는 여러 부문 중에 눈길을 끄는 것은 그가 내세운 영성의 네 가지 유형이다. 금욕적, 신비적, 능동적-실용적, 예언적-비판적 영성이 그것인데, 이 네 가지 유형이 확연히 구별되는 것은 아니다. 유형 분류가 그렇듯이 유형들은 어느 정도 겹치는 부분이 있을 수밖에 없다. 다만 네 유형은 초점이 맞추어지는 곳이 다를 수 있으면서도 비진정성에서 벗어나 진정성을 향하는 과정에서 자기초월과 변화를 추구한다는 점에서는 공통점을 지닌다.[19]

"'금욕주의'는 우리의 영적 진전을 방해하는 모든 것으로부터 해방되고자 한다. 강박관념, 물질적 소유에 대한 의존 또는 기독교와 같은 몇몇 종교들이 유혹이라고 부르는 것이 그런 방해물이다. 금욕주의는

19) 앞의 책, 45쪽.

전반적으로 방탕한 삶이 아닌 절제된 삶을 뜻한다. 금욕적 유형의 영성에서 얻는 최종 성과는 물질적 집착으로부터의 해방과 도덕적 행동의 심화로 요약될 수 있다."[20] 수도원주의라고 바꿔 말하면 그 의미가 더 쉽게 다가올 수도 있겠다.

금욕적 유형의 영성 사례로 서구 고금의 여러 사례를 들 수도 있겠지만, 우리에게는 현대 인도의 마하트마 간디의 경우가 더 친숙하게 다가올 것이다. 간디는 채식주의에 관한 책을 읽고 감명을 받아 이를 실천한다. 처음에는 건강을 위해 그렇게 하지만, 나중에는 종교가 그 동기가 된다. '사람은 먹는 대로 된다'는 속담에 진리가 들어 있다는 것을 깨달았기 때문이다. 구도자는 생각과 말을 절제하는 것과 마찬가지로 음식을 절제하는 것이 필요하다는 것도 깨달았기 때문이다.[21]

채식은 필요할 때외 단식과 같은 음식 절제로 나아갔고, 음식 절제는 동물적 정욕을 억제하는 자제력으로 승화되어, 아내와 잠자리를 같이 하는 것을 그만두는 데까지 스스로를 밀고 나간다. 외부로부터의 금지가 아닌, 자기 내부의 필요나 의지에 의한 절제나 자제의 승리는 자신의 능력에 대한 자부로 확대되어, 자신이 하는 일에 대한 자신감으로 돌아온다. 폭력으로 치달을 수 있었던, 어느 누구도 할 수 없었던, 제국에 대한 비폭력 저항을 간디가 끝까지 수행할 수 있었던 바탕에는 이 금욕적 절제와 자제가 자리 잡고 있었음을 헤아릴 수 있다.

이러한 간디는 우리나라에도 큰 영향을 끼쳤는데, 특히 간디처럼 부부간에 같이 살면서 성생활을 안 하고 지내는, 다석 류영모가 붙인 말인 해혼解婚이 기독교인들 사이에 널리 퍼진다. 간디를 생각하면서 한 평생 인도 쪽으로는 오줌을 누지 않았다고 하는 유영모와 이현필은 1941년에 해혼을 선언했고, 오방 최흥종과 이세종은 그보다 더 일찍부터 해혼을 실천했던 이들이었다. 이들 외에도 그 당시와 그 후로도 해

20) 앞의 책, 46쪽.

21) 함석헌 옮김, 『간디자서전』, 한길사, 2001, 108쪽, 343-344쪽.

혼하는 이들이 많았다.[22]고 한다.

　금욕적 유형의 영성은 인간의 영적 요소를 최대화하기 위해 육적 요소를 최소화하거나 영점화하고자 하는 유형이라고 하겠다. 이 유형의 영성이 어느 정도의 수준에 이를지, 또는 영향력을 발휘할지는 당사자의 활동에 달려 있다. 간디의 영향력은 이웃과 아슈람 공동체를 넘어 인도 전역으로 번져가고, 국경을 넘어 그를 흠모하는 외국에까지 퍼져 나갔으며, 비노바 바베와 같은 제자들의 활동으로 다음 세대로까지 이어졌다.

　"'신비적 유형의 영성'은 신이나 궁극적 실재와 교감하거나 그들의 직접적 현존을 추구하는 것에 가깝다. 이 유형의 영성은 종종 담론적 추리와 분석을 넘어 신성한 것에 대한 직관적 앎과 관련된다. 최종적으로는 의식의 변화(깨달음 또는 밝음), 존재의 궁극적인 깊이와의 연결감을 얻고자 한다. 간단히 말해 신이나 절대자와의 즉각적인 대면이나 계시, 깨달음과 관련이 있다."[23]

　신비적 유형의 영성 사례로 널리 알려진 것은 중세의 기독교 신비주의 작가인 마이스터 에크하르트의 경우다. 하이데거의 존재 규명에도 영향을 미친 에크하르트에게 신은 기독교도나 성직자가 쉽게 이야기하는 하느님과 조금 달랐던 것으로 보인다. 그가 생각하는 하느님을 '하느님 너머의 하느님'으로 불렀던 것으로 보아서 말이다. 유대교의 하디시즘이나 이슬람의 수피즘도 신비적 유형의 영성과 관련이 있지만, 우리에게 더 많이 알려진 것은 힌두교 신비주의자들이다. 라즈니쉬나 크리스나무르티의 신비적 직관주의에 의한 물질 문명 비판 서적이 한때 유행한 것이 그 예가 될 것이다.

　어쨌든 금욕적 유형과 신비적 유형의 영성 추구는 특출한 경우를 제외하면, 일상과 사회에 미치는 영향력과 파급력에서 한계를 지닐 수밖

---

22) 임락경 지음, 『우리 영성가 이야기』, 홍성사, 2014, 82쪽, 112쪽, 216쪽 참조.

23) 필립 셸드레이크 지음, 앞의 책, 47쪽, 62쪽.

에 없다. 금욕적 유형은 개인의 신체적 한계를 벗어나기 어렵고, 신비적 유형은 방법적 한계를 넘어서기 어렵다. 다시 말해 금욕적 유형은 공동체를 고려하기보다는 개인의 수행에 초점이 맞추어져 있고, 신비적 유형은 도달 목표를 특정하기 어려울 정도로 무한으로 뻗어 있기 때문이다.

금욕적 유형은 마치 현상학이 선입견을 배제하기 위해 괄호치기를 해 판단중지로부터 의식의 지향을 밀고 간 결과, 대상에 대한 제대로 된 파악에 이르지 못하고, 의식의 명징함에만 이른 결과에 비유할 수 있다. 신비적 유형은 논리적 추론을 배제하고 직관적 관통에만 주력한 결과, 직관적 능력의 바탕이 마련되지 못한 개인을 배제함으로써, 스스로를 선별된 귀족주의/엘리트주의로 몰고 가 고립되는 결과를 초래했다.

그래서 나타난 것이 '능동적-실용적 유형의 영성'이다. "이는 평범한 인간 세계와 일상에 다양한 방식을 적용하고 자격을 부여함으로써 이것을 영적 행로와 진정성 탐구의 중요한 맥락으로 끌어올린다. 이러한 유형의 영성에서는 굳이 진리와 성취, 깨달음에 도달하기 위해 일상의 관심사에서 멀어질 필요가 없다. 영적 성장을 위해 필요한 것은 우리 닿는 곳에 있다."[24]

이 같은 능동적-실용적 유형으로 먼저 떠오르는 것은, 출가 중심의 불교를 비판하고 비구승比丘僧들을 제압하며 초기 대승경전 『유마경』 14품을 저술한 재가승在家僧 유마힐이다. 그는 평등의 불이사상不二思想을 실천한 인물이다. 그에 의하면, "출가·재가와 같은 이분법적 구분으로는 궁극적인 깨달음을 얻을 수 없다. 보리와 번뇌가 둘이 아니고, 부처와 중생이 둘이 아니며, 정토淨土와 예토穢土가 둘이 아니라는 불이사상을 통해 절대 평등의 경지에 들어가야 깨달음을 성취할 수 있

24) 앞의 책, 45쪽.

다."25)고 했다.

이런 유형의 영성은 고립적이지도 않고 귀족적이지도 않다. 자기중심주의에서 벗어난 시선은 당연히 일상생활 공간인 공동체의 이웃 또는 타자를 향한다. 신만이 아니라 이웃/타자를 섬김의 대상으로 삼을 수 있는가가 이 영성의 관건이 될 수 있을 것이다. 우리나라의 경우 하늘과 사람과 사물까지를 섬김의 대상으로 삼았던 해월 최시형을 떠올릴 수 있고, 서구의 경우 타자의 얼굴에서 신/무한자의 얼굴을 보며 그에 대한 책임과 헌신을 이야기한 에마뉘엘 레비나스, 같은 맥락에서 환대와 애도를 이야기한 자크 데리다를 떠올릴 수 있겠다.

능동적-실용적 유형의 영성은 이웃/공동체에서의 섬김을 실천하지만, 그 이웃과 공동체 또는 사회의 문제점을 직시하지는 않는다. 그것은 그냥 넘어서면 되는 것이지, 굳이 손을 대어 고쳐야 할 것이라고 여기지는 않는다. 아니면 최소한 거기에 주력하지 않는다. 이 지점이 사회비판과 사회정의를 영적 과제로 바라보고 헌신하는, '예언적-비판적 형식의 영성'이 등장하는 배경이다.

이 영성은 사회적/정치적 성격이 뚜렷하기 때문에 세계종교의 안팎에서 뚜렷하게 나타나 대중에게 알려지게 된다. "인도에서 식민 지배 및 빈민들의 상황과 관련해 힌두교도 마하트마 간디가 보여 준 영적 메시지, 태국의 승려 경제학자 프라유드 파유토의 사회 비판적 불교, 1944년 유대인 강제수용소에서 죽은 기독교 신학자 디트리히 본회퍼의 나치당에 대한 급진적 저항, 1960년대 중남미 구티에레즈로 대표되는 해방적 영성, 서구 국가들의 페미니스트 영성, 인권운동의 핵심을 이루는 마틴 루터 킹의 가르침이 이에 해당한다."26)

이상의 네 가지 유형의 영성 중에 이 마지막 예언적-비판적 영성의 지속과 계승이 제일 어렵다. 여타 세 가지 유형은 내면화에 치중하거나

---

25) 무비스님 강설, 『유마경』, 민족사, 2018, 「유마경 해제」, 619쪽.

26) 필립 셸드레이크 지음, 앞의 책, 51쪽.

엘리트주의로 흐르거나 외재화의 연대가 힘들어 좁은 공동체의 울타리를 넘어서기가 어렵다. 그래서 권력의 입장에서는 그다지 위협적이지 않을 수 있다. 그러나 이 마지막 유형은 사회 속에 외재화하기를 피하려 하지 않음으로써 종교권력뿐 아니라 정치권력으로부터의 공격에 노출되기 때문에 그 뜻을 펴는 데 곤란을 겪게 된다. 우리나라의 경우, 천주교정의구현전국사제단의 존재와 활동이 이 네 번째 유형의 영성을 실현한 대표적인 경우라 하겠다.

세속화된 영성 중에는 상품화까지 나아간 것도 있지만, 그런 것까지를 논의할 여유는 없다. 다만 앞에서 예로 든 네 가지 유형을 다시 두 가지 경우로 줄여 논의를 정리할 필요는 있을 것 같다. 네 가지 유형 중 앞의 두 가지, 곧 금욕적 유형과 신비적 유형은 영성에 방해가 되는 육적/물질적 요소를 제거하는 방향으로 나아갔다면, 뒤의 두 가지 유형, 곧 능동적-실용적 유형과 예언적-비판적 유형은 육적/물질적 요소와 소통하여 그것을 영성화하는 방향으로 나아갔다고 볼 수 있다. 전자가 소극적 반응이라면, 후자는 그에 비해 보다 적극적 대응이라고 하겠다.

이 적극적 대응 중에서 셸드레이크가 분류한, 세속적 영성의 한 예로 든 철학과 관련된 영성으로서 서구의 신유물론과 포스트휴머니즘과 그리고 동양의 양명학을, 다시 종교와 관련된 영성으로 우리나라 원효의 대승불교를 살펴보는 것은, 영성의 바람직한 전개를 보여주는 사례로 필요할 듯하다. 이들은 영성이 개인적, 인식적 깨달음에 머물러서는 안 되고 사회적, 존재적, 윤리적 실천으로까지 나아가야 한다고 보기 때문이다.

신유물론은 물질/객체를 고전적 유물론과 다른 관점에서 본다. 신유물론은 수동적인 죽은 물질이라는 옛 유물론의 물질관을 능동적인 산 물질이라는 새로운 물질관으로 대체해 우주와 인간을 해석하고자 한다. 이런 관점을 대표하는 토머스 네일은 우리 시대가 정적 객체에서 동적 객체로 객체 혁명이 일어나고 있는 시대라고 진단한다. 현대 물리학에 기대면, '객체는 운동 과정 중에 있는 물질의 일시적으로 안정된 구성체'일 뿐이다. 그래서 네일은 자신의 이런 객체론을 '운동적 과정 객체론'이라 부르며, 기존의 네 가지 '정적 객체론'을 비판적으로 검토한다. 객관주의 객체론, 구성주의 객체론, 관계적 존재론, 객체 지향 존재론이 그러한 것들이다.[27]

이 네 가지 정적 객체론을 비판적으로 검토한 네일은, 객체를 '흐름'과 '접힘'과 '장'이라는 세 가지 개념으로 설명한다. 객체란 흐르고 접혀 패턴을 이룬 장으로 존재한다. 네일은 이 객체의 장을 '지식의 장'이라 부른다. 지식은 인간만의 것이 아니다. 지식은 '물질의 창발적 특성'이기도 하다는 것이다. 다시 말해 물질이 어떤 식으로 패턴을 형성해야 할지 스스로 안다는 얘기다.

기러기들이 이루는 브이 자 패턴이 바로 지식의 장의 대표적 사례로 들 수 있는 것이다. 기러기가 서로 자리를 바꾸면서도 브이 자 모양은 바뀌지 않고 나아간다. 기러기들은 어떻게 패턴을 이루어야 할지 알고 있는 것이다. 또한 기러기가 이런 패턴을 이루어 편대비행을 하는 것은 에너지를 절약하기 위해서다. 앞의 기러기가 날갯짓으로 만들어내는 상승기류는 뒤의 기러기에게 양력으로 작용하여, 약 33% 정도의 에너지가 절약된다고 한다. 앞뒤를 바꿔서 날면 체력을 유지하며 먼 거리를 날 수 있게 된다.[28]

동물뿐만 아니라 식물과 광물도 마찬가지다. 식물도 태양의 움직임을 감지해 싹을 틔우고 잎사귀에 나타나는 프랙털 구조의 기하학적 구

27) 고명섭 서평: 토머스 네일 지음, 김효진 옮김,『객체란 무엇인가』, 갈무리, ≪한겨레신문≫, 학술·지성, 2024년 5월 11일 참조.

28) 장이권 지음,『야외생물학자의 우리 땅 생명 이야기』, 뜨인돌, 2015, 111-112쪽.

조를 실현하고, 다이아몬드 같은 광물도 원자와 분자들을 어떤 결정으로 조직할지 물질적인 운동 지식을 갖추고 있다. 인간이 발견하여 파악하면 지식이고, 인간 이외의 존재가 실현하면 무조건적 반응이라고 무시해도 되는 것이 아니라는 것이다. 이처럼 운동적 과정 객체론으로 객체를 보면, 인간과 동식물과 사물은 연속체로서 존재하게 된다.[29] 마치 최시형의 경천/경인/경물을 과학적으로 뒷받침해주는 담론으로도 보인다.

신유물의 이런 사유는 자연스럽게 포스트휴머니즘의 사유로 이어진다. 인간을 특권적인 지위에 놓은 구약성서 이래의 인간중심주의를 받아들일 수 없기 때문일 것이다. 포스트휴먼 곧 '인간 이후의 인간'을 사유한다는 것은, 인간/서구인이 자신들과 다른 인간 및 다른 존재자들을 일방적으로 지배한 존재론을 해체하여, 새로운 존재론과 윤리학을 세워야 하기 때문이다.[30]

이러한 새로운 존재론과 윤리학이 어느 정도의 성과를 거두고 있는지, 그 존재론과 윤리학의 실천이 어디까지 나아가고 있는지는 검토되어야 할 사항이다. 그럼에도 인간의 사회적 환경, 생태적 환경의 변화에 이러한 사유가 중요한 역할을 담당할 것이라는 점은 의심할 수 없을 것이다.

이러한 서구의 신유물론과 포스트휴머니즘의 사유는 이미 양명학에서의 '감통'과 원효 대승불교의 '회통'에서 이루어진 바 있다. 이는 영성의 생성과 발현이 타자와의 소통에서만 가능하다는 사유에서 나온 것이라는 공통점을 지닌다. 다시 말해 개인의 고립된 사유에서 나온 깨달음은 진정한 영성이라고 보기에는 부족함이 있다는 것이다.

양명학에는 천지만물을 하나의 몸으로 여긴다[천지만물일체설天地

---

29) 고명섭, 앞의 서편 참조.

30) 고명섭 지음, 『생각의 요새』, 교양인, 2023, 90쪽 참조.

萬物一體說]. 인간의 본심本心에 어짊[인仁]이 있기 때문에 가능한 일이다. 어짊은 타인이나 다른 존재물에 감통感通하여 그들의 아픔을 자신의 아픔으로 느낀다[측은지심惻隱之心]. 이 감통은 너와 나 사이를 가로막는 간격이 없는 마음의 역량을 지닌다. 반면에 너와 나 사이를 구별하고, 상호의 소통을 가로막는 간격은 자신을 사적 존재로 간주하는 의식, 곧 사념私念에서 비롯된다. 본심이란 감통에서 살고 간격에서 죽는다. 감통에서 다스림이 이루어지고, 간격에서 혼란이 생긴다.

왕양명은 사람이 사람답게 살지 못하고 금수와 다를 바 없는 지경에 떨어지게 되는 가장 근원적인 이유는 '유아지사有我之私'와 '물욕지폐物欲之蔽'를 제대로 처리하지 못했기 때문이라고 본다. 자사自私로 말미암아 너와 나 사이에 거리가 생기고, 물욕으로 말미암아 사이가 가로막힌다. 이로부터 대립과 갈등 그리고 투쟁이 생긴다. 따라서 사람답게 살기 위해서는 그 근원인 자사와 물욕을 제거해야 한다[발본색원론拔本塞源論].

자사를 제거하고 물욕의 가림을 제거할 수 있는 인간의 내적 근거는 본심 양지良知[맹자]다. 이 양지의 역량을 믿는 것이 성선설이고, 양지의 역량을 발휘하면 만물일체의 대동사회大同社會와 왕도王道에 도달할 수 있다. 사농공상의 사민四民의 구분은 자질과 능력에 따라 직업을 달리하여 정해진 것으로, 상하 계층이 아니라 기능적 차이에 지나지 않는다. 사람을 살리기 위하여 그 마음을 다해야 한다는 점에서는 동일하다[사민이업동도설四民異業同道說].

왕양명은 공자의 인과 맹자의 양지를 받아들여, 감통을 통해 인간이 인간답게 살 수 있는 세상을 그의 스승과 마찬가지로 그려 보았지만, 그것이 쉽지 않음을 알고 있었을 것이다. 양지의 감통을 가리는 자사와 물욕이 사람들의 마음 가운데 오랜 세월 동안 뿌리를 내려 이미 고질병이 되어 버렸기 때문이다. 자사와 물욕의 뿌리 뽑음은, 앞의 금욕적 영성에서 육적/물적 요소의 제거가 어려웠던 것과 마찬가지로 쉽지 않은 것이기 때문이다.

그러나 주희의 천리天理 추구를 위해 인욕人欲 폐기를 촉구한 것과 달리, 천지만물을 일체로 간주하는 사유가 친친親親-인민仁民-애물愛物이라는 구체적 활동으로 이어지게 한 것은 영성의 생성과 발현의 방향을 감통/소통이라는 적극적 방향과 방법으로 제시한 것으로 의미 있는 것임에 틀림없다고 여겨진다. 특히 '먼저 안 뒤에 그것을 실천한다'는, 자칫하면 앎과 실천, 지와 행, 인식과 실존이 따로 놀 수 있는, 주자학의 선지후행先知後行에 빠지지 않고, 두 가지가 본래부터 서로 분리되지 않는다고 본, 지행합일知行合一은 영성에서도 주요한 덕목이 될 수밖에 없을 것이다.[31]

이와 같은 양명학의 '감통'이라는 영성의 방향과 방법은 원효의 대승불교적 '회통會通'에서 더욱 적극적이고 선구적인 모습으로 나타났다. 오구라 기조가 볼 때, 원효의 사유는 "지성으로도 이성으로도 감성으로도 설명할 수 없는 정신 현상"이기에 영성이라고 부를 수밖에 없다. 그 영성은 새로운 사상과 함께 거대하게 약동하며 정치사회적 변혁의 힘을 분출한다. 이때 영성은 기존의 모든 사상을 아우르는 어떤 '회통'의 정신을 가리킨다. '영성의 눈'으로 서로 대립하는 사상의 차이를 넘어 전체를 꿰뚫어 보고 통합하는 것이다.[32]

김형효가 볼 때, 원효 사유의 방법론은 일원론도, 이원론도, 변증법도 아니다. 그의 사유는 자크 데리다의 해체적 사유와 유사하다. 양항 부정과 양항 긍정을 순차적으로 사유하며 나아간다. 그러다 보면 서로 대립하는 것으로 보이는 것들은 더 큰 하나로 회통하여 화쟁和諍에 이르게 된다. 물론 원칙적으로 이 사유는 두 항의 종합 없이 무한/공空으

31) 이상의 양명학에 관한 언급은, 정인보 저, 한정길 역해, 『양명학연론』, 아카넷, 2020에 의거했음.

32) 오구라 기조 지음, 『조선사상사』, 고명섭 지음, 『생각의 요새』, 교양인, 2023, 295-296쪽 참조.

로 뻗어 있다.

원효의 용어로 하면, 대립되는 것으로 보이는 것들은 '불일이불이不一而不二'다. 곧 하나가 아니면서 둘도 아니다. '불일이융이不一而融二'요, '융이이불일融二而不一'이다. 곧 하나로 합일하지 않지만 둘은 융화하고, 둘은 융화하지만 하나로 합일하지 않는다. 이는 일원론의 강제적 합일이나 이원론의 배타적 대립 및 변증법의 소망적 종합과 다른 것이다. 불교의 연기법적 사유를 바탕으로 해서만 가능한 것이고, 서구 사유로는 데리다의 해체적 사유에서 차연差延/차이와 연기에 견주어 볼 수 있는 것이다.

이러한 원효의 사유에 기대면, 앞의 여러 유형의 영성에서 본 사유의 전개가 너무 형식의 경계에 부딪혀 진척되지 못한 것이 아닌가 하는 생각이 든다. 마주친 모든 경계 앞에서 대립하고 갈등하며 혼란과 쟁투 속으로 빠져 들어가 버린 것 같다. 다시 말해, 수성과 인성 그리고 영성의 경계를 설정하고, 그것에 얽매여 고투하느라 실상을 제대로 보지도 겪지도 못한 것이 아닌가 싶다.

인간에게 내재해 있는 수성과 인성과 영성은 각각이 혼자서 독자적으로 존립하고 있는 것이 아니다. 그들은 개별적인 것이 아니기에 따로 따로 떼어내 소멸시킬 수도 없고, 모아서 하나로 녹여낼 수도 없다. 서로의 차이를 인식하고 상관적인 관계를 맺어 교류하고 소통하고 회통할 수밖에 없다. 그것이 곧 융화融和이고 화쟁이다. 이러한 회통과 화쟁은 인간의 삶 모든 부문에 그대로 적용될 수 있다. 원효는 석가모니가 가르친 대로 인간의 마음에서 출발하여 세간을 거쳐 우주에 이르기까지를 있는 그대로 보는 길을 가리켜 보여준 셈이다.

영靈과 육肉, 진여眞如와 세속世俗, 삶/생생과 죽음/멸멸, 여래如來와 여거如去, 옳음/시是와 그름/비非 등이 서로 상반된 것으로 보이는 존재

양식을 취하고 있지만, 그 안을 면밀히 들여다보면 두 항은 서로 의존하며 상관적인 차이에 지나지 않은 상태로, 뫼비우스의 띠처럼, 또는 유전자의 구조처럼 서로 교직하며 공/무한으로 뻗어가고 있다는 것이다.[33]

원효의 사유와 삶은 이러한 형식의 경계를 회통의 방식으로 화쟁에 도달하려 한 영성의 독특한 행적과 궤적을 그린다. 이는 후에 최제우와 최시형의 동학 개벽사상과 소태산 박중빈과 정산 송규의 원불교 개벽사상, 조소앙의 삼균주의로도 이어져 발현된 것으로 보인다. 이는 원효의 영성적 사유가 인식론과 존재론 그리고 윤리학과 정치론을 아울러 실천할 수 있는 바람직한 방향과 방법을 가리키고 있는 것과 무관하지 않는 것으로도 보인다.

[33] 이상의 원효 사상에 대한 언급은 대부분 김형효 지음, 『원효의 대승철학』, 소나무, 2007에 의거했음.

주연과 조연

인간이 만든 이야기의 원조는 신화다. 신화는 '창조신화'에서 출발한다. 창조신화에서 신은 하늘과 땅을 창조하여 스스로 주연이 되어 하늘과 땅을 누비며 산다. 그러한 시기가 오래 지속되다 언제부턴가 신은 땅을 인간에게 내어주고 하늘로 올라간다. 신으로부터 땅을 물려받은 반신반인半神半人의 영웅hero은 하늘의 신을 후광으로 하여 땅의 주연이 되어 땅을 지배하며 자신의 이야기를 써내려간다. 이른바 '영웅신화'다.

이로부터 영웅 이야기는 거의 모든 땅에서 하나의 동일한 패턴을 형성하게 된다. 영웅신화를 줄곧 연구해온 조셉 캠벨은 『천의 얼굴을 가진 영웅』에서 그 패턴을 '단일신화의 핵단위'라 일컬으며 3단계, 곧 (1) 세계로부터의 분리 혹은 출발, (2) 힘의 원천에 대한 통찰 또는 시련과 입문의 성공, (3) 황홀한 귀향 또는 회귀와 사회와의 재통합이라는 패턴으로 압축한다. 이 3단계를 다른 말로 바꾸면, 영웅은 비범한 인물로 태어나 탁월한 능력을 지녔기에 지상을 지배하는 것은 당연하다는 것이다. 이 3단계를 각각 5단계/6단계/6단계로 다시 나누어 총 17개 단계로 세분화하기도 했다.[1]

오토 랭크는 『영웅의 탄생 신화』에서 모세에서부터 예수를 포함한

---

[1] 조셉 캠벨 지음, 이윤기 옮김, 『천의 얼굴을 가진 영웅』, 평단문화사, 1985, 37–39쪽 참조.

70인을 연구하여 '영웅담'이라 일컬으며, 그 구성요인을 다음과 같이 8단계로 들었다. (1) 영웅은 아주 저명한 부모의 아들, 보통은 왕자이다. (2) 그의 태생은 외적 금제, 장애로 인해서 극기나 계속된 불모성, 양친의 비밀한 교접과 같은 곤란이 선행된다. (3) 임신 중이나 그 전에 꿈이나 신화의 형식으로 그의 탄생에 대해서 충고하는 예언이 존재한다. (4) 보통 그는 상자 속에 들어 물에 띄워진다. (5) 동물이나 하층민(양치기)이 그를 구조하여 동물이나 천민 출신의 여인이 그를 양육한다. (6) 성장 뒤에 고도로 기발한 방식으로 저명한 부모를 찾게 된다. (7) 그는 그의 부친에게 복수하는가 하면 그가 부친임을 비로소 알게 된다. (8) 마침내 그는 지위와 명예를 성취한다.[2]

국문학자 조동일은 『한국소설의 이론』에서 영웅신화의 패턴을 7단계로 요약하여, '영웅의 일생'이라 이름붙인 뒤, 그 패턴이 고대의 영웅신화에서 비롯되어 서사무가와 조선의 영웅소설을 거쳐 신소설에 이르기까지 양상을 달리하며 유지되는 것을 살피기도 했다. 그 7단계의 패턴은 주몽신화에서 『홍길동전』에 이르기까지 공통된 요소로 이루어져 있다. (1) 고귀한 혈통을 지닌 인물이다. (2) 비정상적으로 잉태되거나 출생했다. (3) 범인과는 다른 탁월한 능력을 타고났다. (4) 어려서 기아 棄兒가 되어 죽을 고비에 이르렀다. (5) 구출·양육자를 만나 죽을 고비에서 벗어났다. (6) 자라서 다시 위험에 부딪쳤다. (7) 위기를 투쟁으로 극복해서 승리자가 되었다.[3]가 그것이다.

[2] 윌프리드 게린 외 공저, 정재완 역, 『문학의 이해와 비평』, 청록출판사, 1987, 173쪽.

[3] 조동일 지음, 『한국소설의 이론』, 지식산업사, 1977, 246쪽 참조.

주연

이러한 영웅신화는 그냥 이야기일 뿐일까. 다시 말해 현실과 아무런 관련이 없는 허구일 뿐일까. 신화연구의 한 유파인 제의학파는 영웅신화가 왕의 등극식登極式에서 왔다고 보았다. 왕의 등극식을 토대로 그것을 언어로 상징화한 것이 영웅신화이며, 후대에는 그 영웅신화에 기대어 등극식을 마련했다는 것이다. 즉 영웅신화는 왕의 즉위식이라는 제의의 언어적 표현이며, 제의는 영웅신화라는 언어의 행위적 표현이라는 것이다. 따라서 영웅신화의 언어적 서사는 왕의 등극식의 행위적 절차와 동궤의 것이다.

이와 같은 제의학파의 연구를 참고로 하면서 영웅서사를 좀 더 확대된 시야로 살펴보면, 오토 랭크의 '영웅담'에서 (4) '보통 그는 상자 속에 들어 물에 띄워진다', 조동일의 '영웅의 일생'에서 (4) '어려서의 기아 또는 죽을 고비'가 눈에 띈다. 이는 단순히 영웅서사의 한 계기가 아니라, 아주 오래된 인류사적 사실의 한 반영이다. 제임스 스콧은 『농경의 배신』에서 인류가 정착 생활을 하기 전에는 '영아 살해'가 드물지 않은 현상이었다고 말한다.

"정착 생활을 하지 않는 사람들은 인구 재생산을 의도적으로 제한한다. 이들은 야영지를 규칙적으로 옮겨야 해서 둘 이상의 아이를 동시에 데리고 다니는 것에 부담을 느낀다. 그 결과, 수렵 채집민은 자녀 터울을 4년씩 두는데, 이 터울을 맞추기 위해 젖떼기를 늦추거나, 낙태를 유도하거나 심지어는 영아를 방치하거나 살해하는 방식을 취했다. 반면 농경 사회에서는 노동력이 되는 만큼 그 가치는 더욱 컸다."4)

현실적 삶으로부터 오는 압박이 가족 구성원의 수를 조절하게 했다는 얘기다. 이는 전쟁이 일어나 피난을 다녀야 하는 최근 인간의 삶에서도 있었던 일이고, 출산한 새끼를 모두 건사할 수 없는 동물의 삶에서도 목격할 수 있는 일이다. 이런 일이 인류사의 아주 오랜 옛날에 일어났다는 것은 있을 수 있는 일이며, 또한 그러한 사실이 신화라는

4) 이승훈 지음, 『한자의 풍경』, 사계절, 2023, 59쪽에서 재인용.

인간 서사에 반영되어 있다는 것을 납득할 수 없는 이유는 없겠다.

그러니까 영웅서사의 단계에서 나타나는, 영웅이 어릴 때 버려지거나 죽을 고비에 처하는 것은, 사회 체제가 농경으로 정착하기 전의 수렵 채집 사회에서 있었던 사회 현상의 반영이라는 것이다. 중국의 후직이 어렸을 때 그러했고, 우리의 주몽도 어렸을 때 그러했으며, 서구의 오이디푸스도 어렸을 때 그러했다. 영웅서사 주인공hero의 어린 시절에는 버려짐과 죽을 고비가 예외 없이 들어가 있다. 그것은 단순한 허구의 수사가 아니었으며, 인류사적 사실의 반영이었던 것이다.

이를 근거로 확대해 보면, 영웅서사의 전체적 구조는 유동하는 수렵채집 사회가 농경사회로 정착하는 과정, 또는 이주민이 정착민 사회를 정복하여 지배체제를 확립하는 과정을 구성한 것임을 알 수 있다. 하늘과 연관을 가진 (1)의 고귀한 혈통, (2) 비정상적 잉태나 출생, (3)의 탁월한 능력은, 새롭게 형성된 농경사회나 정복사회의 위계질서에서 지도자 또는 개국자開國子가 반신반인의 존재임을 상징화한 것이다. 체제와 제도의 신성화와 정당화를 위해서 영웅신화가 필요했던 것이다.

다시 말해 소규모의 수렵채취 사회에서 없었던 정치적 위계질서가 대규모 정착/정복사회에서 생겨남으로써, 이를 정당화하기 위한 장치로 영웅신화가 만들어졌는데, 그 영웅신화에 그 앞의 소규모사회에 있었던 사실이 묻어 들어간 것이 바로 (4)의 '상자 속에 들어 물에 띄워짐', '어려서의 기아 또는 죽을 고비'라는 것이다. 이를 앞뒤로 미루어 짐작하여 말하면, 영웅신화는 소규모사회가 대규모사회로 변화하는 과정을 보여주는 신화라고 하겠다.

(4)의 앞부분이 신적인 요소의 상징화라면, (4)의 뒷부분, 곧 (5) 양육자에 의한 구출, (6) 자라서의 위기, (7) 위기를 극복하여 승리자가 됨은, 영웅 곧 지도자나 개국자가 신적인 후광만으로 이루어진 존재가

아니라, 인간적인 능력으로서도 그럴 만한 충분한 존재임을 드러내는 인간적 요소의 상징화다. 이 상징화를 통하여 '수평적 단계의 이동'-수렵채집에서 농경으로, 이주에서 정복으로-은 '수직적 상징의 구성'-하늘에서 땅으로, 신적인 존재에서 인간 지배적인 존재로-으로 변화되어 상징화된다. 어쨌든 이처럼 이야기는 사실을 가라앉은 흔적으로만 남긴 채((4)의 경우), 새로운 서사/허구((1)-(7))로 면모일신하게 된다.

상징화는 비록 체험이 가진 강렬한 효과를 가질 수는 없지만, 앞의 다른 글(개인과 사회)에서 본 것처럼, 제도화(위계질서)를 정당화하기 위한 법이나 이론 그리고 이데올로기보다 심정적 설득력에서 탁월하고 광범한 효과를 발휘한다. 그 효과는 체제의 확립과 유지에만 활용되는 것이 아니라, 인간의 심성과 의지에도 작용한다. 다시 말해 영웅신화의 영웅은 이상적 인간의 원형이 될 뿐만 아니라, 인간 서사의 원형으로 자리 잡아 쉽사리 인간을 떠나지 않는다.

이러한 상징화를 유발 하라리는 다른 동물에서는 볼 수 없는 인간만의 특징으로 파악하기도 했다. 그의 견해에 기대어 말한다면, 영웅신화와 같은 서사는, 그것이 확립되기 이전의 두 차원의 현실, 곧 인간 외부의 '객관적 현실'과 인간 내부의 '주관적 현실' 사이에 존재하는 '상호주관적 현실' 곧 '허구'로 규정된다. 이렇게 형성된 상호주관적 현실은 비록 허구지만, 주관적 현실의 진실이나 객관적 현실의 사실에 비해 그 영향력이 떨어지는 것이 아니다. '인지혁명'이라 규정할 만큼 큰 영향력을 발휘할 수도 있다.[5]

이는 마치 종교에서, 개인의 사색을 거친 믿음보다 종교집단에서 제공하는 담론이나 설교가 더 영향력을 발휘할 수 있는 것과 유사하다. 복잡한 우회로와 구체적인 경로를 거쳐야 닿을 수 있는 진실과 사실을,

5) 유발 하라리 지음, 김명주 옮김, 『넥서스』, 김영사, 2024, 66-67쪽 참조. 『사피엔스』, 김영사, 2019, 60쪽 참조.

간략하고 단순하게 만들어 제공하는데 굳이 스스로 힘들게 그것에 닿으려고 애쓸 필요가 있을까. 그가 고독하게 진리나 진실을 향해 나아가는 구도자가 아닌 바에는, 사회의 평범한 구성원인 한에서는.

영웅이 이상적 인간의 원형이 되고, 영웅서사가 인간 서사의 원형이 된다는 것은, 서사적 작품이 출현했을 때, 그 주인공/주연을 영웅으로 형상화한다는 뜻이다. 그래서 고대에는 영웅신화와 영웅서사시가 있었고, 중세에는 기사소설(영웅소설 또는 군담소설)이 있었으며, 현대에 이르러서도 영웅시대는 끝났지만 영웅서사는 끝나지 않는 것이다. 문화에는 일반적 흐름에도 불구하고 항상 그 테두리를 벗어난 잔여적인 것이 있고, 그것이 일반적 흐름과 거리를 두고 나름의 형성물로 존재하기 때문이다.[6]

이는 공화정과 민주정이 이루어져도 언제든 옛 전제주의 정체를 넘어서는 현대의 전체주의 정치가 등장하는 것과 같다. 영웅과 영웅서사는 현실 리얼리즘의 압박으로 본격 서사에서 물러나서도 대중서사의 소설과 영화에 등장하여 인류의 무의식으로 내려앉은 영웅을 자극하고 불러낸다. 현실 문제가 복잡하여 해결하기 어려울수록 쾌도난마의 영웅을 기대하기 때문이다. 정치에서 그러하고 사유에서 그러하듯이 허구에서도 그러한 것이다. 대부분의 인간은 현실의 무거움을 끌고 가기보다는 소망의 가벼움에 몸 싣기를 원하기 때문이다.

그래서 영웅서사는 현실의 사실적 반영을 추구하기보다는 상징적 형상을 묘사하는 데 치중한다. 민중의 삶의 어려움을 반영하기보다는 주연인 영웅의 능력이 탁월함을 묘사하기에 바쁘다. 사회적 문제의 본질을 지적하여 해결하기보다는 마녀 사냥에서처럼 엉뚱한 악인을 만들어내고 지목하여 징벌하는 것으로 대체한다. 그러니까 영웅서사의 주연인 영웅은 체제의 이념을 실현하는 인물이고, 따라서 체제 안의 인간

[6] 레이몬드 윌리엄즈 저, 이일환 역, 『이념과 문학』, 문학과지성사, 1982, 151-154쪽 참조.

에게 영웅은 이상적인 인간상으로 부각된다.

영웅의 어원에서 전제하고 있는, 하늘의 반신적半神的 요소를 떨쳐내고, 반인적半人的 요소를 땅의 온전한 인간적 요소로 바꾸어 내려앉히지 않는 한, 그의 출몰은 항상 하늘과 신에 그 연원을 두고 있다. 서사에서 하늘과 신이 이상이라면 땅은 현실이다. 하늘과 신을 전제한 것은 땅의 인간 현실을 보는 관점이나 해결책에서 이원론을 구성하여, 현실적인 것보다는 이상적인 것에 더 가치를 부여하겠다는 뜻이다.

서양 고대의 영웅신화의 영웅은 헬레니즘 사상에, 중세의 기사는 헤브라이즘 또는 기독교 사상을 이상으로 하여 그것에 침윤되어 있다. 우리의 영웅/군담소설의 주인공에게는 유교 사상이라는 이상이 스며들어 있다. 남녀 주인공은 충과 효와 열의 화신이다. 이 이상은 체제의 이념에 부합되어 그것을 서사로 실현하며, 독자는 그 서사의 주인공을 이상적인 인간으로 긍정하며 수용한다.

그러나 신이 땅을 떠나 하늘로 올라가듯이, 영웅이 땅의 지배자로 계속 머물 수는 없다. 헬레니즘과 결합한 기독교가 땅을 탄압하며 저지른 죄악, 유교가 주자성리학으로 협소해져 서민을 억압하며 저지른 탐학은 더 이상 그것들을 이상으로 수용하기를 어렵게 만든다. 중세가 지나고 근세가 시작되면서, 조선이 전반기를 지나 후반기로 들어서면서, 오히려 현실이 이상을 점검하게 된다. 하늘과 땅, 이상과 현실의 이원론의 서사를 땅과 현실의 일원론의 서사가 뚫고 나아가려 한다.

농경과 농업이 상업과 무역에 밀려나고, 상인이 부를 축적하여 발언권을 높여가는 현실이 영웅/기사와 귀족/양반을 무대 뒤로 밀어내며 무대의 전면에 등장하게 되는 서사의 바탕이 된다. 영웅과 양반의 배경으로 머물며 관습적 유형에 지나지 않던 평범한 인물들이 현실을 경영하며 생동하는 인물로 부각된다. 나아가 권위에 의존하며 진실을 호도하는 세력을 비판하는 주동적 인물로 부상한다. 이에 따라 서사의 초점이 상당한 이동을 하게 된다.

이상주의에서 현실주의로, 귀족의 권위주의에서 서민의 사회의식으로, 영웅의 비극미/비장미에서 평민의 희극미/골계미로, 정격의 권위적 서술에서 탈격의 풍자적 서술로, 기사/양반의 주인공에서 시종侍從/방자房子의 주동적 인물로 초점이 이동하며 영웅서사에 균열을 낸다. 우리의 경우 이러한 이동은 서사 장르에서뿐만 아니라 판소리나 탈춤, 가면극과 같은 다른 장르에서도 일어난다. 탈/가면은 단순한 인물의 배분을 위해서만 필요한 것이 아니라, 그 역할의 변화와 비판을 위해서도 필요한 것이었다.

이렇게 주연과 조연의 역할이 앞선 시기와 달리 팽팽하게 긴박감을 형성하는 것을 보여주는 대표적인 작품이 서구의 경우 『돈키호테』이고, 우리의 경우 '판소리계 소설', 그 중에서도 『춘향전』과 『토끼전』이다. 이들 소설에는 주연인 돈키호테 곁에 산초 판자가 있고, 이몽룡 곁에는 방자가 있으며, 용왕과 신하들을 대변하는 자라의 반대편에 토끼가 있다. 이전의 소설에서 시종이나 방자는 주인공의 그림자에 불과했다. 다시 말해 실체가 있지만 실체로서의 역할을 하지 못했다.

그러나 중세가 지나고 근세에 들어서면 시종이나 방자가 전면에 등장하며 존재감을 드러낸다. 더 이상 주인의 그림자로 머물지 않고, 자신의 발언으로 무대의 일정한 부분을 차지하며 주인에게 저항한다. 주인도 이런 시종이나 방자를 무시하지 못하면서 서사는 긴장감을 획득한다. 주인 또는 주인공이 체제의 이상적 인간상을 대변했다면, 시종이나 방자는 체제의 현실적 인간상으로 떠오르는 것이다.

조연

　방자는 신분사회에서 상전에 예속된 존재이지만, 소설에서는 상전을 조롱하고 풍자하는 말과 행동으로 상하의 주종관계를 무너뜨리면서 주연에 못지않은 조연으로서 주연과 대등한 관계가 된다. 때로는 주인공의 권위의식이나 허위의식을 거친 화법으로 공격하면서 주연을 능가하는 듯한 주동적 인물이 되기도 한다.[7] 물론 이러한 방자의 말과 행동이 가능하게 된 것은 유교 이념으로 통치되던 조선사회가 지배적 결정력을 상실하고 서민의 의식이 성장해가는 것의 서사적 반영임은 말할 것도 없다.

　그네 뛰는 춘향을 처음 본 이몽룡이 방자더러 춘향을 불러오라고 하자, 방자는 이몽룡에게 형제 되기를 요구하며 형이라 부르라 한다(이고본李古本).[8] 춘향의 자태를 보고 돌아와 책을 읽지만 몽룡은 오직 춘향 생각뿐이라 글을 제대로 읽을 수가 없다. 시경이든 대학이든 제대로 읽어나갈 수가 없다. 읽다가 내던지고는 다시 주역을 읽다가 마침내 본심을 드러내고 만다. "건乾은 원元코 형亨코 이利코 정貞코 춘향코 내 코 한데 대면 좋고 좋고"라고. 주역의 괘사에 춘향에 대한 연심이 섞여든다. 판소리에서는 여기서 더 나아간다.

　"방자: 도령님 그 먼 책이요?/도령: 이것이 주역이다./방자: 그 어디 주역이요? 코책이제. 도령님, 그 책 속에 코 많소. 그 흔한 코 밑에 소인놈의 코도 하나 넣어 주시오./도령: 에라 에라, 네 코는 상놈의 코라 이 코에 범犯치 못한다."[9]라고. 방자는 이몽룡이라는 양반/상전의 신분과 지위에 전혀 굴하지 않고 자신의 생각을 그대로 드러낼 뿐만 아니라, 양반/상전의 이념적/이상적 토대가 되는 유교 경전을 희화화하는 지경까지 나아간다.

---

7) 권두환·서종문, 「방자형 인물고」, 한국문학연구회 편, 『한국소설문학의 탐구』, 일조각, 1980, 7쪽, 20쪽 참조.

8) 앞의 글, 앞의 책, 18쪽.

9) 정병욱, 「판소리의 사실성과 서민정신」, 조동일·김흥규 편, 『판소리의 이해』, 창작과비평사, 1978, 68쪽에서 재인용.

그러나 방자의 이러한 현실적 비판은 서사의 큰 줄기까지 뻗어나가지는 못한다. 춘향전의 서사를 지배하는 주제적 이념은 몽룡의 충忠이고 춘향의 열烈이며 그 둘 사이의 사랑이다. 이 큰 틀에 비추어 보면, 방자나 향단의 역할이 서민의식의 일면을 반영한다고 하더라도 부분적인 것에 그치고 만다. 영웅과 영웅서사가 그러하듯이, 조선의 유교적 이념 역시 쉽사리 사라질 수 있는 것은 아니었기 때문이다.

『배비장전』의 방자도 상전/비장을 풍자하여 격하하는 데는 춘향전의 방자에 못지않지만, 그 한계를 넘어서지 못하는 것에서는 마찬가지다. 남원부사의 아들에서 그보다 하위직인 비장에 머물 뿐이다. 이는 시대적 한계이기도 하고 풍자라는 표현수단의 한계이기도 하다. 조선 후기에 이르러 유교 또는 주자성리학이 조선의 지배이념으로 생명력이 쇠잔했지만, 지배층이 사분오열된 채로지만, 그것에 매달려 기득권을 유지하며 서민의식의 성장을 누르고 있었기 때문이다.

서민은 풍자를 무기로 한계를 드러낸 지배층의 이념과 행동에 대응했지만, 풍자라는 기법 자체가 정격의 돌파수단이 되지는 못했다. 풍자는 '당위'의 수준에서 그것에 도달하지 못한 대상의 부정적 측면을 지적하고 폭로하는 기법이다. 그 지적과 폭로가 독자의 입장에서는 통쾌함으로 다가올 수도 있지만, 풍자의 주체가 그 당위를 어느 정도 수준으로 설정할 수 있냐에 따라 작품 서사의 수준도 결정된다.

방자는 당위의 수준을 유교나 주자성리학의 이념을 넘어서는 수준으로 설정할 수 없었다. 그래서 풍자의 대상이 되는 인물, 또는 인물의 부정적 측면을 비난하고 비판하고 나면, 풍자의 공격적 시선이나 칼날은 더 이상 뻗어나가지 못하고, 기존 이념의 경계 안으로 들어와 수렴되어 버린다. 따라서 방자형 소설은 부정적 인물이나 대상이 뿌리를 내리고 있는 이념을 비판하고, 그것을 넘어서는 전망을 제시하는 데까지는 나아가지 못하는 서사물의 한계를 드러낸다.

　그런 점에서 풍자에 덧붙여 우화라는 특별한 수단을 이용한 『토끼전』은 방자형 소설과 견주어 살펴볼 필요가 있을 것 같다. 우화소설은 주로 도덕적 교훈을 전제와 주제로 출현하는 경우가 많다. 토끼전도 예외가 아니다. 다시 말해 토끼전이 지배체제와 사회의 도덕적 타락이 농후했던 조선후기에 등장했던 배경을 짐작케 한다. 그러나 이 우화도 탈격인 풍자를 주요 표현수단으로 삼는다는 점에서 앞의 방자형 소설과 다르지 않다.

　다만 인간이 아닌 동물을 등장시킴으로써, 마치 가면극에서 가면을 씀으로써 풍자의 전개가 인간이 서사의 주체일 때보다 훨씬 더 멀리 뻗어나갈 수 있는 것처럼, 그러한 이점이 있을 수 있겠다. 그리고 그 근원설화도 불경과 고대 역사 그리고 판소리를 거치면서 본래의 종교적, 정치적, 사실적 요소를 떨어버리고 거의 민담과 동화 수준으로 변전되어 소설에 유입됨으로써, 독자적인 소설적 성격이 형성된 것 같다.

　애초에 민담은 서민적 요소가 강하다. 이는 신화의 영웅적/귀족적 요소에 대립되는 성격이다. 그리고 토끼전의 토끼의 지모智謀는 거의 동화의 주인공이 지닌 꾀를 떠올리게 한다. 발터 벤야민은, "동화는, 신화가 우리의 가슴에 가져다준 악몽을 떨쳐버리기 위해 인류가 마련한 가장 오래된 조치들이 무엇이었는지 우리에게 알려준다"고 했고, "동화가 태곳적에 인류에게 가르쳐주었고 또 오늘날에도 아이들에게 가르쳐주고 있는 가장 현명한 조언이 있다면 그것은 신화적 세계의 폭력을 꾀와 무모함으로 대처하는 것이다"[10]라고 했다.

　다시 말해 토끼전은 설화를 근원으로 한 소설이지만, 그 전개는 벤야민이 말하는 동화적 요소 곧 꾀와 무모함으로 가득 차 있다. 곧 동화적

10) 발터 벤야민 지음, 최성만 옮김, 『서사·기억·비평의 자리』, 길, 2013, 448쪽.

요소를 가져와 우화로 실현한 것이다. 토끼의 무모함은 르네 지라르에 기대어 말하면, 지배층의 욕망에 매개된 서민의 욕망 추구로, 토끼의 꾀는 지배층의 탐학과 그 그물에서 탈출하는 수단으로 표현된다. 다시 말해 조선후기 사회 전반을 신랄하게 비판하면서 자신의 욕망을 숨기지 않는다.

이는 한편으로는 신화적 영웅의 악몽을 동화적/우화적 꾀로 해체하려고 하면서 또 다른 한편으로는 자신의 실체를 현실적 바탕 위에 세우고자 하는 서민의 모습을 보여주는 셈이다. 그래야만 이상주의의 허위의식에 머물지 않고, 이를 돌파하여 현실주의를 긍정하는 소설이 될 수 있기 때문이다.

어쨌든 토끼전은 우화를 표현수단으로 함으로써, 방자형 소설의 한계를 넘어서 사회전반의 비판이 가능해진다. 지배층의 최상위에 있는 용왕은 주색으로 병이 들어 있는 존재이니 유교 국가의 이상적 왕의 모습인 군위신강君爲臣綱과 멀다. 용왕의 신하들은 용왕의 병 치유를 위한 어족魚族의 어전회의에서 파쟁과 일신의 안위만을 일삼으니 이상적 신하의 모습인 사군이충事君以忠과 거리가 멀다.

조정의 왕권과 신료가 부패하고 타락하여 이상적인 모습을 보여주지 못하듯이, 지방의 수령이나 서리계급도 서민들에게 바람직한 모습을 보여주지 못한다. 이들은 서민과 직접적으로 접촉하기에 그 부패와 타락의 결과가 서민에게 구체적으로 다가온다는 점이 다를 뿐이다. 이는 육지 동물의 모임인 모족회의毛族會議에서부터 나타난다. 이 모족회의는 조정의 의전회의와 맞먹는 효과를 위해 설정된 것이다.

모족회의의 의장격인 산군山君 곧 호랑이는 가렴주구苛斂誅求를 일삼는 지방 수령을, 간특한 여우는 수령의 권세로 호가호위狐假虎威하며 서민을 괴롭히는 이서배吏胥輩를, 이들에게 겨울을 날 양식을 빼앗기는 다람쥐와 멧돼지는 서민을 가리키고 있다. 이들은 조정의 타락과 부패를 지방적 차원에서 보여줌으로써, 조정과 지방 가릴 것 없이 지배체제 전체가 어떠한 상황인지를 보여주고자 한 것이다.

이러한 상황에서 서민의 대표격인 토끼가 주연으로 등장한다. 토끼는 용왕의 병을 치유할 수 있는 간, 그리고 스스로의 욕망 때문에 체제 전체를 관통하여 볼 수 있는 인물이 되고, 자라는 서민과 체제를 매개하는 조연이 된다. 토끼는 스스로의 욕망(권력과 부귀) 때문에 위기에 빠지지만, 꾀를 발휘하여 위기를 벗어남으로써 성장하는 서민의식을 보여준다. 그러나 자라는 지배층의 사자使者가 됨으로써 토끼의 욕망을 자극하여 지배층의 의도를 매개하는 인물로 성공하는 듯하지만, 토끼의 꾀에 넘어감으로써 몰락한다.

토끼의 무모함은 자신의 욕망을 부추긴 자라의 유혹에 의한 용궁행으로 나타난다. 그러나 그 용궁은 토끼에게 사지死地임이 드러나, 배가 갈라져 죽을 고비에 이른다. 간을 육지에 두고 왔다고 속이고, 간을 먹기 전에 자라탕을 먹으면 더욱 효험이 있다고 용왕에게 말하며, 꾀를 써서 위기에서 벗어나는 동시에 자신을 고비에 빠뜨린 자라에게 보복한다.

자라의 손에 달렸던 토끼의 생사가 반전되어 자라의 생사가 오히려 토끼의 손에 달리게 된다. 자라는 토끼를 집으로 초청하여 향응을 베풀어 위기를 벗어나려 하지만, 토끼는 쉽사리 자라의 의도를 이루어 주지 않고 더 나아간다. 자라의 아내로 하여금 자신의 수청을 들게 하라고 요구한다(일사본 「별주부전」).

자라의 아내는 남편의 목숨을 구하기 위해, 머뭇거리다 결국 토끼의 방으로 간다. 그러나 이튿날 자라의 아내는 토끼가 육지로 떠날 때 토끼에게 연서戀書를 보낸다. 이와 같은 자라 아내에 대한 묘사는, 결국 유교사회가 내건 이상적 이념이 곳곳에서 무너지고 있음을, 열녀불경이부烈女不更二夫라는 유교적 도덕관념에서도 예외가 아님을 보여주기 위한 것으로 보인다.[11]

우화 소설인 토끼전이 방자형 소설에 비해 소설적 바탕이 되는 사회 체제의 부정적 측면을 비판하는 데서 훨씬 더 범위가 넓어진 것은 사실이지만, 방자형 소설과 마찬가지로 그 표현기법이 주로 풍자에 의존하고 있다는 점에서 한계를 지니는 것은 마찬가지다. 이는 표현기법의 한계를 규정하는 시대적 한계이기도 하다. 앞에서 말한 것처럼 풍자는 당위의 규범에 근거하여 부정적 대상이 그에 미치지 못함을 비판하는 것이다.

따라서 탈격의 풍자를 넘어 정격의 리얼리티를 확보하려면, 기존의 이념에 수렴되지 않아야 하고, 당위의 이념이 달라져야 한다. 다시 말해 새로운 소설은 새로운 이념이 뒷받침되어야 나타날 수 있다. 그것이 갑오경장의 이념이든, 동학의 사상이든, 전통적인 자치 운동이든, 신분적 위계가 무너지고 모든 인간이 평등하다는 이념이 바탕이 되어야 가능한 것이다. 그런 점에서 방자형 소설도, 우화 소설도 그런 수준에 이르지는 못하고 있다. 그러기에는 아직 더 많은 시간과 통찰이 요구되었을 것이다.

우리의 방자형 소설과 비슷하면서도 방자/시종의 역할이 더욱 적극적인 소설이 바로 미겔 데 세르반테스의 『돈키호테』다. 돈키호테의 이상적 인간상은 중세의 기사다. 그는 이 중세의 기사를 기사소설을 통해서 접한다. 그가 기사소설을 얼마나 탐독했는지를 보여주는 장면은, 『돈키호테Ⅰ』의 제6장이다.[12] 첫 번째 모험을 떠났다 돌아온 돈키호테

11) 토끼전에 관한 언급은, 인권환, 「『토끼전』의 서민의식과 풍자성」, 조동일·김흥규 편, 앞의 책, 242-256쪽 참조.

12) 미겔 데 세르반테스 지음, 김현창 옮김, 『돈키호테Ⅰ』, 동서문화사, 2016, 77-84쪽.

가 잠든 틈에, 돈키호테의 조카딸과 신부 그리고 이발사는 돈키호테의 광기의 화근이 책에 있음을 알아채고, 서재로 들어가 책을 화형에 처하기 위해서 검열한다.

서재에는 '장정이 훌륭한 대형 책들이 100권이 넘게 있었고 소책자들도 많았다.' 그 검열의 대상이 된 첫 번째 부류가 기사소설이고, 그 첫 번째 책이 『아마디스 데 가울라』 전 4권이다. 이 책은 스페인에서 처음 출간된 기사도 이야기로서, 다른 기사도 소설들은 이 책을 근원으로 만들어졌다. 돈키호테를 광기의 모험으로 나서게 한 원흉이므로 가장 먼저 화형에 처해져야 하지만, 기사소설 부류에서 가장 뛰어나다는 이유로 화형이 일시적으로 보류된다.

돈키호테에게 아마디스 데 가울라는 기사의 원형이자 이상적 인간이며, 중세의 기독교 이념을 실현한 대표적인 기사다. 돈키호테는 현실을 직접 접촉하는 것이 아니라, 이 기사소설에 의해 매개된 상태로 현실을 상대한다. 다시 말해 기사소설에 표현된 의미나 가치가 돈키호테에게 내면화되어, 그 내면화된 의미나 가치로 현실을 대면한다. 따라서 현실의 일상인에게 돈키호테의 이러한 생각과 행동은 광기로 보일 수밖에 없다.

르네 지라르 식으로 말하면, 아마디스 데 가울라는 돈키호테의 중개자다. 돈키호테의 광기 어린 기사적 생각과 행동은 돈키호테 자신의 주체적 판단에서 비롯된 것이 아니라, 전설의 기사에 의해 매개되어 표출된 것으로, 진정한 것으로 볼 수 없다. 그것은 매개된 욕망, 허위 욕망의 표출일 수 있다. 따라서 그 결과가 현실에서 바람직한 방향으로 나아갈 가능성은 희박하다.

그러나 한편으로는 이러한 인물에게 긍정적인 면이 전혀 없는 것은 아니라는 것이 오르테가 이 가세트의 견해다. 돈키호테는 자신의 모험에서 질료인 현실에 당면하면 항상 관념인 공상을 불러낸다. 서사물의 역사적 전개가 추상적 이상에서 현실의 리얼리티를 향해 나아가는 궤적을 그린다면, 현실에서 공상으로 나아가는 돈키호테는 현실 정합성에서 뒷걸음질 치는 인물이다. 그럼에도 오르테가는 돈키호테의 모험과 관념 속에 현실의 질료성 또는 물질성에 거리를 두는 비판의식, 일상의 관습과 제도의 주류에 휘말려 들어가지 않으려는 고집이 있다는 것이다.[13]

이는 앞의 레이먼드 윌리엄스의 문화에서의 '잔여적인 것'에 대한 긍정적인 입장에 서는 것이며, 변증법의 지양과 잔여에서 '잔여 없는 지양 없음'을 확인하는 입장이라 하겠다. 그는 모든 인간에게는 인간의 원형으로서의 영웅 또는 기사가 봉인된 상태로 존재하는 것이 아니냐고, 현실의 주류가 늘 긍정적인 면만 지니고 있는 것은 아니지 않느냐고, 그렇다면 주류를 거부하며 거리를 두는 것이 꼭 부정적인 의미를 띠는 것은 아니지 않느냐고 말하고 있는 셈이다.

그러나 세르반테스는 오르테가가 언급하지 않은 다른 방법으로 돈키호테를 구체적으로 형상화한다. 바로 산초 판자를 돈키호테와 맞세우는 것이다. 르네 지라르 식 욕망의 매개로 본다면, 돈키호테와 아마디스 데 가울라의 관계는, 산초 판자와 돈키호테의 관계와 같다. 후자가 전자의 머릿속에 욕망을 집어넣어 준 것이다. 후자의 욕망이 전자의 욕망보다 이상주의에 더 침윤되어 있다는 차이가 있을 뿐이다. 돈키호테는 이상적 기사상을 실현하고 싶고, 산초 판자는 섬의 현실적 통치자가 되고 싶을 뿐이다.

욕망은 인간의 주위에다 꿈의 세계를 설계한다. 욕망의 추구가 자기 파괴에 이르기까지 멈출 수 없듯이, 인간은 단지 죽음의 순간에 이르러서야 꿈의 세계, 환상에서 벗어날 수 있다.[14] 돈키호테와 산초 판자도

[13] 호세 오르테가 이 가세트 지음, 신정환 옮김, 『돈키호테 성찰』, 을유문화사, 2023, 158-163쪽 참조.

[14] 르네 지라르 저, 김윤식 역, 『소설의 이론(원제: 낭만적 허위와 소설적 진실)』, 삼영사. 1979, 28쪽 참조.

마찬가지다. 그러나 그것은 모든 모험이 소진되고 나서의 일이다. 둘은 그 모험의 과정에서 서로 티격태격하며 대립하면서도 동행을 계속한다. 대립을 자아내는 것은 둘의 토대가 다르기 때문이고, 동행하는 것은 각자의 욕망을 포기하지 않기 때문이다.

돈키호테의 사고와 행동은 주로 기사소설 곧 책에 토대를 두고 있다. 모험의 과정에서 나타나는 실제의 사물 및 사태의 의미나 해석은 그 자체로 직접적으로 이루어지는 것이 아니라, 모두 그가 읽은 기사소설의 내용에 비추어서, 또는 그것의 내용을 덧씌워 통과한 다음에야 이루어진다. 산초 판자는 자신이 부딪힌 상황에 대한 의미를 초반에는 실제 있는 그대로 말하기도 하지만, 후반으로 갈수록 돈키호테의 해석에 반발하여 그가 알고 있는 속담에 얹어 표현하는 경우가 대부분이다.

다시 말해 돈키호테와 산초 판자의 대립은 '책'과 '속담'의 대립, '문자'와 '말'의 대립으로 나타난다. 이는 바로 식자층과 노동자층의 대립, 이상주의와 현실주의의 대립을 반영한다. 속담은 일상의 경험을 통해 생활인의 공감과 지지를 받아 널리 사용됨으로써 생명을 가지고 구전된 말이다. 이러한 속담에는 인간 일상의 반복된 여러 경험을 바탕으로 형성된 것이기에 인간 일상에 적용할 수 있는 많은 유형들이 존재한다.[15]

돈키호테가 특정 상황을 그가 읽은 기사소설의 내용으로 유추하여 그 의미를 해석하는 것과, 산초가 속담으로 유추하여 해석하는 것 사이에는, 유추라는 방식을 동원한다는 점에서는 다를 바가 없다. 둘 다 자신이 직접 대면한 상황을 기사소설과 속담이라는 범주를 가져와 해석하고 있기 때문이다. 이는 그들의 욕망이 스스로의 주체적인 판단에서 비롯된 것이 아님과 같다. 곧 각각 아마디스 데 가울라와 돈키호테에게서 유래한 것과 마찬가지다.

---

15) 김도환 저, 『한국 속담의 묘미』, 제일문화사, 1978, 17-19쪽.

그들이 특정한 상황에 직면할 때마다 그 상황을 인식하는 틀이 재빨리 상황과 인물 사이에 끼어든다. 이때 기사소설과 속담은 각각 돈키호테와 산초의 상황 인식의 관점이자 토대가 된다. 기사소설은 돈키호테의 이상적 관점을, 속담은 산초의 현실적 관점을 드러내며 소설의 전개 과정에서 끊임없이 반복되며 전개된다. 이는 그만큼 기사소설과 속담이 각각의 삶에서 인식의 관건이 될 정도로 체화되어 있다는 뜻이며, 쉽게 상황과 연결될 수 있는 고리로 작용한다는 뜻이다.[16]

이런 측면에서 보면, 소설 돈키호테는 기사소설을 상황 판단의 관점으로 장착한 돈키호테와, 속담을 자신의 관점으로 지참한 산초의 대립과 그 변전으로 볼 수 있다. 소설이 진행되면서 그 대립의 면모가 조금씩 달라지는 것을 확인할 수 있기 때문이다. 이 대립의 변화는 두 사람의 관계의 변화인 동시에 소설 전개의 변화이기도 하기 때문이다.

20명 가량으로 이루어진 장례 행렬을 물리치고 난 뒤에, 그들이 상대가 한 사람이었다는 것을 기억하고, 혼내주려고 되돌아올지 모르니, 배도 고프고 빨리 도망가는 것이 상책이라고, 산초는 속담을 인용하며 말한다. '죽은 사람은 무덤으로, 산 사람에게는 빵을'. 그러고는 자기 당나귀를 몰며 주인에게 따라오라고 한다. 돈키호테도 산초의 말에 일리가 있다고 생각하여 아무 대꾸도 하지 않고 그 뒤를 따른다.[17]

이후 산초는 돈키호테가 책의 기사가 모험을 감행한 것을 떠올리며 무모한 행동을 시도하려 할 때마다 제동을 걸며 속담과 격언을 동원하여 설득하거나 꾀를 써서 저지한다. 때로는 성공하기도 하고, 때로는 거꾸로 설득당하기도 하며 나아간다. 이러한 예가 몇 가지 더 이어진다. '너무 큰 희망은 쪽박을 깨뜨린다고 합니다', '원래 무서울 때는 눈이 더 잘 보이는 법입니다', '행복은 모든 사람에게 찾아오고, 불행은

[16] 더글러스 호프스태터·에마뉘엘 상데 지음, 김태훈 옮김, 『사고의 본질』, arte, 2017, 146–149쪽 참조.

[17] 미겔 데 세르반테스 지음, 김현창 옮김, 앞의 책, 제19장, 188–194쪽 참조.

그것을 구하는 사람에게만 온다'(『돈키호테Ⅰ』, 제20장) 등으로.

계속되는 산초의 속담 인용에 돈키호테는 역정을 내며 반박하기도 한다. "허, 기가 차는구나. 산초, 대체 무슨 얼빠진 소리를 하는 거냐? 네가 지껄여대는 속담과 우리가 지금 이야기하고 있는 일이 대체 무슨 관계가 있단 말이냐?"(제25장). 돈키호테는 지금 벌어지고 있는 눈앞의 사태와 속담과의 유추를 헤아릴 수 없듯이, 자신의 기사 이야기와 사태와의 유추가 터무니없음을 헤아릴 수 없다. 그래서 소설이 끊이지 않고 이어진다.

소설이 진척될수록 산초의 속담 인용은, 처음에는 주인과 다른 자기의 주관적인 생각을 표현하는 단계에 머물렀지만, 서서히 주인의 이상적인 생각에 자신의 현실적인 생각으로 간섭하는 방향으로 발전한다. 돈키호테의 결혼을 재촉하는 장면에서 특히 그러하다. "저도 이제 남에게 충고쯤 해도 될 나이니, 지금 나리께 말씀드리는 의견은 나리께 적절한 것이라고 생각해 주시기 바랍니다. '하늘을 나는 사나운 매보다 손아귀에 든 참새'라는 말이 있습니다. 그 뜻은 좋은 것을 가지고 있으면서도 쓸데없는 것을 잡으려고 하는 자는 나중에 아무리 화를 내봐야 어쩔 도리가 없다는 뜻입니다."(제31장)

산초의 이러한 간섭에 돈키호테가 가만있을 리 없다. "너는 이것을 알아두어야 한다. 훌륭한 희망은 천한 소유보다 낫고, 좋은 탄식은 나쁜 지불보다 나으니라. 산초, 내가 이런 말을 하는 이유를 알겠느냐? 나도 너 못지않게 속담을 지껄일 수 있다는 것을 너에게 깨우쳐 주고 싶어서다."[18] 급여에 대해 말을 꺼냈다가 이렇게 주인에게 반격을 당한 산초는 일보 후퇴의 걸음새를 하며 종전의 관계를 유지하며 서로 화해한다.

그러나 자신의 주인에 관해 다른 사람에게 이야기할 때는 자신의 생

---

18) 미겔 데 세르반테스 지음, 김현창 옮김, 『돈키호테Ⅱ』, 제7장, 동서문화사, 2016, 646쪽.

각을 숨기지 않고 속담에 담아 표현하기를 멈추지 않는다. "그나저나 미치광이 이야기를 하려 든다면, 우리 주인보다 더 심한 건 아마 이 세상에 없을 걸. '남의 참견은 당나귀를 죽인다'는 속담에서 말하는 바로 그런 인간 중의 하나니까."(『돈키호테Ⅱ』, 제13장). 이러한 산초를 돈키호테는, "네가 속담을 빼놓고 보통처럼 똑똑하게 말하는 것을 보는 날은 언제겠느냐?"고 호통을 치지만, 산초는 속담 인용을 재미있어 하는 사람들의 옹호를 받기도 한다.(제34장)

그래서 결국 둘은 속담을 두고 결전을 벌여야 하는 지경이 된다. 제43장의 장면이 그러한데, 산초는 '속담을 묵주처럼 꿰고 엮어 말하'고, 돈키호테는 그것을 '자신을 고문하는' 것이라며 산초에게 저주를 퍼붓는다. 그러나 산초는 속담은 자신의 재산다운 재산인데 그것을 마음대로 사용한다고 쌍심지를 켜느냐고 반발하면서 속담을 엮어 자기 할 말을 이어간다. 제67장에서도 속담에 대한 공방은 이어지는데, 적절한 자리에 제대로 쓰이지 못한 속담은 잡소리에 불과하다는 돈키호테의 억누름으로 끝난다.

그러나 돈키호테 데 라만차는 임종을 맞아 알론조 키하나로 돌아와 각성하며 산초에게 말한다. "나의 벗 산초, 이 세상에 방랑 기사라는 것이 일찍이 있었고 지금도 있다는, 내가 빠져 들어간 그릇된 생각에 자네까지 끌고 들어가서 자네가 나와 마찬가지로 미치광이 취급을 받게 한 데 대해서 제발 용서해 주기 바라네."[19]

그동안의 동행으로 쌓인 인정을 감안하여 산초는 돈키호테의 용서 구함이 터무니없음을 말한다. 그러나 돈키호테의 기사적 이상이 시대착오적이며 그것이 종말에 이르렀음을 부인할 수는 없다. 이상적 욕망이 추동한 모험이 끝나는 시점에 이르러서야 그는 그것을 인정하고 있는 것이다. 이는 서사물 전개의 역사가 서사적 주연의 신분적 추락의

19) 앞의 책, 제74장, 1258쪽.

역사임을 보여주고 있는 것이다. 신에서 영웅으로, 다시 기사(양반)에서 평범한 일상인으로.

일상인을 주연/조연으로 삼은 현대소설을 논평하는 자리에서 이제 주인공/영웅이라는 개념을 쓰지 않고, 주인물/부인물, 주동인물/반동인물, 입체적 인물/평면적 인물 등의 개념이 등장한 것도 이러한 서사적 인물의 신분적 추락 과정이 반영되어 있다. 뿐만 아니라 주연/조연의 자리에 알라존/에이론을 도입해 주연을 더욱 격하시키고 조연을 더욱 격상시키는 개념화를 시도하기도 했다.

주연에 해당하는 알라존은 기만적인 인물, 자기를 실제 이상의 존재인 것처럼 가장한다든가, 그렇게 되고자 애쓰는 자를 말하는 인물을 분석하는 개념이 되고, 조연에 해당하는 에이론은 알라존과 반대로 자기를 비하하는 인물, 자기를 실제 이하로 낮춰 보이게 하는 재주를 가진 인물을 분석하는 개념이 되었다.[20] 앞에서 본 것처럼, 이런 인물을 바탕으로 방자형 소설과 시종 소설(기사소설)이 만들어졌고, 풍자나 아이러니 기법이 구사된 것이다. 그러면서 현대소설에서는 그 주연인 영웅을 일반인의 차원으로 내려앉혔을 뿐 아니라, 아예 뒤집어 그 허위성을 드러내고 있다.

20) 노드롭 프라이 저, 임철규 역, 『비평의 해부』, 한길사, 1982, 59-61쪽 참조.

모두가 주연 또는 모두가 관객

서사는 영웅신화에서 서사시로, 그리고 로망스에서 리얼리즘 소설로 변전되어 왔다. 그에 따라 그 주연도 신분이 추락하여 우리 일반인과 가까워졌다. 그러나 모더니즘과 포스트모더니즘을 거치면서 서사의 인물은 행위나 사고의 연속적 상태로 묘사될 수 없는 존재가 되었다. 외부 현실과 단절된 내면을 병리적으로 표출하며 온전한 서사를 구성하지 못하는 모더니즘이나, 내면의 의식뿐만 아니라 무의식마저 권력과 자본의 논리에 지배되어 주체성을 상실하며 온전한 서사를 구성하지 못하는 포스트모더니즘은, 서사가 더 이상 가능하지 않다는 것을 보여주는 사유다.

물론 일찍이 루카치가, "소설은 '길은 시작되었는데도 여행은 완결된' 형식이 된다"[21]고 했을 때, 사무엘 베케트가 희곡『고도를 기다리며』를 썼을 때, 이미 서사의 종말은 예견된 것이다. 개인주의가 극단화된 나르시시즘에서 모든 개인은 스스로 주연이라고 생각하며 자아를 연출할 수 있다. 그러나 사실은 인간을 그렇게 몰고 간 주연이 엄연히 달리 있음을 알게 되면, 개인은 자신과 무관하게 돌아가는 시스템의 관객에 지나지 않는다는 것을 깨닫게 된다.

---

21) 루카치 저, 반성완 역, 『소설의 이론』, 심설당, 1985, 94쪽.

민중과 지식인 또는 대중과 엘리트

동서양을 막론하고 유토피아적 공동체에는 몇 가지 공통점이 있다. 소규모이고, 모든 구성원이 노동에 종사해 자급자족 상태이며, 위계질서 없이 모두 평등하다는 것이 그것이다. 이 유토피아적 공동체를 뒤집으면 디스토피아적 현실의 모습이 된다. 대규모 사회에다 생산적 노동에 종사하는 이외에 잉여생산에 기대는 자들이 지배층으로 있어 위계적 불평등이 늘 존재하는 현실이다.

이러한 현실구조를 정당화하고 유지하기 위해 지배층은 법과 제도를 만들고, 이에 덧붙여 이데올로기를 만든다. 이러한 체제에 종사하고 봉사하는 사람들을 지식인이라 한다면, 이의 반대편에서 체제의 지배를 받는 사람들이 민중이다. 현대의 대중사회에 들어와서는 민중이나 지식인보다는 대중이나 엘리트라는 말이 더 자주 쓰이기도 한다.

어쨌든 민중과 지식인, 대중과 엘리트를 묶어서 이야기하는 것은, 이들의 성격을 제대로 파악하기 위해서는 둘을 떼어서 보기보다는 둘을 엮어서 보아야 한다는 생각이 깔려 있다. 그 둘은 상호 구속하며 상호 작용하기 때문이다. 다시 말해 지식인 또는 엘리트는 민중이나 대중을 상대로 말이나 행동을 해야 그들의 입지를 굳힐 수 있으며, 민중이나 대중은 지식인이나 엘리트가 만든 지배 체제에 적응하거나 저항하며 살아가야만 하기 때문이다.

민중은 스스로에 대해서 이야기한 적이 별로 없다. 그들은 살기에 바빴고 말할 기회가 주어진 적은 별로 없었다. 민중에 대해 이야기한 것은 주로 지식인들이었다. 민중을 규정한 것도 지식인이었고, 민중을 다스린 것도 지식인 관료였다. 민중을 다스리던 사회에 균열이 생겼을 때에도 민중은 말보다는 행동으로 자신들의 생각을 표현했다. 이른바 민중 봉기나, 그들을 단순히 지배하는 것이 아닌, 똑같은 사람으로 대우하는 종교에 몸담는 것이 그러한 행동의 표현이었다.

민중 또는 대중

그러면 민중은 어떻게 규정되었는가. 『주역』의 '용민휵중容民畜衆/지도자는 백성을 포용하여 그 속에 있는 군사력을 길러 나가야 한다'[1]는 것이 민중의 어원이라 한다. 그러니까 민중은 농병일치의 사회에서 위계 체제를 유지하기 위한 생산력과 군사력으로 출발한 것이다. 이는 『여씨춘추』「상농편」에서도 확인된다. 농민들은 땅에 의존해야 하기 때문에, 전시에도 땅을 떠나지 못해 유용하지만, 상인들은 재산을 챙겨 자기 고장을 떠나기 때문에 믿을 수 없는 존재로 치부된다.[2]

그러니 실제 그들을 어떻게 대우했든, 대부분이 농민이었던 백성/민중을 전면에 내세우지 않고는 체제가 유지될 수 없었을 것이다. 그래서 백성은 정치를 논하는 어떤 담론에서든 늘 앞자리에 놓인다. 백성들의 실제 생활에 가까이 다가간 관자는, 치국의 도는 반드시 먼저 백성을 부유하게 만드는 데서 출발해야 한다며 그 이유까지 언급했고, 제상으로서 경세에 반영하기도 했다.[3]

1) 김용옥 지음, 『도올 주역강해』, 통나무, 2022, 195쪽.

2) 펑유란 시음, 정인재 옮김, 『간명한 중국철학사』, 미루비, 2018, 39쪽 재인용.

3) 관중 지음, 신동준 옮김, 『관자』, 제2권 제2부 제5편 『구언』 제48장 '치국', 인간사랑, 2015, 950쪽.

유가의 공자와 맹자도, 관자처럼 백성의 실제 생활에 다가가기보다는 위정자의 정치윤리에 주력했지만, 말로나마 정치에서 백성을 첫째로 내세웠다. 공자는, 정치의 가장 요긴한 목표는 백성이 부유하고, 또 장수를 누리게 하는 것보다 더 큰일은 없다고 했다. 그 방법으로 노역을 줄여주고 세금 징수를 경감하면 백성은 저절로 부유하고, 예교를 돈독히 하고 형벌과 질병을 멀리한다면 백성은 저절로 장수할 것이라 했다.[4]

맹자 역시 정치에서 백성의 우위성을 말한 바 있다. 백성이 첫째로 귀중하고, 사직은 그 다음이며 임금이 가장 가볍다고. 그래서 백성의 신임을 얻으면 천자가 되고, 천자의 신뢰를 받으면 제후가 되며, 제후의 신뢰를 받으면 대신이 된다[5]고 했다. 그러나 공맹의 정치사상은 실제 정치에 스며들어 베풀어질 기회가 없었다. 법가나 병가에 밀려 명분으로 명맥을 유지하거나, 왕권의 지배력에 밀려 백성의 삶에 전면적으로 실현될 기회를 누리지 못했다.

게다가 공자는 사람을 능력에 따라 5등급으로 나누어 그들에 대한 통치를 달리해야 한다고 주장했다. 용인庸人, 사인士人, 군자君子, 현인賢人, 성인聖人이 그것이다. 이 다섯 등급의 인간관은 공자의 이상적인 정치관 곧 왕도정치나 그가 추종한 현실적인 정치관 곧 주나라 지배체제의 위계질서와 부합할 것이다. 이 가운데 용인은 보통사람으로서 일반 백성 또는 민중에 해당할 것이다.

공자가 파악한 용인은, 마음에 신중하거나 끝까지 지속하려는 법도가 없고, 입으로 법도에 맞는 말을 하지 못하며, 현자를 찾아 자신을 의탁하지도 못하고, 역행力行하거나 스스로 결정하지도 못한다. 작은 것/소리小利는 볼 수 있지만 큰 것/대의大義는 보지 못하며, 해야 할 일을 알지 못하고, 매사에 남을 따라가지만, 자신이 갖고 지켜야 할

---

4) 조위 왕숙 주, 진기환 역주, 『공자가어 상』, 권3 현군 제13, 명문당, 2022, 365쪽.

5) 맹가 지음, 이가원 역해 『맹자』, 『진심장구 하』, 동서문화사, 1976, 456쪽.

것이 무엇인지를 모르는 사람이다.[6]

이러한 용인 곧 백성은 물과 같아서, 배를 띄울 수도 있지만 배를 엎을 수도 있으니, 주군은 이를 통해서 위기가 무엇인가를 알 수 있을 것이라 왕에게 조언하기도 하고[7], 군자의 덕은 바람이고, 소인은 풀이라, 풀은 바람이 불면 반드시 눕게 되어 있다고 하며[8] 덕치를 강조하며 용인을 순종의 주체로만 보는 한계를 드러내기도 했다. 김수영 시인은 「풀」이란 시에서 이 바람과 풀의 관계에 한 차원을 더 부여하여, 순종의 이면을 보여준 바 있다.

공자를 필두로 하는 유가에서 민중은 체제에 순응해야 하는 존재다. 그래서 "백성들은 그들로 하여금 즐겨 따라오도록 만드는 것이 가장 중요하다. 정책까지 이해시키려 애쓸 필요는 없다."[9]고 말한다. 왜냐하면 "군자는 마음을 수고롭히고 소인은 몸을 수고롭히는 것이 선왕의 법"[10]이라고 배웠기 때문이다.[11] 그러니까 백성들은 생산에 주력하며 나라를 떠받치는 존재로 만족하며 살아야 한다는 것이다. 그 이상을 꿈꾸는 것은 법도에 어긋나는 것이라고 못 박는다.

그러니까 백성들은 그들이 일한 만큼 나라로부터 대접을 받지 못한 것이다. 왜 그렇게 되었는가. 토마스 모어는 그 이유를 따져 보기도 했다. '지배체제는 백성들에게 가급적 적은 것만을 남겨주는데, 그 이유는 백성들이 부와 자유로 인해 오만해지는 것을 막아야만 지배체제의 안전이 보장되기 때문'이라는 것이다. 앞의 여씨춘추 상농편에서 상인을 견제한 논리와 부합하는 것이다.

좀 더 구체적으로 말하면, "사람들이 부유해지고 자유로워지기까지 하면 가혹하고 정의롭지 못한 명령을 참아내려고 하지 않는 반면, 가난에 빠지면 영혼이 무너지고 그래서 참을성이 커지며 그 결과 억압받는 사람들에게서 고매한 저항정신을 없애준다."[12]고 믿은 것이다. 이는

[6] 조위 왕숙 주, 진기환 역주, 앞의 책, 권1 오의해 제7, 161쪽.

[7] 앞의 책, 권1, 오의해 제7, 170쪽.

[8] 조위 왕숙 주, 진기환 역주, 『공자가어 하』, 권7 형정 제31, 139쪽.

[9] 공구 저, 이가원 역해, 『논어』, 「태백」 10, 동서문화사, 1976, 99쪽.

[10] 좌구명 지음, 장세후 옮김, 『춘추좌전 중권』, 「양공」 9년, 을유문화사, 2013, 1100쪽.

[11] 강신주 지음, 『철학 VS 철학』, 오월의봄, 2022, 1171-1172쪽 참조.

[12] 토머스 모어 지음, 주경철 옮김, 『유토피아』, 을유문화사, 2017, 48쪽.

일상의 노동만을 영위하기에도 바빠 자기 나름의 사색과 성찰로 삶을 돌아볼 기회를 갖지 못하는 현대인들과도 무관하지 않은 지적일 것이다.

그러나 민중의 순종과 인내에도 한계가 있다. 흔히 말하는 '굶어 죽으나 맞아 죽으나 매 한가지'가 그 임계점이다. 임계점을 넘으면 순종을 철회하고 저항하게 된다. 저항은 국지적일 수도 있지만 체제를 무너뜨릴 정도로 전면적일 수도 있다. 진승의 봉기는 진나라가 지배력을 상실했음을, 황건적의 난은 한나라가 지도력을 상실했음을, 황소의 난은 당나라가 생명을 다했음을, 태평천국의 난은 청나라가 수명이 다했음을 알리는 신호였다. 앞에서 말한, 민중의 물이 군주의 배를 뒤집은 것이다.

서구에서 이러한 민중이 당대까지 유지되던 군주정의 구체제를 무너뜨린 대표적인 사건이 프랑스 혁명이었다. 이 프랑스 혁명에서 민중에 대한 긍정적인 측면을 찾아낸 대표적인 인물로 빅토르 위고와 쥘 미슐레를 들 수 있다. 위고는 고양이가 사자로 바뀌는 일도 있다며(이는 마키아벨리가 말한, "군주는 여우와 사자의 책략을 배우도록 해야 한다."와 대응된다), 민중이 단순히 '선량한 천민'으로 머물지는 않으며, '조국이 위태로우면 징병에 응하고, 자유가 위협받으면 보도에 바리케이드를 쌓고 싸우는' 존재이며, '프랑스 혁명이 유럽을 휩쓴 것은 파리 교외 민중들의 힘에 의한 것'이라고 말한다.[13]

그러면서 위고는 민중의 역사적 전진을 강요할 수 없는 것이며, 조종할 수 없는 것이라고도 말한다. 다만 할 수 있는 것은 민중을 통해서 보는 것이라고 말한다. 이 민중을 통해서 보는 자가 바로 미슐레다. 미슐레가 민중을 통해서 본 그들의 '현저한 특징은 결핍의 무질서와

13) 빅토르 위고 지음, 송면 옮김, 『레 미제라블Ⅰ』, 동서문화사, 2016, 208-209쪽.

비참한 악덕 속에서도 풍요로운 감정과 선한 심성을 잃지 않는다'(이는 고리키를 만나 톨스토이가 한 말, "모질어질 만한 충분한 이유가 있으면서도 그렇게 좋은 마음을 가지고 있다니, 참으로 놀랄 일일세."를 떠올리게 한다.)는 것이다.[14] 그러면서 콜레라가 창궐하던 시기에 고아들을 입양한 사람들이 가난한 사람들이었다는 사례를 들기도 한다.

그리고 왜 이러한 현상이 일어나는지도 덧붙인다. 올라서는 사람은 거의 모두가 올라섬으로써 선한 인간성을 상실하기 때문이라는 것이다. 그래서 어려운 일은 오르는 것이 아니라 오르면서 자신으로 남아 있는 것이라고 말한다. 흔히 말하는 초심을 유지하는 것이 어렵다는 말이다. 사회적 지위가 오르면서 지위와 자신을 동일시함으로써, 지배력을 강화시키는 정도에 비례하여 비인간성이 강화되어, 선한 심성이나 의지를 상실해감으로써 초심을 버리기 때문이라는 것이다.

미슐레는 민중의 이런 심성을 단순성과 선함으로 규정하며 천재와 어린이 그리고 신으로까지 소급하고 확장한다. 천재는 단순성으로 어린이와 연결되며, 생산성에 참여함으로써 신과 민중에 연결된다. 따라서 민중 안에는 어린이와 천재 그리고 신의 요소가 들어 있다. 이 세 가지 요소를 지니지 못한 존재는 단순한 지배자이거나 노예일 뿐이다. 이에 비해 온전한 인간은 남성이자 여성이며, 어린이이자 어른이며, 야만인이자 문명인이며, 민중이자 귀족이다.[15]

민중의 생산성을 언급한 이로 조선의 김시습을 빼놓을 수 없다. 그는 지배계급이 누리는 것이 어디에서 연유한 것인지를 알고 제 역할을 제대로 수행하기를 권고한 적이 있다. '창고는 백성의 몸, 의복은 백성의 살갗, 술과 음식은 백성의 기름, 대궐과 수레는 백성의 힘줄, 세금과 기름은 백성의 피'라고, 백성이 수확의 십분의 일을 세금으로 바쳐 윗사람을 받드는 까닭은 임금이 총명한 지혜를 써서 다스려 주기를 바라

14) 쥘 미슐레 지음, 조한욱 옮김, 『민중』, 교육서가, 2021, 25쪽.

15) 앞의 책, 267쪽.

16) 김시습 지음, 「애민의」, 이종묵·장유승 편역, 『한국산문선 2』, 민음사, 2017, 172쪽에서 재인용.

기 때문이라고 말했다.[16]

김시습이 말한 '총명한 지혜의 임금'을 아놀드 토인비의 용어로 바꾸면 '창조적 개인 또는 창조적 소수'가 될 것이다. 이들은 주로 군주정 왕조의 초기 또는 전기의 위정자에 해당할 것이다. 이들이 창조력을 발휘하여 민중의 생산성과 부합함으로써 왕조는 무난하게 영위되었다. 그러나 시간이 지나 왕조가 중기를 넘어 서면 위정자는 창조력이 고갈되고 민중의 생산력을 수탈하여 부패하면서 지배적 소수로 변질된다. 그에 따라 백성은 위정자와 분리되어 지배에의 순종을 철회하고, 급기야 봉기나 반란을 통해 저항적 다수의 면모를 보여준다.

백성의 이러한 속성을 지적한 인물이 바로 허균이다. 그는 백성에는, 순순히 법을 따르며 윗사람에게 부림을 당하는 항민, 윗사람의 요구에 수입과 소출을 다 가져다 바치면서 윗사람을 탓하는 원민, 자취를 감추고 은밀히 딴마음을 품고 흘겨보다가 변고라도 생기면 소원을 이루려는 호민이 있는데, 호민이 기세를 타면 원민들은 저절로 모여들고, 항민들도 살길을 찾아 따르게 된다고 하였다.[17] 왕조의 초기나 전기에 백성들은 항민의 양태로 존재하겠지만, 중기를 넘어서면 원민의 양태로, 후기로 들어서면 호민의 양태로 민란을 일으키거나 역성혁명에 가담할 것이다.

민중에 대한 긍정적 측면을 헤아리는 시선은 현대에 와서도 멈추지 않는다. 신영복은 사회 변혁의 주체로 민중을 꼽는다. 그는 민중을 당대의 가장 기본적인 모순을 계기로 창조되는 '응집되고 증폭된 사회적 역량'으로 규정한다. 그러나 역사적 통찰을 외면하지 않는다면 이러한 역량이 단일한 계기에 의해 단번에 나타나는 가벼운 걸음걸이의 주인공이 아님도 안다. 장구한 역사 속에 점철된 수많은 성공과 실패, 그 환희와 비탄의 기억들이 민족사의 기저에 거대한 잠재력으로 묻혀 있

17) 허균 지음, 「호민론」, 정민·이홍식 편역, 『한국산문선 4』, 민음사, 2017, 201-202쪽에서 재인용.

18) 신영복 지음, 『감옥으로부터의 사색』, 햇빛출판사, 1988, 158-159쪽.

다가 역사의 격변기에 그 당당한 모습을 실현한다고 했다.[18] 앞에서 본 빅토르 위고의 민중관과 다르지 않다.

이처럼 신영복에게 민중은 역사의 잠재력이나 당당한 실현의 담지자다. 역사의 잠재력으로서의 민중은 허균의 항민이나 원민과 연관시킬 수 있고, 당당한 실현으로서의 민중은 호민과 연결시킬 수 있겠다. 한완상은 이를 각각 즉자적 민중과 대자적 민중으로 규정한 바 있다. 즉자적 민중은 오랫동안 정치적 객체로, 경제적 수탈 대상으로, 사회적 차별 대상으로 취급되어 왔기 때문에 체념 속에서 매일 매일을 문제의식 없이 살고 있다. 이에 비해 대자적 민중은 자율적이고 주체적인 세력이다. 자기 권리를 알고, 그 권리의 합법적인 신장을 위해 투쟁할 수 있는 시민이다. 자기의 잠재력과 저력을 객관화해서 볼 수 있는 능력을 지니고 있고, 자기가 역사의 주체가 될 수 있음을 깨닫고 있다.[19]

민중을 역사적/통시적 관점에서 보면 이렇게 긍정적 요소가 두드러질 수 있지만, 사회적/공시적 관점으로 좁혀 바라보면 부정적 요소가 드러날 수 있다. 매슈 아놀드는 교양이나 인격을 염두에 두었기에, 개인의 현실적 최선/최종 기관으로서 국가를 상정하면서, 국가의 중심이 될 만한 계급을 살펴본 바 있다.

그에게 귀족들은 야만인들로서, 현 지위를 옹호하려는 집착 외에 국가의 광명과 권위의 근거가 될 새로운 이념의 자유로운 유통과 거리가 멀었다. 중산계급은 무교양한 속물들로서, 기계문명(부, 산업, 생산, 진보)과 개인적 성공에 대한 신앙 외에 조화롭고 전체적인 완성의 추구를 부정했다. 근로계급은 민중으로서, 외형적 문명에 대한 애착을 중산계급과 공유하며 가능한 한 속히 무교양한 속물이 되길 원하든가 아니면 미천하고 무지스럽기 때문에 광명보다는 암흑의 저장고가 되기

19) 한완상 지음, 『민중과 지식인』, 정우사, 1979, 15-16쪽.

20) 레이몬드 윌리암즈 저, 나영균 역, 『문화와 사회』, 이화여자대학교출판부, 1988, 172-173쪽.

일쑤였다.[20]

이렇게 민중의 순응적 측면, 잠재적 측면은 민중의 소극적 측면으로 머물지 않고 부정적 측면으로 조명을 받기도 한다. 먼저 민중은 체제의 피해자인 동시에 가해자 편을 들어 왔다는 것이 그것이다. 알게 모르게 달콤한 인공 감미료를 동경하고 선망해 왔다는 것이다.[21] 여기서 한 걸음 더 나아가면, 민중은 합법적으로 들어선 히틀러나 무솔리니로 대표되는 현대 전체주의 체제를 가능하게 해준 세력으로 비판의 대상이 되기도 한다. 그로 인해 전체주의를 비판하는, 프랑크푸르트학파를 비롯한 신좌파가 민중/대중과 결별하고 스스로 지식인 그룹으로 축소되는 계기가 되기도 한다. 근래에 들어서는 신좌파의 이러한 토대 상실이 대중을 신우파와 극우 포퓰리즘의 먹잇감으로 내주는 지경까지 이르게 되었다고 보기도 한다.

이런 과정을 거치면서 민중이라는 말 대신 대중이라는 말이 전면으로 떠오르게 된다. 그러면서 대중은 민중이 가진 '응집되고 증폭된 사회적 역량'과 무관한 존재가 된다. 대중은 뿔뿔이 흩어져 어떠한 연결점과 유대감을 지니지 못한 원자화된 개인일 뿐이다. 대중은 대중사회의 체제에 의해 조직화되고 조종되는 무기력하고 무책임한 존재로 전락해 있다.

하이데거는 이런 대중을 '세인世人'이라 했다. 세인은 '누구라도 될 수 있는 자'이면서 동시에 '아무도 아닌 자'다. 이들은 일상성의 평균성에서 벗어나지 못한다. 빈말과 호기심과 모호성에 갇혀 있다. 빈말은 자기의 말을 가지고 있지 못하고, 뒤따라 말하고 퍼뜨려 말함이다. 그것은 아무것도 이해하지 못하면서 모든 것을 이해하는 자의 말이다. 호기심은 사태의 참모습을 보려고 하는 것과는 거리가 멀다. 진리나 진실을 향해 다가가는 것이 아니라 정보 사냥에서처럼 그저 새로운 것

21) 전우익 지음, 『혼자만 잘 살믄 무슨 재민겨』, 현암사, 2002, 52-53쪽.

을 찾아다닐 뿐이다. 모호성은 무엇이든 다 아는 것처럼 이야기하지만, 실제로 따져 들어가면 무엇이 밝혀져 있고, 무엇이 그렇지 않은지 결정할 수 없는 상태를 말한다.[22] 이것이 대중 또는 세인이 살고 있는 일상 세계의 모습이다.

이제 민중과 대중의 개념은 명확하게 구별된다. 민중은 정치적으로 활성화하여 잠재력을 지닌 채 역사적 경험에 근거한 나름대로의 의식을 공유하고 그 끈으로 묶여진, 기본적으로 참여 지향적인 집합체를 가리킨다. 대중은 익명의 상태에서 서로 분리된 채 조직도 없고 단합된 행동 능력도 없으며 서로를 묶는 통일된 의식도 없는 집합체를 가리킨다. 물론 민중과 대중이 서로 다른 실체는 아니다. 실체는 하나이지만 양태가 다른 것이다. 동일한 실체가 상황에 따라 민중도 되고 대중도 될 수 있는 것이다.[23] 민중 개념의 뿌리가 농경사회에 닿아 있고, 대중 개념의 뿌리가 산업사회에 닿아 있다는 차이만 있을 뿐이다.

민중이라는 단어의 '민'은 관의 반대편에 있고, '중'은 창조적 또는 지배적 소수와 반대다. 이는 민중이 지배체제에 직접적으로 노출되어 있다는 뜻이다. 그러나 대중의 '대'는 '중'과 마찬가지로 많은 수의 사람이 결속력 없이 덩어리로 상태로 있다는 뜻이다. 그러나 '대'는 또 하나의 뜻으로 대중사회를 연상시킨다. 대중사회는 지배체제에 직접적으로 노출되어 있는 상태로 존재하지 않는다.

지배체제는 지배력을 직접적으로 행사하기보다는 대중매체라는 매개체를 통해 영향력을 발휘한다. 이는 대중의 일상생활이 농경사회와는 다른, 산업사회 또는 대중사회의 간접적 영향력 아래 영위되는 현실을 반영한다. 그래서 체제의 지배는 '관'이라는 공적 영역에서만 내려오는 것이 아니라, 사회적 영역의 각종 매체를 거쳐서 다양하게 행사된다. 이제 지식인 또는 엘리트는 창조적 개인이나 창조적 소수로서

22) 고명섭 지음, 『하이데거 극장 1』, 한길사, 2023, 364–389쪽 참조.

23) 한상진 지음, 『민중의 사회과학적 인식』, 문학과지성사, 1987, 86–87쪽.

행세할 수 없는 처지가 된다.

그럼에도 불구하고 지식인과 엘리트는 체제의 상위층에 있다는 이유만으로 자신의 정치행위가 대단한 영향력을 발휘할 수 있다고 착각할 수도 있다. 이에 대해 일찍이 토머스 모어는 지식인들에게 두 가지 경고를 했다. 하나는 국가에 대한 봉사라는 함정에 빠지는 것, 다른 하나는 조언자니까 정부의 고위급 위원회에 상당한 영향력을 미칠 수 있을 것이라는 자기기만이었다.[24] 이는 전문 분야에 종사하던 사람들이 그 분야의 쇄신책을 마련하기 위해 국회로 진출했다가 환멸을 느끼고 돌아 나오는 것과도 무관하지 않을 것이다.

지식인 또는 엘리트

체제를 혁신하고 역사를 바꾼 것은 역사적으로 볼 때 지식인이나 엘리트가 아니었다. 지식인이나 엘리트 역시 마찬가지로 체제에 순응하는 자들이었을 뿐이다. 간혹 왕조 체제의 경장更張을 위해 나선 인물이 없었던 것은 아니었지만, 송의 왕안석이나 조선의 조광조처럼 대부분 체제의 기득권 세력에 막혀 실패로 끝나는 것이 역사의 현실이었다.

지식인의 가장 진솔한 모습을 보여준 것은 러시아 나로드니키주의자들이었다. 그들은 자신의 지식으로 체제의 위를 바라보며 지배 관료가 되는 것을 꿈꾸지 않았다. 그들은 아래를 굽어보며 자신의 지성이 어디에서 왔는지를 헤아렸다. 그들은 항상 민중에게 빚을 지고 있다고 느꼈으며, 그 빚을 갚아야 한다고 생각했다.[25] 이러한 민중에 대한 부채의식을 가진 인텔리겐차의 행동이 어디로 향할 것인지는 쉽게 짐작될 수 있다.

---

24) 하워드 진 지음, 이아정 옮김, 『오만한 제국』, 당대, 2001, 40쪽.

25) 니콜라이 베르쟈예프 지음, 이경식 옮김, 『러시아 지성사』, 종로서적, 1980, 57쪽.

그러나 대부분의 지식인은 자신의 지식으로 체제와 관련된 행보를 하게 된다. 그람시에 따르면, 지식인은 헤게모니와 관련된 기능의 서열로 구조화되어 있다. 정점에는 세계관, 이데올로기, 이론체계를 생산하는 '창조적 지식인'이 있고, 맨 밑에는 기존의 헤게모니가 갖는 가치와 문화를 전파하는 기능을 가진 '행정적 지식인'이 있으며, 중간 범위에는 지배집단의 존속에 불가결한 '조직적 지식인'이 있다.[26]

이 세 부류의 지식인 중 정점에 있는 첫 번째 부류인 창조적 지식인을 현대 정치에서 찾아보기는 어렵다. 현대의 자본주의 체제나 군산정관 복합체는 새로운 세계관이나 이데올로기 또는 이론을 창조하고 생산하는 작업을 그다지 필요로 하지 않는다. 지식인이나 엘리트는 이러한 체제의 주체이기보다는 용역이나 부역의 역할을 하는 자로서만 충분하기 때문이다. 체제가 주체이지 지식인이나 엘리트는 주체가 될 수 없기 때문이다. 그래서 지식인은 행정적 지식인이나 조직적 지식인 곧 지배관료로서 존재할 뿐이다.

[26] 앨런 스윈지우드 저, 박성수 역, 『사회사상사』, 문예출판사, 1987, 252쪽.

이러한 상황에서 지식인은 지성인이 될 수 없고 더구나 사상가는 더더욱 될 수 없다. 지성인이나 사상가가 된다는 것은 앎과 함이 함께 하는 길이다. 그 길은 삶의 전부를 투신해야 가능하다. 알고 난 뒤에 한다는, 곧 선지후행은 이미 주자학을 거치면서 허위의식의 산물임이 양명학의 지행합일로 드러난 바 있다. 앎에 끝이 없는데, 알고 난 뒤에 행하겠다는 것은 행하지 않겠다는 말보다 더 인색한 말이다. 국가 권력을 획득한 다음에 사회 변혁을 실현한다는 러시아 혁명의 2단계 전략이 오류였음도 68혁명이 입증했다. 목적과 수단을 전략과 전술로 구분하는 것은 하고자 하는 바를 전쟁과 동일시하는 것으로, 수많은 피 흘림을 염두에 둔 것이다.

산업의 분화에다 지식의 분화에 따라 지식인은 '전문가'에 도달하기에도 급급해한다. 함이 앎을 따라가는 것은 지난한 일이다. 함과 앎이 이원화된 지는 이미 오래 되었다. 따라서 대부분의 지식인이나 엘리트들은 앎과 함이 분리된 채, 삶이 상아탑에 갇힌 학자로 있거나, 그들이 내건 명분과 달리 체제에 순응하거나 영합하는 관료로 나아갈 뿐이다.

칼 만하임이 이상적인 지식인으로 '자유롭게 부동浮動하는 지식인'을 내세운 것을 수긍할 수 있는 지점이다. 그래서 노엄 촘스키는, "만약 당신이 왜 지식인들은 순종적이냐고 묻는다면, 그렇게 하지 않고는 지식인이 될 수 없기 때문이라는 대답을 해줄 수 있다."고 말한 바 있다.[27]

지식인 또는 전문가의 이러한 순응성을 역사적으로 소급하여 살피며 더 혹독한 평가를 내리는 사람도 있다. 고대 제국주의 시대에 정복된 민족 중에서 살아남은 사람은 대체로 특정 영역의 전문가들이었다. 사회를 유지하기 위해 반드시 필요했기 때문에 살려 주었다는 이야기다. 캐나다의 미디어 학자 매클루언은 현대 전문가 집단의 심층 심리에도 이러한 고대에서 유래한 '노예근성'이 남아 있다고 본다. 그래서 자본제 시대의 전문가들은 대체로 자본에 복무하거나 정치권력의 하수인으로 전락하는 경향이 있다는 것이다.[28]

이제 지식인은 학자, 전문가, 관료로 현실에 존재한다. 물론 지식인이 되려고 애쓰는 사람들이 없는 것은 아니다. 그러나 지식인이 되는 길은 어렵고 학자나 전문가 그리고 관료가 되는 일이 훨씬 쉽다. 두 부류가 겹치는 부분이 없지는 않지만, 차이가 뚜렷하기 때문에 구별이 힘든 것은 아니다. 한완성은 후자의 학자, 전문가, 관료 등을 지식인과 구별하여 '지식기사知識技士'로 규정한다.

지식기사는 관찰과 분석에 머물 뿐, 공동고뇌에 공감하지 못하고,

---

[27] 노엄 촘스키 지음, 오테로 엮음, 이종인 옮김, 『촘스키-사상의 향연』, 시대의창, 2007, 739쪽).

[28] 최영묵·김창남 지음, 『신영복 평전』, 돌베개, 2000, 472쪽.

사회악 퇴치에 증인으로 나서지 않으며, 객관성이나 과학 또는 가치중립성을 내세우며 훈련된 무능력자로 만족한다.[29] 그러면서도 그들은 스스로를 엘리트라 자부하며 민중을 무시하거나 대중을 폄훼한다. 자기가 도달한 현재의 지위를 긍정하며 능력주의를 옹호하고 엘리트 이론에 동조한다. 그러나 엘리트 이론은 본질적으로 세련된 사회 방임주의이며 현상 체제 유지주의에 불과하다.[30]

이러니 엘리트가 대중과 멀어지는 것은 당연하다. 대중을 돌아보지 않고 체제를 강화하며 체제의 편에 서기 때문이다. 민중은 바람직한 삶을 원하고 대중은 풍요로운 삶을 원하는데, 엘리트는 삶을 살피기보다는 세련된 이론과 행정적 편의만을 추구하기 때문이다. 엘리트주의자는 선택받은 소수만 중요하고 다수의 사람들을 개돼지라고 끊임없이 되뇌기 때문이다. 게다기 엘리트는 그 역할을 충분히 해내기 위해서는 극진한 보살핌이 필요하다. 관심을 받아야 하고 비서가 필요하다. 대중은 반대로 잡초처럼 홀로 내버려두었을 때 가장 잘 자란다.[31]

이처럼 지식인이 민중이나 대중과 동떨어져 존재하는 현상이 강화된 것은 사회의 복잡화와 다양화 그리고 지식의 전문화에 따른 측면이 강하게 작용했을 것이다. 그래서 지식인은 민중과 대중의 삶에 대한 관심에서 멀어져 관리형 학자가 되거나 전문적 기능인이 되거나 군산정관 복합체의 '파워 엘리트'가 되는 길로 나아갈 것이다.

그러나 민중이 고양이에서 호랑이가 되는 때가 있듯이, 백성이 항민과 원민에서 호민이 되는 때가 있듯이, 지식인이라고 해서 지식기사나 강단 학자로만 머물지는 않았을 것이다. 만하임이 상정한 자유롭게 유동하는 지식인이 현실에서 가능한 것임을 증명하는 것이 바로 세계의 지성사나 사상사가 아닌가. 지성사나 사상사의 지식인 목록을 일별만 해도 거기에는 대학이나 싱크탱크의 일원으로 복무한 사람보다 자유롭

29) 한완상 지음, 앞의 책, 17-18쪽 참조.

30) 레이몬드 윌리암즈 저, 나영균 역, 앞의 책, 326쪽 참조.

31) 에릭 호퍼 지음, 정지호 옮김, 『인간의 조건』, 이다미디어, 2014, 142쪽.

게 유동하는 지식인, 독립적인 지식인이 더 많았음을 확인할 수 있다.

물론 현대로 가까이 올수록 이런 독립적인 지식인이 설 자리가 좁아진 것은 틀림없다. 사회의 성격과 구조가 독립적이고 전체적인 시야를 가진 지식을 필요로 하지 않는 쪽으로 발달해 왔기 때문이다. 그리고 제한된 전문적 지식을 취득하는 데도 엄청난 기간을 필요로 하는 쪽으로 진행되어 왔기 때문이다. 이런 상황에서 전문 분야 사이의 학제적 관계나 전체적 통찰을 요구하는 것은 무리일 수도 있다.

그러나 관계나 전체에 대한 시야의 결여가 인간 사회의 향방에 대한 맹목에 일조할 수도 있고, 현 상태의 유지에도 이바지한다는 것을 염두에 두어야 할 필요도 있다. 인류가 유토피아를 꿈꾸며 그토록 염원하던 평등 세상이 멀리 있고, 현실에서는 어디를 가든 위계의 피라미드에 봉착하는 것, 때로는 그 위계의 사다리 하나를 없애고 그들만의 리그를 위해 새로운 사다리를 만드는 것, 나아가 그 위계의 계단이 날이 갈수록 많아지고 정교화하는 것도 이런 맥락에서 음미해 보아야 할 대상이다.

왜 인간의 역사에서 만인의 평등을 오랫동안 외치면서도 위계의 피라미드는 사라지지 않을까. 역사적 현실에서 소규모의 코뮌이나 집강소에서만 평등한 관계가 일시적으로만 가능했던 것으로 보아 그 일차적 원인은 대규모 사회에서 찾아야 할 것 같다. 생산력의 증대와 그로 인한 인구의 증가는 필연적으로 대규모 사회를 출현시켰고, 대규모 사회를 통제하는 권력을 상정하지 않으면 혼란과 무질서가 초래된다고 하여, 국가에 통제권을 넘겨줌으로써 관료제라는 위계가 생겼다.

방임 상태를 가정했을 때 예상되는 혼란과 무질서의 원인으로 생각한 것은 인간의 욕망이다. 욕망은 자기 보존과 자기 확장을 위해 필요한 인간 삶의 원동력이다. 이 욕망의 원동력을 수용하면서 만들어진 것이 자본주의 체제다. 관료제가 지위의 위계에 의해 이루어진다면, 자본주의 체제는 부의 위계에 의해 이루어진다. 위계는 불평등의 체계를 질서화한 것이다. 평등 사회를 지향한다면 가장 먼저 문제시해야 할 것이 바로 이 위계질서일 것이다.

그래서 유토피아적 공동체는 이 위계질서가 없는 것을 강조한다. 그러나 현실 세계에서는 위계질서가 가부장제의 가족에서부터 군주정의 국가에 이르기까지 오랜 옛날부터 존재했고, 오늘날의 모든 사회 체제에도 여전히 존재하고 있다. 한때 기업체에서 과장이나 부장 등과 같은 직위 위주의 명칭을 걷어내고, 팀을 꾸려 팀장이나 팀원 등과 같은 구성체를 만드는 것이 유행한 적도 있지만, 그다지 큰 효과를 거둔 적이 있는지 모르겠다.

어쨌든 토인비가 말한 것처럼 제도는 끈질긴 것이다. 모든 것이 그러하듯이 한번 생긴 것은 쉽사리 없어지지 않는다. 위계제도 역시 그 끈질긴 것의 대표적인 경우일 것이다. 그래서 그 끈질김의 연유를 찾아본 사람도 있다. 사회의 여러 분야에 가릴 것 없이 현존하는 관료제로 대표되는 위계는 사다리 또는 피라미드 형태를 띠며 등급화 되어 있다. 제일 꼭대기에는 지배만 하는 자가 있고, 제일 아래에는 복종만 하는 자가 있다. 그 나머지 단계에는 위로는 복종하고 아래로는 지배하는 자가 있다. 제일 위에 있는 자는 지배력을 행사하며 흡족해 할 수 있다. 맨 아래에 있는 자들은 늘 지배만 받고 복종만 해야 하기 때문에 불만과 불평을 하게 되고, 급기야 복종을 거부하고 들고 일어날 수가 있다. 그러나 그것은 만에 하나 있는 경우로 위계질서를 뒤집는 경우까지 가는 것은 드물다.

위계질서를 유지케 하는 버팀목은 중간단계의 지위에 있는 사람들이다. 이들은 위로는 복종하고 아래로는 지배한다. 위에 대한 복종은 아래에 대한 지배로 보상을 받을 수 있다.[32] 그다지 손해 볼 것도 없고 어려울 것도 없다. 체제의 초기에는 위로의 복종이 크고 아래로의 지배가 작을 수도 있다. 그러나 체제가 오래될수록 위로의 복종은 명목적일 수 있고 아래의 지배는 실질적일 수도 있다. 왕조 시대 지방의 수령보다 아전들이 더 부패하고, 지주보다 마름이 더 악독한 연유도 이쯤해서 헤아릴 수 있다.

이러한 위계질서 안으로 스스로 들어가기를 거부하거나 포획되지 않으려는 지식인은 자유롭게 유동하는 지식인이 되거나 아나키스트적인 지식인이 될 수밖에 없다. 그러나 이들도 설 자리가 있어야 한다. 그들은 대학에 들어가 학문 지식인이 될 수가 없고, 관계에 들어가 행정관료가 될 수도 없다. 그렇다고 재계의 싱크 탱크에 들어가 경제 참모가 되는 길도 마뜩치 않고, 언론계에 들어가 체제를 옹호하는 변설을 늘어놓는 것도 낯간지럽다. 그래서 그들은 주류에서 밀려나 변두리에 서 있다.

그들의 설 자리가 전혀 없거나 그들을 필요로 하는 곳이 전혀 없지도 않다. 삶의 현장과 연계된 연구소를 차려 활동하기도 하고, 자신의 지식을 필요로 하는 소규모 공동체를 꾸리는 데 참여하기도 한다. 이런 활동들이 삶과 동떨어진 이론 위주의 학문보다 민중이나 대중과 연계되기에 더욱 필요할지도 모른다. 무위당 장일순의 말처럼, '민중은 삶을 원하지 이론을 원하지 않기'[33] 때문이다.

---

[32] 루이스 코저 지음, 신용하·박명규 옮김, 『사회사상사』, 한길사, 2016, 279쪽.

[33] 김삼웅 지음, 『장일순 평전』, 두레, 2019, 166쪽.

삶과 진리

인간은 살면서 힘들고 지치면 기댈 언덕을 찾는다. 그 기댈 언덕으로 대표적인 경우가 종교일 것이다. 종교가 으뜸 가르침으로 내세우는 신이나 내세를 믿음으로써 몸과 마음의 편안함을 취할 수 있다. 그러나 사람은 삶이 막막하고 흔들릴 때 확실한 푯대를 필요로 한다. 그 확실한 푯대로 대표적인 것이 진리일 것이다. 종교를 따라가느냐 진리를 따라가느냐에 따라 그것을 선택한 사람의 모습은 많이 달라질 수 있다.

종교의 믿음은 사람을 편안하게 해주지만 진리 추구는 사람을 불편하게 하기 때문이다.[1] 그래서 믿음을 향해 절이나 교회로 가는 사람은 많지만 진리를 찾아 길을 떠나는 사람은 많지 않다. 믿음을 향하는 사람은 불편한 진리를 외면하고 자기 편한 대로 믿으려 한다. 진리를 찾는 사람은 편안한 사이비 진리에 안주하지 않고 회의하며 불편을 감수하고라도 진정한 진리를 찾아 계속 나아간다.

그래서 신을 믿는 철학자도 자신의 철학적 탐색이 자신의 믿음에 의해 굴절되지 않도록 유의한다. 물론 레비나스와 같이 자신의 철학이 신학의 영향을 받는 것을 허용하는 철학자도 있지만, 리쾨르나 하이데거처럼 자신의 철학이 신학이나 신론과 다름을 확실히 언명하고 실천하는 철학자도 있다. 그런 점에서 종교철학을 예외로 하면 동양, 특히

1) 이진우 지음, 『니체의 차라투스트라를 찾아서』, 책세상, 2010, 57쪽 참조.

중국이나 우리의 철학은 이런 면에서 훨씬 자유롭다. 비록 자연을 신성화할지언정 신을 인격화하는 것은 피할 수 있기 때문이다.

인식적 진리

우리가 보통 듣고 말하는 진리는 인식적 진리다. 사람들의 '삶/몸'으로부터 나온 진리가 아니라 학자들의 '생각/머리'에서 나온 진리다. 일상적 삶에서 추출된 것이라기보다는 학문적 철학에서 논의된 진리 개념이다. 사람들은 대부분 농촌의 농부이거나 공장의 노동자이거나 시장의 상인이거나 기업과 관공서의 직원이다. 머리에서 나온 진리는 이들의 삶을 외면하거나 무시한다. 그 대표적인 경우가 플라톤의 '이데아론'이고, 그 아류가 베이컨의 '이돌라론'이다.

플라톤의 이데아론에서 진리는 지상의 삶에서 나오는 것이 아니라 천상의 기억에서 온다. 천상의 기억 곧 진리는 영혼의 윤회로 지상에 오는 순간 망각된다. 그래서 지상의 인간이 추구하는 진리는 그 망각된 천상의 진리를 다시 상기하는 것이어야 한다. 그렇게 하지 못하면 지상의 삶이란 참삶이 아니라 천상의 모방이자 복제, 동굴의 어둠 속에서 허상에 사로잡혀 그림자를 실체로 여기며 사는 것이다.

그러나 어둠과 그림자를 걷어내고 이데아를 상기하여 진리에 도달하는 대열에 농부나 노동자나 상인은 끼어들 수 없다. 그들은 복제품인 지상 국가의 원본인 이상 국가의 구성원 자격이 없기 때문이다. 이상 국가에는 체제의 수호자나 보조원이 인간으로서 필요할 뿐, 나머지는 인간 가축의 역할만 충실히 하면 되기 때문이다. 따라서 플라톤의 이데아론 곧 진리론의 시야가 인간 삶의 어디까지 미쳤을지는 뻔한 것이다.

몸으로 살지 않고 머리로 사는 사람에게만 진리가 쓸모 있는 것이다.

프란시스 베이컨에게 인식적 진리를 추구하는 이성의 방해물은 이돌라(우상)이고, 그것에는 4가지가 있다. 많은 변천을 거쳐 ≪신기관≫에 실린 이돌라론은, 인류에게 공통적으로 오는 종족의 이돌라, 개인에게 특별한 사정을 통해 오는 동혈의 이돌라, 사회화 과정에서 인간 오성에 숨어드는 시장의 이돌라, 타고난 것도 아니고 숨어든 것도 아닌 극장의 이돌라를 다룬다.[2] 이 이돌라 곧 우상은 플라톤의 동굴 속 그림자처럼 진리가 아닌 허상이다.

이처럼 베이컨의 이돌라론 역시 플라톤의 이데아론과 마찬가지로 인간 삶에 대한 논의에서 출발하지 않는다. 인간의 사유와 거기서 나온 지식에서 출발한다. 인간 정신이 창조주 손에서 나올 때, 자연과 세계의 순수성을 지닌 근원적인 지식이 부여되어 하늘과 땅을 올바르게 비추는 거울이었는데, 야심과 지배욕으로 인간 정신이 하늘과 땅의 삐뚤어진 거울이 되어 버렸다고 본다.

따라서 인간 정신이 다시 올바른 세계를 비추는 거울이 되어, 인간 정신과 자연이 지닌 순수성이 신성한 만남을 회복하기 위해서는 야심과 지배욕으로 왜곡된 세계를 쇄신해야 한다. 이돌라에 스며들어 있는 불순물을 제거해야 한다. 그 방법으로 베이컨은 실험과 귀납법을 제시했다. 그리고 이 실험과 귀납법이 향하는 곳은 지식의 유용성이다.[3]

베이컨이 내세운 지식 또는 진리의 유용성은 이상국가의 기초를 이루는 이데아와는 달리 현실적 실용으로 이어질 가능성이 크다. 그러나 실용으로 바뀐 진리는 쉽게 잊히고, 푯대로서의 기능도 상실한다. 종교적 믿음의 편함 속에 진리가 함몰되듯이, 실용의 편리 속에 학문적 진리는 함몰되기 때문이다. 그래서 베이컨의 이돌라론에서 제기된 진리 탐색은 더 이상 앞으로 나아갈 수 없다.

2) 프란시스 베이컨 지음, 이종구 옮김, 『학문의 진보/베이컨 에세이』, 〈베이컨 생애 저작 사상〉, 동서문화사, 2015, 543쪽.

3) 앞의 책, 546쪽, 561쪽.

유용성 또는 실용성으로 진리를 몰아가는 길옆에는 다른 길이 있다. 진리 추구의 바탕이 되는 인간 정신 자체 곧 이성의 명료성을 찾아가는 길이다. 데카르트는 '생각하는 나'를 내세워 모든 것을 의심하며 진리를 찾는 길에 나섰다. 후설은 생각하는 나의 이성이 오염되어 있는 것을 알아채고 오염된 것을 제거하고 명징한 이성을 되찾기 위해 현상학을 수립했고, 비트겐슈타인은 이성을 실어 나르는 언어의 원리와 작용에 착안했다.

그러나 이들의 노력은 이성과 언어 자체에 대한 탐색에 갇혀 밖으로 나오지 못했다. 이성과 언어의 명징성으로 외부 현실에 다가가면, 그 이성과 언어로 포착할 수 없는 더 많은 외부가 신비와 안개에 싸인 채 남아 있었기 때문이다. 그래서 신비주의로의 길이 잔여로 남아 있거나, 다른 방법과 분야로 외부 현실 탐색의 길을 넘겨주어야 했다.

소크라테스는 이성이 추구하는 인식적 진리의 한계를 일찌감치 깨달았다. 그래서 자신이 모른다는 사실을 아는 것이 어렵다고 말했다. 장자 역시 이에 동참한다. 인간의 최고 지식은 앎의 한계를 깨닫는 것이라고 했다.[4] 이성은 지식과 진리의 길을 찾아 나서지만 신이 아닌 이상 이성은 한계에 부딪힐 수밖에 없었기 때문이다.

인간의 이성은 전지전능이 아니다. 전지전능은 신에게만 해당한다. 전지는 '즉각적인 지'와 '전체의 지'를 의미하며, 전능은 '언제 어디서든 능소능대의 함'이다. 이성이 이러한 전지에 이르지 못한다는 것을 알아채고, 이를 자신의 인식론에서 명확히 한 사람이 칸트다. 순수 이성은 어차피 전체를 알 수 없으니, 진리의 길은 경계가 없고 끝이 없는 것이 된다.

그리고 아도르노를 비롯한 프랑크푸르트학파는, 베이컨이 말한 야

---

4) 장주 저, 송지영 역해, 『장자』「내편 인간세」, 동서문화사, 1975, 69쪽.

심과 지배욕이 쉽사리 이성을 왜곡한다는 것을 '도구적 이성'으로 개념화했다. 전체의 지에 도달할 수 없는 이성, 진리가 아닌 다른 목적을 위해 수단으로 사용될 수 있는 이성을 전적으로 신뢰할 수 없게 되었다. 그러므로 모든 인식은 만족될 수 없는 인식이며, 모든 진리는 필연적으로 진리가 아니라[5]는 발언, 진리는 진리가 망상이라는 사실을 망각할 때 진리가 된다[6]는 격언이 나오게 된다.

여기서부터 이성이 이성 안에서 머물러서는 안 된다는 생각이 나온다. 인식적 진리의 기준이 되었던 이성은 이제 밖으로 현실을 향해 나아가야 한다는 책무를 안게 된다. 그래서 하이데거는 인식론에 파묻혀 있던 고대의 존재론을 탐색해 현대의 존재론을 새롭게 수립하려 했다. 루카치가 진리의 기준이 '현실에 육박함'에 있다고 말한[7] 것도 이와 무관하지 않다.

하이데거의 존재론적 진리에서 진리는 오래전 파르메니데스가 말한 '사유와 존재의 일치' 또는 '인식과 사태의 일치' 또는 '판단과 판단 대상과의 일치'를 의미하며, 이러한 점은 지금도 마찬가지라는 점에서 출발한다. 그러나 '인식행위'와 그 '인식을 형성하고 진술하는 명제'가 사태에 적합할 수 있기 위해서는, 또 그에 앞서 우선 사태 자체가 명제에 대하여 구속적인 역할을 할 수 있기 위해서는 사태 자체가 스스로를 내보이고 있어야만 한다.[8]

그러나 인간의 이성이 오염되어 있듯이, 인간의 사태와 인식도 역시 오염되어 있거나 위장되어 있다. 즉 은폐되어 있다. 은폐되어 있는 사태 속에 있는 진리를 혼신의 기투로 비은폐된 채로의 진리 상태로 빼내어 오기 위해서는 사유와 존재가 일치하도록 해야 한다. 사유와 존재의 일치는 신에게만 가능하지만, 하이데거는 포기하지 않고, 에크하르트의 신비주의와 횔덜린의 시적 영감의 영향을 받아 끈기 있게 나아간다.

5) 박이문 지음, 『박이문 지적 자서전-행복한 허무주의자의 열정』, 미다스북스, 2017, 135쪽.

6) 자크 데리다 저, 김보현 편역, 『해체』, 문예출판사, 1996, 176쪽.

7) 게오르크 루카치 지음, 박정호·조만영 옮김, 『역사와 계급의식』, 거름, 1986, 305쪽.

8) 마르틴 하이데거 지음, 신상희 옮김, 『숲길』, 나남, 2021, 61쪽.

인간의 사유는 언어가 아니지만 언어로써만 가능하고, 존재는 존재자가 아니지만 존재자 속에 들어 있다. 사유가 아닌 언어로, 존재자 아닌 존재를 길어내는 길은 어떻게 가능한가. 사유가 아니지만 사유에 가장 가까운 언어는 '시적 언어'이고, 존재자가 아니면서 존재를 감지할 수 있는 곳이 숲속의 '환히 트인 터'다. 그러니까 하이데거에게 진리는 곧 존재이며, 존재는 환히 트인 터에서 감지한 것으로 시적 언어에 들어 있다. 그래서 (시적) 언어는 존재의 집이다.

이처럼 하이데거의 존재로서의 진리는 시적 영감의 언어와 환히 트인 터에서 순간적으로 길어 올린 신비적인 아우라로 감싸여 있다. 그가 아무리 존재의 진리를 '비은폐성'이라는 개념으로 거듭 강조하며 밝혀도 일반인으로서는 납득하기가 쉽지 않다. 그것은 존재와 사유가 일치되지 않은 인간의 한계이며, 동시에 그것은 인간 언어와 인간 존재자의 근원적 한계에서 비롯되는 것일 수도 있겠다. 그래서 진리는 결코 순수하게(순수한 형태로) 현전하지 않으며 (진리 탐색은) 언제나 이미 산종을 서술할 수밖에 없다는 해체적 표현이 등장했을 것이다.[9]

9) 볼프강 벨쉬 지음, 박민수 옮김, 『우리의 포스트모던적 모던 1』, 책세상, 2001, 360쪽.

현실은 개별적인 사물과 사태로 존재한다. 인간은 이 개별적인 사물과 사태를 순전하게 그대로 인식할 수 없다. 이 개별적인 것은 칸트가 '물자체'로 이름 붙인 것으로, 인간 인식이 미치지 못하는 상태로 존재한다. 인간이 인식하는 것은 물자체가 만들어내는 '표상'이다. 물자체는 그대로 있고, 그것에서 유래한 표상만 주체에게 되돌아올 뿐이다. 그렇다고 인간의 삶에서 물자체를 그대로 방치할 수는 없다.

그래서 구체적이고 개별적인 사물을 인식하는 방법으로 인간이 고안한 것이 추상화다. 사물이나 사태의 직접적인 상태를 떠서 들어 올리거나 묶어서 간접화하는 방법이다. 유형이나 범주나 개념이 이 간접화에 동원되는 도구들이다. 따라서 이러한 방법과 수단으로 획득된 진리는 간접화된 수준에서만 진리이지 전적으로 진리는 아닌 것이다. 흔히 '진리는 단순하다'고 말하는 경우가 바로 이러한 혼동된 사례에 해당한다.

보헨스키가 말한 것처럼, "현실은 징그럽게 복잡한 것이며, 이에 대한 진리 역시 징그럽게 복잡할 수밖에 없다"[10]고 말해야 옳다. 그런데도 사람들은 진리의 단순성을 스스로 깨치고 확인한 것처럼, 그 말이 진리인 것처럼, '진리는 단순하다'는 말을 퍼 나른다. 마치 소셜 네트워크에서 정보를 퍼 나르듯이. 진리가 단순해 보이는 것은 다양하고 복잡한 개별을 추상화된 공식이나 명제로 단순화해 놓았기 때문이다. 공식이나 명제가 단순한 것이지 그것이 내포한 진리가 단순한 것은 아니라는 것이다.

어쨌든 인간은 신처럼 순간적인 직관이나 전체적인 시야로 사물과 사태를 인식할 수 없다는 사실을 받아들였다. 그래서 인식의 매개 또는 틀로써 개념과 범주로 접근하게 되었다. 주역의 음양이나 성리학의 이기, 칸트의 시간/공간이나 베버의 이념형 등이 대표적인 개념 또는 범주라 할 수 있다. 인식을 위해 불가피하다고 할 수 있을지언정 범주화는 근본적으로 개별자의 독특성과 다양성을 억누르기 때문에 언어적 폭력임에는 틀림없다.[11]

우리가 진리로 인식하는 것들은 이렇게 개별과 구체에 개념과 범주로 가한 폭력 상태를 받아들이는 것이다. 그나마 개념과 범주가 그것이 다루고자 하는 내용과 적절한 균형을 유지해야 비록 한계를 지닌 채로이지만 진리에 육박하는 효용성을 지닐 수 있다. 게다가 개념이 내용에 비해 너무 크면 거대이론의 함정에 빠지기 쉽고, 내용이 개념을 삼켜버리면 추상적 경험주의의 함정에 빠지기 쉽다.[12]

주역은 음양의 두 효로 사상을 만들고 팔괘를 만들고 육십사 대성괘

10) 김영민 지음, 『탈식민성과 우리 인문학의 글쓰기』, 민음사, 1996, 135쪽에서 재인용.

11) 강남순 지음, 『데리다와의 데이트』, 행성B, 2022, 312쪽 참조.

12) 라이트 밀즈 저, 강희경·이해찬 역, 『사회학적 상상력』, 홍성사, 1978, 153쪽.

를 만들었을 뿐 아니라, 효사와 괘사를 만들고 효와 효 사이, 괘와 괘 사이의 관계사를 만들어, 인사와 물리와 천문과 지리의 진리를 모두 통괄하는, 만 가지 이상 경우의 수를 포괄하는 초거대 이론을 만들려 했다. 그래서 대부분의 사람들은 이 거대한 형이상과 형이하의 그물에 포획되어 헤어나지 못했다.

그 반대편에서는 혈액형이나 체질의 범주 등으로, 사회 토대와 결부시키거나 인간 마음의 작용과 결부시킨 것 등으로, 성격을 4가지에서 16가지로 유형화하는 것처럼, 개념이 경험적인 구체적 현실 내용을 적절하게 포착하지 못한 채 추상화의 결함만 드러내어, 커다란 구멍이 숭숭 뚫린 그물처럼 쓸모없게 되어 외면당하기도 하고, 때로는 금과옥조처럼 여겨지기도 한다.

그래서 주체의 이성에서 나와 객체의 현실로 육박해 간 개념화/범주화의 대표적인 사례인 막스 베버의 이념형은, 개념/범주와 그것이 다루고자 하는 구체적 현실 내용 사이에 균형을 이루고자 한 고투를 느끼기에 부족함이 없다. "이념형은 순수하게 개념적인 사고에 의해서 형성되는 것이 아니다. 구체적인 문제들의 경험적 분석을 통해서 만들어지고, 수정되고, 다듬어지며, 그리하여 다시 그 분석의 정밀성을 높여준다."[13]

이념형의 형성 과정은 가다머가 확립한 해석학의 방법과 유사하다. 해석학은 부분과 전체의 순환과 통일, 현재지평과 과거지평의 순환과 융합, 전통적 해석과 현재적 해석의 대화적 조화 등을 통해, 텍스트의 의미가 점점 더 온전히 드러나도록 하는 것이다. 마찬가지로 이념형은 현실 내용에서 출발하여 개념을 만들고, 개념과 현실 내용 사이를 왕복하며 수정하고 다듬어 균형을 유지함으로써, 내용의 곁가지를 쳐내고

13) 앤서니 기든스 지음, 박노영·임영일 옮김, 『자본주의와 현대사회이론』, 한길사, 2014, 278-279쪽.

개념을 정교화함으로써, 진리에 육박하고자 한 것이다.

그러나 개념/범주와 현실과의 균형을 이루어 진리에 접근하고자 하는 방식도 그다지 온전한 것은 아니었다. 현실 내용이 갈수록 다양해지고 복잡해짐으로써 웬만한 개념이나 범주로써는 포착할 수 없는 상태에 이르기 때문이다. 과학 쪽에서 닐스 보어가 '상보성 원리'를 내세우고, 뒤를 이어 하이젠베르크가 '불확정성 원리'를 내세움으로써 진리의 지속성이 의심받기에 이르렀고, 갈브레이드가 불확정성 원리를 변용하여 과학에 이어 우리 시대의 경제를 진단하여 '불확정성의 시대'로 표명했다. 이러한 상황은 현실에 육박하는 진리 탐색을 머뭇거리게 하거나 후퇴하게 만들었다.

현실은 변수가 상수를 침해할 정도로 복잡해지면, 상수에 맞추어 이론을 수립할 수 없다. 마침내 변수가 상수가 되어 새로운 이론이 되는 순간이 올 수도 있다. 토마스 쿤이 말하는 패러다임이 바뀌는 순간이다. 이제 현실 내용을 줄여 그것에 맞는 조촐한 이론을 만들어 진리를 초라하게 만들거나, 이론에 맞는 새로운 현실 내용 영역을 찾아서 불확실한 가설을 만들어 진리를 불명료하게 만드는 형편에 놓인다.

인식적 진리는 전자의 행로를 걷는다. 본디 인식적 진리는 개념과 현실 내용/실재의 일치를 뜻했다. 개념으로 현실 내용의 실재에 육박하고자 하는 걸음은 무겁고 힘들다. 걸음을 가볍고 경쾌한 행보로 바꾸려면 걸음을 무겁게 하는 현실 내용을 경시하는 것이다. 그렇게 하기 위해 필요한 전제 조건이 진리라는 개념 자체를 재음미 또는 재규정하는 것이다.

불가능한, 인식과 실재와의 일치, 또는 인식과 명제의 일치라는 진리 개념을 버리고, 곧 인식을 버리고 명제로만 진리의 개념을 축소하는 것이다. 그렇게 했을 때 진리는 두 가지밖에 없다. 사실적 진리와 추론적 진리가 그것이다.14) 사실적 진리는 과학이 담당하여 진리 여부를 검증한다. 추론적 진리는 철학이 담당하여 논리학에서 '진리의 참됨' 여부를 '논리의 바름' 여부로 바꾸어 축소하고 선회한다.

인식적 진리는 원래 삶/몸에서 출발하지 않고 생각/머리에서 출발했다. 그러나 머리에서 나온 생각을 사물이나 사태에 비추어 볼 엄두를 내기는 했다. 그러는 과정에서 생각의 주체인 이성을 돌아보고 객체인 존재자의 상태를 살펴보기도 했다. 그리고 개별로 존재하는 사물과 사태를 면밀히 파고들기도 하고 생각으로 끌어들이기도 하여 인식적 진리의 경계를 넓혀 가려고 했다.

그러나 철학의 진리 탐구는 인식의 경계를 넘어서지 않는 한 스스로 협소해지는 길을 걸을 수밖에 없었다. 인식적 진리의 추구는 사실적 진리에 맞닥뜨려 그 책무를 과학에 넘겨줘야 했고, 주체의 이성에서 걸어 나와 현실 존재에 맞닥뜨려 그 책무를 사회학에 넘겨주어야 했다. 그래서 남은 것이 논리학이라는 협소한 공간이었고, 그곳에서 진술이나 명제의 타당성을 검토하며 기껏해야 언어철학에 복무할 수밖에 없었다.

어차피 삶은 생성과 소멸을 되풀이하며 흘러간다. 변화하며 흘러가는 삶에서 변치 않는 것은 없다. 그럼에도 인간은 변치 않는 진리가 있다고 믿으며 그것을 붙잡고자 한다. 그러나 애초에 변치 않는 진리를 파악한다는 것은 불가능하다. 변치 않는 진리라는 것 자체가 불가능하고, 변하는 것을 변하지 않는 것으로 붙잡아 고정시키는 것도 불가능하기 때문이다.

이제 인식적 진리는 진리 탐구의 과정에서 많이 휘발되어 버렸다. 진리가 존재할 수 있는 자리가 점점 줄어들더니 급기야 보편적인 빛으로 비유되던 진리는 사라져 버렸다. 다시 개별적인 사물과 개별적인

---

14) 한나 아렌트 지음, 홍원표 옮김, 『정신의 삶』, 푸른숲, 2019, 122쪽, 687-688쪽 참조.

인간 속으로 잠적해 버렸다. 이는 칸트가 말한 이성의 한계에 다다라 물자체로 돌아가 버렸다는 말이고, 인식의 경계를 넘어 체험의 영역에서나 찾아봐야 한다는 얘기다.

체험적 진리

체험적 진리를 추구하는 사람들은 인식적 진리를 불신한다. 그 이유 중 가장 큰 것이, 인식적 진리가 삶의 구체적인 실현에 미치는 영향이 미미하기 때문이다. 단적으로 말해 앎이 함으로 이어지는 경우가 드물다는 것이다. 인식을 행위에 비추어 보는 입장에서는 인식적 진리가 그다지 크고 무겁게 보이지 않는다는 얘기다. "이론이나 담론으로서는 세상 모든 것을 다 섭렵할 수 있고 분석이나 통합이 가능할 수도 있다. 그러나 구체적 실천으로 가능한 일은 아주 제한적일 수밖에 없다. 제대로의 실천은 한 가지도 결코 쉽지 않다."[15]

15) 천규석 지음, 『유목주의는 침략주의다』, 실천문학사, 2006, 51쪽.

서구 인식론적 진리의 전통에 젖은 사람들은, 인간이 인식을 통해서 먼저 세계를 파악한 뒤에 세계와 관계를 맺는다고 생각했다. 마치 인간이 세계를 파악하기 전까지는 세계와 관계를 맺지 않기라도 하는 것처럼. 중국의 주희도 '선지후행先知後行'을 내세우며 먼저 알고 난 뒤에 행하라고 했다. 마치 인간이 알지 않고는 행하지 않는 존재인 것처럼. 이는 공자의 '행유여력 즉이학문行有餘力 則以學文/행하고 남은 힘이 있거든 글을 배워라'에서 후퇴한 것이다.

이처럼 관념론적 철학이나 형이상학적 인식론은 이성과 인식에 갇혀 삶이나 체험으로 들어서지 못했다. 새로운 철학의 길을 내는 사람들은 이성과 인식의 경계를 뚫어야 했다. 철학에 역사를 끌어들여온 딜타이는 철학적 고투의 최종 목표는 '삶을 삶 자체로 파악하는 것'이라고 했고, '삶은 삶 자체로서 해명해야지 삶을 해명해줄 다른 수단을 구해서는 안 된다'고 생각했다.[16]

그래서 딜타이는 베이컨의 야심과 지배욕으로 오염된 이성, 아도르노와 호르크하이머의 도구적 이성 대신 '역사적 이성'으로, 논리와 삶, 과학과 일상, 이론과 실천을 왕래하며 그 이원론을 극복하여 체험적 진리에 다가가고자 했다. 그가 문학에 대한 관심으로 괴테와 노발리스를 다룬 책이 『체험과 문학』이다. 그에게 체험은 진리를 찾아 나서는 길에서 출발선이다.

철학에 사회를 끌어들여온 위르겐 하버마스는 도구적 이성이 가진 기능주의적 이성을 비판하며 '사회적 이성'에 기반을 둔 의사소통행위로, 곧 인식에서 행위로 나아가며 인식과 행위의 정합성을 추구했다. "사상이 그 자체의 정당성을 입증하기 위해서는 행동으로 인도되는 것이라야 한다."[17]는 네루의 말은, 인식과 체험에도 그대로 적용될 수 있다. 곧 인식이 정당성을 입증하기 위해서는 체험으로 인도되는 것이라야 한다. 더 나아가면 진리와 삶에도 적용될 수 있다. 즉 진리가 정당성을 입증하기 위해서는 삶으로 인도되는 것이라야 한다는 것이다.

삶은 체험이자 실천이다. 철학이 얻고자 하는 진리는 철학적 사유 곧 인식만으로는 얻을 수 없다. 삶에서의 체험과 실천 속에서 체득될 수 있다. 인식은 체험을 통해서 그 진리성 여부가 검증되고, 체험의 결과가 인식으로 재정리된다. 이는 마치 이론이 실천을 통해서 그 진리성 여부가 검증되기도 하고, 또 실천의 결과가 이론으로 다시 재정리되어 나타나는 것과 같다.[18]

인간의 삶에서 본디 함이 먼저고 앎이 뒤이다. 체험이 먼저고 인식이 뒤다. 실천이 먼저고 이론이 그 뒤다. 삶이 흘러가면서 이들의 왕복과

---

16) 고명섭 지음, 『하이데거 극장 1』, 한길사, 2022, 212쪽.

17) 네루 지음, 곽복희·남궁원 옮김, 『세계사 편력 3』, 일빛, 2000, 544쪽.

18) 신영복과의 대화, 『손잡고 더불어』, 돌베개, 2017, 265쪽.

순환이 이루어진다. 그러나 비중에서는 전자가 먼저이고 후자가 그 뒤임을 부정할 수는 없다. 후자를 앞세우면 인간의 삶 자체가 불가능하기 때문이다. 왕수인이 주희의 선지후행을 비판하고 '지행합일知行合一'을 내세운 연유도 여기서 짐작할 수 있다.

주희는 후설처럼 이성의 투명함을 믿고, 그것으로 지식을 체계화하여 진리로 구축함으로써, 인간과 세계의 구원과 갱생이 가능하다고 믿었다. 그러나 주희가 구축한 진리는 인간의 구체적 삶과 동떨어진 것이었다. 일반인의 구체적인 삶과 동떨어진 지식 체계는 쉽사리 효용성을 상실하여 교조화되고, 교조화된 지식 체계는 돌아와 구체적인 삶을 옥죄는 구속이 된다.

교조화된 지식체계가 제시하는 진리는 '인간을 위한 진리'가 아니라, '진리를 위한 인간'을 필요로 할 뿐이다.[19] '인욕'을 파기하고 '천리'를 따르라는 주희의 가르침은 삶을 폐기하고 화석화된 진리를 따르라는 말과 다를 바 없다. 인욕을 파기하는 순간 인간은 목숨조차 부지할 수 없다.

주희는 또한 『대학장구』 경문 첫머리의 3강령 중 둘째 강령인 '친민親民'을 '신민新民'으로 고쳐 풀이하여 '폐습을 고쳐 백성을 새롭게 함'이라 했다. 백성을 있는 그대로 인정해야 할 존재가 아니라, 교화시켜 유가의 백성관에 맞추어야 할 대상으로 본 것이다. 이러한 행태는 교조화된 지식체계를 가진 근본주의 철학이나 신정주의 정치에서 흔히 볼 수 있는 것이기도 하다.

조선 중기를 넘어서서 사회를 피폐화시킨 것이 바로 이 주자성리학이었다. 실용성이나 효용성으로서는 이미 유효기간을 넘긴 주자성리학이 조선사회를 옥죄어, 사문난적이라는 칼날을 휘둘러 독자적이고

19) 윤천근, 「성리학적 이상과 현실의 틈새 메우기」, 중국철학회 엮음, 『역사 속의 중국철학』, 예문서원, 1999, 337쪽.

실효성 있는 학문 풍토를 불가능하게 했다. 윤휴나 박세당의 독자적 경전 해석은 설 자리가 없었고, 조선 말기 정약용에 이르러서야 독자적 해석이 보이는 정도다. 마치 서구에서 성경을 일반적인 서적과 마찬가지로 해석하고 토론할 수 있어야 한다는 스피노자의 말이 파문의 빌미가 되는 것과 같았다.

　그러나 중국에서도 주자성리학에 대한 비판이 없을 수 없었다. 같은 유가 안의 양명학이 그것이다. 왕수인이 추구하는 진리는 대상의 객관적 인식으로 이루어지는 것이 아니다. 대상을 마음속으로 들여와 대상과 바람직한 관계를 맺었을 때 가능하다. 주희가 대상을 파악하여 획득한 지식을 진리로 형식화하여 삶에 적용하려 했다면, 왕수인은 대상을 마음의 이치에 맞게 안으로 들여와 대상과 바람직한 관계를 맺는 것이 진리를 구현하는 것이었다. 주희가 진리를 통하여 인간을 구원하고자 하였다면, 왕수인은 인간을 통하여 진리를 드러내고자 하였다.[20]

20) 윤천근, 앞의 글, 앞의 책, 329쪽, 334쪽.

　앞의 주희가 '친민'을 비틀어 해석한 것과는 달리, 왕수인은 그것을 『예기』「대학편」에 있는 그대로 '백성을 친애함'으로 풀이했다. 백성을 대상화해야 하는 존재로 보지 않았다. 백성 역시 양지를 가지고 있고 치양지를 할 수 있는 존재로 보았다. 그래서 백성을 마음 안으로 받아들여 관계를 맺어야 하는 존재였다. 앞의 글('수성과 인성 그리고 영성')에서 본 것처럼, 그 관계 맺음을 왕수인은 '감통感通'이라 했다. 이는 '심물합일'를 이야기한 원효의 '회통'과 다르지 않다.

　양명학의 양지와 치양지에 의한 진리 구현은 베르그송의 직관에 의한 인식 및 실천과 유사하다. 베르그송에게 직관은 추상적인 것이 아니라 구체적인 것을, 보편적인 것이 아니라 개체적인 것을 목표로 한다. 그에게 직관은 대상의 고유한 질과의 공감이다. 그러므로 대상에 대한 인식은 대상 자체와의 존재론적 합일이고, 그로 인한 바람직한 실천은 대상에 대한 완전하고 충만한 상태 곧 사랑이다.[21] 베르그송의 이 공감과 사랑이, 왕수인의 양지와 치양지에서 가능한, 대상을 안으로 들여와 바람직한 관계를 맺는 것과 다를 바가 없지 않은가.

어쨌든 진리를 통해 인간을 구원하고자 한 주희의 후예들 또는 그 조선의 후예들은 진리를 빌미 삼아 많은 사람을 구원이 아닌 죽음의 구렁텅이로 몰아넣었다. 개체의 욕망을 위해 공동체의 진리를 짓밟았다(매국). 인간을 통하여 진리를 드러내고자 한 왕수인의 후예들 또는 정제두의 후예들은 지행합일을 통해 스스로를 희생함으로써 개체의 진리를 넘어 공동체의 진리를 구현(국권회복운동)했다.

철학적 개념이 진리로 파악한 것 곧 인식적 진리는 앞에서 본 것처럼 구체적 사물이나 상태를 추상해서 획득한 것이므로 추상성에 있어서만 진리다.[22] 그래서 구체성의 체험에서 볼 때는 진리성이 의심스러워진다. 그래서 "진리는 발명할 수 있는 게 아니다. 체험할 수 있을 뿐이다."[23]라는 발언, "추상된 여러 요소의 집계 또는 편성에 의해서는 구체적인 것을 회복할 수 없다."[24]는 표명이 나온다. 다시 말해 인식적 진리의 간접적 경향보다는 체험적 진리의 직접성 쪽으로 기우는 흐름들이 생겨난다.

체험은 인식의 추상성 또는 간접성과 달리 직접성을 특징으로 한다. 그리고 직접성은 유일무이성唯一無二性을 특성으로 가진다. 유일무이성은 나누어 가질 수 없음을 말한다. 이것이 개인의 체험적 진리가 가지는 한계다. 개인 주체의 이성의 능력을 전체성에 비추어 보아 그 한계를 인식했듯이, 개인의 체험적 진리도 공동체의 더 큰 삶에 비추어 보아 그 한계를 수용해야 하는 과제에 봉착한다. 주체가 개인적 삶의 주체라면, 개인적 삶은 공동체적 삶의 현실에 의해 제약받고 조건 지어져

21) 김진성 지음, 『베르그송 연구』, 문학과지성사, 1985, 45-46쪽.

22) 헤르베르트 마르쿠제 저, 차인석 역, 『부정』, 삼성출판사, 1978, 284쪽.

23) 라인홀트 매스너 지음, 모명숙 옮김, 『내 안의 사막, 고비를 건너다』, 황금나침반, 2006, 259쪽.

24) 장 폴 사르트르 지음, 정소성 옮김, 『존재와 무』, 동서문화사, 2018, 60쪽.

있기 때문이다.[25]

알랭 바디우에 의하면, 개인적 삶에서 공동체적 삶으로 진리 영역을 확대하면, 진리는 단순히 진리가 아니라 '진리 사건'이 된다. 그에게 진리 사건이란 '참된 것의 출현'이다. 개인적 진리 또는 계시적 진리가 먹구름 속에서 천둥과 함께 번갯불처럼 순간적으로 나타나듯이, 공동체적 진리도 우발적으로 순간적으로 나타난다. 그리고 수많은 공동체 사람들의 참여에 의해 지속된다.

다시 말해 인식적 진리의 간접성은 개별과 개체의 추상화에 의한 것이기도 하지만, 주체의 '관찰 또는 방관'에 의한 것이기도 하다. 체험적 진리의 직접성의 확대 또는 공동체적 진리는 진리 사건에의 '참여'에 의해 획득된다. 바디우는 그 참여의 길, 곧 진리 사건의 네 가지 현장으로 과학과 예술과 사랑과 정치를 든다.

아인슈타인의 상대성 이론, 하이젠베르크의 불확정성 원리의 등장이 과학 영역에서 일어난 진리 사건이라면, 창작의 문법을 바꾸는 새로운 사조의 등장, 예를 들면 미술에서의 인상파나 입체파 등의 등장, 문학에서의 리얼리즘이나 모더니즘의 등장이 예술 영역의 진리 사건이다. 두 사람이 만나 상대를 지나치게 과대평가하는 심정이 되거나 상대에게서 세계는 사라지고 두 사람만 있는 듯한 감정을 느끼는 것이 사랑의 진리 사건이라면, 프랑스 혁명, 러시아 혁명, 68혁명 등 시대를 바꾸는 격변이 정치 영역에서 일어난 진리 사건이다.[26]

개인의 체험적 진리의 한계 곧 유일무이성은 이처럼 공동체적 진리 사건에 참여하여 공유됨으로써 극복된다. 인식적 진리의 개인적 주체는 관찰자로서 사건의 전체적 윤곽을 파악하는 데는 유리한 입장에 설 수 있지만, 전체를 움직이는 구체적인 동력에는 다가갈 수 없다. 참여자로서 몸을 담아야 공동체의 일원으로서 스스로 동력이 되고 또한 동

---

[25] 김상환 지음, 『예술가를 위한 형이상학』, 민음사, 1999, 391쪽.

[26] 고명섭의 카이로스, 〈창조적 영감은 어떻게 솟아나는가〉, 《한겨레신문》 오피니언, 2024. 4.24 참조.

력을 몸으로 느낄 수 있다. 대지에 살면서 대지를 비행한 생텍쥐페리 역시 방관자가 되지 않고 참여자가 되는 길을 택하라고 했다.[27] 그에게 존재는 곧 참여였기 때문이다.

그렇게 하기 위해서 바디우는 개인 내부에 이념, 완전하고 아름다운 이상, 곧 진리 이념을 품고 있어야 한다고 했다. 진리 이념이 없으면 공동체에의 운명에 무심하거나 무임승차자로 남을 가능성이 높다. 진리 이념의 소유자는 창조적 영감을 발휘케 하여 진리 사건을 주도하거나 진리 사건에 참여함으로써 공동체 진리의 주역이 된다.

바디우는 이상을 품고 진리의 주체로 나아가는 것을 '이념화'라고 부르고, 이 이념화의 빛을 따라 나아가는 삶을 참된 삶이라 하며, 영원한 진리의 이념 속에 머묾으로써 인간은 '불멸자'가 된다고 한다.[28] 이는 '죽어서도 잊히지 않는 자가 진정으로 장수하는 사람'이라는 노자의 말을 떠올리게 한다. 그러니까 진리를 따라간 사람은 진리와 생명을 같이 할 것이다.

진리는 비록 영원불변한 것은 아니지만, 삶이 부패하는 것을 막아주는 소금이 된다. 또한 진리는 절대 유일한 것은 아니지만, 삶이 일관된 방향으로 흐르도록 가리켜주는 나침반이 된다. 그것은 지금까지 보아온 것처럼, 진리를 향한 인식과 체험, 이론과 실천, 관찰과 참여, 현실과 이상, 개인과 공동체의 경계와 한계에 갇히지 않고, 그 한계와 경계를 무너뜨리며 나아가 그것들을 아울러 사유하고 행동할 수 있는 주체적 역량을 발휘한 자에게 주어지는 결과일 것이다.

27) 생텍쥐페리 저, 안응렬 역, 『인간의 대지』, 동서문화사, 1975, 208쪽.

28) 알랭 바디우 지음, 박성훈 옮김, 『철학을 위한 두 번째 선언–진리의 이념 속에서 인간은 불멸자가 된다』 서평, 《한겨레신문》 학술지성, 2022.11.19.

자연과 신

　인간 자아의 확장은 어디에까지 미칠까. 예로부터 그 궁극적 도달점은 자연과 신이었다. 자연은 광대무변과 무궁무진을 속성으로 인간의 탐색에 한계로 드리워졌다. 자연은 공간적 무한과 시간적 영원으로 인간 존재를 무로 수렴하여, 인간의 능력을 무기력에 빠뜨렸다. 그래서 인간은 자연을 의인화하여 신화를 만들기도 했고, 신격화하여 종교로 섬기기도 했다.

　자연은 신화로 만들어져 이야기의 원조가 되었고, 종교로 만들어져 우주 만물을 생성하고 소멸시키는 원리가 되었다. 이러한 자연이 인격화된 것이 신이었다. 자연의 광대무변과 무궁무진이라는 무한영원은 인격화됨에 따라 인간 행위의 속성이 투영되어, 신은 전지전능의 속성을 부여받았다. 자연의 무한영원 앞에 경이를 느꼈듯이, 신의 전지전능 앞에 인간은 무릎을 꿇고 경배를 바쳤다.

　그러나 인간은 자연의 경이와 신의 경배를 오래 지속할 생각이 없었다. 합리적 이성을 발휘하여 과학과 기술을 발달시킴으로써 자연과 신에 드리워진 베일을 걷어내려고 했다. 그래서 자연은 개발의 대상이 되어 문명에 깔려 질식해 갔고, 신은 이용의 대상이 되어 신정神政에 휘둘려 혼탁해져 버렸다. 나아가 문명은 정신보다는 물질이, 신정은 정의보다는 지배가 더 중요하다는 것을 가리켜 보여주었다.

돌아보면, 인간 자아의 확장은 자연에서 신으로, 신에서 인간으로, 인간에서 물질로 변화되어 왔음을 알아차릴 수 있다. 이제 인간 자아 확장의 최종적 도달점은 물질이고, 그 총화는 화폐 곧 돈이다. 돈은 인간 자아가 궁극적으로 도달하려 했던 자연이나 신의 경지와 맞먹거나 그것을 뛰어넘는 경지를 발휘한다. 그래서 돈은 자연의 물物과 신성의 신神을 결합한 물신物神이 되었다.

자연

동서양을 막론하고 애초에 자연은 인간 삶을 비추어볼 수 있는 최고의 질서이고 궁극적 해답이었다. 누구나 알고 있듯이, 노자는 이러한 자연을 『도덕경』 25장에서 다음과 같이 표현했다. "사람은 땅을 본받고, 땅은 하늘을 본받으며, 하늘은 도를 본받고, 도는 스스로 그러함/자연을 본받는다." 자연이 이러한 일을 할 수 있는 것은, 스스로의 무한영원 속에 인간을 받아들여 유한 순간적 삶을 돌아보도록 했기 때문일 것이다.

그리고 노자는 다시 7장에 자연이 어떻게 그러한 무한영원의 속성을 가질 수 있게 되었는지를 알아차릴 수 있는 말을 해놓았다. "천지 자연은 장구長久하다. 천지 자연이 장구할 수 있는 까닭은 스스로를 (위해) 살려고 하지 않기 때문이다. 그러므로 장생長生할 수 있다."가 그것이다. 스피노자도 이와 비슷한 생각을 피력한 적이 있다.

"자연이 자기를 위하여 어떠한 목적도 세울 수 없으며, 또한 모든 목적인이 인간의 상상물에 지나지 않음을 보여주기 위하여, 우리들은 많은 것을 논할 필요는 없다"[1]고 했다. 자연은 스스로를 위해 살려고 하는 자기 보존 본능이나 욕망이 없고, 자기의 목적을 달성하려고 애쓰는 자의식이 없다. 그래서 자신을 소모할 이유가 없다. 인간은 자연과 달리 그렇지 못하기에 자신을 소모하므로 오래 살 수가 없다.

이처럼 광대무변하고 무궁무진한 자연에서 얻을 수 있는 것은 무한하지만, 그것을 흡수할 수 있는 능력은 사람마다 (달라) 받아들이는 자세에 따라 차이가 생긴다.[2] 그래서 자연의 수용 자세를 동서양으로 크게 둘로 나누어 보는 사람도 있다. 서양문화는 자연의 법칙을 발견하여 그것을 이용함으로써 물질문명을 강화하였고, 동양문화는 자연의 섭리를 터득하고 거기에 순응함으로써 갈등을 해소하려는 정신문화에 역점을 두었다[3]는 것이 그것이다.

서양은 자연에서 인간을 제외하고, 자연을 인간과 맞서 세워 대상화 했다. 자연 현상을 관찰하여 몇 개의 과학적 법칙의 수준(인식적 진리)으로 환원하여, 그 수준에 들어온 자연을 이용하여 인간 삶의 편리와 풍요를 꾀했다. 그것이 서양문화라는 것이다. 동양은 인간이 자연의 일부임을 겸허히 받아들였다. 자연의 섭리는 인간이 따라야 할 삶의 원리(체험적 진리)로서 내면화되었다. 그 내면화된 원리가 도덕이 되고 윤리가 되었다. 동양문화의 바탕에는 이러한 자연의 섭리가 배여 있다는 것이다.

이 지점에서 자연에 대한 개념 두 가지를 구별해야 할 필요가 생겼다. 이를 먼저 피력한 이는 스피노자다. 스피노자는 신이 곧 자연이라 하면서, 자연을 능산적 자연과 소산적 자연의 두 가지로 나누어 구별했다. 대상화할 수 있는 자연의 모든 양태 곧 자연 만물이 소산적 자연이라면, 대상화할 수 있는 자연 만물을 산출한 자연의 속성이 능산적 자연이라 했다.[4] 신이 곧 자연이라는 말한 것은 바로 이 능산적 자연을

---

1) 스피노자 저, 정명오 역, 『에티카』, 대양서적, 1980, 70쪽.

2) 헨리 데이빗 소로 지음, 류시화 옮김, 『구도자에게 보낸 편지』, 오래된미래, 2005, 144쪽.

3) 엄정식 지음, 『당진일기』, 하늘재, 2001, 317쪽.

4) 스피노자 저, 정명오 역, 앞의 책, 62-63쪽.

두고서였다.

자연 현상 곧 소산적 자연을 관찰하여 과학 법칙으로 만들어 놓은 것은, 자연의 섭리 곧 능산적 자연에 비추어 보면 극히 일부에 지나지 않는다. 자연 현상이나 양태는 인간의 시선을 무력하게 만들만큼 무한하다. 따라서 자연의 섭리나 속성은 아직 제대로 밝혀지지 않은 채 어둠 속에 묻혀 있다. 그래서 몽테뉴의 제자이자 후계자였던 피에르 샤론은 말한 바 있다. "자연의 본질이란 인식 불가능한 것이 아니라 아직 인식되지 않은 것이다."라고.[5]

그리고 이 소산적 자연과 능산적 자연은 하이데거의 존재자와 존재의 개념과 구조적 상동성을 띤다. 존재는 존재자를 산출하지만 존재자는 아니다. 존재자를 통해 존재를 감지할 수는 있지만, 존재자가 존재가 될 수는 없다. 존재는 존재자를 통해 자신의 눈짓이나 몸짓을 신호로 보낼 뿐이다. 그래서 존재는 존재자를 드러내지만, 스스로는 비밀의 심연 속에 잠겨 있다. 존재자가 소산적 자연에 해당한다면, 존재는 능산적 자연에 해당하겠다. 하이데거가 존재를 끈질기게 탐색한 것에는, 자연을 모든 것의 우위에 두고, 기계와 문명을 혐오한 것도 한몫했을 것이다.

5) 소비에트 과학 아카데미 철학연구소 편, 이을호 편역, 『세계철학사Ⅰ』, 중원문화, 1989, 358쪽.

도덕경 25장을 거꾸로 읽으면, 자연은 도로 스며들어 하늘과 땅 그리고 인간을 다스리는 지침이 된다. 인간이 행해야 할 '덕'의 기초가 자연을 본받은 '도'에서 마련된다. 그래서 인간과 세상을 제대로 알고 그 속에서 바람직한 삶(덕)을 살리려면 자연(도)에서 배울 수밖에 없다. 네루는 감옥에서 이런 가르침을 딸에게 전하기도 했다.

"너는 '자연'이라는 책이 있다는 것을 잊어서는 안 된다. 자연은 자신의 역사를 바위나 돌에 새겨 둘 줄 알았단다. 그리하여 읽으려고만 한다면 누구나 그것을 읽을 수 있다. 그것은 자연이 스스로 쓴 자서전이다."[6] 바위나 돌은 소산적 자연 곧 자연물이다. 자연물 속에는 자연의 섭리가 스며들어 있다. 그것을 읽어낼 줄 알면 자연은 어떠한 책도 겨룰 수 없는 훌륭한 책이 된다.

헨리 소로도 네루에 앞서 비슷한 이야기를 한 적이 있다. 자연은 무수한 수련을 통해 스스로를 완성시킨 존재이므로, 돌 속에 설교가 응축되어 있고, 냇물 속에 책이 흐르고 있다고 했다. 자연은 모든 것을 물질과 상품으로 환원시키는 타락한 문명보다 우위에 있고, 자연의 법칙은 욕망으로 굴러가는 인간 사회의 법칙보다 훨씬 우위에 있다.

그러한 자연의 책을 읽으면 인간과 자연과의 관계를 가로막고 있는 사회에서는 깨달을 수 없는 것을 얻을 수 있다. 살가두라는 사진작가는 자신의 카메라를 통해 본 것으로 이를 확인한다. "나는 지구를 발견함으로써 나 자신을 발견했다. 나는 우리 모두가 하나의 전체, 지구라는 체계의 일부임을 알았다."[7] 자연에서는 모든 것이 다른 모든 것과 연관되어 있다. 시선이 탁한 인간은 그 연관을 보지 못하고, 시선이 맑은 인간은 그 연관을 보고 자신으로부터 지구 전체로 시야를 확대하여 사진에 담을 수 있었을 것이다.

인간은 사회 속에 살면서 인간과 화해하고, 사회와 화해하고, 때로는 신과 화해하며 평화롭게 살기를 바란다. 그러나 자연과 화해하지 않고 평화로운 삶이 가능할까. 자연 재난을 마주하면 이러한 생각에 회의를 품게 된다. 게다가 그 재난이 자연의 책임이 아니라, 인간의 자연 무시나 파괴로 인한 기후-생태 위기가 그 원인으로 자리 잡고 있다면, 그 회의는 분노로 바뀐다. 그래서 인류 전부에게 책임을 돌리는 '인류세'라는 말을 인정할 수 없다며, '자본세'로 바꾸어 그 책임을 명확히 해야 한다는 주장도 생겨나게 된다.

6) J. 네루 지음, 곽복희·남궁원 옮김, 『세계사 편력Ⅰ』, 일빛, 2000, 49쪽.

7) 세바스치앙 살가두·이자벨 프랑크 지음, 이세진 옮김, 『세바스치앙 살가두, 나의 땅에서 온 지구로』, 솔빛길, 2014, 156쪽.

자연의 섭리 아래 섰던 인간이, 자연을 이용하기 위해 자연 위에 서는 순간, 자연은 재난으로 대응해 온다. 자연 이용이 자연 파괴로 바뀌는 데는 많은 시간이 걸리지 않는다. 인간의 욕망이 그것을 한껏 추동하기 때문이다. 문명에 의한 지구 생태 변화로 인한 재난은, 전쟁을 계기로 일어난 집단 살해 '제노사이드'에 육박해, 생태 살해 '에코사이드'와 결합하여 나타날 날이 얼마 남지 않았다고 경고한다.

그렇지만 그 전에 자연이 손상되지 않은 원시 상태 곧 야생으로 남아 있는 곳은 사람들을 끌어들이는 힘을 여전히 가지고 있었다. 그곳은 문명에 길들여지지 않은 자연의 섭리나 요소가 작동하며 영적 울림으로 흡인력을 발휘했다. 그래서 인간과 사회의 병폐에 대한 대안을 찾기 위해 자연과 야생을 찾아 들어가는 이들이 생겼다. 그들의 뇌리에는 인류의 스승들이 모두 자연에서 배운 것으로 인간을 가르치려 했다는 생각이 자리 잡고 있었을 것이다.

그 대표적인 인물로 앞에서 본 헨리 소로와 존 뮤어를 들 수 있겠다. 소로가 자연 속으로 들어갈 생각은 한 것은, 시골이 더 이상 시골이 아니고 따라서 자연을 품고 있지 않고 도시에 종속되어 버렸기 때문이었다. 그는 자연이 없는, 인간과 사회로 난 길을 따라 나아가는 것은, 스스로를 그 길의 먼지와 때로 오염시키는 것이라 여겨 발길을 돌렸다.

그가 보기에, 그 길에는 더 이상 깨어 있는 자는 없고, 천박한 인생이 있을 뿐이었다. "생계를 잇거나 유지하는 데 온 시간을 다 빼앗기고 분주하고 구속당한 인간들, 마치 신의 문제를 독점한 것처럼 즐겨 신을 논하며 온갖 종류의 의견을 용납하지 못하는 목사들, 의사, 변호사들, 젊음을 버리고 닦인 직업가도를 밟는 것이 가장 안전하다고 결론을 내린 젊은이들"[8]이 대부분이었기 때문이다.

8) 헨리 데이비드 소로 저, 양병탁 역, 『숲속의 생활 -월든』, 대양서적, 1980, 352쪽.

그 길의 사람들은 현상을 실체로 알고 있으므로, 그들에게는 표면을 꿰뚫는 통찰이 없어 보였다. 그래서 허위가 진리가 되고, 진리는 허위가 되며, 기만이 진실이 되고, 진실이 기만이 되어 버린다. 그래서 제대로 된 인생이 아닌 생은 살고 싶지 않아서, 죽음에 이르러 헛세상을 살았다는 후회를 하지 않기 위해서, 숲속으로 열린 다른 하나의 길, 자연 속으로 들어가기로 작정한 것이었다.

이렇게 자연 속으로 들어가 자연 속에 살며 자연을 통찰해 얻은 눈으로 세상을 바라본 소로는, 인간 문명이 자연을 '눈앞에' 두고 이용한 것과 달리 자연을 '곁에' 두고 생활하려고 노력했다. 문명의 기계는 자연을 몰아세워 원하는 것을 짜낸다. 자연 속으로 들어간 사람은 자연을 돌보며 함께 한다. 몰아세우면 입을 다물고 돌보면 입을 연다. 소로는 자연을 돌보면서 자연이 입을 열고 말한 것을 기록했다.

그것은 야생의 근저에 있는 고갈되지 않는 진리였고, 부박한 세상과는 다른, 자연의 밑바닥으로 내려가 잠복한 진리였다. 그것은 자연의 정수였고, 그것을 섭취한 인간의 성숙과 정신의 풍요로 이어졌다. 또한 그것은 질병으로 인한 때 이른 임종에서도 변하지 않는 일관된 사상으로 남았다. 낙엽에서 모범적인 죽음의 양식을 발견하고, 사후 세계를 들먹이는 친구를 제지하고, 한 번에 한 세계씩을 일깨우며 종교로 포장된 인간 욕망에 경계를 세웠다.

존 뮤어는 자연을 종교로 내세운 사람이었다. 그는 야생 풍경의 전도사로 말했고, 요세미티의 자연에서 자신의 신전을 발견했다. 그는 성경의 자리에 자연을 두었고, 그의 글에는 풍경을 하나의 책처럼 참고하며 읽고 해석한 구절들이 가득했다. 그가 풍경에서 읽어낸 것은 영속적인 변화와 재생의 주기 속에 존재하는 상호연결 및 상호의존이라는 범신론적 메시지, 현재에 대한 생태학적 비전을 보여주는 메시지였다.

뮤어가 좇은 야생은 사회와 쓰임에 대한 해독제였다. 야생은 인간의 손이 닿지 않아 개발되지 않은 자연으로서, 최초의 힘이자 기원의 가치를 지니고 있었다.[9] 그는 자신의 육체를 사람과 도시가 있는 곳에 내버려두고 떠나려 했던 것 같다고, 그러면서 영혼에만 말을 거는 자연, 즉 물질성을 갖는 것은 눈에 보이는 형태로 구현된 영성뿐인 자연을 발견하려고 애쓴 듯하다고 말해지기도 했다.[10]

존 뮤어의 친구이자 초월주의 철학자 랠프 에머슨은 자신의 에세이 「자연」에서 소로나 뮤어와 다르지 않은 자연관을 피력했다. "숲속에서 우리는 이성과 신앙으로 돌아간다. 그곳에서 나는 내 삶에 자연이 바로잡을 수 없는 것은(네게 두 눈이 있는 한) 그 무엇도 (어떤 치욕도, 어떤 재앙도) 없음을 느낀다. 헐벗은 대지에 서면 머리는 상쾌한 대기에 씻기고 정신은 무한히 고양되며 모든 자기중심성이 사라진다. 나는 투명한 눈동자가 된다. 나는 무이고, 나는 모든 것을 본다."[11]

이처럼 에머슨도 자연의 진수를 그대로 표현한다. 그는 자연을 모든 것 앞에 놓는다. 모든 것 앞에 놓인 자연과 접촉하면 자연은 모든 가르침의 제일 윗자리에 놓인 가르침을 준다. 자연이 스스로를 위해 살지 않고 목적을 설정하지 않는 것처럼, 자연의 가르침을 따른 인간도 자신과 목적에 집착하지 않는, 자기 중심성이 사라진 인간이 된다. 투명한 눈동자만 남은 무가 되어, 자연 속으로 들어가 자연의 무한을 경험하며, 모든 것을 보게 된다.

자연은 영원무한하기 때문에 자연으로 가는 길은 최고의 길이고 궁극의 길이었다. 그러나 영원무한을 감당하기에는 인간은 너무나 미약한 존재였다. 자연으로 들어서는 사람이 줄어들고 마침내 그 길이 비게 되자 그 길에 신이 들어섰다. 자연은 인간이 감당하여 따르고 기댈 만

9) 프레데리크 그로 지음, 이재형 옮김, 『걷기, 두 발로 사유하는 철학』, 책세상, 2014, 140·159쪽.

10) 존 뮤어에 관한 언급은, 리베카 솔닛 지음, 양미래 옮김, 『야만의 꿈들』, 반비, 2022, 344-347쪽 참조.

11) 앞의 책, 347쪽.

한 존재로 변형되어야 했다. 그러한 존재가 바로 신이다. 그래서 인간은 신을 인격화하여 막막한 자연보다는 신에게 더 친밀감을 느낄 수 있게 되었다. 루트비히 포이어바흐가 "자연이 끝나는 곳에서 신이 시작된다."[12]고 말한 연유도 이와 같은 사정과 무관하지 않을 것이다.

자연의 길에 신이 등장했다고 하여 그 신이 처음부터 자연을 배제할 수는 없었을 것이다. 그래서 신의 애초의 모습은 범신론의 신이었다. 스피노자도 신=자연이라는 범신론적 신관을 피력하지 않았던가. 범신론자는 초자연적인 신이나 인격신을 믿지 않는다. 신은 자연 바깥 어딘가에 존재하며 자연을 조종하는 존재가 아니기 때문이다. 신은 자연 내재적 원인이면서 자연 만물을 산출하는 동시에 그 결과인 자연 만물로 이루어져 있는 것 속에 존재하고 있다.[13]

초자연적인 신이나 인격신을 믿지 않는 범신론의 신은, 일신교의 입장에서 보면 신이 아닐 것이다. 그래서 '범신론은 매력적으로 다듬은 무신론'[14]이라는 해석이 나오기도 한다. 이는 스피노자가 받게 될 고통이 예상되는 부분이기도 하면서, 동시에 범신론의 신이 자연과 동일하거나 자연에서 벗어나지 않았다는 것을 보여주는 부분이기도 하다. 그러니까 범신론이라는 관념은 자연을 자연 상태 그대로 유지하는 수준의 수렵과 채취 생활에 맞는 신관이었다.

그러나 자연 상태에 인간의 본격적인 노동이 가해지면 자연=신이라는 범신론의 관념이 유지될 수 없다. 자연 만물의 일부가 인간의 노동이라는 침투로 변형되어 이용되었기 때문이다. 신은 인간보다 높은 존재다. 자연을 변형하여 인간에게 유용한 상태로 이용한다는 것은, 모든 자연 만물에 인간보다 높은 우월적 지위를 부여할 수 없다는 것을 스스로 받아들인 것이다. 그래서 농경사회에서는 범신론이 다신론/다신교로 바뀌게 된다.

12) 루트비히 포이어바흐 지음, 강대석 옮김, 『기독교의 본질』, 한길사, 2008, 188쪽.

13) 손기태 지음, 『고요한 폭풍, 스피노자』, 글항아리, 2016, 58쪽.

14) 리처드 도킨스 지음, 이한음 옮김, 『만들어진 신』, 김영사, 2007, 33쪽.

다신교는 농경사회의 종교다. 농경사회는 그 특성상 자연 친화적일 수밖에 없다. "신과 인간의 관계는 혈연관계를 반영하는 경우가 많다. 그리고 사물의 신적 질서가 평화적이고 비강압적인 성격을 띤다고 보며, 신은 주로 여성일 경우가 많다. 우주적 질서를 설명하는 이론에서 다루어지는 관심사도 주로 그 민족의 생존문제에 관한 것이다."[15]

그래서 다신교의 근본적 통찰에 따르면, 세상을 지배하는 최고 권력은 관심이나 편견을 지니고 있지 않다. 그러므로 인간의 평범한 욕망이나 근심 걱정에 개의치 않는다. 이 권력에게 전쟁의 승리나 건강, 비를 요청하는 것은 무의미하다. 다신교는 본질적으로 마음이 열려 있으며, '이단'이나 '이교도'를 처형하는 일이 드물다. 다신교도는 심지어 거대한 제국을 정복했을 때도 피정복민을 개종시키려는 노력을 하지 않았다.[16] 다신교의 농부는 일상의 거주에서도 자연의 섭리를 따라 생활을 영위했고, 노동에서도 하늘과 땅을 거스르지 않고 일했으며, 자연과 조화롭게 살려고 했을 뿐이다.

15) 루이스 코저 지음, 신용하 박명규 옮김,『사회사상사』, 한길사, 2016, 390쪽.

16) 유발 하라리 지음, 조현욱 옮김,『사피엔스』, 김영사, 2019, 304-305쪽.

신

자연을 떠나 신을 세우면 유신론이 되고 일신론이 된다. 그래서 성서 속에는 처음부터 '자연'이 없다. 자연이 있다면 그것은 인간의 지배 대상으로만 있을 뿐, 그 질서와 힘 앞에서 인간이 경외를 느끼고 두려워하는 그런 자연, 인간이 거기에 순응해서 살아야 하는 삶의 질서 내지 전형으로서의 자연은 성서 속에 없다. 그리하여 인간과 모든 생물이 그 리듬에 맞추어서 사는 기본적 질서, 즉 해마다 날마다 제 자리로 되돌아오는 천체의 순환에 대한 의식이 성서에는 없다. 성서의 시간관

이 일직선적이고 종말론적으로 끝나는 연유다. 자연은 역사와 마찬가지로 신이 만들면 되는 것이다.[17]

또한 일신론에서는 인간 본성의 다양성과 차이성을 인정하지 않듯이, 종교의 다양성과 차이성을 인정하지 않는다. 일신론적 사유가 인정하는 것이 단일성과 유사성에 그치듯이, 일신론적 종교는 신앙의 단일성을 견지한다. 인간 존재의 차이성과 다양성을 근거로 해서만 종교적 관용과 무차별성이 성립한다[18]는 것을 염두에 두면, 일신론의 행태가 어떻게 전개될 것인지는 예견되고도 남을 것이다.

일신교를 논리적으로 확립하는 유일한 길은, (다신교의) 저급한 신들의 역할을 통제할 수 있는 보다 차원 높은 존재 또는 지배적인 영혼 밑에 그 신들을 복속시키는 것이다.[19] 이러한 종교의 진행은 정치의 이행과 대응된다. 다시 말해 중앙집권적인 구조와 호전적인 지도자를 갖고 있는 약탈적 문화에서 일신론적 종교체계가 지배적이며, 신정神政의 자의적 성격이 강조되어 나타나는 경향이 있다는 것이다. "이러한 민족에서는 남성적인 신이 부각되는데, 그 신은 강압적이고 전제적이며 자의적인 결정권과 대단한 위력을 지닌다."[20]

명확히 말하면, 종교의 일신교는 정치의 군주국과 전쟁이 그 기원이다. 그러므로 일신교의 신은 전쟁신이며 군주신이며 사회신이다. 이런 감정에서 유일신의 신은 생겨난 것이었다. 따라서 신, 즉 유일신은 각 사람에게가 아니라 전체 국민 앞에 나타난 것이었다. 그리하여 이 신은 욕심 사납게도 자기 하나만을 섬기라고 백성들에게 요구하였다.[21]

그래서 일신론자들은 다신론자들에 비해 훨씬 더 광신적이었고, 전도에 헌신하는 경향이 있는 것이다. 지난 2천 년간 일신론자들은 모든 경쟁 상대를 폭력으로 말살시킴으로써 자신들의 힘을 강화시키려는 노력을 되풀이했다.[22] 그러면서 종교의 변화(범신론→다신론→일신론)

17) 소광희 지음, 『시간의 철학적 성찰』, 문예출판사, 2001, 70–71쪽.

18) 루트비히 포이어바흐 지음, 강대석 옮김, 『종교의 본질에 대하여』, 한길사, 2013, 460–461쪽.

19) 라다크리슈난 지음, 이거룡 옮김, 『인도철학사Ⅰ』, 한길사, 1997, 136쪽.

20) 루이스 코저 지음, 신용하·박명규 옮김, 앞의 책, 390쪽.

21) 미겔 데 우나무노 저, 장선영 역, 『생의 비극적 의미』, 삼성출판사, 1978, 153쪽.

22) 유발 하라리 지음, 조현욱 옮김, 앞의 책, 310쪽.

또는 신의 굴절(자연신→인격신)을 진보라고 주장했다.

이 주장이 널리 받아들여지자, 이 주장에 자극을 받은, 『내가 이슬람교도가 아닌 이유』의 저자 이븐 와라크는 재치 있게도 다음에는 일신교에서 신이 하나 더 삭제되어 무신론이 될 것이라고 했다.[23] 유일신론자들이 종교의 진보라는 개념을 범凡에서 다多, 다에서 일一이라는 수의 개념으로 통용시키려는 것을, 와라크는 1에서 0으로를 내세워 무너뜨린 것이다.

이런 일신론의 종교 진보라는 관념을 되새겨 본 사람들이라면, 그것은 진보가 아닌, 종교를 등에 업은, 세속 권력화한 종교가 저지른 참혹의 역사임을 확인하게 된다. 기독교가 밀라노 칙령으로 합법화될 때까지 300년간 로마제국의 박해를 받는 동안 살해된 기독교인들은 수천 명을 넘지 않았다. 그러나 합법화 이후 1500년 동안 동료 기독교인 수백만 명을 이단으로 몰아 학살한다.[24] 다른 종교들을 어떻게 대했을지 짐작하기 어렵지 않다.

교황 우르바누스 2세는 잃어버린 성지 예루살렘을 되찾고 형제 나라 비잔티움 제국을 돕는다는 명분으로 이슬람에 대한 전쟁을 선포했다. 그러나 이는 신성로마제국 황제 하인리히 4세를 제압하고 교황권을 황제권 위에 올려놓으려는 정치적 속셈의 겉치레에 지나지 않았다. 그래서 십자군 깃발 아래는 교황과 마찬가지로 저마다의 속셈을 품은 인간들이 몰려들었다. 영주, 기사, 상인, 농민, 모험가, 싸움꾼 등이었다.

그들은 예루살렘에 도달하여 본격적인 전쟁에 돌입하기도 전에 살육을 시작했다. 독일에서 출발한 십자군은 라인강 계곡의 유대인 공동체를 초토화하고 수천 명을 죽였다. 이스마엘의 자손에게 복수하러 가기 전에 메시아를 십자가에 매달아 죽인 유대인에게 먼저 복수해야 한다는 것이었다. 십자군이 예루살렘을 함락했을 때는 폭력이 절정에 달

[23] 리처드 도킨스 지음, 이한음 옮김, 앞의 책, 53쪽.

[24] 강신주 지음, 『철학 vs 실천』, 오월의 봄, 2020, 144쪽.

했다. 교황의 면죄부를 받은 십자군은 남녀노소, 무슬림과 유대인을 가리지 않고 사흘 동안 3만 명을 살해했다.

제4차 십자군 전쟁은 이슬람 침략자에게서 동방 기독교 형제국을 돕는다는 애초의 명분이 허울뿐이었음도 입증했다. 십자군은 비잔티움 제국의 수도 콘스탄티노폴리스를 점령하고 도시를 약탈한 뒤 폐허 위에 콘스탄티노폴리스 라틴 제국을 세웠다. 그러니까 '십자군 전쟁'은 정치적·경제적 탐욕을 종교적 대의로 포장한 기만의 전쟁이었고, 이슬람에 대한 맹목적 적개심을 동력으로 삼은 무지의 전쟁이었다.[25]

절대 권력은 절대 부패한다는 말이 있듯이, 유일신교는 절대 권력화하여 제대로 부패하여 갔다. 주지하다시피, 기독교는 십자군 전쟁만으로 그 부패와 참혹상을 드러낸 게 아니다. '마녀 사냥' 또한 그 참혹상을 드러내기에 부족함이 없다. 정치권력이든 종교권력이든 부패한 권력 체계가 스스로를 경장하는 경우는 드물다. 대체로 그 부패의 원인을 전가시킬 희생양을 찾아 체계 스스로를 유지하는 방법을 찾는다. 다시 말해 힘센 자가 힘없는 자를 희생 제물로 삼아 스스로를 버텨낸다는 것이다. 마녀로 지목된 사람들은 주로 대응력이 없거나 부족한 사람들이라, 그들을 지목한 야비한 인간들의 좋은 먹잇감, 희생양이 되었다.

마녀 사냥이 한 사람이나 한 가족을 죽이는 것으로 끝나는 경우는 좀처럼 없었다. 처음부터 세계적 음모를 전제로 시작되었기 때문에, 마녀로 고발된 사람들은 공범을 말할 때까지 고문당했다. 이렇게 얻어진 정보는 다른 사람들을 감금하고 고문하고 처형하는 데 사용되었다. 만일 어떤 공직자나 학자, 또는 성직자가 이런 터무니없는 방법에 이의를 제기하면, 그들 역시 마녀가 틀림없다는 증거로 간주되어 체포와 고문을 당했다.

---

25) 고명섭의 카이로스, 〈우르바누스의 '십자군'인가, 라이문두스의 '동서협력'인가〉, 《한겨레신문》 오피니언, 2023. 5.24에서 발췌함.

마녀 사냥에 나선 관료 조직 전체가 이런 정보 교환에 몸담았다. 신학자, 변호사, 종교재판관, 인쇄기 소유자들은 모두 마녀에 대한 정보를 수집하고, 생산하고, 마녀의 종류를 분류하고, 마녀의 행동을 조사하고, 마녀를 찾아내 굴복시키는 방법을 추천하는 일로 생계를 유지했다. 전문 마녀 사냥꾼들은 거액의 수수료를 받고 정부와 시 당국에 서비스를 제공했다.

하라리의 말처럼, 마녀로 이득을 챙기는 사람들은 굳이 마녀를 찾아 나설 필요가 없었을 것이다. 거울에 자신을 비춰 보면 될 것이었기 때문이다. 그러나 체계에 종사하는 사람들은 자신들이 떠받드는 거룩한 책이나 신념에는 오류가 없다고 생각하기에 그것을 믿는 자신도 오류가 없다고 여기기 때문에 거울을 들여다볼 이유가 없다. 그래서 수많은 죄 없는 사람들이 책과 신념의 무오류싱의 신봉자들의 희생사가 뇌어 체포되고 고문 받고 살해되어 사라져 갔다.[26]

종교와 교회의 이러한 부정적 역사는 종교에 대한 부정적 시각을 떨쳐내지 못했다. 그래서 종교는 치유할 수 없는 '실존적 정신 이상'일지 모른다(리쾨르)는 의혹도 그 중의 하나일 것이고, '종교는 평민들에게는 진실로 여겨지고, 현자들에게는 거짓으로 여겨지며, 통치자들에게는 유용한 것으로 여겨진다'(세네카)는 비아냥도 그 중 하나일 것이다.

위와 같은 잔혹한 중세를 살았던 사람이라면 다른 신을 꿈꾸지 않는 것이 이상할 것이다. 신비주의자 에크하르트가 성직자를 포함하여 인간이 규정하는 신 너머에 있는 무규정적인 신을 꿈꾸며, '신을 떠나게 해달라고 신에게 기도한다'고 고백했다.[27]는 사실도 이런 점에서 수긍이 갈 수밖에 없을 것 같다. 그가 말하는 신은 흔히 말하는 성부와 성자의 신이 아닌, 신의 근저를 돌파해서 다다른 궁극의 신, '신성'이었다. 이러한 신은 아마 하이데거의 '마지막 신'이나 시몬 베유가 '기다리는

26) 유발 하라리 지음, 김명주 옮김, 『넥서스』, 김영사, 2024, 162–163쪽에서 발췌함.

27) 고명섭 지음, 『하이데거 극장 2』, 한길사, 2022, 642쪽.

신'과 맞닿아 있었을 것이다.

종교의 변화(범신론에서 유일신으로)와 신의 굴절(자연신에서 인격신으로)을 진보라 믿는 사람들은 그 종교 안에 머물러 있는 사람들이다. 이와 달리 밖에 있는 사람들은 변화와 굴절을 타락과 부패라 여기며 진정한 신을 기다리거나 찾아 나섰다. 유일신은 탐욕의 신이며 인격신은 형상에 갇힌 신이다. 자유롭고 형상 없이 편재하던 신은 한정된 시공간에 갇혀 교회나 절에 유폐된다. 아니면 진정한 신은 교회나 절 밖으로 추방된다. 신은 성직자들의 행세에 걸림돌이 되어서는 안 된다. 이제 성직자들이 신을 밀쳐놓고 전면에 나선다. 교회나 절이 구원과 구복을 독점하여 분배한다. 그리고 독점 분배의 권한으로 권력을 조성함으로써 스스로 정치 권력화하고, 또 쉽사리 정치와 결탁할 수도 있게 된다.

진정한 신을 대면하고자 하는 이들이 단독자를 말하며 교회 밖에 머무는 이유다. 그들은 종교와 신을 가져도 이신론자가 될 수밖에 없다. 이신론자는 인간의 한계를 실감하고 초월적 신 또는 초자연적 지성을 믿는다. 그러나 그 지성이 우주를 지배하는 법칙들을 설정하는 일에만 관여할 뿐 인간사에 개입하거나 관심을 갖지 않는다고 생각한다.[28]

흔히 말하듯이, 시계공은 시계를 만들어 작동시켜 놓고 사라진 것이다. '숨은 신'이 논의되는 지점이다. 롤랑 바르트는 이를 '신은 숨김 속에서 스스로를 드러내고, 또한 드러냄 속에서 숨는다'는 말로 표현했고, 시몬 베유나 디트리히 본회퍼는 이를 '인간의 부름에 부응하여 화답하지 않는 신'으로 묘사했다. 신이 숨지 않고 스스로를 드러내는 것은 자신을 지배자의 차원으로 추락시키는 것이고, 신이 인간의 부름에 화답하는 것은 인간의 목적을 실현하는 수단으로 스스로의 수준을 떨어뜨리는 것일 뿐이라는 생각에서였을 것이다.

28) 리처드 도킨스 지음, 이한음 옮김, 앞의 책, 33쪽.

이제 신을 믿는다는 것은 두 가지 중 하나가 된다. 신이 있기를 열망하는 것이거나 신이 있기나 한 것처럼 행동하는 것이다.[29] 신을 믿는 것은 자기 자신에게서 나와 신 속으로 들어가는 것이다. 신은 영원무한의 자연에게서 받은 전체의식이므로 고통이고 또한 사랑이고 연민이다. 신을 믿는다는 것은 인간 개인의식이 신의 전체의식에 공감하며 용해되려는 고뇌다. 그러나 그것은 쉽게 이루어지지 않는다. 인간은 이미 개인의식에 오래 침윤되어 있어 전체를 향한 몸짓은 미약하기만 하다. 그러나 그 몸짓에는 고뇌의 진실이 담겨 있다. 에스퀼로스의 말처럼 진실은 고뇌로부터만 오기 때문이다.

신이 있기나 한 것처럼 행동하는 것은 이제 일반적인 종교인의 행태가 되었다. 오늘날 우리는 더 이상 '정말로 믿음을 갖고 있는' 것이 아니라, 다만 우리가 속해 있는 공동체의 '생활양식'을 존중하여 종교적 의식이나 관행을 지키는 것뿐이다. "내가 그것을 정말로 믿는 것은 아니다. 그것은 내가 속한 문화의 일부일 뿐이다."라는 말은 우리 시대를 특징짓는 부인된/치환된 믿음을 표현하는 지배적인 양식인 듯하다.[30]

대부분의 기독교인은 예수를 모방하지 않았고, 대부분의 불교도는 부처를 따르는 데 실패했으며, 대부분의 유생들은 공자를 울화통 터지게 했을 것이다. 이와 대조적으로 오늘날 대부분의 사람들은 자본주의-소비지상주의 이념을 성공적으로 준수하며 살아간다. 이것은 그 신자들이 요청받은 그대로를 실제로 행하는 역사상 최초의 종교다.[31] 이는 신이 최종적으로 '물신'으로 통합되었다는 얘기다. 그럼에도 여태 각각의 종교가 종교의 너울을 쓰고 있는 것은 진실이 민낯으로 드러나는 것을 위장하기 위한 포장에 지나지 않는다.

신이 있기를 열망하는 사람들 중에는 신을 믿는 사람과 다른, 또 다른 부류가 있다. 그들은 신이 교회나 절에 있다고 생각하지 않는다.

29) 미겔 데 우나무노 저, 장선영 역, 앞의 책, 175쪽.

30) 슬라보이 지젝 지음, 김정아 옮김, 『죽은 신을 위하여』, 길, 2007, 13쪽.

31) 유발 하라리 지음, 조현욱 옮김, 앞의 책, 494쪽.

그들은 신을 경배하지 않는다. 그래서 경배 장치가 없는 교회나 절 밖으로 구도자가 되어 숨은 신을 찾아 떠난다. 아도르노와 호르크하이머가 말한 것처럼, 신은 신들에게 바치는 경배 장치에 의해 무너진다는 것을 그들은 알기 때문이다.

그들은 신을 발견하고자 원한다면, 그와 서로를 존중할 수 있는 거리를 두어야 한다고 생각한다. 그래서 신을 발견하는 것은, 그를 만나러 가고 있을 때가 아니라, 단지 그를 홀로 남겨두고 돌아설 때라는 것이다.[32] 신을 만날 수 있는 기회는, 인간이 그를 열망하여 앞으로 나아갔을 때가 아니라, 의도하지 않고 돌아서 갈 때, 뒤로부터인 것이다.

왜 그런가. 신은 인격신으로 자신을 일정한 시간과 공간 안에 가두어 두고 있지 않기 때문이다. 하이데거 식으로 말하면, 신은 존재자가 아닐 뿐만 아니라 최고의 존재자도 아니다. 내재적 초월의 신이다. 신이 내재적 초월로 편재遍在하고, 진리가 산종散種되어 있고(데리다), 신이 진리(간디)라면, 신은 내재하고 초월하고 편재하며 자신을 산종시킨다. 따라서 진정한 신을 만나려면 형상을 가진 존재로서나 한정된 장소에서는 불가능하다. 신은 더 이상 자신을 통째로 드러내어 인간에게 직접적으로 말하지 않는다.

따라서 신을 만나려면 신이 스스로를 편재시키고 산종시킨 계기를 만나야 한다. 그 계기를 기다릴 수 있는 인내와 볼 수 있는 혜안을 가지지 않고는 신을 만날 수 없다. 소로처럼, 자연을 제대로 만나려면 자연 상태와 같이 되어야 하듯이, 소크라테스가 말한 것처럼, 신을 만나려면 신의 상태와 가까워져야 한다. 그것은 무에 가까운 인간의 최소인 동시에 무한에 가까운 인간의 최대일 것이다. 무엇이 최소여야 하고, 무엇이 최대여야 하는지는 인간 스스로 알고 있다. 그러고도 신은 인간의 뜻대로가 아니라 신의 뜻대로 감지될 뿐이다. 이것이 의도하지 않고

32) 헨리 데이빗 소로 지음, 류시화 옮김, 앞의 책, 48쪽.

돌아서 갈 때, 뒤로부터의 뜻이다.

　이러한 신의 대열에 들어선 사람으로 앞의 간디와 데리다 외에 많은 사람을 거론할 수 있다. 신은 언제나 부재하며 언제나 현존한다는 숨은 신의 비극적 세계관을 지닌 채, 세속 종교집단에 들어가기를 마다한 신앙인/구도인이 모두 여기에 속할 것이다. 이들은 결핍이 많은 자들처럼 신에게 많은 것을 요구하지 않았다. 인간의 욕구나 의지대로 신이 움직여 주기를 바라지도 않았고, 세상이 신의 이치에 맞게 굴러가기를 원했을 뿐이다. 인간이 신을 바르게 부르지 않는 한 신은 임재하지 않는다[33]는 것을 알고 있었기 때문이다.

　그리고 종교 집단이 내세우는 일정한 장소만이 성소이고 성전이 아니라는 사실 때문이다. 예수는 자신의 몸이 성소요 성전이요 교회였다. 기존의 성전을 파괴하고 정화하려 힌 깃은 성전 이데올로기로 부패하고 타락한 현실을 일신하고 싶었을 뿐만 아니라, 그를 따르는 사람들이 스스로를 성소, 성전 교회로 삼으라는 뜻이었을 것이다.

　신은 '없이 계심이다'라는 궁극적 깨우침에 도달한 류영모도 이 대열에 위치시킬 수 있을 것이고, 교회 밖에 있는 사람을 떨칠 수 없어 교회 안으로 들어가기를 거부하고, 현실의 중력을 거스르는 신의 은총을 내세우며, 아직 오지 않은 신을 기다린 시몬 베유, 기성 기독교가 하나님을 교회 속에 유폐시켜 세상과 분리시켰으므로, 진정한 크리스찬은 세상 모두를 사랑하는 하나님과 함께 교회로부터 세상으로 뛰쳐나가 이 세상의 주인으로 일하며 세상을 사랑해야 한다고, '하나님 없는 기독교'를 말한 디트리히 본회퍼[34]도 마찬가지일 것이다.

　그러나 이와 같은 예외적 인간은 많지 않고, 또 그들이 찾는 신은 웬만한 인간으로는 가닿을 수 없다. 이러한 상황을 아마 칸트는 예견하

33) 고명섭 지음, 『하이데거 극장 2』, 한길사, 2022, 758쪽.

34) 이제희 지음, 『해방신학』, 평범서당, 1985, 127쪽.

지 않았을까 싶다. 칸트는 당대의 종교가 완고한 교리체계로 신자들을 미성년 상태에 가두고 있다고 생각했다. 국가와 교회는 신자들이 스스로 양심을 지키는 성년의 상태에 이르지 못하도록 막고, 성직자들은 "그들이 돌보는 가축을 어리석게 만들고, 이 온순한 피조물들이 그들을 가두어 놓은 보행기 바깥으로 한 걸음도 벗어나지 못하도록 주도면밀하게 단속한다."[35]고 말했다.

이러한 칸트의 교회와 성직자에 관한 진술은 칸트만의 생각이 아님은 여러 군데서 이미 확인한 바다. 종교는 인류의 유아적인 본질이고, 신앙은 본질적으로 당파적이며, 신은 인간 자신의 본질이 투영된 것일 뿐이라고 포이어바흐도 말한 바 있다. 그러나 성직자와 교회의 이런 행태에 대한 지적을 넘어, 나름의 바람직한 종교를 제시한 사람은 많지 않다. 게다가 앞의 구도자와 같은 자세가 아니라, 일반인이 어떤 자세로 나아가야 되는지를 말한 사람은 더욱 드물다.

그러나 칸트는 나름의 방안을 명확히 제시하고 있다. 칸트는 우선 계시종교에 이성종교를 대립시킨다. 이성종교에서 신은 도덕법칙의 입법자다. 순수한 도덕 위에 세워진 종교 외에 참된 종교는 없다. 완전한 도덕성이 신성성이기 때문이다. 현실의 인간은 온갖 종교와 종파를 믿지만, 그 이념에서 보면 단 하나의 종교 곧 도덕적 이성종교가 있을 뿐이다. 이는 간디의 종교관과 정확히 일치한다.

계시를 믿고 성서를 믿는 것은 그 믿음의 참됨을 전혀 보장하지 않는다. 핵심은 도덕이기 때문이다. 따라서 현실에서 발견되는 수많은 종교 신앙은 단일한 도덕적 종교의 이념을 판별의 기준으로 삼아 참된 신앙과 거짓된 신앙으로 나눌 수 있다. 그리하여 칸트의 이성종교 곧 도덕 종교는 다양한 신앙 형태를 아우르는 보편종교의 이념적 지평이 된다. 세상에 종교 형태는 많지만, 도덕성이라는 본질에서 보면 하나라는 것

[35] 이마누엘 칸트 외 지음, 임홍배 옮김, 『계몽이란 무엇인가』, 고명섭 서평, 《한겨레신문》 책&생각, 학술지성, 2020.11.13

이다.36)

 이러한 칸트의 특장은 인간과 세계의 현실적 한계를 가늠할 줄 아는 균형 감각을 잃지 않는 것에 있다. 전쟁을 통한 통찰을 통해 '세계 공화국'을 제시하여 세계 각국의 연대를 도모하는 토대를 마련한 것처럼, 종교에서도 누구도 논의하지 않는 이성종교 또는 도덕종교라는 관념으로 보편종교를 구상하여 종교 갈등으로 파생하는 분란을 조정할 수 있는 기초를 마련한 것으로 보인다.

 그러나 이성과 도덕에 대한 신뢰가 쉽지 않은 만큼, 칸트의 진단과 대처에도 불구하고 종교 앞에는 넘어야 할 산이 많이 가로막혀 있다. 현실 종교의 종파는 이성의 보편성을 무색하게 하며 인간의 자기 분열을 극복하지 못하고 있다. 뿐만 아니라 종교는 정치와 결탁한 행태를 불식하지 못하고 많은 지역에서 신정국가 형태로 잔존하고 있다. 그러니까 종교와 신은 옛 잔재를 떨치지 못하고 달고 다니며 명맥을 유지하고 있는 셈이다.

 그리고 앞에서 잠시 언급한 것처럼, 신은 자본주의의 발흥으로 새로운 형태로 진화하여, 보편적 이성으로도 하지 못한 세계 통일적인 종교인 물신物神으로 재창조되어, 온 지구상의 사람들을 신도로 거느린 울트라 신이 되었다. 여기에다 과학과 기술이 가미되어 세상에 통용되는 정보를 거두어 들여 만들어진 데이터교라는 새로운 종교는 접속하는 모든 인간을 신도로 거느려 역시 세계 최대의 종교가 되어 있다. 이 신과 종교가 인류가 겪은 어떠한 신과 종교보다 너그럽지 않을 것이라는 점이 우려되는 바이다.

36) 이마누엘 칸트 지음, 김진 옮김, 『이성의 오롯한 한계 안의 종교』, 고명섭 서평, ≪한겨레신문≫ 학술지성, 2023. 10.14

길과 걷기

지상의 모든 길은 하늘에서 내리는 빗줄기에서 비롯되었다. 땅에 내린 빗물은 수직으로 내린 힘과 스스로의 무게로 물길을 내며 모든 길의 원조가 되었다. 물은 모여 요란한 소리를 내며 힘차게 흐르다가, 개천을 지나며 힘과 소리를 줄이면서 강에 이르렀고, 강물은 산에서부터 흘러온 모든 것을 넓고 깊은 품에 안고 유장하게 흘러 바다에 이르렀다.

이런 '물길'의 흐름에 비추어 인생길을 음미해 보는 일은 어쩌면 당연하다 하겠다. 인생길도 처음 빗물이 모여 흐름을 형성하는 듯한 청소년기의 성장, 폭포를 형성하며 계곡을 세차게 흐르는 듯한 장년기의 왕성, 물살이 완만해지며 어느새 강물이 되어 바다로 흘러들어가는 듯한 노년기의 노숙은, 인생의 흐름이 물길의 흐름과 다르지 않음을 보여준다. 이는 인생이 물이라는 자연의 일부이니 그러할 것이요, 물길의 굴곡이 인생의 우여곡절에 부합하니 더욱 그러할 것이다.

그래서 공대에서 수리수문학을 강의하던 쿠오는 이를 구체적으로 설명했고, 버트런드 러셀은 자신의 자서전 속표지에 비유적으로 묘사해 놓았다.[1] 물은 이처럼 흐르면서 자신의 길을 만들어 스스로 길이 되었다. 그리고 이 물길을 따라 사람이 살게 되면서 또 다른 길들이 생겨났

1) 이도원 지음, 『흐르는 강물 따라』, 사이언스북스, 2004, 78쪽. 버트런드 러셀 지음, 송은경 옮김, 『인생은 뜨겁게–버트런드 러셀 자서전』, 사회평론, 2015, 5쪽.

다. 산의 계곡과 등성이로 산길이 생겼고, 마을과 마을을 잇는 오솔길, 나루와 포구를 잇는 뱃길이 생겼으며, 마을에는 골목길, 들판 사이로는 들판길, 강을 밀어내며 강둑을 따라 뚝방길이 생겼다.

이런 길들은 대체로 자연스럽게 생겨난 것이다. 애써 닦고 만든 길이 아니었다. 그러나 이제 이런 길들은 보기가 쉽지 않게 되었다. 인간이 자연을 앞세워 개발하거나 자연을 등지는 바람에 자연스러운 길들은 묻히거나 다른 길로 바뀌었다. 인위적인 길이 자연스런 길을 대체했다. 새로 만들어진 신작로는 자갈길에서 아스팔트길로 바뀌었고, 옛길이 사라지는 옆으로 철도가 생겨났고, 그것으로는 부족해 고속도로와 고속철도가 새로 만들어졌으며, 땅 밑으로 지하철도까지 운행하게 되었다.

길

길은 공간과 공간, 장소와 장소를 이어주는 통로다. 그래서 길은 통로 주위에 그에 걸맞은 풍광만 갖추고 있는 것이 아니라, 그 통로를 밟고 다닌 사람의 삶이 층층이 새겨지게 되었다. 그러나 그 길은 세월의 무게를 견디지 못하고 가라앉아 길에 잠재된 삶을 스스로 드러내지 못한다. 그러한 길에 새겨진 삶은 그 길에 들어선 또 다른 사람의 발길이 닿아서야 속내를 드러낸다. 그러다 보면 모든 길은 사람의 발자국을 기다리고 있는 것이라는 생각에 가 닿기도 한다.[2]

'산길'은 막연히 산에 나 있는 길이 아니었다. 그 길의 개척자는 산에 사는 동물들이었을 것이다. 사람들은 짐승들이 다닌 흔적을 따라 걸었고, 그것이 사람이 다니는 길의 가능성을 열었다. 동물들이 다닌 길이

2) 임동헌 지음, 『한국의 길, 가슴을 흔들다』, 랜덤하우스, 2007, 116쪽.

가장 안전한 길이었기 때문이다.[3] 그 뒤를 이어 산의 계곡과 등성이를 드나들던 사람들의 삶이 산길에 녹아들었다. 산막이라는 임시 거주처를 마련하여 머물렀던 사냥꾼들이나 약초꾼들의 삶, 도피처이자 정주처이면서 일터로 산을 찾아들어 화전을 일구었던 화전민들의 삶, 등성이의 고갯길을 넘어 다음 장이 서는 곳으로 등짐을 지고 넘었던 장꾼들의 삶이 산길에 녹아들어 갔다.

지금 그곳은 인간들의 삶의 변화에 따라 흔적도 없이 사라졌거나, 몇 개의 주춧돌과 감나무가 흔적을 남기고 있거나, 강가의 산 밑을 돌아가는 몇 발자국의 잔도로 자취를 엿보게 하고 있거나, 산을 구불구불 돌아 넘는 지방도의 우회도로로 버티다가, 산을 터널로 관통하는 새 도로가 생기면서 폐쇄되는 운명을 맞아 버려져 있다.

지금 이런 산길을 가는 사람은 드물다. 산에 살던 사람들이 산 속에서 자취를 감추고, 길에서 길을 가는 길손이 사라진 지금, 자동차가 온 산하를 누비고 다니는 세상에서 누가 옛길에 배어 있는 삶을 일깨워 내기 위해 그 길에 들어서겠는가. 요즈음 유행하고 있는 둘레길이나 올레길의 탐방자들이 그러한 삶을 일깨워 음미할 수 있는 소양을 갖추고 있다고 누가 장담할 수 있겠는가.

길을 제대로 걸어 길에 침전된 삶을 길어내기 위해서는 길에 들어선 사람이 스스로 지고 있는 짐을 내려놓고 안을 비워야 한다. 그 짐은 집과 일터에서 가지고 있었고 누리고 있었던 관성적 삶의 소유물이다. 그것을 지고 가는 것은 길로 나선 전후가 달라지기를 기대하는 것을 터무니없게 만든다. 이는 여행을 다녀온 사람이 조금도 나아진 것이 없다는 말을 들은 소크라테스가, "그는 자기를 짊어지고 갔다 온 것이지."[4]라고 한 말을 떠올리면 쉽사리 수긍할 수 있다.

성급한 욕망으로 들끓는 마음은 길에 들어선 사람에게 적합하지 않

3) 안치운 지음, 『그리움으로 걷는 옛길』, 디새집, 2003, 329쪽.

4) 몽테뉴 지음, 손우성 옮김, 『몽테뉴 수상록Ⅰ』, 동서문화사, 2020, 256쪽.

다. 인간의 마음은 생각보다 무한히 크지 않다. 몸이 그러한 만큼 마음도 그러하다. 비워낸 꼭 그만큼만 담을 수 있다. 그래서 먼 길을 가는 사람의 차림은 단출하고 마음은 가볍다. 단출하고 가벼울수록 멀리 갈 수 있다. 길을 끝까지 걸어내겠다는 의지, 목적지에 다다르겠다는 욕심마저도 없어야 한다.

오히려 마음을 비우고 즐거이 길을 잃는 자세까지 필요할지도 모른다. 길을 잃는 만큼 낯설고 새로운 것에 직면할 수 있으니까. 길 잃는 것을 두려워하면 새로운 삶의 세계로 들어서지 못한다. 지도를 보고 확인하고, 내비게이션을 통해 찾아가는 곳은 많은 사람들의 발길에 닳고 닳은 곳이다. 그런 곳은 많은 사람들의 발길에 소중한 것들이 휘발되어 버렸을지 모른다. 그런 곳에 가서 또 하나의 발자국을 덧보태는 것에 만족하지 않는다면 모험과 우연을 즐겨야 한다.

옛길을 찾아 그 밑에 침전된 삶을 보고 싶다면 지도나 내비게이션이 가리키지 않는 곳으로 발걸음을 내딛어야 한다. 그곳에는 삶의 흔적이 어렴풋이 남아 있다. 그러한 흔적을 보지 못하는 것은 우리가 그것을 찾지 않기 때문이다.[5] 남들이 밟지 않은 곳에서 발견한 흔적은 새로운 진실의 섭취로 이어지고, 그 섭취로 말미암아 그 장소는 새로운 면모를 띠게 된다. 이것이 길과 그 길을 찾는 사람과의 상호 작용이며 상호 생성이다. 즉 길은 그 길을 찾는 사람에 의해 다시 태어나고, 길에 들어선 사람도 그 길에 의해 다시 태어난다.

산길을 따라 내려가면 마을을 만난다. 마을 안에는 골목길이 있고 마을 밖에는 들판길과 뚝방길이 있다. 골목길은 일상의 거주가 원활하게 영위되도록 해주는 길이고, 들판길은 일상의 노동이 가능하도록 해주는 길이라면, 뚝방길은 자연과 마을의 경계, 마을과 마을의 경계를

5) 월리스 카우프만 지음, 강주헌 옮김, 『길을 잃는 즐거움』, 나무심는사람, 2002, 336쪽.

이루어 마을 사람들의 교류와 알력을 보여주는 길이다.

'골목길'은 좁고 집의 담장은 낮아, 마을 사람들이 서로 접촉하고 집안을 들여다보기 쉬워 친밀감을 형성하는 데 이바지한다. 그러나 한편으로 그것은 골목길의 협소함에 따른 친밀감에 비례하여 주민 의식의 배타성과 편협성을 조장하기도 한다. 그래서 때로는 불화와 시샘의 원인이 되기도 한다. 그리하여 골목길은 마을의 순전한 혈맥이자 진솔한 속살이 된다.[6]

그러나 이제는 그 골목길에서 사람을 마주치기는 쉽지 않다. 골목길을 나서 대처로 이어지는 큰 길이 마을의 젊은이들과 아이들을 데려가 버렸기 때문이다. 세대는 세대로 이어지며 집을 떠나고, 집은 또 하나의 다른 집으로 옮겨가 버렸다. 시골의 마을은 다음 세대를 품을 만큼 역량이 크지 않았다. 마을 앞으로 난 신작로는 마을의 다음 세대를 구성할 젊은이들을 도시로 끌어들이는 통로였다.

'들판길'은 거주의 골목길을 나서 노동의 장소로 나가면서 만나는 길이다. 노동의 들판길은 거주의 골목길과 마찬가지로 농부가 하루도 거르지 않고 밟아야 하는 길이다. 노동 없이는 거주도 없기 때문이다. 그래서 농작물이 농부의 발소리를 듣고 자란다는 말이 생겼을 것이다. 그러나 두레는 진작 무형문화재의 목록에 올랐고, 품앗이도 거의 옛말이 되었으며, 농사는 외국 이주민의 노동 없이는 이어갈 수 없는 지경이 되었다.

그 들판길은 농부의 발길을 받아들이던 것에서 훌쩍 더 넓어져서 트럭이나 농기계가 출입할 수 있는 넓이로 바뀌었다. 많은 들판에서 사람으로 북적대던 모습은 사라지고, 대신 기계가 농작물을 심고 수확하는 장면으로 바뀌었다. 수확 시기에 바람결에 일렁이던 농작물 모습은 사라지고, 하얀 비닐하우스로 뒤덮인 들판과 그 사이에 띄엄띄엄 서 있는

---

6) 강내희 지음, 『길의 역사—직립 존재의 발자취』, 문화과학사, 2016, 48쪽.

전신주를 보여줄 뿐이다.

'뚝방길'의 존재는 인간의 삶이 그러했듯이, 물 없이는 살 수 없었던 형편을 반영하여 생긴 길이다. 자연은 인간에게 혜택을 베풀기도 하지만, 근원적으로 인간의 삶에 무심한 것이 본질이다. 강의 혜택을 누리기 위해 강 가까이 살지만, 또한 무심한 강의 피해를 막기 위해 둑을 쌓아야 했다. 치수가 인간 삶의 근본임은 이미 동서양의 고사들이 입증해 놓았다.

그 치수를 위해 만든 둑에 생긴 길이 뚝방길이다. 뚝방길은 강가 마을 언저리에 생겨, 하나의 마을과 그 너머를 구분하는 경계로 나 있었다. 그래서 뚝방은 한 마을의 힘이 가장 덜 미치는 곳, 일종의 사이 공간 또는 경계 공간으로서 누구에게도 완벽하게 장악되기 어려운 장소였다. 뚝방길에서 연애 사건이 생기고, 싸움판이 벌어지곤 했던 것은 그곳이 두 마을 사이의 구분과 장악이 희미해지고 엷어졌기 때문이었다.[7]

마을을 벗어나면 또 다른 길을 만난다. 마을과 마을을 연결하는 길이다. 그 길은 그다지 넓지 않은 오솔길이다. '오솔길'은 자연 속에 난 가느다란 선과 같은 길로서, 인간 신체의 무게와 반복으로만 생겨난 자연스러운 길을 대표한다. 루신이 「고향」 끝부분에서, "실상 땅 위에 본래부터 길이 있는 것은 아니다. 다니는 사람이 많아지면 곧 길이 되는 것이다."[8]라고 말한 길의 대표가 곧 오솔길일 것이다.

오솔길은 혼자서 호젓이 고요함에 잠길 수 있도록 해주는 길이면서, 그 고요함이 도리어 두려움을 자아내는 길이기도 하다. 또한 산속으로 깊이 들어가기를 유혹하는 길이면서 동시에 산속에서 길을 잃은 사람에게는 마을로 이어질 수 있다는 안도감을 갖게 하는 길이다. 다시 말해 오솔길은 마을을 떠나 산으로 들어가는 길이면서 동시에 마을로 이

7) 앞의 책, 47쪽.

8) 노신 저, 이가원 역, 『아Q정전/광인일기』, 동서문화사, 1975, 73쪽.

어지는 길이다.

  이 마을 안과 주위에 있던 길들을 불러 모으는 곳이 오일 만에 한 번씩 서는 장이었다. 오일장은 마을을 이어주는 오솔길의 한계를 넘어 각 마을 사람들을 집중적으로 불러 모아 서로 교류하게 만드는 장소였다. 그리고 그 장의 무대를 마련한 이들은 산길과 물길을 마다 않고 길을 따라온 장꾼들이었다. 시골장은 파는 이와 사는 이가 거래를 하는 장소를 넘어, 정보를 교환하고 한데 어울려 삶을 즐기는 축제의 장소였다.

  그러나 오일장에 사람들의 운집이 기억 속의 장면들로 희미해지듯이, 오솔길에서도 마을의 골목길과 들판의 들판길에 사람의 모습이 사라지는 것 이상으로 사람의 모습을 보기 어려워졌다. 사람의 발자국이 사라진 길은 이제 길의 자취가 사라져 거의 자연 상태로 돌아가 있다. 자연의 힘은 사람의 힘보다 월등히 세다. 사람의 발자취가 사라진 오솔길은 풀과 나무로 덮여 사람이 지나다닐 수 없게 되어 버렸다.

  물길에서 파생된 또 다른 길에 '뱃길'이 있다. 뱃길에는 물의 흐름에 스스로를 맡기는 뗏목배도 있고, 순전히 인간 신체의 힘에만 의존하여 노를 젓는 배도 있다. 또한 바람의 도움을 받아야 제 구실을 하는 돛단배도 있다. 이러한 뱃길은 나루와 나루, 포구와 포구를 연결하며 사람을 태워 나르고 재물을 실어 나르는 통로가 되었다.

  그 뱃길의 사공은 떠돌이 장꾼이나 행상인처럼, 자신의 삶을 한 자락의 이야기로 간직한 채 묵묵히 배를 젓지만, 배를 타고 드나드는 사람들의 속내를 받아들여 간직하거나 전해주기도 했다. 어떤 길이든 길은 사람들이 오가는 곳이고, 사람들이 오간 길에는 그 사람들의 삶의 파편이 떨어져 쌓여 있기 마련이며, 그것은 이야기에 담겨 사람에서 사람으로 전해지기도 하기 때문이다. 그러면서 사공이나 행상인은 그 삶과 이야기의 증인이 되기도 하는 것이다.

물 위를 부는 바람은 돛단배를 작동시키는 힘이기도 하지만, 바람 스스로 일종의 길, 곧 '바람길'이 되기도 한다. 마치 물이 스스로 길이 되기도 하고 뱃길을 만들기도 하는 것처럼 말이다. 이 바람길은 사람의 맨눈으로 포착하기 불가능한 길이다. 크리스티나 로세티의 시에서처럼, 바람은 누구도 볼 수 없고, 단지 바람에 나부끼는 나뭇잎의 움직임을 통해 바람의 존재와 방향을 알 수 있을 뿐이다.

이 바람길의 주인은 새들이다. 새들은 날개의 힘만으로 나는 것은 아니다. 특히 먼 하늘을 날아야 하는 철새는 이 바람의 기세를 타야 고봉준령을 넘을 수 있다. 세계의 지붕이라 일컬어지는 산맥을 넘는 새들이 기류를 타지 못하여 한 번의 비월飛越에 실패하면 다시 선회하여 재시도하는 것을 보거나, 빙벽에 부딪혀 등반객의 눈에 주검으로 발견되는 것도 새들이 바람길의 주인이지만, 또한 바람길을 제대로 타야 목적지에 도달할 수 있다는 것을 보여준다.

바람을 타는 새의 험난함은 물길을 거슬러 오르는 물고기의 '귀향길'에 비하면 덜 험난할 수도 있다. 트여 있는 하늘에 비해 물은 갇히기 쉬워 오염에 더 취약하고, 앞길을 가로막는 장애물이 더 많기 때문이다. 폐그물에 걸리거나 유출된 기름에 질식해 폐사하기도 하고, 댐과 보에 가로막혀 오도 가도 못하는 신세가 되기도 한다. 이제 강은 파스칼이 말한 강, "강은 전진하는 길이며, 우리가 가고자 하는 곳으로 데려다주는 길"[9]이 아닌 것이다.

사람이 이동하는 길은 아니지만, 사람의 뜻을 실어 나르는 통신길, 곧 '봉화길'도 있었다. 봉화길은 세계적인 오랜 통신 수단인 봉수제,

[9] 파스칼 저, 안응렬 역, 『팡세』, 동서문화사, 1975, 353쪽.

곧 오늘날의 전보나 전신에 해당하는 우편제도로 생겨난 길이었다. 우리나라에서는 고려 중기(의종 때)에 제도적으로 확립되어, 조선 세종 때는 규모와 형식 그리고 신호 방법이 자세하게 정비되었다. 전국에 모두 650개의 봉수가 일정한 간격으로 설치되어 있었다. 낮에는 봉燧/연기로, 밤에는 수燧/횃불로 신호를 삼았다.

각지에서 보내온 신호는 서울 남산에 도착한 뒤, 매일 새벽에 병조와 승전원에 보고되었다. 봉수대에는 군사들이 배치되어 24시간 교대로 근무했지만, 자리를 비우거나 신호를 놓쳐 벌을 받는 일도 허다했고, 평화가 오래 지속되면서 봉수군의 대접도 부실했다. 그래서인지 임진왜란이 발발했을 때는 12시간 만에 한양에 도착해야 할 신호가 중간에 끊기기도 했다. 이후 파발마 제도가 도입되면서 봉수의 중요성이 떨어졌지만, 전화 통신이 들어선 1894년까지도 그 명맥을 유지했다[10]고 한다.

길을 두 발로 오래 멀리 걷는 것에 '순례길'이 있다. 이는 운송수단을 통해 빨리 이동하는 것과는 다른 의미가 부여된다. 순례자는 길에서 다시 태어나기 위해 일상 밖의 저 너머에 있는 영구적인 계시를 향해 나아간다.[11] 그래서 성지를 찾아 떠나는 순례길은 출발부터 고행과 신성의 기운이 서려 있다. 거의 모든 인류 문명에서 순례는 영적 여행의 수단으로 각인되어 있으며, 거의 모두가 금욕과 육신의 고통을 영혼 성숙의 수단으로 이해했다. 그러니까 순례는 믿음과 행동을 결합시키고, 생각하는 것과 행하는 것을 결합시킨 것이다.[12] 그러니까 순례는 몸 전체를 길에 던짐으로써 몸이 원료가 되어 마음이 타올라 신과 가까워진다고 여겨진 것이다.

순례를 떠나는 사람에게 이 세상의 공간은 두 부류로 구획된다. 하나는 성스러운 공간이고 다른 하나는 속된 공간이다. 순례자가 찾아가는

---

10) 김재성 지음, 『미로, 길의 인문학』, 글항아리, 2016, 130–132쪽 참조.

11) 리호이나키 지음, 김병순 옮김, 『산티아고-거룩한 바보들의 길』, 달팽이출판, 2010, 57–58쪽, 129쪽.

12) 레베카 솔닛 지음, 김정아 옮김, 『걷기의 역사』, 민음사, 2003, 77쪽, 82쪽.

성지는 성스러운 공간이자 그곳의 중심이다. 중심은 그 중심을 벗어난 주변과 다른 자기만의 힘과 의미를 지니고 있다. 이 중심에 들어서면 속된 세상에 오염된 사람의 육신은 정화되어 다시 태어나게 된다. 순례 길은 바로 이 재생의 중심에 들어서기 위한 과정이다.

그 중심에서 길어 올리고자 하는 것이, 삶의 근원적이고 궁극적인 질문에 대해 자신이 찾던 구체적인 답이라면, 다시 말해 궁극적인 질문에 대한 개별적인 대답이라면[13] 굳이 그 중심이 종교적인 성지일 필요는 없을 것이다. 그곳은 산일 수도 있고 사막일 수도 있다. 산과 사막은 성지의 중심과 마찬가지로 속된 껍질을 벗기는 마력을 행사하기 때문이다. 실제로 산과 사막에서 그것을 길어 올린 라인홀트 메스너나 테오도르 모노의 사례를 보면 더욱 그러한 생각이 든다.

어쨌든 지금까지 보아왔던 길, 자연 속의 물길이나 산길, 마을의 골목길과 들판길, 마을과 마을 사이의 뚝방길과 오솔길, 나루나 포구의 뱃길 등, 자연스럽게 생겨난 길들을 보게 되는 경우는 드물게 되었다. 특히 옛 모습이나 정취를 염두에 두고 그곳을 찾았다가는 실망만 안고 돌아서기 십상인 처지가 되었다. 장소는 기억이나 추억을 저장하고 있는 터이지만, 장소의 변화는 그 기억과 추억을 휘발시키는 계기가 되기 때문이다.

게다가 그러한 길들의 바뀜이나 사라짐은 단순한 기억이나 추억의 수준이 아니라 삶 전체의 상실이나 소멸로 이어지기도 한다. 길은 공간과 장소를 이어주는 수단일 뿐만 아니라, 거기에 삶을 담고 있는 사람에게는 삶의 흐름이기도 하다. 흐름이 삶이고 생명이라면, 그 흐름이 끊김은 소멸이고 죽음이다.

몸에는 심장에서 피를 내보내고 받아들이는 동맥과 정맥이라는 혈

[13] 필 쿠지노 지음, 황보석 옮김, 『성스러운 여행, 순례 이야기』, 문학동네, 2003, 90쪽.

맥이 있고, 그 사이에 헤아릴 수 없을 정도로 많은 실핏줄이 있다. 세상의 자연스러운 가느다란 작은 길들은 실핏줄이며, 넓고 커다란 길들은 동맥과 정맥이다. 동맥과 정맥 사이를 실핏줄이 연결시켜 주지 않는다면 혈액의 순환은 불가능하며, 따라서 생명 유지도 힘들어질 것임은 명약관화하다.

혈액 순환의 이론을 제일 먼저 발표한 윌리엄 하비도 현미경으로 실핏줄을 발견하지 못했다면, 그의 이론은 미완성에 그쳤을 것이다. 이러한 혈액 순환이론에 비추어 보면, 자연스러운 길들의 사라짐은 실핏줄의 사라짐이며, 세상의 순환은 불가능해지고 일방적 질주만 세상을 지배하게 될 것임을 예고한 것이다. 노동이 끊겨 폐업이, 거주가 끊겨 폐가, 교육이 끊겨 폐교가, 이 모든 것들이 뭉쳐 폐촌이 문제적 사건이 된다.

이처럼 자연스러운 길들은 이제 옛길로, 과거의 길, 기억 속의 길로 돌아갔다. 그것을 알리는 신호는 '신작로'라는 새로운 길이었다. 신작로는 글자 그대로 새로 '만들어진' 길이었다. 길만 좁고 흙으로 덮인 길에서 넓고 자갈이 깔린 길로 바뀐 것이 아니라, 길 주위의 풍광도 새롭게 만들어졌다. 길가 풍광은 포플러나 플라타너스 가로수로 바뀌어 단조롭고 획일화되었다. 자동차 바퀴에 튀어 나와 농지에 떨어져 있는 자갈돌이나, 논두렁 가에 세워진 접도구역이라는 표지석은 신작로가 몰고 올 침해의 상징물이 되었다.

신작로는 마을 앞에서부터 대처로 나 있었으므로, 외지로 나가는 길이면서 동시에 외지 문물이 마을로 들어오는 길이었다. 길은 그 위를 지나간 역사를 머금고 있다. 신작로는 일제강점기 초부터 건설되기 시작하여 철도 부설과 함께 제국주의적 침략의 수단으로 이용되어, 조선 각지의 자원을 수탈한 역사를 담고 있다.[14]

14) 강내희 지음, 앞의 책, 57쪽, 68쪽.

또한 한국 자본주의 발달과 함께 신작로는 포장된 도로로 변하여, 근대화에 따른 이촌향도의 통로가 되었다. 여기에 '고속도로'와 '고속철도'는 도시와 중앙 집중화를 초래하여 시골의 공동화를 촉진시켰다. 이러한 추세에 발맞추어 길은 포장을 넘어 직선화를 추구하여 자연스러운 길들의 곡선을 인위적인 직선으로 만들었다. 직선은 효율과 욕망의 가장 빠른 기하학적 형태다. 곳곳에 대형 교량이 생겨 강과 바다를 이었고, 긴 터널로 산을 관통했다.

자동차 도로의 이런 직선화는 철도, 곧 '기찻길'에서는 더욱 강화되었다. 직선화는 거리의 단축뿐만 아니라 시간의 단축도 포함한다. 그것은 또한 욕망의 즉각적인 성취와 효율의 극대화를 통한 생산과 유통 그리고 소비의 극대화를 추동했다. 그리고 도로라는 운송 경로와 객차/화차라는 운송수단의 기계적 일치와 규격화를 달성했다. 기사의 등장은 기계에 의해 가능했으므로, 그 등장은 인간 삶의 기계적 규격화를 예고한 것이었다.

철도는 교통로와 교통수단을 기술적으로 가장 밀접한 형태로 연결시켰다. 철로와 철로를 지나가는 차량 사이에는 어떻게 움직여볼 여지라고는 전혀 없다. 철도에 대한 최초의 정의는 철도를 한결같이 철로와 그 위를 달리는 차량으로 되어 있는 기계로 나타내고 있다. 선로와 바퀴의 결합을 결국 '차량과 길을 기계로 통일시키는' 결과를 가져온 결정적인 단계로 보고 있다.[15]

자동차는 길에서 이탈할 수 있다. 원하기만 하면 쉽게 가던 길을 벗어나서 다른 길로 접어들 수 있다. 그러나 열차는 그것이 불가능하다. 경유지와 목적지를 일정하게 유지하며 달릴 수밖에 없다. 그리고 열차의 이름에서 연상되는 길게 이어진 객차/열차의 운송량과 속도는 땅 위를 달리는 어떤 운송수단에도 비할 수 없는 독보적 위치를 가지게

15) 볼프강 쉬벨부쉬 지음, 박진희 옮김, 『철도 여행의 역사』, 궁리, 1999, 28쪽, 30쪽.

되었다.

　기차의 이러한 속도와 물동량은 자동차가 가졌던 중앙의 지방 포섭력을 훨씬 상회하는 역량을 가지게 되었다. 이 속도는 나아가 인간의 인지 능력에 영향을 미치게 되었다. 열차에 탑승한 사람은 앞과 뒤를 볼 수 없고 단지 옆만 볼 수 있을 뿐이다. 게다가 눈앞의 풍광은 시선이 머물 사이도 없이 지나가 버린다. 기껏해야 먼 풍광이 잠시 눈앞을 스칠 뿐이다.

　게다가 고속철도는 시간을 단축하고 속도를 높이기 위해, 곧 직선거리를 많이 확보하기 위해 지하와 터널을 관통하다 보니, 아예 풍광이 눈앞에서 사라지기도 한다. 여기서 생겨나는 것이 파노라마식 조망이다. 파노라마식 조망에서는 인식 주체와 인식 대상이 같은 공간이나 장소에 있지 않다.[16] 인식 주체는 움직이지 않고 그대로 있고, 인식 대상만 눈앞을 스쳐간다.

　눈앞 가까운 대상의 사실성은 휘발되어 사라지고, 먼 대상은 속도에 의해 변형되어 현실성으로 눈에 들어오는 것이 아니라 윤곽이 뚜렷하지 않은 그림처럼 다가온다. 이는 휘황한 거리의 가게나 백화점에 진열된 상품이 조명 불빛에 드러나는 것과 같다. 현실의 풍광은 열차의 속도에 의해 거짓 아우라가 드리워진 그림이 되는 것이다. 그러나 속도에 적응하면 그림은 현실이 된다. 기표가 기의를 가리키지 않고 기표만으로 기의 위를 미끄러져 다니는 것, 표상을 물자체로 여기는 것은 간접화된 세계의 인지에서 예사로운 일이다.

　그러나 야간열차 타기를 즐기는 사람은 열차여행에서 낭만적 관념을 떠올리기도 했다. 앞에서 물길이 인생의 유비가 된 것과 마찬가지로, 수많은 작가들이 열차여행을 인생의 축소판으로 본 것을 근거로 내세우면서 말이다. 인생에서도 그러한 것처럼, 열차여행에서도 시간은 계

---

16) 앞의 책, 86쪽.

속 흘러가고, 한번 지나친 역으로는 되돌아갈 수 없으며, 만남이 있으면 헤어지는 사람도 있으니까.[17]

정보고속도로를 이용한 휴대전화와 인터넷은 옛날 봉화길이 가졌던 관에 한정된 정보를 민과 개인 그리고 전 세계로 확대했고, 나루와 포구를 잇던 뱃길은 기관을 장착한 엄청난 크기의 선박으로 전 지구의 바다를 누비는 처지가 되었으며, 철새들이 이동하던 바람길과 하늘길은 비행기가 수시로 날며 주인을 바꿔 버렸다. 이러한 추세와 상황에서도 굳이 대지에 난 길을 하염없이 걷고 있는 사람도 있고 또 있어 왔다. 왜 그럴까.

걷기

걷기는 집에서의 거주와 일터에서의 노동과 반대되는 행위다. 집은 거주의 안락을 제공하고, 일터는 노동의 보수를 제공한다. 이러한 안락과 보수를 유보하고 걷기에 시간을 들인다는 것은 일상생활에 젖어 있는 사람에게는 예사로운 일이 아니다. 그렇다면 길에 들기 위해 집을 나서는 사람에게는 어떤 근본적인 의식이 깔려 있을까.

우선 거주가 제공하는 안락이 그다지 든든한 것이 아니라는 생각, 노동이 제공하는 보수가 그렇게 오래 가지 않는다는 생각을 하지 않았을까. 그러나 그보다 더 근본적인 생각이 그를 사로잡고 있었을지도 모른다. 자신의 삶이 영원하지 못하다는 것, 머잖아 이 땅을 떠나는 날이 오리라는 것, 결국 인간은 잠시 이 세상을 방문한 사람에 불과하다는 것을 깨달은 사람이 걷기를 삶의 귀중한 과제로 받아들였을 것이다. 한마디로 인간은 어차피 '호모 비아토르', 여행하는 사람, 떠도는

17) 에릭 파이 지음, 김민정 옮김, 『야간열차-꿈꾸는 여행자의 산책로』, 푸른숲, 2006, 45쪽.

사람, 길 위의 사람이라는 것이다.

　이러한 걷기에 나섰던 사람은 의외로 많다. 앞에서 얼핏 본, 보통의 순례길에 길에 들어선 사람보다 한층 더 절실했던 구도자, 자신의 사유가 앉아서 하는 사변이 가진 한계를 뚫고 생생한 사상이 되기를 바랐던 사상가나 철학자, 자신의 문학적 정서가 보다 현장에 밀착된 진실이 되기를 갈망한 시인, 현실의 표피 너머에 아직 발견되지 않은 깊숙한 세상이 있으리라는 기대감을 버리지 못하는 모험가 등이 스스로 또는 주위의 만류를 뿌리치고 걷기에 주저하지 않은 사람들이었다.

　그들에게 존재한다는 것은 곧 길을 간다는 것을 의미했다. 데카르트 식으로 표현하면, 나는 걷는다, 고로 나는 존재한다가 될 것이다. 헨리 밀러가 걷기의 목적지는 특정 장소가 아니라 세상을 보는 안목이라고 했고, 마르셀 프루스트는 진정한 여행의 발견은 새로운 풍경을 보는 것이 아니라 새로운 눈을 갖는 것이라고 했다는데, 걷기가 목적지를 특정하지 않을 수는 있지만, 세상 안목의 변화도 걷기에서 부딪히는 새로운 풍광과 사태 없이는 쉽지 않을 것이다.

　걷기에 나서기를 스스로 꺼리거나 남들이 하는 걷기를 폄훼하는 사람도 많다. 여기가 거기고 거기가 여긴데, 뭐 하러 애써 거기를 가느냐는 얘기다. 이러한 얘기는 '항상 아무것도 해보지 않은 이들이 제일 많이 안다'는 말을 수긍하게 만든다. 그러한 사람들은 자신의 게으름이나 두려움을 그럴 듯한 말로 애써 포장해 합리화해 보려는 것이다. 그러한 그들도 길에 나서 보면 적어도 영혼의 전환이나 하다못해 기분의 전환 정도는 느낄 수 있을 것이다.

　길을 걷는다는 것은 아주 단순한 동작이다. 발로 길을 딛는 것이면서 동시에 딛었던 발을 길에서 떼어 놓는 작업을 되풀이하는 것이다. 이런 작업에서 떨어져서도 안 되고 붙어도 안 된다는, 사람살이의 만고불변의 도리를 읽어내는 사람도 있다. 즉 이탈도 안 되지만 집착도 안 된다는 것이다.[18] 이는 또한 장자의 세상살이법이기도 하다. 이 세상에 살면서 이 세상에 살지 않는 것처럼 사는 것으로, 게리 스나이더 식으로 표현하면, 영원한 거주자가 아닌 일시적인 방문자로 사는 법이기도 하다.

걸어서 멀리 나아간 사람들은 어디에 도달할까. 평탄한 곳으로는 사막이고, 굴곡진 곳으로는 고산이며, 때로는 성지가 되기도 한다. 앞의 둘은 일상의 공간이 아닌 한계상황이라는 점을 공유하고, 마지막의 것은 일상의 끝을 넘어서는 장소라는 점에서 앞의 둘과 다르지 않다. 걷기가 집과 일터라는 일상의 공간 반대편으로 나아가는 것이라면, 이 세 곳이 모두 가장 비일상적인 공간임은 틀림없다. 그것도 혼자 가는 것이라면 더욱 그러하다.

'사막'은 우선은 식물성 흙이나 부식토, 인간 활동이 없는 지구다. 인간이 출현하기 이전 혹은 사라져 버린 미래 지구의 모습과도 같다. 사막은 인간에게 무한 시간, 영원의 개념을 가르쳐 준다. 사람은 그들 존재가 지구에서 찰나의 섬광에 불과하다는 것을 의식조차 못한다. 또한 사막은 지구의 소금이며 인간이 호모 에렉투스로서 첫 발자국을 내딛었을 때 인간의 탄생과 순수함이 어떤 것이었는지를 보여준다.

사막을 통해 인간은 투명함과 엄격함, 심미안과 강인함을 배운다. 그리고 사막은 생략하기와 벗어나기를 통해 사물뿐 아니라 사고에 있어서도 본질만을 취하도록 가르치면서, 영혼을 조각하고 육체를 단련시킨다. 그래서 사막은 포착되기를 꺼리는 세계이지만, 아름답고 거짓말을 모르며 깨끗하므로, 외경심을 가지고 접근하는 인간에게 여과기이자 계시자로서 자신을 드러낸다.[19]

---

18) 이 아무개 지음, 『길에서 주운 생각들』, 울림, 2000, 158쪽.

19) 테오도르 모노 지음, 안-바롱 옥성·안인성 옮김, 『사막의 순례자』, 현암사, 2003, 24쪽, 70쪽, 87-89쪽.

'고산'은 7,500미터를 넘어서면 죽음의 지대가 된다. 산소가 희박해지고 빙벽과 설릉과 눈사태가 오르는 이를 가로막는다. 그러한 고산을 혼자 몸으로 고투하며 오르내려 살아남는다면, 고산의 높이는 정신의 높이뿐만 아니라 내면의 깊이로 바뀌기도 한다. 순례에서의 고행이 내면 정신의 고양으로 바뀌어 겸허해지는 것과 다르지 않고, 들여 올려진 정신이 신이 존재를 느끼는 것과도 다르지 않다.

그래서 죽음의 지대는 죽음이 삶의 바깥에 있는 것이 아니라 삶 안에 있어 삶 전체의 일부를 이루고 있으므로 안고 가야 할 과제임을 일깨워준다. 이는 지멜이 그의 철학적 사유에서 죽음을 삶 안에 떠안은 것과 다를 바 없고, 그 뒤를 이어 하이데거가 그의 현존재 분석에서 본래성 깨달음의 계기로 죽음을 설정했던 것과 다를 바 없다. 매 계기마다 죽음의 문턱과 조우해야 하기 때문이다.

죽음은 무의 다른 이름이다. 죽음은 이생에서 추구한 모든 것을 무로 돌려놓는 힘을 가지고 있다. 그러니 이 무 위에 세운 삶의 의미야말로 제대로 된 가치임을 깨닫는다. 그것이 안락과 허영으로 가려진 일상을 극복하는 길임을 깨닫는다. 그런 깨달음은 한 문장으로 줄여 말해지기도 한다. "자기 인생이 무인 것을 깨달은 자만이 자기의 존재 의미에 대한 물음에 답할 수 있다."[20]

성지나 성소는 일상생활 공간에서 멀리 떨어져 있을 수 있다. 특히 종교의 발원지는 더욱 그러하다. 단순한 순례를 너머 법을 찾아 나선 '구법의 길'은 순례보다 더욱 혹독할 것이다. 인도로 구법의 길을 떠난 7세기 당나라의 현장은, 체류 기간을 포함하면 18년을 길 위와 성지에서 보냈다.

그가 간 길이 순전한 걷기에만 의존했을 성싶지는 않다. 그러나 크고 작은 전쟁으로 혼란스러운 변경을 당국의 허가 없이 불법으로 홀로 국

20) 라인홀트 메스너 지음, 강현주 옮김, 『산은 내게 말한다』, 예담, 2002, 237쪽.

경을 넘어 인도로 가는 길은 험난하고 위험한 걷기로 점철되었을 가능성이 높다. 더구나 옥문관을 나서 고비 사막을 지날 때는 석반타라는 오랑캐의 손에 죽을 고비를 넘기기도 했다.

641년 현장이 불경 640질을 가지고 귀국길에 올랐을 때는 갈 때보다는 조금 수월했을 것이다. 그의 법력이 높아져 도움을 주는 이들이 많았기 때문이다. 그래서 장안 가까이 왔을 때는 호수인 곤명지에서부터는 운하를 이용해 돌아올 수 있었다. 그리고 돌아왔을 때 그는 이미 유명인사가 되어 있었다. 나랏일을 도와 달라는 당 태종의 요구를 거절하고 20년 동안 불경 번역에 힘을 쏟아, 대반야마라밀다경을 포함한 불경 1,335권을 번역함으로써, 구법을 이어가는 수행자로서의 면모를 유지했다.[21]

8세기 신라의 혜초는 4년 동안 천축 다섯 나라와 중앙아시아 그리고 아랍까지를 도보로 순례했다. 혜초의 글에 현장감과 생동감이 묻어나는 것은 그가 몸으로 고행을 감내했기 때문이다. 이 역시 현장과 마찬가지로 순례의 차원을 넘는 구법의 길이었다. 그러나 현장과 달리 귀환 길에 많은 사람들의 환영을 받지 못했다. 그리고 그는 고국으로 돌아오지도 못했다.

혜초는 당나라에 들어갔다가 당시 인도에서 당나라에 와 있던 금강지(바즈라보디)를 만나 제자가 되고, 스승의 권유로 인도로 들어갔다가 4년 만에 돌아온다. 그는 광주에서 해로로 동천축으로 들어가 중천축, 서천축, 북천축을 지나 카슈미르 지방으로, 파키스탄과 아프가니스탄 북부로 해서 러시아령인 중앙아시아를 경유, 파미르 고원을 넘어 중국의 신장성으로 들어와 727년 안서도호부가 있던 구자(현재 신장 위구르 자치구의 쿠차)를 거쳐 장안으로 돌아왔다고 한다.

돌아온 그가 한 일은 스승 금강지 밑에서 밀교를 연구하며, 밀교의

21) 현장 지음, 권덕녀 엮어옮김, 『대당서역기』, 서해문집, 2006, 5-8쪽.

주요 경전인 『대교왕경』을 스승을 도와 한역하는 것이었다. 그러나 스승이 입적하자 한역을 중단하고, 스승의 유언에 따라 범어 원전을 인도로 돌려보냈다고 한다. 이후 또 다른 스승 불공의 제자가 되어 밀교 수행 도량인 관정도량 개설에 힘쓰기도 하다가, 만년에는 오대산 건원보리사에 들어가 예전에 하던 대교왕경의 한역본을 필수筆受하다가 입적했다고 한다.[22] 고국으로 돌아오지 못한 자는 구도 과정에서 풀지 못한 고국에 대한 그리움을 애절한 시로 써서 남기기도 했다.

길을 떠나는 자 중에는 길에서 길어 올린 정감을 시로 담아내는 '시인'도 허다했다. 길을 떠나는 시인의 개인적 사정과 심정 그리고 그와 얽힌 사정은 각자 달랐으나, 길 위에서의 방랑이나 산책이 시심을 자극하고, 그 시심이 다시 길 위에서의 산책과 방랑을 추동한 것에서는 다름이 없다. 다시 말해 그들의 시작詩作과 걷기 사이에는 서로 뗄 수 없는 수수관계가 작용했다. 김시습이나 김병연, 바쇼나 산토카, 워즈워스가 그러한 시인들이었다.

'김시습'은 세상과 시절에 실의하여 구름처럼 떠도는 백운의 삶을 산 사람이었다. 그는 개인적 재주나 성정 그리고 학문적 취향과 시대적 상황 등이 자신의 내적인 산실 안에서 얽혀 요동치는 복합적인 인물이었다. 그래서 어떤 행색으로 어디를 떠돌거나 머물든 요동치는 자신을 잠재우기 어려웠다. 단지 그가 남긴 글과 시로 그러한 사정을 헤아려 볼 수 있을 뿐이다. 그러나 스스로 그 글과 시에 대단한 의미를 부여하지는 않았던 것 같다. 어차피 그것도 자신의 처지처럼 바람에 나부끼고 흩날리는 먼지나 낙엽 같은 것이라 여겼을 것이기에.

그 헤아림에 충분한 근거가 될 수는 없겠지만, 아래의 두 시, 「만의」와 「준상인에게 준 시」둘째수에서 그 일말을 짐작해 볼 수는 있다.

[22] 혜초 저, 지안 역주, 『왕오천축국전』, 불광출판사, 2012, 7-18쪽 참조.

"이생은 이미 내 몫이 아님이여/물 가는 곳 구름 따라 흘러가리라", "마음은 흐르는 저 물과 같고/몸은 저 조각구름에 맡겨 버렸네/이 강산 다 누비고 마음눈이 밝아진 후에/우담바라꽃 피면 내 돌아오리라"[23]는 시 구절은 그가 천지사방 떠돌며 몸과 마음으로 겪어낸 엄동과 설한의 삶, 그에 대한 자신의 자세가 어떠한 것인가를 짐작하고도 남음이 있게 묘사해 놓았다.

'김병연'도 김시습 못지않게 산천과 속세를 떠돌며 유랑의 삶을 산 사람임에는 틀림없다. 다만 김시습에 비해 시적 표현에서 절제 부족이 눈에 많이 띈다는 면이 다르다고 하겠다. 이는 떠돌며 바람에 씻어내도 씻기지 않은 울분과 수치 때문이었으리라 여겨진다. 그 울분과 수치는 집안의 내력에 얽힌 자신의 처지에서 비롯되어, 당대의 비루한 현실로 확대되면서 조롱과 말장난으로 나아가기까지 했다.

그래서 시적인 감수성과 섬세한 시선 그리고 절묘한 기법이 녹아들어간 시들을 성취했음에도 불구하고, 때로는 즉흥적으로 울분과 조롱과 허허로움을 쏟아 놓기를 망설이지 않았다. 그러나 이러한 뒤섞인 감정을 늘 지니고 다니며 살 수는 없다. 언젠가는 자신의 감정과 삶을 순화하여 정리해야 한다는 부담도 느꼈던 듯하다. 「내 평생을 돌아보며」라는 시는 이러한 부담이 담긴 시라고 할 수 있겠다. "짚신 신고 대지팡이 짚고 천리 길을 떠도는데/흐르는 물과 같이 사방이 내 집이었네/사람을 탓하고 하늘을 원망함이 옳지 않고 어려우니/한 해가 저물어 슬픈 회포만 마음에 남는도다"[24]

김시습이나 김병연은 삶이 먼저고 시가 그 다음이었다. 시는 상처 입은 삶을 다스리는 위안이나 치유의 수단이었다. 일본의 하이쿠 시인 '마쓰오 바쇼'는 시가 삶보다 먼저이거나, 시와 삶이 일치하는 것을 추구했던 인물이다. 그는 시를 제대로 쓰기 위해 몇 차례나 수천 킬로미

23) 석지현 엮고 옮김, 『선시』, 현암사, 2013, 86쪽, 96쪽.

24) 이명우 엮음, 『김삿갓 시집』, 집문당, 2014, 27쪽.

터에 달하는 일본 열도 도보여행, 곧 시적 순례에 나선 이후 10년 동안 그 걸음을 멈추지 않았다.

그래서 제자들에게서조차 스승으로 불리기보다는 나그네로 불리기를 더 원했고, "여행자라고/이름 불리고 싶어라/초겨울비", "객지 잠 자면/내 시를 이해하리/가을바람"[25]이라는 작품을 짓기도 했다. 다시 말해 그의 시는 걷기에서 생성된 것의 정련精練이며, 그것의 언어적 구현이었다. 삶의 정련은 걷기에서 실현되고, 걷기의 정련은 시에서 실현된다. 그리고 마지막으로 시의 정련은 하이쿠에서 결정적으로 실현된다. 이것이 시작과 걷기를 일치시키려 한 바쇼의 생각이었을 것이다.

역시 하이쿠 시인이었던 '산토카'는 집안의 풍비박산으로, 그의 앞에 있는 것이라곤 정처 없이 떠돌아다닐 길뿐이었다. 그는 산문「걷고 또 걸어 도착하다」에서, "나는 걸었다. 계속해서 걸었다. 걷고 싶었으니까. 아니, 걷지 않으면 안 되었으니까. 아니 아니, 걷지 않고서는 견딜 수 없었으니까. 그래서 계속 걸었다."라고 썼다. 또한 스승 세이센세이에게 보낸 편지에서, "나는 오직 걷고 있습니다. 걷고 걷는 일이 일체를 해결해줍니다."[26]라고 쓰기도 했다.

생텍쥐페리의 생각을 떠올리게 하는 구절이다. "어차피 인생에는 해결책은 없고, 움직이는 힘이 있을 뿐이다. 그 힘을 생성하여 앞으로 나아가면 해결책은 저절로 따라오는 것이다." 비행기를 몰며 하늘을 제대로 항진한 경험과 그것에서 비롯된 사유에서 나온 견해일 것이다.

그래서 걷기가 시의 바탕이자 재료라는 것, 곧 걷기와 시의 일체를 엿볼 수 있는 작품도 여럿 남겼다. "곧은길은 외로워라", "무엇을 찾아 바람 속을 가는가", "여름풀 무성하다 언제 길을 잘못 들었던가", "머물 곳이 없다 순식간에 저물었다", "이 길 몇 사람 걸어간 길 나 오늘 걸어가네", "뜨거운 하늘을 머리에 받들고 걸식하며 걷는다" 등이 모두

25) 마쓰오 바쇼 지음, 류시화 옮김, 『바쇼 하이쿠 선집』, 열림원, 2019, 114쪽, 109쪽.

26) 류시화의 하이쿠 읽기, 『백만 광년의 고독 속에서 한 줄의 시를 읽다』, 연금술사, 2014, 531-532쪽.

그러한 작품들[27]이다.

그가 걷는 길에 나서서 바란 것은, 훼손된 집에서는 구할 수 없었던 것, 아니 그런 집조차 없었기에 엄두를 낼 수 없었던 것, '진정한 시를 창조하는 것'과 '누구에게도 폐를 끼치지 않고 죽는 것'이었다. 그것이 그가 살아갈 힘을 얻고, 시를 쓸 힘을 얻는 방식이었다.[28] 그는 그 길에서 뜻한 바를 이루었고, 그가 원한 경지에도 이르렀던 것으로 보인다.

영국의 낭만주의 시인 '워즈워스'는 도로 대신 오솔길을, 도시의 거리 대신 시골길을, 마차 대신 걸어서 다니며 보고 느낀 것으로 시를 썼다. 그가 본 것은, 하늘의 구름과 무지개, 땅의 수선화와 나비, 숲속의 오두막집과 작은 무덤, 그 주변을 배회하는 닭과 가축, 밭을 가는 늙은이와 추수하는 처녀 등, 자연과 인간을 망라하는 모든 것이었다. 다시 말해 길에 들어서면 집과 방에서 볼 수 없는 많은 것을 만날 수 있었다. 그러한 것들과의 만남은 모두 그의 시심을 자극하는 것이었고, 교감이 이루어지는 순간 그것은 곧 그의 시가 되었다.

이런 낭만적인 행태는 자연과 시골을 이상화하는 것이라는 비판을 받기도 했다. 그러나 집을 나서는 것 자체에 이미 낭만적인 태도가 잠복되어 있기에, 집에서 머물며 본 것에만 현실적 의미를 부여하려는 태도의 트집으로 볼 수 있는 여지가 있다. 오히려 낭만적인 시인들은 걷기가 정신을 고양하고 교감하게 해주는 필수적인, 시적인 이동 방법이라는 인식을 공유했다.[29]

"그녀가 살던 더브 샘가는/인적 드문 외딴 곳이었네./찬창해 줄 이도 없고/사랑해 줄 이도 없었던 처녀.//이끼 낀 바위틈에 살며시 숨어서/고요히 피어난 제비꽃이여!/새벽 밤하늘에 반짝이는/별처럼 아름다웠네.//아무도 몰래 살아왔듯이/그녀의 죽음도 아는 이 없네/아 그러나 그녀는 무덤으로 가고/내게는 너무나 큰 슬픔."(「잃어버린 사랑」)

---

27) 앞의 책, 531-555쪽.

28) 앞의 책, 541쪽.

29) 조지프 아마토 지음, 김승욱 옮김, 『걷기, 인간과 세상의 대화』, 작가정신, 2006, 177쪽.

큰 길은 빨리 지나가는 길이다. 빨리 지나가는 길에서는 제대로 볼 수 있는 것이 없다. 천천히 걸어야 모든 것이 오롯이 눈에 들어온다. 속도는 시각과 생각에 강하게 영향을 미친다. 큰길을 지나쳐 숲으로 나 있는 샛길로 들어서지 않았다면 이런 시는 쓰이지 않았을 것이다. 인적 드문 숲속의 외딸고 어둑한 곳이라야 이끼가 낀 바위를 볼 수 있고, 그 틈에서 자라고 핀 접시꽃을 만나, 외롭게 살다 외롭고 사라져간 그녀를 떠올리며 슬픔에 잠길 수 있었을 것이다.

걷기는 주위의 풍광을 찬찬히 바라보는 행위임과 동시에 자신의 내면에서 일어나는 생각을 곰곰이 새겨보게 하는 행위이기도 하다. 이런 점은 일반인들이나 수행자들이 두 발을 지속적으로 사용해서 동작을 해본 경우에 흔히 경험하는 일이기도 하다. 다시 말해 생각은 머리로만 하는 것이 아니라 발로도 하는 것이다. 그래서 걷기와 생각하기가 밀접하게 연관된 행위라는 것은 누구나 알고 있는 사실이다.

걷다 보면 신체의 조건이 달라지고 정신의 상태가 달라지면서 생각과 논리도 달라질 수 있다. 이는 몸의 체험이면서 동시에 정신의 체험이다. 이런 점에 예민했던 사람들이 철학자들 또는 사상가들이었다. 그들은 생각하듯이 걷고, 걷듯이 생각한다.[30] 여기서 한 걸음 더 나아가면, 생각하고 걷듯이 살고, 살듯이 생각하고 걷는다. 장자의 소요유와 서양 고대의 소요학파 또는 견유학파가 떠오르는 지점이다.

기원전 1세기 '티아나의 아폴로니오스'는 그리스 신피타고라스주의 철학자였다. 그는 맨발로 걷고, 동냥으로 살고, 신전에서 잠을 자고, 약간의 채소와 과일로 끼니를 때우며, 도보자이자 예언자, 현자로 몇십 년 동안, 그 시대의 사람들이 알았던 세상을 거의 전부 돌아다녔다. 그리스에서 바빌로니아로 갔고, 인도로 갔다가 로마로 돌아왔고, 다시

[30] 로제 폴 드루아 지음, 백선희 옮김, 『걷기, 철학자의 생각법』, 책세상, 2016, 63쪽.

이집트를 거쳐 에티오피아로 갔으며, 캬슈미르에서 사망한 것으로 추정된다. 그만큼 많이 걸은 철학자는 아무도 없을 것이라 한다.

그는 쉬지 않고 걸어서 모든 나라, 모든 언어, 모든 강가의 현자들을 만났다. 그는 결코 걸음을 멈추지 않았다. 거리의 한계도, 장애물도 뛰어넘고, 공국, 국가, 도시, 제국, 사막, 황야를 가로지르고, 권력이나 권위도 신경 쓰지 않았다. 그는 자신의 지혜를 과시하지 않고, 길을 가면서 지혜에서 생겨나는 능력의 새로운 면모들을 줄곧 발견했다. 그는 타인들을 향해 걸어갔고, 인도와 아시아, 동방의 현자들을 찾아 나섰다. 이국 취향을 만족시키거나 기분 전환을 위해서가 아니라, 보편성을 추구하기 위해서였다.[31]

'몽테뉴'는 걷기를 좋아했다. 걷기 자체가 아니라 그것이 생각에 불러일으키는 효과 때문이었다. 그는 다리로 성찰했다. 그에게 생각한다는 것은 무엇보다 움직임이고 육체적 활동이었다. 글을 쓰고 생각하는 것은 머리의 일이 아니고 발의 일이었다. 그가 할 수 있었던 것은 발걸음을 따라가며 발이 일으키는 생각의 변화를 끊임없이 지켜보는 것이었다. 그래서 그는 많이 걸었다. 길이 철학이었고, 걷기가 사상가의 활동이었다.[32]

몽테뉴가 길의 철학에서 사상의 걷기를 실현한 것은, 세계의 그 무엇도 우리가 믿는 대로가 아니었기 때문이다. 그는 걸으면서 끝없는 믿음들을 검토하여, 일반적으로 합의된 생각들, 잠정적으로 예측되거나 예고된 판단들을 해체했다. 우리가 변하지 않고 견고한 것이라고 잘못 생각한 모든 것을 끈질기게 뒤흔들었다.

그리고 몽테뉴의 세계에서는 모든 것이 걷는다. 자신만 걷는 것이 아니라, 가까이로는 자신의 생각과 글쓰기와 삶이 그러하고, 조금 멀리로는 사회와 세상이 그러하며, 마침내 인간과 만물이 모두 걷는다.

31) 앞의 책, 67-70쪽 참조.

32) 앞의 책, 124쪽-132쪽 참조.

아무것도 어딘가에 고정되어 있지 않다. 모든 것이 움직이고 변화하고 흔들린다. 죽기 마련인 모든 것이 끊임없이 미끄러지고 구르며 간다. 그러므로 판단하는 자도 판단되는 것도 지속적인 변화와 요동을 겪기에 어떤 확실한 것도 정립될 수 없다.[33] 몽테뉴의 이런 목소리에는 주역이나 장자와 같은 동양 고전의 생각이 녹아들어 있고, 니체와 데리다의 생각을 예고하고 있다.

'간디'는 평생을 걷고 또 걸었다. 그는 끝까지 걸었다. 그러면서 그는 걷기에 보통 사람들이 생각할 수 없는 뜻이 배어들게 했다. 걷기는 그가 무소유의 길로 접어들면서 평생 동안 추구하는 간소화의 성격을 띠었다. 웃통 벗은 수행자의 모습으로 간디가 의복과 거처, 음식, 교통수단 등 모든 생활수준에서 추구한 간소화는, 궁핍에 가까운 자발적 가난에 이르기까지 계속 추구된 가치였으며, 마침내 정치적 성격으로 드러나기도 했다. "자신에게 꼭 필요한 것보다 더 많이 가지는 것은 곧 자신의 이웃을 착취하는 것이다."라는 것으로.

걷기는 또한 겸허함 속에서 이루어진다. 겸허함은 인간이 얼마나 약한 존재인가를 상기하는 것이다. 인간은 자신이 쌓아올린 것으로 거들먹거리며 그 쌓아올린 것이 마치 자기 자신인 양 착각한다. 칼 융 식으로 말하면, 페르조나/가면, 탈, 곧 사회적 지위를 셀프/진정한 자기와 동일시하는 것이다.

그러나 그것은 순식간에 자신으로부터 떠나버릴 수 있는 허황한 것일 수 있다. 그래서 베르자예프는 인간의 최종적이고 궁극적인 면모로 인격을 내세웠을 것이다. 이처럼 인간의 유한성을 인정하는 것이 겸허함이다. 이처럼 겸허함은 인간의 진정한 모습에 접근할 수 있도록 해줌으로써, 오히려 인간의 존엄함을 유지할 수 있게 해준다. 이러한 간소함과 겸허함 그리고 존엄함은 결단력과 자제력 그리고 두려움 없이 진

---

[33] 앞의 책, 124-126쪽 참조.

리로 나아가는 힘이 되었다. 그가 내세웠던 중요한 신념, 아힘사/불해 不害, 비폭력의 바탕이 되었다.[34]

걷기는 혼자서 할 수도 있지만, 여럿이 함께 할 수도 있다. 혼자서 하는 걷기가 대체로 사색과 사유의 깊이와 명징함을 위한 것이라면, 여럿이 함께 하는 걷기, 곧 행진은 정치적 의도를 드러내기 위한 것이다. 이 여럿이 함께 걷기의 모범을 보여준 것도 간디였다.

행진의 참가자는 참가와 함께 이미 사람들 사이의 공동체적 지반을 함께 한다. 그리고 함께 행진함으로써 집단의 연대감을 조성하고 강화하는 것과 마찬가지로, 보조를 맞추면서 함께 걷는다는 이 섬세한 행위가 사람들을 감정적으로 그리고 육체적으로 결속시킨다[35]는 것을 느끼게 한다.

걷기는 단지 건강만을 위한 것이 아니다. 걷기는 한 개인의 성향이나 취향에 맞는 여가 활동에서부터, 개인의 근본적이고 본질적인 일생의 과업과 연계된 활동을 넘어, 집단과 공동체의 지향점을 향해 굳건하고 끈기 있게 나아가는 인간 활동이다.

[34] 프레데리크 그로 지음, 이재형 옮김, 『걷기, 두 발로 사유하는 철학』, 책세상, 2014, 282-285쪽 참조.

[35] 레베카 솔닛 지음, 김정아 옮김, 앞의 책, 341쪽, 363쪽.

이데올로기와 유토피아

　모든 체제는 법과 제도를 운용 수단으로 가지고 있다. 그러나 이것들만으로는 부족하다. 주로 물리적 힘으로 인간의 외부에 작용하는 것에 그치기 때문이다. 물리적 힘으로서의 법과 제도는 즉각적이고 직접적이라는 면에서는 효율적이지만, 일시적이고 표피적이라는 점에서 비효율적이다. 그래서 체제를 깊이 각인시키고 오래 유지하기 위해서는 인간 내부에 작용하는 또 다른 운용 수단이 필요하다. 그것이 바로 이데올로기이다. 그러니까 법과 제도가 체제의 하드웨어라면, 이데올로기는 소프트웨어인 셈이다.

　체제 안에 살고 있는 구성원이 체제가 요구하는 법과 제도를 생활세계의 습속이나 가치관이나 세계관으로 수용하여 내면화하고 정당화하도록 만들어진 것이 이데올로기이다. 이러한 법과 제도 그리고 이데올로기는 체제 운영의 삼두마차로서, 이것들의 최대 목표는 구성원들이 마지못해 체제의 법과 제도를 준수하는 것이 아니라, 그들이 자발적으로 복종하도록 하는 것이다. 구성원들의 자발적 복종에 이르러서야 체제는 불안감을 떨치고 안정된 궤도에 들어설 수 있다.

　세상 만물이 그러하듯이, 체제라고 해서 영고성쇠의 법칙을 벗어날 수는 없다. 체제의 창조력 또는 생산성이 소진되면 구성원에 대한 억압이 가중되고, 이에 따라 구성원들은 체제에 거리를 두게 되고, 마침내 체제에 대한 복종을 철회하면서, 체제의 이데올로기에 대하여 대항이데올로기로 맞서게 된다. 이 대항이데올로기에 상상력이 가미되어 체계를 갖추게 된 것이 바로 유토피아다.

그러나 이데올로기나 유토피아 모두 체제 구성원의 입장에서 보면, 실재實在 곧 리얼리티와 일정한 거리나 틈을 지니고 있다는 점에서, 실재와의 불일치, 곧 가상假像이다. 다시 말해 이데올로기와 유토피아는 서로 반대편에 서 있지만, 또한 둘 모두 리얼리티의 반대편에 서 있다. 이데올로기가 지배를 위한 실재의 축소, 쪼그라든 모습이라면, 유토피아는 소망을 위한 실재의 팽창, 부풀린 모습이다. 이데올로기와 유토피아 모두 리얼리티의 관점에서 검증이 필요한 이유다.

이데올로기

이데올로기는 기본적으로 사고체계이다. 비록 체제를 옹호하기 위한 의도에서 만들어지지만, 스스로는 합리적이라고 주장한다. 또한 이데올로기가 권력에 의존하지만, 그 자체가 권력이다. 이데올로기는 힘을 권리로 바꾸고, 복종을 의무로 바꾸는 것이기 때문이다.[1] 나아가 앞에서 본, 구성원을 법과 제도의 준수에서 이데올로기의 내면화로 이끌기 위해서는, 이데올로기가 사고의 체계에서 머물러서는 안 되고, 믿음의 체계로까지 변화해야 한다.[2] 이러한 과정에서 필연적으로 일어나는 현상이 실재의 은폐와 거짓이다.

그러나 이데올로기는 자신의 이러한 본색을 스스로 인정하지는 않는다. 오히려 자신의 모습을 위장하거나 포장하여 사실이나 진리, 도

---

1) 올리비에 르불 지음, 홍재성·권오룡 옮김, 『언어와 이데올로기』, 역사비평사, 1994, 33쪽.

2) 폴 리쾨르 지음, 박병수·남기영 편역, 『텍스트에서 행동으로』, 아카넷, 2002, 306쪽 참조.

덕이나 윤리 등, 자신과 다른 모습으로 스스로를 드러낸다. 이데올로기의 본성은 이데올로기로서의 본색을 감추는 것이다.[3] 마르크스가 이데올로기를 허위의식으로 규정한 근거다. 그러나 이데올로기가 체제 구성원에게 내면화된 상태라면, 그것은 진리로 통용되고, 체제의 지배는 정당화된다.

마르크스에 의하면 위계로 구성된 사회는 불평등을 정당화하고 합리화하기 위해 이데올로기를 만들어낸다. 그래서 지배계급의 사상이 곧 지배사상이라는 명제를 도출했다. 곧 지배적인 물질적 세력은 동시에 지배적인 지적 세력이다. 물질적 생산의 수단을 수중에 가지고 있는 계급은 동시에 정신적 생산의 수단을 통제한다.[4] 그래서 물질적 생산 수단도 정신적 생산 수단도 갖지 못한 사람들은 이중으로 종속되고 복종한다.

칼 만하임은 허위의식에 초점이 맞추어져 있던 이데올로기 개념을 나름대로 정리하여, 이데올로기를 특정 개념, 총체적 개념, 그리고 일반적 개념으로 구별했다.[5] 반대자의 사고 일부를 구성하는 이데올로기, 반대자의 사고 전체를 구성하는 이데올로기(마르크스의 허위의식에 해당), 반대자뿐만 아니라 자신의 사고 역시 특징짓는 이데올로기 등이 그것이다. 그러니까 어떠한 인간의 사고도 사회적 배경의 이데올로기 형성으로부터 영향을 받지 않는 것은 없다는 것이다.

그래서 마르크스의, '사회적 존재가 의식을 규정한다'는 명제를 검토하여 나름의 견해를 밝혔다. 마르크스가 사회적 토대에 의해 의식이 '규정'된다고 한 것에 비해, 만하임은 사회적 존재에 의해 '구속'된다고 하며, 규정이라는 표현이 가지고 있는 결정론적 색채를 희석시키고자 했다. 그러면서 지식인의 계급적 지위를 살펴, 사회적으로 중립적인 또는 중간적인 지식계급에 기대를 걸기도 했다. 그가 바람직한 지식인

3) 올리비에 르불 지음, 홍재성·권오룡 옮김, 앞의 책, 24쪽.

4) 벤 에거 지음, 박재주·임종화 옮김, 『현대 마르크스주의에 대한 이해』, 청하, 1987.

5) 피터 버그·토마스 루크만 지음, 박충선 옮김, 『지식 형성의 사회학, 원제: 현실의 사회적 구성』, 홍성사, 1982, 21-22쪽.

상으로 제시한, '자유롭게 부동하는 지식인'은 그러한 탐색 과정에서 도출된 고육지책으로 보인다.

그에 따라 만하임은 인간 의식의 기능 가운데에 무엇에도 구속되지 않는 유토피아적 요인이 존재한다고 생각했다. 유토피아적 의식은 사회적 존재에 매몰되지 않는, 존재 초월적인 의식, "눈앞에 실현되고 있는 존재를 포함하지 않는 제요인에 두고 행위의 존재방식을 결정한다."는 의식이다. 다시 말해 유토피아 의식은 현존하는 물질적 생활과정과 밀착된 물질적 이해관심을 초월하여 미래를 지향하는 의식이고, 이 의식의 담지자가 바로 자유롭게 부동하는 지식인이다.[6] 이는 그가 이데올로기와 더불어 유토피아에 천착한 연유이기도 하다.

그러나 후일의 만하임과 달리 마르크스는 사회적 존재 또는 토대를 중간층의 지식인에서 더 밑으로 내려가 탐색한다. 그래서 닿은 곳이 바로 프롤레타리아다. 그러나 프롤레타리아에게 쉽사리 대항이데올로기를 기대할 수는 없다. 이데올로기의 정체가 비록 허위의식이라고 하지만, 이미 내면화되어 자발적 복종의 수준에 이르렀다면, 대항이데올로기의 생성이 쉽지 않을 것이기 때문이다. 네루의 말처럼, 새로운 이데올로기가 형성되려면 많은 시간이 필요하다. 새로운 사상은 그들 속으로 서서히 침투하는 것이며, 예전부터 품어온 편견과 의식을 스스로 포기하려고 애쓰는 사람은 좀처럼 없기 때문이다.[7]

그래서 마르크스는 주체에 대한 기대보다 객체에 대한 분석에 더 치중했다. 이데올로기가 축소시키고 고정시켜 놓은 체제 속으로 들어가, 그 내부에 모순된 힘으로 잠재되어 있는 새로운 사상의 맹아를 발견하여 추출해내야 했다. 이러한 관점에 기대면, 자본주의는 자신의 논리의 몇몇 특징에 의해 사회주의의 구조를 이미 창출해내고 있었으며, 또한 사회주의는 이상향이나 유토피아가 아닌, 기존 구조의 경향적이

6) 야시마 교시로 지음, 이대현 옮김, 『변증법의 사회사상사적 고찰』, 온누리, 1985, 342쪽 참조.

7) J. 네루 지음, 곽복희·남궁원 옮김, 『세계사편력 2』 일빛, 1999, 63쪽.

고 부상적浮上的인 추세로 현실화될 수밖에 없다는 것이다.[8]

이는 물론 그의 유물변증법적 사유를 체제에 적용시킨 사례라 할 수 있을 것이다. 그러니까 체제는 지식인 주체의 역량에 의해서가 아니라 객체의 변증법적 전개에 따라, 체제의 정립과 유지, 체제 내부의 모순에 의한 반정립의 발전, 그리고 지양에 의한 종합의 새로운 체제의 성립으로 이루어진다는 것이다. 이처럼 만하임이 지식인 주체에 의한 유토피아적 사회를 꿈꾸었다면, 마르크스는 사회 객체의 변증법적 발전에 의한 사회주의 혁명을 소망했을 것이다.

이데올로기는 모든 체제에서 필요로 하는 것이었다. 그 체제가 정치든 종교든 경제든 가릴 것 없이 체제가 있는 곳, 곧 권력이 있는 곳이면 이데올로기가 없는 곳은 없었다. 체제를 정당화하고 합리화하는 도구로 이데올로기만한 것이 없었기 때문이다. 이 이데올로기를 창출하거나 제공하는 지식인을 그람시는 창조적 지식인이라 부르며, 행정적 지식인이나 기능적 지식인과 차별화했다.

이데올로기를 우선적으로 필요로 하는 곳은 정치 영역의 국가였다. 정치적 영역에는 신분과 권력에 따른 위계가 분명했고, 이 위계의 불평등을 정당화하고 합리화하는 이데올로기가 시급했기 때문이다. 중국 유가의 천명사상이나 서구의 왕권신수설은, 위계의 맨 꼭대기에 있는 왕의 입지를 굳혀주는 이데올로기였다. 이 이데올로기는 명분으로든 실질적으로든 체제에 기여했다.

유가의 천명사상은 앞의 글(「하늘과 땅」)에서 본 것처럼, 그 앞에 있었던 오랜 전통의 봉선의식에서 착안하여 만들어진 이데올로기로서 오랫동안 명맥을 유지했다. 정치적 정당화 체계의 가장 오래된 형태는 인간 사회의 제도적 질서가 우주의 신성한 구조를 반영하고 있거나 또

8) 프레드릭 제임슨 지음, 임경규 옮김, 『포스트모더니즘, 혹은 후기자본주의 문화 논리』, 문학과지성사, 2022, 391쪽.

한 표상하고 있는 것으로 보는 개념화이다.[9] 정치 체제는 세속을 초월한 신성화의 후광으로 복종을 용이하게 만든 것이다.

진나라 시황에 이르러서는 천명이 이데올로기의 정당성보다는 치적 과시용으로 변질되었고, 정치는 법가에 의해 운영되었다. 한나라에 들어와서는 실질적인 쓰임에서는 뒷전으로 밀리는 경향이 있었다. 이른바 '외유내법'으로서, 실질적 효용성을 지닌 법과 제도를 전면에 내세우면서, 이데올로기는 신성성의 후광을 잃고 단순한 명분으로 내걸리는 신세가 되었다.

비슷한 경우로 서구에서는 플라톤의 '이데아'가 정치 이데올로기의 자리를 차지하려 했다. 그에게서 왕은 그냥 왕이어서는 안 되고, 국가의 원형/이데아를 본떠서 확립할 수 있어야 하고, 인간의 원형/이데아를 실행할 수 있어야 했다. 그러나 플라톤이 보기에 현존하는 국가는 불변하는 형상이나 이데아의 쇠퇴해가는 복제품이었다. 그는 이 국가의 형상이나 이데아를 재구성하고자 노력했고, 가능한 한 그것과 흡사하게 닮은 사회를 그리려고 노력했다.[10]

그러나 그것은 천명사상처럼 정치 현실에서 일정한 자리를 차지하지는 못했다. 이데아는 현실 정치의 이데올로기로서 보다는 당위나 이상으로 작용했다. 앞의 만하임에서 보듯이, 지식인이 현실에 매개되지 않은 자유롭게 부동하는 지식인이 되면, 사회 분석이 충분히 매개된 이데올로기를 창출하는 데서 벗어나거나, 그것과 동떨어진 사회에 토대를 둔 유토피아를 꿈꾸는 쪽으로 가게 된다.

공자와 플라톤은 정치 현실을 떠나 교육에 매진하면서 현실의 매개가 결핍된 정치 이데올로기, 곧 유토피아를 산출한 것이다. 공자가 '대동사회'를, 플라톤이 '이상국가'를 내세운 것이 이를 반영하는 것이다. 그래서 공자의 유가는 내성외왕內聖外王을, 플라톤이 철인왕哲人王을 위

[9] 피터 버거 지음, 이양구 옮김, 『종교와 사회』, 종로서적, 1982.

[10] 칼 포퍼 저, 이한구 역, 『열린사회와 그 적들 I – 플라톤과 유토피아』, 민음사, 1985.

계의 제일 꼭대기에 위치시키는 차원의 이데올로기를 마련한 것이다.

그러나 이러한 당위나 이상은 정치적 실현을 염두에 둔 것이 아니라, 공자와 플라톤의 내심을 드러낸 것으로 보는 경향도 있다. 곧 현실 정치에 대한 불만이 스스로 왕이 되고픈 야심으로 드러난 것이라고. 그렇게 보더라도 두 사람이 제시한 국가 형태는 많이 다르다. 공자의 그것이 대동사회라는 열린 형태의 사회라면, 플라톤의 그것은 공산주의 사회에 버금가는, 전체주의 사회라는 아주 폐쇄된 형태의 사회다. 칼 포퍼가 '열린사회의 적들'의 첫 인물로 플라톤을 다룬 연유다.

근대에 들어와 국가를 중심에 두고 정치 이데올로기를 세운 사람은 서구의 경우 토마스 홉스다. 그는 국가 기구를 정당화하려고 자연 상태를 상정했다. 그러나 그가 자연/국가를 이항으로 대립시킨 것은 데리다 식으로 말하면, 둘의 정체성을 대등하게 견주어보기기 위한 것이 아니라, 국가를 긍정하기 위해 자연을 부정하고 이용하기 위해서다. 이런 의도에서 볼 때 자연 상태는 '만인에 대한 만인의 투쟁'이다.

그러나 이 이항대립의 의도를 뒤집으면 홉스와는 다른, 자연의 다른 의미가 얼마든지 도출될 수 있다. 루소가 자연 상태를 '지배와 복종이 없는 자유로운 상태'라고 규정한 것이 그 일례일 것이다. 어쨌든 홉스는 이 투쟁에 내재된 폭력을 길들이고 통제할 국가권력이 필요하며, 따라서 사회계약에 입각해 개인의 권리를 국가에 양도해야 한다는 것으로 논리를 이끌어간다.[11]

그러나 그의 책 제목처럼, 리바이어던/괴수는 그 힘을 국가 구성원들의 인명과 재산을 보호하는 데에만 사용하지 않는다. 모든 체제는 전체주의적인 것이 되려는 경향이 있다는 마르쿠제의 말처럼[12], 국가가 국가주의로, 국가주의가 국가사회주의로 가는 데는 몇 걸음이 걸리지 않는다. 히틀러나 스탈린 체제 하의 독일과 소련에서 보듯이, 이러

11) 강신주 지음, 『철학 VS 철학』, 오월의 봄, 2022, 137-140쪽 참조.

12) 올리비에 르불 지음, 홍재성·권오룡 옮김, 앞의 책, 217쪽.

한 체제에서 개인은 전체를 위해서 희생해야 하는 존재에 지나지 않게 된다.

만인에 대한 만인의 전쟁을 막기 위해 만들어진 국가가, 국가의 이름으로, 애국심의 미명으로 저지른 크고 작은 전쟁에서 학살된 인명과 파괴된 재산을 고려한다면, 국가주의가 개인의 입장에서 왜 회피되어야 할 이념이며, 국가를 우선적으로 옹호하는 이데올로기가 왜 허위의식이며, 왜 비판의 대상이 되어야 했는지 헤아릴 수 있을 것이다.

종교는 애초에 정치 체제의 억압과 폭력에 대한 대항이데올로기 또는 유토피아로 출발했다. 종교는 인간 해방의 이데올로기였다. 해방의 과정은 정치적 억압과 순교의 희생을 상호 가중시키는 방향으로 나아갔다. 그러다 일정한 시점에서 정치와 종교 두 체제는 서로를 인정하며 이원화하는 지점에 도달했다. 정치는 세속의 영역에, 종교는 신성의 영역에 머물기로 한 것이다.

정치의 손은 아리스토텔레스처럼 지상을 가리키고, 종교의 손은 플라톤처럼 천상을 가리켰다. 지상의 왕국과 천상의 천국으로 이원화된 세계관으로 타협점을 찾은 것이다. 그러나 이러한 세계관과 관계없이, 인간이 해방되고자 한 지상은 변함이 없었다. 플라톤의 사상은 천상과 지상의 이원론적 세계를 설계하는 데에 기여했고, 정치 영역의 위계가 지상의 성직의 위계를 설정하는 데 기여했다.

이제 지상에서의 인간 해방을 염원하는 일원론적 종교는 발붙일 곳을 잃게 되었고, 지상의 삶이 종말을 고한 뒤의 내세에만 관심을 두는 이원론적 종교가 득세했다. 이러한 종교의 추세에 정치는 종교를 탄압할 이유를 찾을 필요가 없었다. 각각 추구하는 바가 확연히 달라졌기 때문이다. 정치는 정치권력을, 종교는 종교권력을 추구하면 되었기 때문이다. 오히려 각각은 서로 손잡고 체제를 운영할 수 있게 되었다.

게다가 정치권력의 행사로 말미암은 사회의 불평등과 특권을 종교권력은 변신론을 통해 훌륭하게 합리화해 주었다. 다시 말해 빈민층에게는 그들의 빈곤에 대한 의미를 부여해주고, 부유층에 대해서는 그들의 부에 대한 의미를 제공해주었다.[13] 그러니까 변신론은 빈부의 불평등에 대한 사회구조적 분석이나 대책을 제시하는 것이 아니라, 불평등을 기정사실화 해놓고 그것에 의미를 부여하는 것이었다.

'가난은 나랏님도 구제해주지 못한다.', '자신의 가난을 왜 남 탓하느냐'는 등, 사람들 사이에 유통되는 많은 말 속에도 이런 종교적 변신론의 입김이 배어들어 있다. 그래서 "이데올로기는 사회적 환경 구석구석까지 널리 보급된 신념일 뿐 아니라 사회구조의 정당화"이기 때문에, 사회구조에 대한 보충 설명이 없는 이데올로기 분석은 부적합하다[14]는 라이트 밀스의 주장이 나오기도 했다.

그러나 천상을 염원하는 종교 집단의 구성원이 지상의 삶을 등한히 했느냐 하는 것은 다른 문제다. 정치와 종교가 이원화하여, 각각 지상과 천상을 지배하는 현실에서는, 지상의 해방을 염원한 대항이데올로기는 사라지게 되었고, 지상을 지향하는 정치권력과 천상을 지향하는 종교권력을 그대로 수용하게 되었다. 그리하여 종교집단의 구성원들의 삶도 종교적 믿음과 세속적 생활이 이원화되었다.

이러한 삶이 지속되면, 자신의 믿음과 생활에 대한 자의식은 사라지고, 이원화된 삶이 생활세계의 습관이 되기 마련이다. 정치에 허위의식이 자연스러운 것이 되듯이, 종교에도 허위의식이 자연스러운 생활양식으로 자리 잡는다. 이러한 제도적 종교에 회의를 느낀, 톨스토이나 간디, 앞의 글(「심연과 표면」)에 등장한 고흐 같은 인물의 입장에서 보면, 분명한 위선이다. 이는 진정한 구도자가 종교 집단을 떠나 고독

13) 피터 버그 지음, 이양구 옮김, 앞의 책, 73쪽.

14) 대니얼 기어리 지음, 정연복 옮김, 『C. 라이트 밀스』, 삼천리, 2016, 77쪽.

한 구도의 길에 들어서게 하는 이유가 되기도 했다.

경제 체제의 이데올로기는 정치 체제의 이데올로기나 종교 체제의 이데올로기에 비해 늦게 출발하고 수립되었다. 동양의 경우, 사마천의 『사기』와 같은 역사 서술에서도, 왕과 제후 그리고 뛰어난 신하와 장수들은 본기나 세가, 그리고 열전의 앞부분에 등장하지만, 재화를 다룬 상인이나 부호들은 열전의 끝부분에 「화식열전貨殖列傳」에 얼굴을 조금 비출 뿐이다. 유가의 경전에서도 '정전법' 정도가 언급되고, 상공인은 업신여김의 대상일 뿐이었다. 우리나라에서도 사정은 다르지 않았다. 조선 중기나 후기에 본격적인 제도의 시행과 그 불합리한 제도의 개선책에 대한 논의가 보이는 정도다.

경제가 약탈에서 생산과 무역을 거쳐 시장으로 발전되어감에 따라, 그 수단과 방법에 발맞추어 체제가 수립되었고, 체제에 맞춘 이데올로기가 등장했다. 그 이데올로기는 경제의 중요성이 높아지는 정도와 비례하여, 경제 차원을 넘어 정치와 종교 차원에 이른 뒤, 지금은 정치와 종교를 넘어 현실의 궁극 체제로 군림하고 있다. 그 초점에 두드러지는 것이 시장이다.

홉스에게 인간 본성에 내재된 경쟁과 폭력을 길들이고 통제할 국가 체제가 필요했다면, 애덤 스미스에게는 시장체제가 필요했다. 시장체제도 국가체제처럼 경제적 경쟁을 길들이고 통제할 수 있는 힘을 가지고 있다고 본 것이다. 시장체제의 '보이지 않는 손'은 국가체제의 '보이는 손'이 필요하지 않았다. 국가는 시장에 맡겨두면 되는 것이기에, 시장에 국가는 필요치 않다는 것이다.

물론 초기에는 자본이 국가를 등에 업고 세계를 누볐다. 제국은 자본이 필요했고, 자본은 제국이 필요했다. 영제국은 동인도회사와 동거했고, 일제국은 동양척식회사와 동거했다. 그러나 제국의 시절이 지난 독립국에서 그 피해를 주장하면, 제국은 동거를 부정한다. 아직도 제국의 여력이 독립국의 국력보다 우위에 있기 때문이다. 니체의 말처럼 정의는 진위 여부와 관계없이 힘에 좌우되기 때문일 것이다. 중세에 국가가 종교와 더불어 세계를 누볐다면, 근대에는 자본이 국가와 종교와 더불어 세계를 누볐다.

자본의 힘을 뒷받침하는 시장이데올로기는 자유주의에서 자유민주주의로, 다시 신자유주의로 선회하며, "우리 시대의 가장 핵심적인 이데올로기 투쟁의 영역"이 되었다.[15] 20세기 초 스콧 니어링은 자신이 목격한 미국 제조업체 경영진들의 행태를 이에 비추어 전해주었다. 그들은 "마치 기업활동이 하늘의 가호를 받고 있어 번영을 위해서라면 국가도 함부로 방해해서는 안 되는 양 행세했다."[16] 애덤 스미스의 보이지 않는 손이 곧 하느님의 손이었던 것이며, 하느님의 손은 곧 경제를 경영하는 기업인의 손과 다를 바 없다는 것을 보여준 것이다. 옛날 군주정의 군주가 곧 신이듯이, 경제 왕국의 기업인은 스스로 신이 된 것이다.

이제 시장은 제조업의 기의를 떠나, 기축 통화의 화폐나 환율, 그리고 증시가 화두가 되어, 기표 위를 매끄럽게 활주한다. 그리고 미디어와 결합해서, 시장 없이는 살 수 없는, 시장의 왕국과 천국에서 모든 백성들과 신도들의 정보를 확보하여 지배한다. 시장의 세례를 받지 않는 자들은 이제 시대에 뒤떨어진 사람이 되고, 그래서 불안해한다.

그러면 인간은 이러한 이데올로기 없이 살 수는 없는 것일까. 모든 사상이 이데올로기적이라면, 그래서 알튀세르의 말처럼, 안경을 벗고 맨눈으로 세상을 보는 일은 있을 수 없고, 그저 다른 안경을 착용할

---

[15] 프레드릭 제임슨, 임경규 옮김, 앞의 책, 489쪽.

[16] 스콧 니어링 지음, 김라합 옮김, 『스콧 니어링 자서전』, 실천문학사, 2000, 108쪽.

수 있을 뿐이라면, 그것은 불가능할 것이다. 만하임은 이데올로기에 침윤된 개인은 무지와 자기기만 그리고 타인기만으로 이데올로기적 사유와 행동을 벗어날 수 없다고 보았다. 그렇다고 하여 마냥 이데올로기에 속절없이 휘둘리며 살 수는 없을 것이다.

이에 대해서는 대체로 두 가지 대처 방법이 있는 것 같다. 하나는 이데올로기를 다른 개념과 대비시켜 여지를 마련해 보는 것이고, 다른 하나는 대항이데올로기에 관심을 가지면서 이데올로기의 부정적 측면을 여과시켜 정화함으로써 유토피아적 여지를 마련하는 것이다. 전자에 초점을 맞추어 '과학'이라는 개념을 대비시켜 이데올로기를 탐색을 한 인물이 알튀세르다.

알튀세르에게 이데올로기는 그 내면화에서 볼 수 있는 것처럼, 체제의 영향 아래 있는 인간의 주체가 체험으로 내장하고 있는 것이다. 그에 비해 과학은 이론적 인식으로서 개념체계이며, 주체가 연루되어 있지 않다.[17] 따라서 이데올로기가 가지고 있는 실재와의 불일치와 부조화로 생긴 오류와 오염을, 주체 없는 과학의 순수한 개념체계로 제거할 수 있다는 것이다.

그러나 이데올로기의 내면화가 세계의 관점이 되면, 이데올로기는 세계의 모든 사건들을 해석하는 보편적인 코드가 되어, 이데올로기의 정당화 기능은 정치뿐만 아니라 점점 더 확산되어, 윤리와 종교를 전염시키고, 나아가 과학의 영역까지 전염시키게 된다.[18] 간헐적이지만 끊임없이 논란의 영역에 출몰하는 진화론과 창조론의 논쟁이 이를 입증한다. 결국 유토피아 검증의 필요성이 제기된다.

17) 앨런 스윈지우드 저, 박성수 역, 『사회사상사』, 문예출판사, 1987, 337-338쪽 참조.

18) 폴 리쾨르 지음, 박병수·남기영 편역, 앞의 책, 402-403쪽.

유토피아

이데올로기가 체제의 지배 수단으로 지속적이고 긴 시간의 생명을 누리는 데 비해, 유토피아는 어쩌다 간헐적으로 나타날 뿐만 아니라, 실질적으로 오랜 기간 동안 지속되지 못한다. 이는 중국의 종법 신분 질서가 오래 유지되던 상황에 비해, 진나라 말기 진승이 "왕이나 제후, 장군이나 재상의 씨가 어찌 따로 있단 말인가?"라며, 신분 체제에 균열을 내며 농민 봉기의 막을 열었지만, 그 뒤 도연명의 「도화원기」에 유토피아의 구체적인 형상만을 잠시 부여받은 것으로, 이데올로기의 오랜 지속과 유토피아의 간헐적 출몰을 확인할 수 있다.

그래서 만하임도 앞에서 네루가 말한 것과 비슷한 내용의 말을 한 적이 있다. "집단적·무의식적 동기가 의식화되는 과정은 모든 시대에 있어서가 아니고, 다만 전적으로 특수한 상황 속에서만 실현될 수 있다."[19]고 한 것이 그것이다. 그러나 지식인이 이데올로기를 만들어내어 백성이나 군중을 이끈다는 것에 매몰되어, 그들은 단지 이데올로기를 추종할 수 있을 뿐이지, 대항이데올로기를 만들 수 있는 능력이 없다고 생각하는 것은 오만이자 또 하나의 이데올로기일 뿐이다.

현상적으로 보면, 지배 엘리트를 축출하여 다른 지배 엘리트로 대체하는 것일 수도 있고 또 그것이 사실일 수도 있다. 그러나 대항이데올로기의 선두에 엘리트가 있다고 하여, 그 뿌리에 있는 민중들의 존재를 부정할 수는 없다. 선두에 선 사람에게 시선이 가 있느냐, 그 뿌리에까지 시선이 가 닿아 있느냐 정도의 차이가 있을 뿐이다. 프랑스 혁명에서, '자유, 평등, 박애'라는 대항이데올로기의 담지자가 '민중'이라는 것을 읽어낸 사람이 미슐레라면, 거기에서 '코뮌'이라는 유토피아를 읽어낸 사람은 마르크스였다.

---

19) 칼 만하임 저, 황성모 역, 『이데올로기와 유토피아』, 삼성출판사, 1979, 259쪽.

그보다 자주 사람들의 입에 오르내리는 유토피아는, 처음 얼마 동안은 고립적인 개인의 꿈과 같은 소망이나 환상 같은 모양으로 나타난다. 시간이 한참 흐른 후에야 그것은 사회학적으로 충분히 규정할 수 있는 광범한 계층의 정치적 의욕 속에 널리 받아들여지게 된다.[20] 그때 그것은 행동으로 옮겨져 현존하는 체제의 질서에 대항할 수 있는 힘을 가진 대항이데올로기가 되기도 하고, 유토피아를 실현하기 위한 설계도가 되기도 한다.

이러한 유토피아는 여러 가지 유형의 모습을 띤다. 원시공산사회에 가까운 도가적 낙원관에 뿌리를 둔 노자의 '소국과민', 그것을 보다 구체적으로 형상화한 '무릉도원', 도교적 낙원관과 선민의식이 결합된 '삼신산', 신화적 요소를 가져와 이상세계를 형성한 '산해경', 유가적 상상력으로 구성된 '대동사회'가 고래의 동양의 유토피아 유형이라면[21], 서구의 경우에는 신화적 성격이 강한 것으로는 '아틀란티스'가 있고, 근래에는 돈이 모든 것을 지배하기 시작하는 자본의 본원적 축적에 대응하여 토머스 모어가 묘사한 '유토피아', 토마소 캄파넬라가 그린 '태양의 나라'가 대표적인 유형이다.

이처럼 유토피아는 신화적 요소가 지배적인 것, 종교적 면모가 뚜렷한 것, 사회적, 정치적 함의를 담고 있는 것 등으로 성격이 다양하다. 그 중에서 현실적으로 유의미한 것으로는, 농촌과 농업이라는 실질적 토대를 가지면서 유토피아적 공동체를 지향한 것을 들 수 있다. 러시아의 '미르'와 이스라엘의 '키부츠'가 널리 알려진 대표적인 경우이다.

게르첸은 마르크스주의자나 다른 역사결정론을 신봉하는 사람들처럼 러시아가 더 높은 수준의 발전단계로 나아가기 위해서는 먼저 자본주의 경제발전단계를 경험해야 한다고 보지 않았다. 그는 역사발전을

20) 앞의 책, 434-435쪽 참조.

21) 정재서 지음, 『도교와 문학 그리고 상상력』, 푸른숲, 2000, 252-266쪽 참조.

단선적으로 보는 것은 오류라고 지적하며, 농촌공동체인 미르에 기반을 둠으로써 사회주의라는 더 높은 발전단계로 곧장 갈 수 있다고 보았다. 미르에 토대를 둔 이러한 사회주의가 오히려 부패한 서구 자본주의 사회, 서구의 중앙집권적 국가 중심의 사회주의의 부정적 영향도 피할 수 있으리라 여겼다.

그래서 농촌 전통에 깊게 뿌리를 내림으로써, 러시아 사회주의는 망가진 유럽식 프롤레타리아 사회주의와 공산주의에서 벗어나, 탈중앙적인 공동체와 연방주의적인 사회주의를 건설할 수 있을 것이라 전망했다. 후에 나로드니키/인민주의자들은 미르에 의거하여 이를 실현하기 위한 방도를 모색했지만 결국 성공하지 못했다.[22]

마르틴 부버도 집단 농업 공동체 키부츠에 토대를 둔 유토피아적 사회주의를 꿈꾸었다. 키부츠 운동은 모든 유토피아 공동체가 그러하듯이 모든 구성원이 일을 한다. 사유 재산을 인정하지 않고, 아이들을 공동으로 교육하며, 경제적인 불평등을 해소하고, 이웃 공동체와 협동하며, 생활을 단순화하여 산업화에 도전하는 것을 과제로 삼았다. 그래서 부버는 정치원리가 배제되고 사회원리가 지배하는, 실천된 공동체 중의 공동체로 '키부츠'를 들었다.

키부츠의 성원이 된 것이 자발적이었던 만큼, 새로운 사회도 이 자발성/자유가 최대한 존중되는 사회가 되어야 했다. 그래서 사회 구조는 연합의 연합 형태로 이루어져야 하고, 그 연합을 통일하는 국가는 조정과 관리로 기능이 축소되어야 했다. 이렇게 형성된 사회주의적 다원주의는 구성원의 성장과 자유를 담보할 수 있을 것이라 내다봤다. 그래서 부버는 사회주의의 양극의 이름으로, '모스크바'에 대한 '예루살렘'을 내세우며 자부심을 감추지 않았다.

그러나 이스라엘의 일반적인 교육시스템에서와 마찬가지로, 키부츠

---

[22] 루이스 코저 지음, 신용하·박명규 옮김, 『사회사상사』, 한길사, 2016, 699쪽.

에 팔레스타인인/아랍인들은 받아들여지지 않았고, 사회의 연합이나 통합에 그들은 늘 분리되고 배제되어 있었다.[23] 키부츠 운동이 출발선상에서 안고 있었던 한계, 곧 시오니즘이 이 사회주의적 유토피아의 확장을 스스로 가로막고 있었던 셈이다.

미르와 키부츠에 토대를 둔 게르첸과 부버의 사회주의적 유토피아에 비하면, 모어와 캄파넬라가 제시한 유토피아는 공상적 사회주의 유토피아에 가깝다. 모어는 등장인물인 라파엘의 입을 빌려, 사회악의 근원으로 사유재산과 돈을 들고 있다. "사유재산이 존재하는 한, 그리고 돈이 모든 것의 척도로 남아 있는 한, 어떤 나라든 정의롭고 또 행복하게 통치할 수는 없습니다. 재산이 소수의 사람들에게 한정되어 있는 한 누구도 행복할 수 없습니다. 그 소수는 불안해하고 다수는 완전히 비참하게 살기 때문입니다."[24]

캄파넬라 역시 사유재산과 개인의 가족이 폐기된 이상사회의 공상도를 그리고 있다. 재산과 가족의 공유는 이미 플라톤의 '이상국가'에서 오래전에 표명된 것으로, 많은 유토피아에서 반복되는 것이기도 하다. 이 새로운 사회는 모든 유토피아에서 공통적으로 상정된 보편적 의무노동에 기초한 사회로서, 구성원들의 물질적 생산은 하루 4시간만의 노동으로 충분한 것으로 설정되어 있을 뿐만 아니라, 그것으로 주민의 행복과 문화 발전이 가능하다고 보았다. 모어와 마찬가지로 이런 사회의 구상에는 사유재산의 축적에 배제된 하층 구성원의 평등과 평화, 그리고 정신의 계발이라는 요구가 반영되어 있었다.[25]

중국에서 비롯된 대표적인 유토피아는 유가의 '대동사회'다. 이는 앞의 신화적, 도가적/도교적 유토피아에서 보는 것과 같은 자연 상태를 토대로 한 성격을 배제하고, 인간 사회의 관계에 초점을 맞추어 설정되

23) 슐로모 산드 지음, 김승완 옮김, 『만들어진 유대인』, 사월의책, 2021, 622쪽, 주)53 참조.

24) 토머스 모어 지음, 주경철 옮김, 『유토피아』, 을유문화사, 2017, 55쪽.

25) 소비에트 과학아카데미 철학연구소 편, 이을호 편역, 『세계철학사Ⅰ』, 중원문화, 1989, 359쪽, 369쪽.

어 있다는 점에서 스스로를 여타와 차별화한다. 이러한 대동大同사회가 유가의 이상적인 사회라면, 그 반대편에 현실적인 소강小康사회가 있다.

소강사회는 '친친親親/마땅히 친해야 할 사람과 친함'이라는 혈연 또는 혈족애, '존존尊尊/마땅히 존경해야 할 사람을 존경함'이라는 위계의 차이를 인정하며 사는 사회다. 그에 비해 대동사회는 혈연의 원근에 구애되지 않는 겸애, 신분의 차이와 무관한 능력의 평등을 추구하며 사는 사회다. 소강사회의 사람들은 자기의 어버이만을 어버이로 여기고 자기의 자식만 자식으로 여긴다. 그에 비해 대동사회에서 사람들은 자신의 어버이만을 어버이로 여기지 않고 자기 자식만 자식으로 여기지 않는다.

그러니까 소강사회가 친애親愛 곧 협애狹愛에 기초한 사회라면, 대동사회는 겸애兼愛 곧 박애博愛에 기초한 사회다. 유가들은 인간들이 사는 세상이 요순이라는 먼 과거의 태평성대의 대동사회에서, 인간과 사회의 약점과 결함들이 드러나는 소강사회로 점점 쇠락해 왔다고 보았다. 그래서 공자는 대도가 시행되지 않아 사리사욕이 추구되고, 법치에 의해 유지되는 소강사회에 대한 극복의지를 대동사회에 대한 열망으로 표현하였다.[26]

그러나 일설에 의하면, 유가에 의하여 『예기』에 편입되어 있는 「예운禮運」의 대동사상에 관한 구절이 실제로는 묵가의 사상이라고 보기도 한다.[27] 묵자는 처음에 유학을 배우지만, 주나라의 도가 등급적 차별에 근거하여 굴러가는 것에 반발하여, 하나라의 정치의 시행을 설파하며 겸애와 비악非樂과 비공非攻 등을 제시했다.[28]

그러니까 공자는 주나라의 소강사회에 발을 딛고 있으면서, 하나라의 대동사회를 염원한 셈이다. 그리고 묵자의 자취를 씻어내기 위해

26) 정재서 지음, 앞의 책, 267쪽.

27) 리쩌허우 지음, 정병석 옮김, 『중국고대사상사론』, 한길사, 2014, 150쪽.

28) 이지 지음, 김혜경 옮김, 『명등도고록』, 한길사, 2016, 264쪽 주) 참조.

유가들은 대동사회를 하우夏禹를 넘어 요순堯舜으로 끌어올린 것으로 보인다. 묵자의 대동사회의 근간을 이루는 겸애를 맹자가 공격한 것으로 미루어 보면, 대동사회가 묵자의 사상 속에 보존된 것으로 보는 견해가 설득력이 있고, 스승 공자의 어정쩡한 자세를 정리하려한 것이 아닌가 하는 생각이 들기도 한다.

묵자의 겸애와 평등은 오랫동안 잠복해 있다가 근대에 캉유웨이에 이르러 다시 떠오른다. 그에게 묵자의 겸애는 인간과 동물과 초목의 선천적 평등의 인식으로 나타났고, 종법제도와 봉건가정의 해체 필요성으로 이어졌다. 이것은 어린이를 영아원과 탁아소의 공적 기관에서 공유하여 키우고, 학생을 소학원과 대학원에서 공적으로 교육하여, 모든 사회 구성원이 우수한 문화를 향유하며 사회에 봉사하게 하며, 늙거나 장애자가 되면, 양로원과 요양원 등에서 공적으로 그들을 구제한다는 방안으로 구체화되었다.

그래서 고대 경전이 말한 바, '노인은 봉양받을 곳이 있고, 어린이는 믿는 곳이 있으며, 외로운 자와 불구자는 모두 부양받는 곳이 있는', 행복하고 즐거운 '대동세계'에 도달할 수 있다고 생각했다. 그러나 방안과 그 실천은 별개의 문제일 수 있다. 캉유웨이는 자신이 마련한 방안이 실현되는 것을 적극적으로 원하지 않았다. 오히려 전력을 다해 가로막는 행태를 보였다. 부르주아적 자유주의 지식인의 한계였다. 새로운 방안이 실현되는 과정에서 필연적으로 수반되는 파괴에 대한 두려움을 감당할 역량이 결여되어 있었던 것이다.[29]

29) 리쩌허우 지음, 임춘성 옮김, 『중국근대사상사론』, 한길사, 2014, 221-261쪽 참조.

기독교적 성격의 유토피아는 크게 둘로 나누어 살펴볼 수 있다. 하나는 '신국'이고 하나는 '천년왕국'이다. 신국이 피안적인 것인 반면, 천년왕국은 차안적인 것이다. 신국은 믿는 사람이 지금 죽어서 들어가는 데로 이해되고 있지만, 천년왕국은 역사와 사회가 새로워지는 데로 이해된다. 신국은 타력적 구원을 전제하지만, 천년왕국은 보다 자력적 구원에 기울어진다. 그래서 신국은 개인 인격의 구원을 보장하지만, 천년왕국은 사회적 인간의 구원에 대한 보장이다.

그러나 이 둘의 유토피아가 별개의 것으로 치부되면 온전한 것이 되기 어렵다. 사회정의에 기울어진 천년왕국과 개인 영혼에 치우친 신국이 병존하지 않으면, 모든 유토피아가 그렇듯이 병리病理를 초래한다. 신국만이면 타계적他界的인 신앙이 될 우려가 있고, 천년왕국만이면 광신적인 신앙이 될 우려가 있기 때문이다.

불교적 성격의 유토피아도 기독교적 성격의 유토피아와 상동相同관계에 있음을 확인할 수 있다. 불교의 미륵신앙은 기독교의 천년왕국 신앙에, 미타신앙은 기독교의 신국 신앙과 흡사하다. 지배자의 지배이데올로기로 이용된 신국-서방정토-극락왕생과, 민중의 역사적 갈망의 상징인 천년왕국-용화세계-미륵하생이 그대로 상동하는 까닭은, 두 종교 모두 사회경제사적인 제약과 구속을 반영하기 때문일 것이다.

기독교 역사상 지금까지 실패한 거의 모든 혁명운동이 천년왕국 신앙과 결부되어 있는 것과 마찬가지로, 한국사에서도 실패한 거의 모든 혁명운동이 미륵신앙과 결부되어 있었다. 고래로 한국에는 미륵신앙과 미타신앙이 병존하고 있었다. 이는 한국 민족사에서 억압된 민중이 계속해서 존속돼 왔다는 것, 민중이 집요하고 강인하게 저항하며 살아왔다는 것, 억압된 민중은 새 세계의 도래를 계속 갈망했다는 것을 말하고 있는 것이다.[30]

30) 이상의 기독교적 성격의 유토피아와 불교적 성격의 유토피아에 대한 내용은, 서남동 지음, 『민중신학의 탐구』, 한길사, 1983, 51-77쪽에서 발췌 요약했음.

유토피아가 내장하고 있는 창조력은 공허한 환상과는 다르다. 환상은 현실에 접속될 수 없는 텅 빈 것인 반면, 유토피아는 현실에 접목되어 현실을 초월할 수 있는 동력으로 작용할 수 있기 때문이다. 이러한 유토피아가 현실에서 작동할 때, 그것은 현실을 전면적으로 비판하고 거부하며 혁명적인 의미를 띠게 된다.[31] 그래서 이때의 유토피아는 초월적이라는 점에서 종교적 성격을 띠게 되고, 혁명적이라는 점에서 정치적 성격을 드러내게 된다.

프랑스 혁명 과정에서 나타난 파리코뮌은 이러한 성격의 표본이다. 파리코뮌은 1871년 3월 18일 시작되어 5월 28일 공식적으로 막을 내린 유토피아 정치 공동체였다. 개인들은 스스로를 통치하고, 그 특수한 능력, 전통, 필요에 따라 스스로를 관리하며, 정치적, 국민적, 연합적 집단 속에서 완전한 자유와 개성과 도시 안에서의 개인으로서의 완전한 주권을 보유한 도덕적 인격체로 존재해야 한다고 천명했다.

자유로운 개인들이 연대하는 공동체, 정치수단, 폭력수단, 나아가 생산수단까지 모두 민주적으로 공유하기에 일체의 억압과 지배의 가능성이 사라진 공동체, 파리 시민들이 잠시라도 코뮌으로 실현했던 것이 바로 이런 공동체였다.[32] 그러나 파리코뮌은 외부와 차단되면서 수만 명 파리 시민들의 희생을 뒤로 하고 채 3개월을 버티지 못하고 막을 내렸다. 마르크스를 비롯한 많은 이에게 영감을 준 이 파리코뮌은 레닌의 소비에트에 이어지지 못했다.

프랑스 혁명에 일정한 동력을 불어넣고, 혁명의 주된 공격 세력으로 시위, 폭동, 바리케이드 설치 등을 제공한 이들은, 주로 수공업자, 소매상인, 소기업주, 직인, 노동빈민층으로 구성된 상퀼로트였다. 그래서 파리코뮌이 프랑스 혁명 기간에 즉흥적으로 급조된 것이 아니고, 그 형성력의 뿌리가 중세 길드에 뿌리를 내리고 있었음 밝히는 견해를 제출하기에 이른다.

중세 길드가 도시 자치의 선도자였고, 길드의 수장들이 모든 도시에

31) 김종철 지음, 『시적 인간과 생태적 인간』, 삼인, 1999, 167-168쪽.

32) 강신주 지음, 『철학 vs 실천』, 오월의봄, 2020, 84쪽.

서 도시 행정관의 기능을 사실상 담당했다는 것이다. 따라서 코뮌 이전에 이미 길드부터가 '자유로운 개인들의 자유로운 연합'에 의해 조직된 것이라는 이야기다. 길드와 코뮌의 기본 원리인 자개자연은 이상적 공동체의 원리인 개인과 사회의 조화, 개별과 보편의 통일에 대해 시사점을 담고 있다는 중요성을 잃지 않고 있다.[33]

프랑스에 파리코뮌이 나타났다 사라진 지 20여 년이 지나, 우리나라에 설치된 집강소는 동학의 혁명과 전쟁 과정에서 나온 유토피아적 공동체다. 1894년 6월 11일부터 10월 10일까지 4개월 동안 전라도 53개 군현에 모두 집강소가 설치되어 민중자치가 이루어졌다. 파리코뮌이 중세의 길드 조직에 뿌리를 내리고 있듯이, 동학의 집강소는 교단 조직인 포包와 접接에서 많은 것이 나왔을 것이다.

어쨌든 집강소의 농민군은 전근대의 완고한 사회질서인 신분제를 타파했다. 종과 상전, 백성과 양반, 여자와 남자, 어린아이와 어른, 평민과 벼슬아치 모두 예외 없이 서로 접장이라 부르며 높였고, 만나면 맞절을 했다. 이는 동학이 추구한 신분 해방과 평등 의식을 보여주는 상징적인 의식이다.[34]

그리고 서사시 『금강』을 통해 동학을 그린 신동엽 시인에게, "1894년 집강소 시절의 의의는 빈부귀천의 차별을 해소해서 '인내천'이란 이념을 현실화했고, 농민들에게 토지를 골고루 나누어 주어 자유와 평등의 경제적 토대를 마련했으며, 두레라는 전통적인 협업 형식을 장려해서 연대의 노동적 토대를 마련했다."는 것이었다.[35] 비록 집강소가 4개월을 넘기지 못했지만, 주지하다시피 그것에 실현된 동학정신은 시대를 넘어 증산교나 원불교와 같은 다른 종교에 영향을 미쳤고, 민족사의 굵직한 사건의 밑거름이 되었다.

---

33) 이성백, 「중세 코뮌: 코뮤니즘의 역사적 기원」, 이성백 교수 장년기념논총 간행위원회 엮음, 『코뮌의 미래』, 도서출판b, 2022, 295쪽.

34) 이이화 지음, 『동학농민혁명사 1,2,3』, 허윤회 서평, 《한겨레신문》 책&생각, 2020. 7.3.

35) 강신주 지음, 『철학 vs 실천』, 811-812쪽.

지금까지 보아온 여러 성격의 유토피아는 실현도 어렵고, 실현되더라도 오래 가기가 어렵다. 그래서 유토피아적 사회주의나 공동체는 구성원의 책임 의식과 정신 수준이 높지 않으면 성공하기 힘든 체제[36]라는, 진단의 대상이 되기도 한다. 그리고 실제로 유토피아의 병리라 할 수 있는 광기(폴 리쾨르)에 사로잡혀, 유토피아를 디스토피아로 전락시키는 사례가 등장하기도 했다.

미국의 짐 존스는 1955년 기존 기독교계에서 이탈하여 '인민사원'이라는 유토피아적 공동체를 건설했다. 소외된 빈민층, 흑인을 포함한 소수인종, 약물중독자, 창녀, 노숙자, 소외된 노인 등을 상대로 펼친 전도 사업과 자선 사업으로 명성을 얻었다. 나아가 그는 정치력을 발휘하여 국가가 끌어안지 못한 소외계층을 위한 급식소, 진료소, 병원, 상담소, 양로원, 탁아소 등을 운영했다. 거기에다 인민사원 엘리트들로 하여금 신도들의 법적 문제까지 나서서 해결해주도록 하는 역량을 발휘하기도 했다.

[36] 황대권 지음, 『고맙다 잡초야』, 도솔, 2012, 259쪽.

이러한 활약으로 짐 존스는 1976년 인종차별 철폐에 기여한 공로로 마틴 루터 킹 상을 받는 영광을 누리기도 했다. 그러나 인민사원의 유토피아적 공동체로서의 성격 유지는 여기까지였다. 마약 복용 등 사생활 문제와 인민사원 내부 폭력에 대한 고발이 이어지자, 그는 내부 쇄신 대신 스스로 고립되는 길을 택했다. 새로운 사회주의적 예루살렘을 건설하자면서 인민사원 구성원들과 함께 남미 가이아나의 열대우림 속으로 집단 이주했다. 이즈음에 그는 모범적인 지도자에서 과대망상에 시달리는 사이비 교주가 되어 있었다.

이들에 대한 고발과 폭로가 이어지면서 미국 하원의원 리오 라이언은 인민사원에 대한 현지 조사에 나서게 되었고, 이 조사 과정에서 인민사원을 떠나고 싶어 하는 사람들이 있어, 이들을 데리고 떠나려는 시점에, 인민사원 무장경비대가 총격을 가해 라이언 의원을 포함한 5명이 죽는 사고가 생겼다. 이 소식을 들은 짐 존스는 신도 전원을 불러 모았고, 독약을 먹기도 하고, 총에 맞기도 하여 900명이 넘는 신도들이 목숨을 잃었다. '인민사원 집단자살 사건'이 벌어진 것이다.[37]

이것이 이데올로기의 병리학인 착각, 은폐, 거짓과 맞먹는 유토피아의 병리학인 광기가 현실에 실현된 대표적인 모습이다. 그럼에도 불구하고 이데올로기가 체제를 작동시키는 데 긍정적인 역할을 할 수 있듯이, 유토피아도 체제의 현실을 성찰하는 계기로 작동할 수 있음은 말할 것도 없다.

그래서 클로드 마조릭은 유토피아의 세 가지 기능을 다음과 같이 꼽는다. 더 나은 다른 사회의 꿈을 키움으로써 현실 사회를 자발적으로 변화시키려는 소급적 희망을 유지시켜 주는 것, 이 도달 불가능한 세상의 이상적 조직을 묘사하여 우리가 살고 있는 정치적 제도와 사회적 불평등에 관해서 비판적 거리를 유지하도록 유도하는 것, 우리를 둘러싼 관습적인 수용과 그런 태도에 반해서 또 다른 삶의 가능성을 제시하여 실제적인 논쟁을 이끌어냄으로써 어떤 경우든 삶의 고난을 거부하도록 만드는 것이 그것이다.[38]

---

[37] 김형민, 〈헌신적 믿음이 만든 지옥, '사회주의 예루살렘'의 비극〉, 《시사IN》, '김형민 PD의 딸에게 들려주는 역사 이야기-범죄자가 살았던 세상', 2021. 2. 16에서 요약 발췌함.

[38] 다니엘 버저론, 「유토피아의 정신병: 초월로의 탐험」, 슬라보예 지젝/가라타니 고진 외 지음, 강수영 옮김, 『유토피아』, 인간사랑, 2023, 106-107쪽.

비극과 비참

'슬픔'은 인간의 대표적인 감정 가운데 하나다. 대체로 인간은 감정을 이성보다 한 단계 낮은 인성으로 간주했다. 그래서 공자도 『시경』의 첫머리를 장식하는 「국풍-주남-관저」에 대한 논평에서, 이 감정에 대해 애이불비哀而不悲(애이불상哀而不傷), 곧 '슬프지만 지나쳐서 비통에 빠지지 않는다'('슬프지만 지나쳐서 심신을 상하게 하지는 않는다')며, 감정이 극에 치닫는 것을 경계해 왔다.

물론 이는 '중용'을 중요시하는 유가의 전통으로 치부할 수도 있지만, 인간이 스스로 감정에 휘둘리는 존재가 아님을 보여주려는 보편적인 반응이기도 하다. 그래서 서구의 몽테뉴도 자신의 『수상록』 제1권-2를 「슬픔에 대하여」에 할애했다. 그러면서 슬픔이 사람에게 미치는 영향, 앞의 '심신을 상하게 하는' 사례 여럿을 들기도 했다.

그러면서 "나는 이런 맹렬한 격정에 사로잡히는 일이 드물다. 나는 천성적으로 감수성이 둔하다. 그리고 날마다 생각으로 거적을 씌워 감수성을 무디게 만들고 있다."라고 자기의 경우를 예로 들며 결론으로 삼는다. 이 몽테뉴의 방법이 유가의 중용과는 다를지라도, 생각으로 감수성을 무디게 만든다는 것으로 보아, 감정을 이성에 비해 낮은 수준으로 취급하는 것은 다를 바 없다.

그러나 슬픔이라는 감정을 개인의 이성으로 조절할 수 없는 경우가 있다. 슬픔의 강도가 너무 강하고 클 때다. 이 감정이 표출되지 못한 채 개인의 경계를 넘어서지 않을 경우에는 가라앉아 한이라는 덩어리로 침전된다. 그러나 개인의 울타리를 넘어서서 그 감정을 초래한 사회적 원인과 접속되면 분노와 결부되어 '울분'으로 표출될 수 있다. 이 표출을 사전에 사회적 장치로 순화시키는 양식으로 성립된 것이 '비극'이고, 사회적으로 집단화되어 행동으로 표출된 것이 '혁명'이다.

그러나 예기치 못한 강대한 슬픔은 사회적 양식으로 극화되거나 사회적 집단화를 기다릴 새도 없이 눈앞에 현실화될 때도 있다. 이때 우리는 그것을 비극이라고 여유 있게 표현할 수는 없다. 그것은 '비참'이기 때문이다. 이 비참은 역사에서 끊임없이 되풀이되어 왔고, 지금도 여전히, 아니 더욱더 참혹한 형태로 되풀이되고 있다. 예전에는 전란과 같은 비일상의 상황에서 일어났지만, 지금은 비일상의 전쟁에서뿐만 아니라, 일상의 거주와 노동에서도 나날이 일어나고 있다.

비극

동양은 중용이나 중도라는 개인의 수양이나 수행으로 '비통悲痛'을 다스렸기에, 그것이 개인의 경계를 넘어 표출되지 않아 비극으로 양식화되는 경우는 드물었다. 그러나 서양에서는 개인의 경계를 넘어 사회적으로 표출되는 경우가 허다했고, 그러한 가능성을 상정했기 때문에, 개인 안에서 조절되지 않고 사회로 이월되는 경우, 사회 안에서 조절되는 방향으로 나아갔고, 그것이 양식화된 것이 비극이었다.

서양 비극은 그리스의 디오니소스 축제와 제전에서 비롯되어 확립되었다. 이 비극에 대해 플라톤은 인간의 감정을 유약하게 만들기 때문에 철학의 입장에서 제압해야 할 것으로 보았다. 그래서 그의 이상국가에서 시인 곧 서사시인 또는 비극작가는 추방되어야 할 존재였다. 다시 말해 시인은 이데아를 모방한 현실이나 현상에 안주하여, 진리를 향한 걸음을 더 이상 내딛지 않는다는 것이다.

일설에는 스승인 소크라테스의 죽음에 이들 시인들이 주로 연루되어 있었기에 그 원한을 시인 추방론을 씀으로써 보복했다는 얘기도 있다. 어쨌든 이에 비해 아리스토텔레스는 그의 『시학』을 비극에 맞추어 서술하면서, 비극이 인간을 더 감정적으로 만드는 것이 아니라, 감정을 배설하게 하는 것이라고 주장함으로써 플라톤과 다른 생각을 드러냈다.[1]

플라톤은 철학의 입장에서 비극을 본 것이고, 아리스토텔레스는 예술의 입장에서 본 것이라고 하겠다. 그러나 두 사람의 견해에서 일치되는 점을 찾을 수도 있다. 아리스토텔레스의 『시학』은 비극을, 잘못하면 사회를 파괴할 수도 있는 어떤 감정, 곧 연민과 공포를 엄격하게 통제된 양만 관객에게 먹이는 것으로 간주한다. 비극은 간단히 말해 정치적 동종요법의 한 형태라는 것이다.[2]

다시 말해 비극은 단순한 허구 작품으로 소비되는 것이 아니라, 그리스 공민을 정치적으로 교육하는 한 형태라는 것이다. 비극을 관람하며 연민과 공포에 의한 카타르시스를 경험하는 것은, 개인적 차원에서는 감정을 정화하는 것이 되겠지만, 정치적 차원에서는 1년 동안 쌓인 울분을 해소시켜, 그 울분이 사회적 행위로 표출되는 것을 막아주는 것이 된다.

이런 과정은 진리를 추구하는 철학의 입장에서 환영할 바가 못 되었을 것이다. 플라톤이 비극을 폄훼한 연유일 것이다. 그것이 가진 기능

---

[1] 아리스토텔레스 저, 손명현 역, 『시학』, 박영사, 1975, 20쪽.

[2] 테리 이글턴 지음, 정영목 옮김, 『비극』, 을유문화사, 2023, 14-15쪽.

을 통찰한 것으로 보인다. 그러나 아리스토텔레스는 그 안과 밖을 들여다보고 내다보며 그 쓰임새를 살핀 셈이다. 실제로 디오니소스 축제의 한 부분으로 공연되는 비극의 자금을 도시국가가 지명하는 한 개인이 댔고, 합창단을 훈련하고 그들에게 보수를 지급하는 것은 도시국가의 공적 의무였다는 것도[3] 이러한 사정을 뒷받침한다.

중세에도 이와 비슷한 축제가 있었다. 바로 '바보제'다. 대체로 정월 초하루쯤에 거행되는 이 명절이 오면, 늘 경건하기만 하던 사제들도, 근엄하기만 하던 어르신네들도 모두 가면을 쓰고 거리로 뛰어나왔다. 이 기간 중에는 풍속이나 관례를 아무리 조롱해도 상관이 없었으며, 국가 최고급의 명사들을 대상으로 야유를 퍼부어도 용납이 되었다.[4] 다시 말해 국가와 사회의 관습이 그어 놓은 한계를 벗어나고자 하는 행위를 연출하며 그것을 뒤집어 보는 것이다.

그러나 바보제의 이러한 전복적 기능은 정해진 한계 안에 갇힌 것이었다. 우선 축제 기간이 하루에 한정된 것이었고, 참가한 사람들이 가면을 썼으며, 결과적으로 분출되는 역량이 자체 해소되도록 되어 있었다는 것을 들 수 있겠다. 축제 동안 현실의 굴레를 벗어나 전복과 환희 그리고 감정의 분출을 경험하지만, 그것은 허용된 기간에 한정됨으로써 현실의 굴레를 실질적으로 벗어나는 동력으로 작용하지는 못했다는 것이다. 그것이 현대에 지속적으로 이어지지 못하고 쇠잔한 것이나, 동력을 상실한 행사 정도로 변화된 것으로도 그 한계를 헤아리게 한다.

아리스토텔레스에 따르면 비극은 평균 이상으로 뛰어난 사람들의 행위를 모방한 것이다. 그래서 고전 비극의 주인공은 영웅이다. 앞의 글(「주연과 조연」)에서 보았듯이, 영웅은 고귀한 신분으로 태어나 탁월한 능력을 발휘하며 나아간다. 희극의 주인공은 그 능력으로 시련을

---

3) 앞의 책, 14쪽.

4) 하비 콕스 저, 김천배 역, 『바보제』, 현대사상사, 1977, 11쪽.

극복하고 과업을 완수하여 행복한 결말에 이르지만, 비극의 주인공은 운명의 사슬에서 벗어나지 못하고 패배하고 좌절하여 불행한 결말을 맞는다.

그럼에도 대부분의 논자들이 이 비극에 여타의 장르를 압도하는 높은 가치를 부여한 것은, 그 인물이 자신에게 주어진 운명을 거부하는 행위를 극대화하여, 삶의 궁극적 의미를 탐색하고자 하는 인간적 존엄을 보여주었기 때문이다. 그래서 스스로는 고통스럽고 고독하지만, 결코 포기할 수 없는 목표를 향해 나아가며 인간적 위대성의 표상이 되었다. 비록 죽음에 이르러서야 그 존엄과 위대성이 성취되지만, 삶과 타협할 수는 없었기에 그것이 성취된 것이다.

그래서 비극은 비장미를 자아내고 더 나아가 숭고미에까지 이를 수 있었다. 비극은, 신들이 할당한 몫을 피할 수는 없지만, 주인공은 그것을 적극적으로 전유專有하여 자신의 운명을 자신의 결정으로 만들 수 있고, 그렇게 하는 과정에서 자신에게 정해진 운명이 최종적인 것이 아님을 보여줄 수 있다는 것이다.[5] 이때 그는 자신의 한계에도 불구하고 인간이 성취할 수 있는 최대한의 역량을 보여주는 것이다.

신들이 할당한 몫이 운명이고, 그것의 적극적 전유가 자유라면, 비극은 운명에 대한 자유의 도전이고, 필연과 전유 사이의 갈등이다. 그러나 비극의 주인공은 비극적 형식에 의해 완벽하게 무심한 상태로 패배하는 동시에 승리하는 것으로 표현된다. 그 궁극적 의미는 '자유는 자유의 부정을 통해서만 얻을 수 있고, 자기완성은 자기 버리기에 의해서만 얻을 수 있다'[6]는 것에서 나오기 때문이다.

이는 앞에서 본 도시국가에서 무대에 올린 비극의 정치적 의도와 다른 것이다. 승리와 패배, 운명과 자유, 필연과 전유, 그리고 최종적으로는 삶과 죽음의 역설에서 나온 것이다. 다시 말해 비극의 주인공 곧

[5] 테리 이글턴 지음, 정영목 옮김, 앞의 책, 200쪽.

[6] 앞의 책, 201쪽.

영웅이 좌절하거나 패배하지 않고 승리하거나 성공하여 결말을 맺는다면, 그 인물은 세속화되어 표피적이고 희극적인 인물에 머물러, 고독과 심연 그리고 초월을 간직한 비장이나 숭고의 인물이 될 수 없다는 것이다. 이것이 비극적 영웅이 자아내는 역설일 것이다. 이는 종교에서 순교자의 행로와 의미가 보여주는 것과 일치한다.

그래서 비극에 대한 경도傾倒와 찬사가 잇따르게 된다. 후기 하이데거에게 고대 그리스 비극은 인간성의 근본적 소외, 운명에 대한 인간의 개방성, 인간 실존의 시, 존재의 가없는 심연을 환기하며, 비극적인 것은 이런 것을 최고 수준에서 드러낸다. 비극은 가장 심오한 철학적 사유로, 위험하고 폭력적이고 고향 없고 불가사의한 인간 이미지를 제시한다.[7] 이는 아마 그의 기계와 근대 문명에 대한 반감에서 볼 때, 필연적으로 나올 수밖에 없는 견해일 것이다.

초기 루카치에게서도 비극적인 것에 대한 화려한 찬사가 쏟아진다. 비극적 비전만이 궁극적 진리의 현현으로서 인간 실존에 의미를 부여한다. 비극적 위기의 순간에만 모든 경험적 또는 심리적 우연을 쳐낸 순수한 자아 경험이라는 특권이 주어진다. 비극 예술은 존재 자체가 자기를 드러내는 것, 인간의 구체적이고 핵심적인 것이 현실이 되는 것으로, 인간 노력의 정점이며 신비한 황홀경의 계기다.[8] 비극적 영웅의 행동 뒤에는 인류가 완벽해질 가능성에 대한 믿음이 놓여 있다. 인간의 원형이자 이상형으로서의 영웅의 회귀다.

조지 스타이너의 『비극의 죽음』에 이르면, 이러한 비극은 더 이상 존속할 수 없다. 그는 그 이유를 마르크스주의와 기독교 이념에서 찾는다. 비극은 주인공의 돌이킬 수 없는 파멸로 끝나는데, 마르크스주의와 기독교는 모두 희망과 구원을 말한다. 기독교는 죽음 너머 천국의 구원을 보장하고, 마르크스주의는 자본주의 너머 지상의 구원을 설파한다.

---

7) 앞의 책, 235쪽.

8) 앞의 책, 236쪽.

이렇게 희망의 가능성을 열어놓은 상태에서는 비극이 성립할 수 없다는 것이다.[9]

그러나 사람들이 마르크스주의와 기독교 이념 아래에서만 살고 있는 것은 아니다. 그래서 그는 비극적 정신의 소멸을 근대적인 것의 탄생이라는 보다 넓은 상황과 결부시켜 설명한다. 그러면서 비극적 정신은 세속적 가치, 계몽된 가치, 인간사의 합리적 운용, 우주의 궁극적 불가해성을 믿는 시대 곧 근대에는 살아남을 수 없다고 말한다.

게다가 비극적 드라마는 평등주의적이라기보다는 엘리트주의적이고, 막일로 굳은살이 박였다기보다는 귀족의 피가 흐르고, 과학적이라기보다는 영적이고, 우연적이라기보다는 절대적이고, 복구 가능하다기보다는 돌이킬 수 없고, 지방주의적이기보다는 보편적이고, 자기 결정보다는 운명의 문제이기 때문이다.[10] 이와 정반대의 경우인 근대에 비극이 소멸한다는 것은 당연하다는 것이다.

그러나 비극에 대한 찬사나 비극의 소멸에 대한 이러한 견해가 일반적인 것으로 받아들여지는 것은 아니다. 비극의 소멸에 대한 경우가 특히 그러하다. 우선 '비극적 이상'은 절대적이고 궁극적인 것을 기준으로 삼기 때문에, 동양의 성인聖人이나 서양의 성자聖者가 아닌 바에야 불가능하다는 회의론이 나온다. 그래서 베르톨트 브레히트는 '비극적 운명'이라는 개념에서, 일반 사람들을 정치적 침묵으로 묶어 놓으려는 지배계급의 이데올로기를 발견한다.[11] 그의 서사극은 비극의 이런 비극적 운명론에 대한 이의와 반박을 제기한 형식으로 풀이되기도 한다.

또한 비극의 여러 요소 중에서 인물의 귀족적 신분이나 자질 등을 제외하고, 큰 틀인 좌절과 패배라는 의미에서 보면, 비극은 인간사나 일상사에서 보편적인 사건이고, 비극의 주인공은 삶의 한계에 내몰린

[9] 고명섭 지음, 『생각의 요새』, 교양인, 2023, 407쪽.

[10] 테리 이글턴 지음, 정영목 옮김, 앞의 책, 17-18쪽.

[11] 앞의 책, 239-240쪽.

누구라도 될 수 있다. 따라서 비극이 죽었느냐 살아 있느냐의 문제는, 비극을 그리스 고전 비극 또는 운명 비극에 한정지어 개념을 규정하느냐, 아니면 그 개념을 재해석하여 그 변이와 확장을 받아들여 재규정하느냐에 따라 달라질 것이다.

그리고 비극의 주인공이 꼭 영웅일 필요는 없다. 보통의 인간이라도 감내할 수 없는 막바지의 고뇌와 비통에 이르면, 비극적 상황에서 '위대한 불행'의 서사의 주인공이 될 수 있다. 그것이 꼭 고귀한 신분과 탁월한 능력자에게서만 가능하다고 고집할 이유는 없다. 다시 말해 외면적인 형태의 조건이 그다지 중요하지 않다는 이야기다. 순교가 종교인의 지위에 의해 가치를 부여받는 것이 아니듯이, 영웅도 고귀한 신분이 결정적인 요소가 될 필요는 없다는 것이다.

그러면서 비극의 초점도 집단이나 공동체에서 개인으로, 외면에서 내면으로, 행동에서 의식으로 옮겨갈 수 있다. 그러면 새로운 비극의 개념이 성립된다. 공동체의 운명과 결부되어 있던 그리스의 에스퀼로스, 소포클레스, 에우리피데스 등의 고전비극은 '운명비극'으로, 개인의 성격적 결함으로 비극을 초래하는 햄릿이나 리어왕, 맥베드, 오델로 등의 셰익스피어의 비극은 '성격 비극'으로, 사회 제도의 불합리와 모순에 의해 초래된 개인의 불행을 다룬 입센, 아서 밀러, 테네시 윌리엄스 등의 비극은 '사회비극'으로 개념이 재규정될 수 있다.

이러한 관점에서 조지 스타이너의 비극의 죽음을 반박하는 대표적인 인물이 레이먼드 윌리엄스와 그의 제자이자 친구인 테리 이글턴이며, 이들의 저서가 각각 『현대비극론』과 이 글에서 자주 인용된 『비극』이다. 문제는 이들 성격비극이나 사회비극이 이 앞의 고전비극에서 그러했던 것처럼, 도시국가의 정치적 의도에 흡수되지 않고 비극적 영웅으로서 역설적 진리를 성취했듯이, 비극의 주인공으로서 패배하고 좌절하면서도 역설적 진리를 실현할 수 있느냐 하는 것이다.

그것은 비극의 주인공이 죽음에 이르러서야 가능한데, 그것은 단일한 것으로 나타나는 것이 아니라 다양하게 나타난다. 각 개인에게서 궁극은 보편적인 것으로만 나타나는 것이 아니라 개별적인 구체로도 나타나기 때문이다. 때로는 주인공의 목숨이 사회의 존속이나 이행의 희생제물이나 순교자의 피가 되기도 하고, 때로는 그의 삶이 부조리나 무의 상태에 처해지는 것에 대한 반항이나 혁명적 참여로 나타나기도 한다.

전자는 주인공이 삶이 사회에 결부되어 있었기 때문이고, 후자는 그의 삶이 개인에 집중되어 있었기 때문이다. 어쨌든 이 둘 모두의 행로가 보여준 것은, 주인공의 행위나 의식이 사회와 어설픈 조화나 통합으로 미봉되지 않고, 진실의 궁극을 향해 끝까지 걸어 나갔다는 데 있을 것이다. 그렇지 못할 때, 그것은 비극이라는 예술이 아니라 또 하나의 이데올로기를 산출한 것에 지나지 않기 때문이다.

이러한 비극의 개념 변화에도 불구하고, 비극이라는 양식에 넣을 수 없는 비통한 사건들이 역사와 일상에서 비일비재하게 일어났고 또한 일어나고 있다. 비극을 논의하는 사람들 중에는 이를 지적하는 사람들이 있다. 그 대표적인 사건이 유대인 제노사이드/대량학살이다. 아도르노는 이 사건 이후에 서정시가 불가능할 것이라 했고, 지젝은 이 사건을 비극적 사건의 범주에서 제외했다. 그러기에는 이 사건이 너무도 참혹했기 때문이다. 여기서 앞의 비극과는 다른, '비참'이라고 부를 수밖에 없는 사건들이 떠오른다.

비참

고타마 싯다르타는 누구보다도 일찍이 사람살이의 비참함에 직면했다. 12살이라는 나이에 태자가 된 싯다르타는 농경제라는 풍년 기원 행사에 참가한 것을 시작으로 성 밖 사람들의 삶의 현장에 들어서게 됐다. 멀리서 보는 전원 풍경은 아름답고 평화로웠으나, 가까이서 본 농부들과 그들의 일하는 모습은 전연 딴판이었다. 이때 그가 목격한 것들은 불경의 『본생경』과 『불본행집경』 그리고 『수행본기경』에 수록되어 있다. 그것은 한마디로 생로병사가 모두 고해라는 것이었다.

농부들은 따가운 햇볕 아래 다 떨어진 누더기로 겨우 몸을 가린 채 온몸에 흙을 뒤집어쓰고 맨발로 일하고 있었는데, 주름살에다 새까맣게 탄 농부의 얼굴은 땀으로 범벅이 되어 있었다. 매를 맞으면서 일을 하는 소는 애절하고 구슬픈 비명을 질렀고, 쟁기로 흙을 파낸 자리에는 굼벵이와 지렁이 같은 벌레가 드러나 꿈틀거렸다. 날아온 새들은 벌레를 서로 잡아먹겠다고 싸움을 벌였다. 싯다르타는 처참하고 냉엄한 약육강식과 생존경쟁의 현장을 눈앞에서 목격하고 끔찍한 전율을 느꼈다.[12]

이는 생로병사의 고해 중 첫 번째인 '생'의 고해, 곧 삶 자체가 고통임을 목격한 장면이다. 싯다르타가 목격한 이와 비슷한 장면을 장자가 사냥을 나가 목격하고 「쫓는 자는 쫓긴다」는 제목으로 언급한 적이 있다. 쫓는 자(강자)는 항상 쫓는 자가 아니고 쫓기는 자(약자)가 될 수 있다.[13] 싯다르타는 전율을 느꼈다고 서술되어 있는데, 장자는 그 충격으로 석 달 동안 방에 틀어박혀 뜰에도 나오지 않았다고 한다. 그 구도가 '싯다르타-농부-소-새-굼벵이/지렁이'에서, '장자-까치-버마재비(사마귀)-매미'로 바뀌어 있을 뿐이다. 사람들은 자신이 강자인 줄

---

12) 법륜 지음, 『인간 붓다, 그 위대한 삶과 사상』, 정토출판, 2022, 123-124쪽.

13) 장자 저, 송지영 역해, 『장자』, 외편 제20 산목, 동서문화사, 1975, 297쪽.

알지만 언제든 약자가 될 수 있고, 약자는 언제든 강자의 먹이가 될 수 있는 곳이 바로 삶의 현장이다. 그러니 어찌 생이 고해가 아니겠는가.

싯다르타가 성의 동쪽 문으로 나가 본 노인의 모습은 생로병사 중 '노老'의 비참이 어떠한가를 헤아리게 한다. "노인의 머리와 귀밑의 수염은 서리같이 세었고, 검은 얼굴은 주름으로 구겨져 있었으며, 눈에서는 눈물, 코에서는 콧물을 흘리고, 이는 모두 빠져 있었다. 온몸은 검게 주름지고, 살빛은 검은 점으로 얼룩져 있었으며, 오직 뼈와 껍질뿐 살이 없어서 늘어진 목덜미가 밑으로 축 처져 있었다. 옷은 다 떨어져 몸을 제대로 가리지도 못했으며, 가래가 끓고 숨이 차서 목 안에서 그르렁거리는 소리는 마치 톱질하는 것과 같았고, 사지는 부들부들 떨고 숨이 끊어질 듯 할딱거렸다. 허리는 굽어 비딱거리며 걷고, 기운이 쇠해 지팡이에 겨우 의지해서 걷다가 제풀에 넘어지고 혹 붙들며 겨우 겨우 태자 앞을 걸어갔다."14)

14) 법륜 지음, 앞의 책, 157쪽.

늙음은 육신의 쇠락과 소진으로 가는 길이다. 이 길을 가로막거나 되돌릴 방법은 없다. 다만 부의 편재偏在에 따라 그 길이 평탄할 수도 있고 험난할 수도 있을 뿐이다. 앞의 경우는 소수에게만 허락된 길이고, 대부분의 사람들은 나이가 들면 후자의 길에 들어설 수밖에 없었을 것이다. 궁중에서 지내다 태자가 된 싯다르타는 궁중에 거주하는 사람들의 평탄한 노쇠만 보았을 것이니, 궁문 밖을 나와 목격한 험난한 노쇠의 모습은 그에게 충격이 아닐 수 없었을 것이다. 그래서 생로병사의 '노'도 생의 뒤를 이어 고해의 목록에 올랐을 것이다.

싯다르타가 남쪽 문으로 나갔을 때 만난 병자의 모습은 앞의 노인의 모습을 웃도는 참혹한 모습이었다. "병자의 모습은 야위어서 피골이 상접했으며, 배만 유독 불렀고, 안색은 누렇다 못해 푸르렀다. 기침을 하고 구역질을 심하게 했으며, 모든 뼈마디는 격심하게 쑤시고, 쓰레기더미 위에 버려진 채, 아홉 개의 구멍에서는 썩은 물이 흐르고, 대소변을 그대로 싸고, 그 위에 앉거나 누워 악취가 심했다. 눈으로는 사물을 보지 못하고, 귀로는 소리를 듣지 못하고, 거칠게 숨을 쉬며 손과 발로 허공을 더듬으며 부르짖되, 아버지 혹은 어머니 하고 애타게 찾으며, 내 아내여, 내 아들아 하고 슬퍼하며 그리워했다."[15]

병든 가족을 돌보는 것은 쉬운 일이 아니다. 특히 가난한 집에서는 더욱 그러하다. 가난한 집에서 병자가 생겼다는 것은 노동의 손실을 의미한다. 형편이 어려워질수록 병자에 대한 가엽고 안타까운 심정은 미움과 적대감으로 바뀌고, 급기야 여기서 보이는 것처럼 가족들에게 떠밀리거나 스스로 나와 집 밖에 내버려진다. 그래서 '병病'은 이중삼중의 고통이 된다. 스스로를 돌볼 수 없다는 것, 가족으로부터 내버려진다는 것, 죽음을 눈앞에 둔다는 것 등의 고통이다. 그러니 '병'이 또한 고해의 하나를 이루는 것은 당연할 것이다.

싯다르타가 서쪽 문으로 나갔을 때 본 시체의 모습은, 앞의 세 가지 참혹한 모습의 결정판이었을 것이다. "사자死者는 정신이 떠나 사대四大가 흩어지려 하면서 혼신이 편안하지 못해, 바람 기운이 떠나가서 숨이 끊어지고, 불기운이 꺼져서 몸이 차갑게 식고 빳빳하게 굳어지며, 다시는 아는 것이 없어진다. 10여 일이 지나기 전에 살이 허물어지고, 피가 흐르며, 온몸이 띵띵 부풀고 문드러져 썩은 냄새가 나며, 취할 만한 것은 하나도 없다. 그리고 몸 안엔 벌레가 있어서 육신을 뜯어먹으며, 힘줄과 근육이 짓무르고, 뼈마디는 어긋나고, 해골, 등, 갈비, 팔, 지라, 종아리, 발, 손가락이 각각 서로 제자리에서 떨어지게 된다. 게다가 날짐승이나 길짐승이 다투어 그것을 뜯어먹으며, 썩어서 악취를 풍기고 사람의 형태를 잃어간다."[16]

15) 앞의 책, 157-158쪽.
16) 앞의 책, 158쪽.

죽음은 탄생과 반대의 사건이다. 탄생이 생명 형성의 과정이라면 죽음은 생명 해체의 사건이다. 탄생은 생명의 생성 과정이기에 신비롭거나 아름답게 여겨진다. 그러나 죽음은 생명의 소멸이나 파괴의 과정이기에 두렵고 불가피하게 여긴다. 게다가 죽음의 과정을 여기서처럼 가까이에서 보는 것은 끔찍한 것이기도 하다. 육신이 해체되면서, 또는 지수화풍地水火風으로 돌아가면서 이루어지는 생물학적, 화학적 변화가 인간의 감관感官에 역겹게 다가오기 때문이다. 더러는 순조롭게 생을 마감하는 사람들의 미담이 전해지기도 하지만, 죽은 후의 과정은 달라지지 않는다. 그러니 '사死'가 고해의 한 축을 이루었을 것이다.

이러한 생로병사는 인간이면 피해갈 수 없는 행로의 과정이다. 다만 그 행태에서 정도의 차이만 있을 뿐이다. 그러나 인생의 행로에는 이런 정상적인 일만 일어나는 것은 아니다. 때로는 예상치 못한 참사가 생겨 길이 끝나는 경우도 있다. 참사를 초래하는 대표적인 사건에는 자연재해나 전쟁과 같은 비일상적인 것도 있고, 노동에서의 산업재해와 거주 및 각종 공간에서 생긴 사고와 같은 일상적인 것도 있다.

그러나 대부분의 참사는 이렇게 확연히 구별이 가능한 것은 아니다. 하나의 참사를 두고 자연재해니 인간재해니 하고 의견이 분분한 것도, 구별이 모호할 정도로 사고의 원인이 서로 섞여들어 있기 때문이다. 그래서 대부분의 사고는 그 원인을 제대로 규명하려는 쪽과 덮으려는 쪽이 서로 힘을 겨루며 다투는 현장이 되어 버린다. 과정은 난마처럼 얽히고 결과는 지지부진한 채 남겨져 잊히는 것이 현실이다.

자연재해로 대표적인 것은 지진, 해일, 홍수, 산불 등으로 인한 피해다. 이 중 우리 민족이 얽혀 들어간 대표적인 사고로 들 수 있는 것이 일제강점기 간토(관동)지역에서 일어난 '간토대지진'이다. 지진이라는 자연재해로 일어난 사건을 일본당국이 수습 방안을 제대로 마련하지 못하는 바람에, 간토대지진은 '간토 대학살'로 이어졌다. 그리고 지금도 그 대학살에 대한 진상 규명과 사과가 없다. 이는 중국에서 일어난 '난징대학살'이나 '731부대 운영'의 경우와 마찬가지로 일본의 일관된 행태다.

1923년 9월 1일 오전 11시 58분, 도쿄와 요코하마를 포함한 일본 간토 지방에 진도 7.9의 대지진이 발생했고, 9월 2일까지 다섯 차례의 여진이 이어졌다. 사망자가 10만 명에 이르고 행방불명자가 4만이 넘었다. 지진에 이은 화재로 타 버린 집이 45만 채나 되었고, 이재민은 무려 340만 명에 달했다. 야마모토 곤베에 내각은 체제의 위기를 절감했다. 체제를 수호하기 위해, 배고픔과 부상에 신음하는 민중의 불만을 달래기 위해 희생양이 필요했다.

재해 대책이 아닌 체제 수호 방법에 골몰한 끝에, 야마모토 내각은 날조된 '조선인 습격설'을 명분으로 계엄령을 발동했다. 체제 수호 수단인 '내부 희생양 전략'과 '외부적 설정 전략'에 조선인보다 더 적절한 존재가 있었겠는가. 이 전략의 희생물에는 누구의 도움도 받을 수 없어 순응할 수밖에 없는 약자가 선택된다. 그래서 중세에는 과부가 마녀로, 무슬림이 적으로 희생되었고, 자본의 근대에는 내부의 아동과 여성이 노동자로, 외부 아프리카의 흑인이 노예로 희생되지 않았던가.

내무성 경보국장과 사이마타현 내무부장이 조선인 경계지령을 내려 군대를 출동시키고, 9월 2일 도쿄를 시작으로 9월 4일 사이마타 지바현까지 계엄령 확대를 선포함으로써, 조선인에 대한 일본인 민중의 박해와 학살에 기름을 부었다. 조선인을 진압하라는 임무를 받은 계엄군이 출동하고 경찰과 자경단 또한 합세했다. 그 결과 조선인이 수천 명

이나 숨졌다. 기관총 세례를 받고 불구덩이에 던져지고 칼에 베여 죽어 갔다.[17]

당시 도쿄에 있던 조선유학생학우회, 천도교청년회, 기독교청년회는 학살의 광풍이 잦아들었을 때 이재조선동포위문반을 결성해 피해조사에 나섰다. 위문반은 일본 경찰의 탄압을 뚫고 진상을 파악해, 1923년 12월 25일 재도쿄조선인대회에서 6,661명이 학살당했다고 밝혔고, 이 내용은 대한민국임시정부의 기관지인 독립신문 1023년 12월 5일치에도 실렸다.

출동한 계엄군은 조선인을 직접 공격했고, 경찰은 "조선인이 지진을 틈타 불을 지른다, 우물에 독을 탄다"와 같은 거짓말을 메가폰으로 떠들고 다녔다. 이에 자극받은 민중은 자경단을 만들어 조선인 사냥에 나섰다. 군인과 경찰 그리고 민중이 삼위일체가 되는 연합대오가 꾸려진 것이다.[18] 이들이 저지른 조선인 학살의 참상이 구체적으로 드러난 적은 없었다. 1983년, 재일동포 다큐멘터리 감독 오충공이, 학살을 목격한 일본인과 학살현장에서 살아남은 재일동포 1세의 증언을 영상에 담아, 조선인 대학살을 다룬 최초의 다큐멘터리 「감춰진 손톱자국」을 발표함으로써 그 실체가 조금씩 드러났다.

"다리 밑에서 제방을 봤더니 하천 옆 둑 경사면에 참살당한 조선인들의 시체가 뒹굴고 있었지. 여섯 일곱 명 있었던가, 모두 뿔뿔이 흩어져서 누워 있었지. 얼핏 봐도 노동자처럼 보였어. … 여자도 한 명 있었어. 많이 저항한 모양으로 손이 잘려 있었는데 잘린 단면이 보였지." (당시 부친과 수레를 끌고 나리히라에서 아라카와로 향하고 있던 시마카와씨)[19] 생계 해결을 위해 조선인 노동자들이 찾은 일본은 재난 수습을 위해 그들을 죽음의 수렁으로 잔인하게 몰아넣은 지옥이었다.

"여섯 일곱 명이 거의 발가벗겨져서 뒤로 이렇게 묶여서 줄줄이 끌

---

17) 민병래 글, 『1923 간토대학살 침묵을 깨라』, 원더박스, 2023, 4-6쪽, ≪한겨레신문≫ 도쿄 김소연 특파원의 2023년 9월 1일부터의 기사, ≪시사IN≫의 도쿄 이령경 편집위원의 2023년 8월 29일의 기사 참조.

18) 앞의 책, 23쪽.

19) 앞의 책, 88쪽.

려 왔어요. 앞뒤로 작업복을 입은 자들이 줄을 잡고 있었는데, 석탄이 타고 있는 불구덩이 쪽으로 와서 멈췄어. 그리고는 한 사람씩 한 사람은 몸체를 잡고 한 사람은 다리를 잡고는 이런 식으로 타고 있는 불 속에 (산 사람을) 던져 넣었어요." (지금도 꿈에 나타난다며, 다카세 요시오)[20] 산 사람을 불에 태워 죽이는 끔찍하고 잔인한 현장이었으니, 아무리 어릴 때 보아 오래된 기억이지만 어찌 쉽게 잊히겠는가.

"소방대원한테 붙잡혀 동포 15명과 함께 새끼줄로 묶인 채 강변에서 밤을 지새우고, 다음 날 아침 소방대원에게 이끌려 다시 다리를 건너 도심 쪽에 있는 테라지마 경찰서로 연행되어 갔어. 다리를 건너는데 (사촌)형처럼 보이는 시체가 있어 확 뛰쳐나갔지. 도망친다고 낫으로 다리를 찍혔어. 다리를 다 건넜을 때 우리 일행 중 3명을 나오라고 하더니 소방대원인지 뭔지가 때려 죽였어. 산 사람을 쳐 죽이니까, 발버둥을 치고 너무 처참했지." (학살현장에서 살아남은 재일동포 1세, 조인승)[21]

이러한 학살의 현장은 그 참혹함이 여과되지 않은 채 소설 속으로 들어가기도 했다. 정찬의 「얼음의 집」에서도 그것을 목격할 수 있다. "집들이 무너지고, 기왓장이 종이처럼 날아다니고, 불길이 치솟고, 길은 피로 붉게 젖어 있었다. 폐허가 된 도시 속에서 시체에 걸려 넘어지고, 그 시체를 밟고 다녀 신발이 피투성이가 되었는데 … 제방가에 벚꽃나무가 서 있었다. 그 벚꽃나무 가지에 피에 젖은 육신들이 주렁주렁 걸려 있었다. 이미 숨이 끊어진 사람, 신음과 비명 속에서 린치를 당하는 사람, 그들은 모두 조센징이었다. 칼과 죽창, 엽총, 곡괭이, 쇠망치와 갈퀴와 곤봉을 든 일본인들은 죽은 사람은 매단 줄을 끊어 강물에 버렸고, 살아 신음하는 이들에게는 가혹한 린치를 하고 있었다. 푸른 강은 붉은빛이었다."[22]

---

20) 앞의 책, 89-90쪽.

21) 앞의 책, 91쪽.

22) 『제22회 동인문학상 수상작품집』, 조선일보사, 1991, 238쪽.

이러한 참사였음에도 불구하고 간토 조선인 대학살은 일본정부의 발뺌과 한국정부의 무관심 속에 묻혀있었다. 조선인 재일사학자 강덕상이 2003년에 『학살의 기억, 관동대진재』를 펴냄으로써 그 면모가 제대로 드러나게 되었다. 그것은 "간토 조선인 대학살은 결코 흥분한 자경단이 벌인 예상치 못한 범죄가 아니라는 것, 수백만의 이재민이 반정부투쟁에 나설까 두려워 야마모토 곤베에 내각이 직접 '조선인' 습격설을 퍼뜨리고 조선인을 희생양으로 삼아 위기에서 벗어나려 했다는 것"[23]이 그 핵심이라는 것이다.

최근에는 강덕상이 고서점에서 발견한 문서, 「재해에 따른 조선인과 지나인에 관한 범죄 및 보호 상황 기타 조사의 건」이 복사되어, '간토대지진 때 조선인 학살 사실을 알고 추모하는 가나가와현 실행위원회'에 의해 언론에 공개되었다. 이 문서는 가나가와현 지사가 간토대지진 당시 현 내에서 일어난 조선인 살해 사건을 내무성 경보국장에게 보고한 내용을 담고 있다. 조선인 살해의 범행 시간과 장소, 범행 동기와 목적, 범죄 사실, 피해자와 가해자의 신상 정보가 정리돼 있다. 군대와 경찰이 관계한 부분은 빠져 있고, 민간인 자경단 중심의 범죄 사실만 적혀 있다. 타민족에게, 민간인에게 자신의 책임을 전가하고 자신은 빠지는 일본정부의 관행을 여지없이 보여주는 대목이다.

이런 재일동포 감독 및 연구자의 노력과 일본 시민들의 열의에도 불구하고, 간토 조선인 대학살의 참사와 그로 인한 비참한 죽음은 아직 제대로 알려지거나 위로받지 못하고 있다. 양국 민간인들의 힘으로 곳곳에 세워진 추모비와 해마다 돌아오는 추모행사에도 불구하고, 일본정부와 한국정부는 적극적인 관심을 기울이지 않는다. 오로지 자신의 정당이나 정권의 이해관계에만 머물러 있기 때문이다. 정치나 정치인의 지평이 점점 좁아지는 추세의 일환일 것이다.

---

23) 민병래 글, 앞의 책, 19쪽.

역사와 비참

역사란 인간이 시공간의 행로 속에 남긴 발자취를 걸러 정리한 것이다. 그 발자취의 고귀함에 맞춘 역사도 가능하지만, 그 발자취의 추악함에 맞춘 역사도 가능하다. 전자에 초점을 맞추어 그럴듯한 개념으로 역사철학을 수립하면, 역사의 법칙과 진보 그리고 그 의미에 대해 말할 수 있다. 하지만 후자에 초점을 맞추어 날것 그대로를 추적하면, 역사는 횡령 혹은 강탈이나 독살, 국제적 범죄와 집단학살의 집적에 지나지 않는다고 규정할 수도 있다.[1]

인간의 비참함이 집적된 대표적인 경우가 제노사이드(대량학살)이다. 대량학살이 일어나는 계기는 주로 전쟁이다. 전쟁 발발의 원인으로 여러 가지를 들 수 있지만, 그 대표적인 것은 야욕이다. 영토, 물자, 지배 등에 대한 야욕을 가장 효과적으로 달성하는 방법이 전쟁이었다. 전쟁은 인륜이나 규범 그리고 상식을 무시하고 치를 수 있다고 여겼기 때문이다. 그래서 제국은 전쟁을 통해 야욕을 채우는 과정에서 수많은 학살을 저질렀다.

십자군 전쟁은 기독교인이 유대인과 아랍인을 학살하는 좋은 구실이 되었고, 2차 세계대전은 독일의 아리아인이 이스라엘의 유대인을 학살하는 계기가 되었으며, 제국의 민족 또는 부족의 분리 지배 후유증으로

[1] 칼 포퍼 저, 이명현 역, 『열린사회와 그 적들Ⅱ』, 민음사, 1984, 369-370쪽 참조.

일어난 내전은 여러 민족이나 부족 사이에 발생한 인종 청소의 빌미가 되었다. 이러한 학살에 의한 죽음은 개인의 생로병사의 결과로서의 죽음이나 자연재해로 인한 죽음과 그 규모와 성격을 달리한다.

중세의 십자군 전쟁은 유럽을 피로 물들인 대표적인 참사였고, 뒤를 이은 마녀 사냥과 종교재판도 전쟁 뒤의 위기 타개책이나 후유증의 노출이라는 성격이 강했다. 200년 동안 지속된 십자군 전쟁은 종교를 내건 제국주의로서, 그 뒤 자본을 내건 유럽 제국주의의 초석이 되었다. 2차 세계대전 동안 독일이 유대인을 학살한 것은, 십자군이 유대인과 아랍인을 학살한 것과 다를 바 없다. 그렇게 학살의 역사는 면면히 이어져 오는 것이다.

독일은 이미 그 이전에 몇 번 전과를 세운 적이 있다. 그 대표적인 경우를 아프리카에서 저질렀다. 제국의 후발국으로 아프리카 영토 침략에 뛰어들어, 1884년부터 1915년까지 나미비아를 식민지로 지배했다. 원주민들의 토지와 가축을 약탈하며 잔혹 행위를 벌이다가, 그에 반발해 봉기한 헤레로와 나마 부족을 남녀노소 구분 없이 학살했다. 1904년부터 1907년 사이 인구 8만5천 명의 헤레로족은 80%가 몰살당해 1만5천 명만 살아남았고, 나마족은 절반이 몰살당했다. 유엔은 이 사건을 20세기 최초의 제노사이드로 규정했다.[2]

2) 〈김남희의 걷다 보면-나미비아②〉, 《한겨레신문》, 2024. 8. 17.

유럽 전역의 강제수용소에서 600만 명을 학살한 독일은, 이미 이렇게 대량살상의 실습을 한 셈이다. 다만 그 인원이 워낙 많아 살상의 방법으로 신속한 것을 골랐고, 나아가 생체실험까지 덧붙인 것이 달라진 점이라 하겠다. 아마 가스 살상은 전장에서의 화학전을 응용한 것이었을 것이고, 생체실험은 생물학전 준비를 위한 것이었을 것이다.

"가스가 투입되기 시작하면 사람들은 한꺼번에 비명을 지르며 숨을 헐떡였고, 서로 높이 솟아오르려고 뛰어올랐다. 약한 이들은 바닥에 깔릴 수밖에 없었고, 아이들은 두개골이 으깨어지기도 했다. 힘센 이들은 그 위에 섰지만, 20분만 지나면 아무도 움직이지 않았다. 푸른색 주검들은 서로 뭉개진 채 돌덩이처럼 굳어갔다."[3]

"나치 시절 악명 높은 아우슈비츠 의사 요제프 멩겔레의 조수였던 의사 미클로시 니슬리의 증언에 따르면, 멩겔레는 40여만 명을 가스실로 보냈고, 사람의 언어로는 표현하기에 끔찍한, 난쟁이들과 쌍둥이들에 대한 생체실험뿐 아니라, 온기가 있는 장기들을 해부한 뒤, '긴급전시 물자'라는 도장을 찍어 외부 의학연구소나 인류학박물관에 보냈다. 멩겔레는 생쥐, 개, 돼지, 원숭이보다 인간만큼 좋은 실험 표본이 없다고 여겼다."[4]

인간의 보편적 상식과 윤리를 넘어서는 이러한 참혹한 일을 가능하게 한 것이 바로 전시체제다. 그러나 전쟁을 수행한 모든 국가가 이런 참담한 일을 수행한 것은 아니다. 2차 세계대전의 경우에는 주로 독일과 일본이 이런 일을 저질렀다. 독일과 병행하여 일본은 난징대학살을 저질렀고, 731부대를 중심으로 생체실험을 했다.

일본군의 중국 침략전의 기본 전략과 전술은 속전속결과 섬멸전이었다. 상하이를 점령하고 뒤이어 수도 난징을 함락하면 중화민국 정부는 항복할 것이고, 전쟁은 끝날 것이라고 생각했다. 그러나 상하이 전투에서 제동이 걸리면서 일본군은 조급해졌다. 상하이 전투에서 중국군 희생자가 25만 명이었고, 일본군 사상자가 4만 명이었지만, 중국군이 3개월을 버티리라고는 예상하지 못했던 것이다.

상하이 전투에 참가했던 중국군 병사들이 난징으로 퇴각한 뒤 일본군은 난징을 우회하여 포위하는 전술을 폈고, 이를 맞은 중국군은 진지 공사나 성벽에 의지하는 방어 전술을 폈다. 마치 임진왜란 때 진주성

---

[3] 김봉규, 〈사람아 사람아-제노사이드의 기억, 체코 1〉, 《한겨레신문》, 2022. 8. 24.

[4] 김봉규, 〈사람아 사람아-제노사이드의 기억, 독일 5〉, 《한겨레신문》, 2023. 10. 18.

2차 전투를 떠올리게 하는 구도다. 이 전투에서 1차전 때와는 달리 조선군이 패했듯이, 난징 전투에서도 중국군이 패해 후퇴했다. 1937년 12월 6일에서 12월 12일까지 일본군 사상자는 3,893명이었고, 중국군 19,030명이었다.

문제는 전투 다음에 벌어진 일에서 생겼다. 1937년 12월 13일 난징을 점령한 후 난징의 포로들과 시민들에 대한 일본군의 대학살은 짧게는 6주, 길게는 몇 달씩 이어지며 30만 명이 살육을 당했다. 그 대학살의 직접적 원인 가운데 하나가 '섬멸전'이라는 작전 방침이었다. 일본군은 난징을 지키는 부대가 중국군의 정예부대로서 이 부대를 반드시 섬멸해야만 속전속결의 목적을 달성할 수 있다고 판단했다.[5]

섬멸전은 한계선을 지키기 어렵다. 부대 일선에 하달된 명령에는 '모든 수단을 다 동원하여 적군을 섬멸하라'는 것이 주요 임무로 되어 있다. 섬멸은 소탕이고, 소탕은 소멸을 의미하는 것이었다. 포로는 체포하여 수용하는 대상이 아니라 체포하여 사살하는 대상이었다. 무기를 버리고 항복하는 사병뿐만 아니라, 중국 병사로 의심되는 청장년들을 학살하는 것도 포함되는 것이었다.

이러한 섬멸작전은 병사들을 저지선 밖으로 나아가게 했다. 재물을 약탈하고 불을 질렀으며, 민간인을 학살하고 부녀자를 강간했다. 일본군이 난징을 점령한 6주라는 기간 동안 이러한 학살, 강간, 약탈, 방화 등이 거의 매일 발생했고, 그에 따라 학살의 규모도 점차 크게 확대되었다. 이러한 참상은 흔히 그렇듯이 즉각 알려지지 않았다. 목격자의 보도와 피해자의 진술은 목격과 피해의 진상에 따라 달리 알려지게 마련이다.

일본군의 난징 점령 초기에 일본의 몇몇 전시 뉴스 매체들은 빛나는 황군의 무공을 비롯하여, 중국인들을 한 군데에 몰아넣고 총살하는 장

5) 장롄홍・쑨자이웨이 엮음, 신진호・탕쿤 옮김, 『난징대학살-진상과 역사 기록을 담다』, 민속원, 2019, 187쪽.

면, 시신이 가득 쌓여 강변에서 소각되기를 기다리는 장면, 일본 병사 간에 벌어지는 살인 경쟁 사진, 심지어는 어느 일본 기자의 학살에 대한 평론을 싣기까지 하였다.

일본 외무성의 관리는 난징 주재 대리 총영사 후쿠이 아츠시가 난징에서의 일본군 만행에 관해 보고를 받은 후에 육군과 해군, 외무성 관리 등이 참석한 연석회의에서 일본군 만행 문제를 통보하였고, 제지 조치를 희망했다. 이는 일본 최고 당국이 일본군 만행에 대해서 그 내용을 속속들이 알고 있었다는 것을 충분히 설명해 주는 것이다.[6] 그러니까 결국 난징에서의 일본군 만행은 알고도 방치된 가운데 저질러졌거나 의도적으로 부추긴 것이라 해석할 수밖에 없다.

난징대학살 과정에서 일본군이 저지른 가장 대표적이고 가장 피비린내 나는 천인공노할 사건 가운데 하나는 난징 쯔진산에서 일본군이 저지른 살인 경기 사건이다. 이 사건은 일본군 제16사단 제 19여단 제9연대 제3대대의 청년 장교 무카이 아키토시 소위와 노다 다케시 소위가 난징 공격 과정에서 중국군 포로와 민간인을 상대로, '일본도로 누가 먼저 100명의 목을 더 빨리 베나' 하는 살인 경기를 벌였다. 일본의 ≪도쿄 마이니치신문≫ 등의 신문 잡지는 10여 일의 시간 동안 네 차례에 걸쳐 보도하며 일본의 용사로 치켜세웠다.[7]

중위로 진급한 둘은 전후 난징전범재판에서 둘 다 150명 이상을 죽였다는 사실을 부인하며, 각각 외국인 특파원이 상상해 기사를 만들었다고 주장하기도 했고, 일본에 돌아갔을 때 아내를 놀라게 해주려고 거짓말을 한 것이라고 주장했지만, 둘은 1947년 12월 18일 사형을 언도받았다. 그 뒤 2005년 유족들이 살인 경기에 대해 보도한 언론사들을 명예훼손 혐의로 소송을 내며, 전쟁 수행 중에 일본 군인들의 사기를 높이고, 국민들에게 선전하기 위해 언론이 지어낸 이야기일 뿐, 실

---

6) 앞의 책, 120쪽.

7) 앞의 책, 141쪽.

제 목 베기 시합은 없었다고 주장했지만, 도쿄 지방 재판소는 원고 패소 판결을 내렸다.

학살한 시체를 처리하는 방법도 보통 사람의 상상을 초월한다. 워낙 시체가 많아 구덩이에 다 묻을 수 없다. 매장이 불가능하여 생각한 방법이 소각이다. 그러나 차량 엔진의 기름만으로는 소각도 쉽지 않았다. 결국 대부분의 시체들은 양쯔강에 내던져졌다. 그래서 그 다음부터는 시체가 바로 강에 들어갈 수 있도록 강가에 포로들을 한 줄로 세워 기관총으로 사격하여 처리하는 방법을 쓰기도 했다.

난징대학살 기간 일본군이 난징 여성들에 대해 가한 강간은 학살에 못지않은, 또는 학살과 함께 자행된 끔찍한 사건이었다. 1945년 피해 생존자와 목격자의 고발로, 극동 국제군사법원은 난징 시내에서 발생한 강간 사건을 2만 건 정도로 인정했다. 타이완의 사학자 리언한은 약 8만 명의 부녀자가 강간을 당하고 사지 절단을 당한 것으로 추정했다.

일본군 부녀자 강간은 상대의 나이와 장소 그리고 방법을 가리지 않았다. 노인, 유부녀, 여자아이, 심지어는 출산을 앞둔 여성도 불행을 피할 수 없었다. 국제 안전구, 난민소, 여승 사찰, 교회, 여학교 내에서도, 부녀자를 강간하지 못하는 신성한 전당은 그 어디에도 없었다. 강간에는 강간 이후의 초강간, 곧 피해 여성을 다시 능욕하고 학살하는 것도 포함된다. 피해 여성들이 사람들 앞에서 나체로 뛰게 하고, 그녀의 친족과 근친상간하게 하고, 중국인이 중국인을 강간하게 하며, 피해 여성의 배를 가르고 유방을 자르고 질에 이물질을 삽입하는 등 잔인무도한 짓을 서슴지 않고 저지르는 것이다.[8]

대학살 기간에 일어난 일본군의 성폭력을 두고, 군대의 혼란이나 통제 상실로 일어난 것이 아니라는 해석이 대두되었다. 일본 오사카 대학

8) 앞의 책, 83-84쪽.

의 야마다는 당시 일본군의 군기가 매우 엄했고, 군대는 혼란 현상이 나타나지 않았다. 따라서 대학살 기간에 일어난 성폭력이 성폭력을 통해 적들에게 타격을 가하라는 군대의 명령에 따라 일어난 것이라고 설명한다. 일본군의 협박을 받아 중국 남성들은 눈을 뜨고 여성들이 모욕당하는 것을 지켜보면서 좌절하고 낙담했다. 그리고 남성들의 무력함은 또 중국 여성들의 멸시와 회한의 감정을 가지게 했다는 것이다.

중국학자 장성도 일본군이 중국 여성에 대해 대규모적인 성폭력을 가한 것은 중국 남성에게 치욕을 안겨주고 타격을 주기 위해서라는 관점을 가지고 있다. 장성은 일본군이 많은 사람 앞에서 특히 남편들 앞에서 여성을 강간한 것, 심지어는 그것을 구경하게 한 것은 중국 남성에게 치욕과 충격을 주어서 그들의 저항 의지를 없애버리려는 데 목적이 있었음이 분명하다고 지적했다.[9]

이제는 이러한 해석이 거의 이론화되어 있는 형편이니, 이를 인정하지 않을 수도 없겠다. 민족 충돌 과정에서 강간은 민족 진압과 정복의 수단이 되기도 하고, 승리를 거둔 군대는 패한 군대의 영지를 짓밟듯이, 패전 군대의 여성들을 강간함으로써 정복을 확인하는 것을 전쟁사가 보여주니까. 여성은 남성의 소유였고, 남성의 군대는 국가의 소유였다. 그러니 거꾸로 내려가며 이루어지는 모든 행위는 이 소유를 확인하는 절차였다.

난징에 있던 외국인들은 일본군이 군기가 엄격하여 믿을 수 있는 군대라고 믿었다. 그러나 막상 난징 함락 후 일본군들의 만행을 보고는, 난징 시민들이 피난처를 마련하려고 애썼다. 독일인 욘 라베는 상하이 안전구를 본따 대사관과 대학교에 난징안전구를 설치하여 많은 중국인들을 보호했고, 미국인 윌헬미나 보트린은 대학교를 피난처로 만들어 부상자들과 여자들을 일본군들로부터 지켜냈으며, 외과의사인 로버트

9) 앞의 책, 99쪽.

윌슨은 대학병원에서 부상자들을 치료하고 수용하여 피난처로 제공했다. 그러나 이들은 그 후에 편안한 삶을 누리지 못했다. 더 많은 사람들을 구해내지 못했다는 자책감, 참상을 목격한 충격과 후유증으로 건강을 해쳐 평생 악몽을 겪거나 자살로 삶을 마감했다. 일본군의 만행이 끔찍한 것이었음을 방증하는 것이다.

난징대학살을 저질렀던 일본군 6사단의 히사오 중장은 전범재판에서, 자신의 군대가 난징에서 30만 명을 학살한 것에 동조한 혐의로 사형을 언도받고 공개 총살이 집행되었고, '이러한 잔혹 행위는 황군의 불명예다!'라며 정상적인 방침으로 군을 지휘하려 한 마쓰이 이와네 중지나방면군 사령관 겸 상하이 파견군 사령관도 지휘관으로서의 책임을 면치 못하고 사형되었으나, 그가 병석에 있는 동안 그를 대신한 아사카노미야 야스히코는 일본군의 만행을 부추기고 그 책임을 이와네에게 뒤집어씌우고도 일본 황족이라는 이유로 재판에 출석하지도 않고 처벌도 면했다.

중국 정부는 2010년 난징대학살 73주년을 맞아 난징에 희생자들을 기리기 위해 '통곡의 벽'이라는 대규모 추모식을 열었고, 2014년 1월 난징대학살 관련 기밀문서를 공개했고, 6월에 위안부 관련 자료와 함께 난징대학살과 관련된 자료를 유네스코 세계기록 유산 등재 신청을 했으며, 2015년 10월 10일 난징대학살 관련 자료가 세계기록 유산으로 등재됐다.

일본은 난징대학살을 '사건'으로 축소시키며 대학살을 중국의 조작이라며 사실로 인정하지 않으려는 쪽, 대학살을 역사적 사실로 인정하고 반성해야 한다는 쪽, 민간인들의 희생은 인정하지만 피해가 그다지 크지 않았고 또 우발적이었다는 어정쩡한 쪽 등으로 갈려 있었다. 그러나 전범재판의 여파이기도 했겠지만, 초기에는 인정파가 주류였고, 검

인정 교과서에서도 수록되어 역사적 사실을 인정하는 것이 주류였지만, 최근으로 올수록 극우세력의 부상으로 교과서에서도 난징대학살을 게재하지 않거나 사건으로 축소하려는 경향이 강해지고 있다.

일본은 일본 안에서의 간토 조선인 대학살과 중국에서의 난징 중국인 대학살에 머물지 않고, 중국 만주에서 세균전과 화학전 및 이를 위한 생체실험을 자행했다. 이를 주도한 인물은 이시이 시로였다. 그는 도쿄대학에서 의학박사를 취득한 후 25 개국을 순방하여 각국의 세균전 준비 상태를 조사한 다음, 귀국하여 "일본 국방에는 결함이 있다. 국제적으로 금지된 세균전을 준비할 필요가 있다."고 강하게 주장했다.[10]

육군군의학교 교관으로 임명된 것을 계기로 이시이는 학연學緣과 군연軍緣을 끌어모아, 군의학교 방역연구실을 설립한 뒤, 만주 헤이룽장성 하얼빈에 극비 세균 연구 집단인 '도고부대'를 조직하여, 포로를 사용한 탄저균 접종 등의 인체실험을 실시했다. 이는 피험자를 우리에 가두고 세균을 생체에 투여한 후 병세 변화를 관찰하는 것이었다.

당시 대원의 증언에 따르면, 인체실험은 세균 감염실험에 그치는 것이 아니었다. 기아상태로 물만 주었을 때 사람이 얼마나 버틸 수 있는지, 고압전류로 감전시키면 사람이 어떻게 죽는지, 청산화합물을 이용해 어떻게 사람을 죽일 수 있는지 등 여러 가지 생체실험을 했다. 이 실험에서 도고부대에서만 약 200명에 가까운 포로를 사용한 것으로 추정된다.[11]

도고부대는 규모는 크지 않았지만, 이미 이때 앞으로 창설될 731부대의 생체실험 노선을 확립하고 있었다. 비공식이었던 도고부대는 1936년에 관동군 소속으로 개편되면서 '관동군방역부'로, 연구실의 수

---

10) 15년 전쟁과 일본의 의학의료연구회 엮음, 하세가와 사오리·최규진 옮김, 『누구나 알지만 아무도 모르는 731부대』, 건강미디어협동조합, 2020. 40-41쪽.

11) 앞의 책, 42쪽.

량을 계속 확대하여 1940년 이후 '관동군방역수부'로 불리다가, 다시 '731부대'로 개명되었다. 이곳에서 도고부대에서 이루어졌던 생물학전과 화학전(세균전과 독가스전) 무기 개발과 이를 위한 생체실험이 본격적이고 체계적으로 이루어졌다. 이러한 부대는 만주 하얼빈의 731부대 말고도 일본 국내와 동아시아 각지에 세워져 있었다.

731부대에 동원된 생체실험의 대상자는 주로 중국인과 조선인 그리고 몽골인과 러시아인이었다. 이들은 주로 만주 지방 일원에서 일본 헌병대가 체포한 항일 독립운동가, 국민당 군인, 공산군 포로, 외국의 첩보원 등이었다. 이들이 마루타(통나무)라고 불린 것은 이 부대시설을 지역당국에서 제재소라 했기 때문이라고 한다. 어쨌든 이 부대에서 한 생체실험으로 희생된 인원은 3,000명을 넘고, 생물학 무기 곧 세균에 감염되어 죽은 중국인은 수만 명이 넘는 것으로 파악되었다.

그러나 731부대의 만행은 전쟁 종식과 함께 묻혀 있었다. 부대는 철수하면서 시설을 파괴했고, 관련 자료는 미국으로 건너갔고, 그 대가로 관련자들이 전범재판에서 처벌받지 않았기 때문이다. 일본 정부도 50년이 지난 뒤에야 731부대의 실체를 시인했지만, 생체실험의 만행에 대해서는 발뺌으로 일관했고, 부대원들의 증언 내용 확인도 거부했기 때문이다.

그러다가 1981년 쓰네이시 게이이치의 『사라진 세균전부대』와 모리무라 세이이치의 『악마의 포식』 등이 출판되면서, 일본뿐만 아니라 해외에서도 큰 반응이 일었다. 그 전후 관련국인 미국과 중국 그리고 러시아가 이에 대해 조사, 연구, 목격자의 증언, 피해자의 진술 등을 발표함으로써 그 전모가 드러나기 시작했다.

그 장막을 제일 먼저 걷고 나온 것은 1981년 존 파웰이 수많은 공문서 자료를 연구해 발표한 「일본의 생물무기: 1930~1945 은폐된 역사의 1장」이라는 논문이었다. 파웰은 미국정부가 공개한 기밀전보와 미국의 생물전 전문가가 731부대원을 조사한 제4차 보고서 등을 분석하여, 미국이 소련을 의식해 국익 차원에서 731부대 연구 성과를 얻고자 했으며, 이를 위해 전범 면책을 대가로 제공했다는 경위를 처음으로 밝혀냈다.

731부대의 인체실험 진위 여부에 대한 본격적인 검토 역시 이 논문을 통해 이루어졌다. 그 후 미국의 생물전연구소인 포트디트릭이 보관하던 제2차 조사 보고서(톰프슨리포트) 등이 쓰네이시 게이이치와 모리무라 세이이치, 시모마토 마사키에 의해 발굴되었다.[12] 위의 두 일본인이 출판한 책은 바로 이 보고서를 바탕으로 이루어진 것이다.

세균전 피해 당사국인 중국에는 피해 당시 기록이 남아 있는데, 대표적인 것은 일본이 중국의 11개 도시에서 시행한 세균 공격에 대해 중국 위생처가 조사하여 영국 대사관에 제출한 보고서다. 그러나 중국 측의 731부대에 대한 조사는 전쟁이 끝난 후인 1950년 3월에야 비로소 시작됐다. 그 후 한국전쟁이 격화되면서 미군이 세균전을 실시했다는 의혹이 제기됐고, 이에 대해 국제과학위원회가 조사를 진행하는 과정에서 731부대 문제가 또다시 도마 위에 올랐다. 731부대 문제가 재조명되면서 1952년 11월에 『731부대와 100부대의 죄악활동 보고』가 작성되었는데, 이것이 중국에서 작성된 최초의 731부대에 대한 체계적 조사보고서였다.[13] 이후 보다 구체적이고 상세한 조사 연구가 뒤를 이었다.

일본군의 세균전과 직접 관련된 국가 중 러시아가 연구에서 가장 뒤쳐졌다. 구 소련 시절부터 공개된 1차 자료는 1950년 5월 모스크바에서 출판된 『세균전용 병기의 준비 및 사용 건에서 기소된 전 일본 군인 사건에 관한 공판 서류』 한 권뿐이다. 소련군은 일본군 포로수용소에서 세균전 관계자에 대한 색출을 시작으로 1년에 걸친 수사 끝에 731부

---

12) 앞의 책, 262쪽.
13) 앞의 책, 264-265쪽.

대의 전모를 거의 다 파악해, 당시 진행 중이던 도쿄전범재판에 731부대원들을 법정에 세우기 위해 애를 썼다.

소련으로부터 731부대의 인체실험 사실을 처음 확인한 미국은 4개월에 걸쳐 비밀리에 재조사와 협의를 진행하여, 731부대 관계자들과의 거래를 통해 연구 데이터를 독점하고 은폐하는 데 성공했다. 소련은 731부대와 100부대원 중 영역 대표자 12명을 선정해, 일본군이 저지른 사실을 세계에 알리기 위해 독자적 심판을 추진했다. 재판은 1949년 12월 25일부터 6일간 하바로프스키시 셰우첸코 거리의 장교회관에서 진행되었는데, 서구에서는 재판에 관한 상세한 내용을 확인할 수 없었기에 부정적으로 반응했다.

더욱이 도쿄재판에서 미국이 '세균전 증거는 없었다'고 반박했고, 연합국 대일 이사회 대표가 '소련이 시베리아 일본인 억류 문제가 불거지자 화제를 바꾸려고 수작부리는 것'이라며 성명을 발표해 세균전 사실을 묵살하는 바람에, 세균전에 대한 조사가 포함된 하바로프스키 공판 서류는 잊혀 갔다. 그러다가 일본에서 1984년에 731부대의 교과서 수록 문제로 이 서류를 두고 논쟁이 잠시 벌어진 적이 있긴 했다.[14]

이시이는 세균전을 효과적으로 수행하기 위해 직접 도자기 폭탄을 개발하기도 했다. 세균에 감염된 물건과 페스트 벼룩을 안에 넣은 도자기 폭탄은 폭발력을 약화시켜 내장된 세균이 죽는 것을 최소화하는 장치로 활용됐다. 이런 질병을 일으키는 세균을 예방접종으로 위장하여 접종했다. 이런 실험과 세균전으로 페스트, 콜레라, 탄저병 등의 전염병으로 수만 명이 살육되었다.

중국 동북부 만주의 추위를 극복하기 위한 방한복 개발 실험의 일환으로 동상실험을 했다. 혹한지의 동상은 한랭으로 인해 먼저 조직이 동결되면서 조직 파괴가 일어나고, 이로 인해 염증이 생겨 혈전이나

14) 앞의 책, 269-271쪽.

혈관 마비가 일어나, 혈액순환이 나빠지면서 괴사가 진행된다며, 영하 20도 또는 영하 70도로 실험실을 만들어 인체 실험한 것을 참가자가 발표한 것도 있다.[15]

"단단한 유리로 만든 상자에 옷을 벗긴 사람을 넣어 상자 아랫부분에서 증기를 주입했다. 인공적으로 갈병(열사병과 유사)에 걸리기 쉬운 조건을 만들어 병들게 하고, 임상적/병리적으로 관찰하여 병인을 규명했다. 시간이 지나자 온몸이 붉어지고 비 오듯 땀을 흘렸다. 얼마 안 있어 땀이 멈추고 고통스러운 얼굴로 필사적으로 몸부림쳤다. 고통을 견디지 못해 애원이 분노, 욕설, 광기로 변해가는 처참한 단말마의 표정이 지금도 뇌리에서 떠나지 않는다."[16]

이는 1974년, '전쟁 체험을 기록하는 모임'이 편집한 책에 수록된 '평생의 무거운 짐'이라는 글의 일부다. 731부대의 실험실에서는 이 외에도 끔찍한 생체 실험이 진행되었는데, 출혈 연구를 위해 팔이나 다리를 마취 없이 절단하기, 괴저 및 부패의 영향 연구를 위해 얼려져 절단된 팔이나 다리를 다시 녹이기, 질식할 때까지 걸리는 시간을 알아보기 위해 목을 매달기, 색전이 걸리는 시간을 알아보기 위해 동맥이나 심장에 공기 주입하기, 사망할 때까지 걸리는 시간을 알아보기 위해 물과 음식을 전혀 주지 않기, 생리식염수를 대체할 수 있는지 알기 위해 바닷물 주사하기, 수류탄과 화염방사기의 살상력을 시험하기 위해 수용자를 줄 세우기 등 열거하기 힘들 정도다.

게다가 실험의 대상으로 효용이 끝났지만 살아 있는 수용자를 원판에 묶어 돌리며 단검을 던지는 게임을 하며 도박도 했고, 병사들이 수용자를 인간으로 인식하거나 탈출시켜주거나 석방을 요구하는 것을 미연에 방지하기 위해, 수용자 중에 병약한 자나 저항하는 자를 골라 방망이로 때려죽이도록 강요하기도 했다.

15) 앞의 책, 75쪽.
16) 앞의 책, 284쪽.

2차 세계대전이라는 제국의 열전 동안 벌어진 대학살의 비참은 세계대전의 종식과 함께 끝나지 않았다. 열전이 냉전으로 변화하는 사이에 제국의 지배에서 벗어난 식민지에서는 억눌려 있던 종교, 종족, 이념에 의한 갈등으로 새로운 전선의 내전이 일어났기 때문이다. 제국의 강대국들은 옛 식민지에서 일어나는 종파적, 이념적 전쟁의 전선 배후에서 관망을 하거나 자국의 이해관계에 따라 지원을 하며 전쟁을 부추겼다.

이러한 전쟁과 그에 따른 대학살은 2차 세계대전 직후부터 최근에 이르기까지 세계 각지에서 줄기차게 일어났다. 그 대표적인 경우가 르완다 대학살이다. 중앙아프리카 국가들을 위임통치하기 시작한 벨기에는 르완다 부족을 두 계급으로 나누었다. 유목 부족인 소수 투치족을 지배계급으로, 농경 부족인 다수 후투족을 피지배계급으로 만들어 차별했다. 이는 식민 종주국이 식민 지배를 효율적으로 하기 위해 펴는 대표적인 정략이었다.

이는 식민지를 분리와 갈등 그리고 쟁투로 유도하여, 식민지 종주국에 대한 수직적 저항을 식민지의 수평적 상호 대결과 파괴로 약화시켜 지배하는 것이다. 이는 스스로를 보위하기 위해 모든 체제가 가지고 있는 전략이기도 하다. 관료 체제가 민관民官갈등을 민민民民갈등으로, 자본 체제가 노사勞使갈등을 노노勞勞갈등으로 전환시켜 지배하는 것도 마찬가지다.

이러한 지배의 후유증은 금방 해소되는 것이 아니다. 식민 지배가 끝난 이후에도 서로에 대한 증오가 여전하던 차에, 1994년 후투족 르완다 대통령이 비행기 격추로 암살당했다. 후투족 극단주의자들의 소행이었음이 뒤에 밝혀졌지만, 진상조사나 처벌은 정당한 경로를 따라가지 않았다. 식민지로 있던 기간 동안 쌓였던 원한을 폭발시키는 계기로 삼고자 한 르완다 참모총장은 소수 지배계급 투치족의 짓이라며, 모든 투치족을 죽이라는 명령을 내렸다.

후투족 정권의 정치인들과 유명 인사들은 연설, 라디오 방송, 노래, 신문 기고 등을 통해 소수민족인 투치족을 바퀴벌레에 비유하면서 말살을 선동했다. 르완다 언론은 그 발언들을 자신들의 매체에 실어 전역에 퍼뜨려, 대규모 학살에 기여했다. 선동은 학살 가담을 부추겼고, 투치족을 사람이 아닌 벌레로 보도록 한 것은 학살에 따른 양심을 누르게 하는 데 좋은 처방이 되었다. 이는 모든 비정상적 지배와 학대 그리고 학살에 따라붙는 책략이기도 했다.

1994년 4월부터 7월 사이 80만 명이 학살되었다. 후투족 학교 선생이 투치족 아이들을, 이웃이 이웃을 칼이나 도끼 같은 원시적 무기로 도륙하는 참상이 펼쳐졌다. 르완다 인구의 20%가 사라졌다. 학살에 반대하는 온건파 후투족도 학살당했다. 기간당 희생자로 따지면 캄보디아의 킬링필드를 능가하는, 인류 역사상 최악의 제노사이드 중 하나로 기록되었다. 유엔과 국제사회가 나섰지만 언제나처럼 별 쓸모가 없었다.[17]

17) 〈김도훈의 낯선 사람-폴 카가메〉, 《한겨레신문》, 2024. 1. 27, 류영재, 〈세상 읽기-내가 그들의 사회 안전망이다〉, 《한겨레신문》, 2020. 2. 3 참조.

2차 세계대전 종식 후, 한국전쟁 전후 우리나라의 경우도 이와 그다지 다르지 않다. 다만 같은 민족이니 종족 갈등이 아닌, 이념 갈등이 다르다면 다르다고 할 수 있겠다. 세계대전 종식 후 5년 만에 일어난 한국전쟁은 많은 희생자를 낸 대사건이다. 한국군은 사망자 13만여 명, 부상자 45만여 명, 북한군은 사망자와 부상자 52만여 명, 유엔군은 사망자 3만여 명, 부상자 10만여 명, 중국군은 사망자 13만여 명, 부상자 20만여 명이었다.

민간인 피해도 커서 남한에서는 사망자가 24만여 명, 학살된 민간인이 12만여 명이고, 북한에서는 28만여 명이 사망한 것으로 알려져 있다(국방부 군사편찬연구소 통계)[18] 그러나 이 숫자는 명백히 드러나 집계 가능한 것에 한정된 것이다. 2006년 진실화해위원회가 접수한 한국전쟁 전후(1948~1953) 민간인 피해사건 조사신청 건수는 집단희생 사건 7,922건, 적대세력 관련사건 1,687건 등 9,609건에 이른다.

학계나 민간단체들은 여순사건, 제주 4.3사건, 보도연맹, 부역혐의 희생자들을 모두 더하면 최소 100만 명이 넘을 것으로 보고 있다. 진실화해위원회는 목격자와 유족 증언, 기록 등 문헌과 지표조사 등을 통해 모두 168곳을 집단희생사건 관련 유해 매장 추정 장소로 파악했다. 경남41, 전남35, 경북28, 수도권25, 충북22, 충남9, 전북4, 강원2, 제주 2곳 등이다. 유해가 묻힌 장소도 산, 골짜기, 바닷가, 광산, 공동묘지, 양곡창고, 우물 등이다.[19] 이는 민간인 학살이 전국에 걸쳐 일어났으며, 장소를 가리지 않았다는 것을 말해준다.

한 곳에서 3차례나 학살이 이루어진 곳도 있다. 대전 산내 골령골이다. 첫 학살은 전쟁 발발 직후인 1950년 6월 28일에서 6월 30일 사이에 일어났다. 예비검속으로 체포된 보도연맹원과 대전형무소에 수감되어 있던 여수·순천 사건 관련 사상범 일부가 골령골로 끌려갔다. 인적이 드문 골짜기였다. 미국 육군방첩대(CIC) 파견대의 전투일지는 사흘간 1,400명이 총살되었다고 기록했다. 5일 동안 계속된 2차 학살의 희생자는 1,800명~2,000명으로 추정하고 있다.

영국 일간지 ≪데일리 워커≫의 앨런 위닝턴은, 1950년 7월 6일부터 7월 17일 새벽까지 벌어진 3차 골령골 학살 직후 골령골을 찾았고, 8월 〈나는 한국에서 진실을 보았다〉라는 기사에서 현장의 모습을 묘사하여 전했다. "7월 16일 100명씩 실은 트럭 37대가 이동했고, 상당수의 여성을 포함해 3,700명이 사살됐다. 총질, 구타, 목을 자르는 일은 남

18) 〈박찬승 칼럼-오판이 부른 한국전쟁…비극 되풀이 말아야〉, ≪한겨레신문≫ 2024. 6. 21.

19) 〈학살, 잠들지 않는 기억-3. 민간인 희생자들을 찾아서〉, ≪한겨레신문≫, 2020. 6. 25 참조.

한 경찰이 했지만, 미군 장교들이 지켜보는 가운데 이뤄졌고, 운전자 몇 명은 미국인이었다. 걸음을 옮길 때마다 서서히 땅속으로 가라앉고 있는 살점과 뼈들을 볼 수 있었다. …(중략)… 커다란 죽음의 구덩이를 따라 창백한 손, 발, 무릎, 팔꿈치 그리고 일그러진 얼굴, 총알에 맞아 깨진 머리들이 땅 위로 삐죽이 드러나 있었다." 3차에 걸쳐 7천 명이 골령골에서 집단 사살된 것이다.[20]

1971년 국방부가 발간한 『한국전쟁사 4』는 대한민국 비상경비총사령부 정보처의 발표를 인용, 1950년 6월 25~10월 31일 넉 달 남짓 동안 남쪽 민간인 106만 968명이 희생되었다고 밝혔으나, 1997년에 발간한 『한국전쟁사1』 개정판은 학살 피해자 수가 12만 936명이라고 설명한다. 1960년 4.19혁명 뒤 결성된 한국전쟁 전후 민간인희생자 전국유족회는 자체 조사를 통해 학살 피해자 수가 약 114만 명이라고 주장했지만, 5.16군사쿠데타 뒤 군이 관련 자료를 모두 수거해 가 그 근거를 확인하기는 어려운 실정이라고 한다.

한국전쟁유족회는 2017년 발행한 한국전쟁 전후 백만 민간인학살의 진실에서 1948년 제주 4.3항쟁, 여순사건 등 전쟁 전 시작된 민간인 희생자 수를 더하면, 학계에서 동의하는 100만 명이라는 주장이 지나친 것이 아님을 인정했다. 이렇듯 한국전쟁 당시 민간인희생자 수는 시기별로, 발표 주체별로 크게 차이가 난다.[21] 이는 제국과 식민지였던 국가 간에 있었던 대학살에서와 마찬가지로, 국가 안에서의 학살도 정권의 향배에 따라 진상이 묻히거나 드러나면서 차이가 생긴다. 게다가 진상을 규명하고자 하는 활동이 한시적이거나 역량의 부족으로 진실을 온전히 그리고 쉽사리 드러내기 어렵다. 진실은 항상 피해자의 편에 서서 올곧게 바라보지 않는 한 드러나지 않기 때문이다.

---

20) 〈전국기획-한국전쟁 '골령골 민간인 학살' 희생자 유족의 눈물〉, 《한겨레신문》 2023. 6. 28에서 재인용.

21) 김봉규, 〈사람아 사람아-제노사이드의 기억, 세종〉, 《한겨레신문》, 2023. 12. 13.

거주와 비참

역사의 기억에 편입될 만큼의 대학살만 비참한 것은 아니다. 규모에서 차이만 있을 뿐, 개인에게 다가오는 비참의 강도를 헤아린다면, 일상의 비참도 역사의 비참과 다를 바 없다. 역사의 비참에 이어 일상의 비참을 살펴야 하는 연유다. 그러나 일상의 비참은 지속적인 관심을 끄는 역사의 비참에 비해, 훨씬 일시적이고 표피적인 관심에 그친다. 사건이 발생하면 잠시 뉴스를 장식하다가, 어느 순간 기억의 저편으로 사라진다. 아니면 역사에서의 비참처럼, 일부러 논의를 엉뚱하게 끌고 가려는 세력에 의해 사건의 본질은 흐지부지 묻히고 만다.

그래서 역사의 비참에 비해, 일상의 비참에 대한 천착은 제대로 이루어지지 않고, 일시적인 관심을 받다 말거나 파편적인 형태로만 존재하기 십상이다. 그러나 대부분의 사람들과 달리, 일상의 비참을 흘려보내거나 파편적인 형태로 존재하는 것을 두고 보지 않는 이들도 있다. 예외적인 경우는 언제 어디서든 있게 마련이다. 프랑스의 피에르 부르디외는 자신이 기획하고 동료들과 조사하고 연구한 일상생활세계의 비참함을 『세계의 비참』[1]이라는 책자로 내놓았다.

이 책에는 일상생활에서 부딪히는 수많은 경우의 비참을, 그 당사자를 인터뷰한 내용과 분석으로 채우고 있다. 그 비참을 초래하는 몇 가

1) 피에르 부르디외 기획, 김주경 옮김, 『세계의 비참. I, II, III』, 동문선, 2002.

지 유형을 든다면, 인종 차별, 직급 차별, 남녀 차별, 고정직과 임시직 차별, 빈부격차 차별, 주거구역 차별, 정주민과 이주민 차별, 이에 따른 자녀들의 학교 폭력 등이다. 우리는 한정된 지면에서 이처럼 방대한 작업을 모두 살필 수는 없다. 우선 거주에 초점을 맞추어 그 비참의 속내를 살펴볼 수 있을 뿐이다.

거주는 집에서 이루어지는 일상생활의 가장 중요한 활동이다. 거주는 부부라는 인적 구성원이 결합하여 출산과 육아 그리고 교육을 책임짐으로써 사회의 토대를 이루고, 노동이라는 집밖의 활동을 가능하게 함으로써 거주의 물질적 수단을 마련할 뿐만 아니라, 국가 경제의 초석을 이루기 때문이다.

그러나 사적 영역의 작은 집은 공적 영역의 국가라는 큰 집의 영향을 받게 된다. 국가가 제대로 운영되지 않으면 작은 집은 흔들리며 곧 무너지게 된다. 그러면 정주민은 이주민이 되고, 이주민은 국경을 넘어 남의 나라 땅에 주거를 마련하고 노동을 하며 새로운 생활을 설계해야 한다. 당연히 어려움과 힘듦에 직면하게 된다. 나아가 비참함에 내몰리기도 한다.

우리의 해외 이주는 국내의 자연재해에 따른 대기근과 관의 수탈에 의한 빈곤 그리고 일제의 억압이 주된 원인이었다. 1863년 경흥의 13가구가 두만강을 건너기 시작한 후, 1869년 대기근으로 함경도와 평안도의 가난한 농민들 대규모가 연해주로 이주하여, 한인촌을 건설하고 학교가 세워짐으로써 정착에 들어갔다. 1927년 소련 거주 한국인 수는 공식적으로는 17만 명이었지만, 비공식적으로는 25만 명으로 추산되었다. 이를 토대로 연해주는 동포들의 생활터전이었고, 최재형의 '권업회'를 비롯한 독립운동의 산실이었다.

그러나 한편으로는 강대국의 힘에 의해 망명 민족 지도자나 소수 이민족이 당하는 고통과 시련의 현장이기도 했다. 그 대표적인 사건이 '자유시 참변'과 중앙아시아로의 강제 이주였다. 특히 강제로 중아시아로 이주당하는 우리 동포들의 입장에서는, 패망한 고국으로부터 두 번이나 이주를 겪어야 하는 참담한 사건이었다.

그 첫 번째 대규모 사건인 자유시 참변은 1921년 6월 28일에 스보보드니(러시아어로 '자유로운'이라는 뜻)에서 발생했다. 군민軍民을 가리지 않는 일본군의 무차별 학살로 만주에서의 활동이 여의치 않았던 10개 독립군 부대들이 이곳에 모여 대한독립군단을 조직했다. 러시아 적군은 대일 항쟁에서는 대한독립군단과 뜻을 같이 했지만, 통수권은 자기들이 가져야 한다며 일말의 양보도 없이 대한독립군단을 압박했다.

적군赤軍을 도와 대일 투쟁을 함으로써 자치권을 확보하려 했던 독립군단의 부대지휘자들은 이에 일치된 대응을 하지 못했다. 상해 대한민국임시정부에서도 그러했듯이, 독립군 단체들이나 부대들도 그랬듯이, 파벌을 통합하지 못한 독립군단, 특히 사회주의 계열 부대인 상하이파와 이르쿠츠파 간의 다툼이 희생을 키웠다.

자유시 수비대는 무장 해제에 불응하는 사할린의용대(대한의용군)와 대한독립군을 기관총과 장갑차와 대포로 무장하여 공격했다. 현장에서 사망 72명, 뒤쪽에 강이 있어 도망 못간 익사자 37명, 기병의 추격으로 산에서 사망한 자 200여 명, 행방불명 250명 등 총 600여 명이 사망하고, 917명이 체포되었다고 피해자 측은 주장했다.[2]

이리하여 연해주 대한독립군단은 해체되었고, 주도 조직인 김좌진이 이끄는 북로군정서는 만주로 돌아갔고, 홍범도가 이끄는 대한독립군은 러시아 적군에 소속되었다. 이런 독립운동 세력과는 별도로 연해주의 한인은 또 다른 고난에 봉착했다. 최재형의 권업회가 한인들의

2) 이상 자유시 참변에 관한 언급은, 〈위키백과〉 '자유시 참변'을 참조했음.

일상생활의 번영을 위한 표면적인 활동 외에, 이면적인 목표인 한국 독립을 위한 비밀 활동의 일환으로 건립한 '대한광복군정부'가 러시아의 탄압으로 권업회의 해체와 함께 무산되었고, 뒤이어 수차례 한인 간부들의 체포와 숙청이 이어지다가, 1937년 중앙아시아 지역으로 강제 이주가 이루어졌다.

이 강제 이주에는 세 가지 정도의 이유가 있었다고 추정된다. 스탈린이 서명한 문서에 적시된 것으로, 극동 지역에서 있을지 모르는 일본 첩자의 활동을 미연에 방지하기 위해, 연해주의 고려인들의 규모가 커져서 장차 있을지 모르는 자치 요구의 가능성을 차단할 필요에 의해, 소련의 농업 생산력 증대에 필요한 인구를 인구가 부족한 중앙아시아에 공급하기 위해가 그것이다.

어쨌든 이렇게 하여 연해주의 한인들은 시베리아 횡단철도로 중아아시아로 실려 갔다. 이들은 카자흐공화국에 20,141가구 95,427명, 우즈베키스탄공화국에 16,079가구 73,990명, 타지크공화국에 13가구 89명, 키르기즈공화국에 215가구 421명 등, 총 36,448가구 169,927명이 배치되었다. 카자흐공화국에 배치된 한인들 중 500여 가구는 이듬해 러시아공화국의 아스트라한 지역으로 재이주되었다고 한다.[3]

대체로 화물열차가 배정되었고, 협소한 공간, 미비된 시설, 부실한 식사, 불결한 위생, 식수와 의료 지원 부족 등으로 말미암아, 한 달여간의 고통스런 이동과 낯설고 힘든 정착지에서의 적응 과정에서 노약자와 병자 등의 사망자가 속출하여, 그 인원이 16,500명에서부터 50,000명, 또는 25,000명에서 30,000명 등으로 이견이 있지만, 엄청난 수의 인원이 사망에 이른 비참한 민족사의 수난이었던 것은 틀림없는 사실인 것 같다.

3) 이상 중아아시아로의 한인 강제이주에 언급은, 〈한국민족문화대백과〉 '고려인강제이주'를 참조했음.

만주 이주는 그 일부 지역인 간도로의 이주로 시작되었다. 연해주로의 이주와 마찬가지로 만주 간도로의 이주가 시작된 것은 생계를 도모하기 위한 것이었다. 연해주로 이동한 것도 처음에는 계절적 노동으로 인한 일시적이고 왕복적인 것이었듯이, 간도로의 이주도 그곳의 비옥한 빈 땅을 일구어 수확물을 획득하기 위한 일시적이고 왕복적인 농사 활동이었다.

그러다가 러시아 연해주로의 이주와 마찬가지로 일시적 생계 해결로 시작된 것이 그곳에 정착하여 농업에 종사하며 한인촌을 건설하고 교육활동과 독립운동 지원에도 힘쓰는 활동으로 이어졌다. 그러나 이들은 연해주 한인이 러시아에 고초를 겪은 것보다 더 심하게, 중국과 일본 세력 사이에 끼여 시달리기도 하고 참변을 겪기도 했다. 이러한 사정을 소설 작품에 상세하게 형상화한 것이, 안수길이 1959년부터 1967년까지 ≪사상계≫에 연재한 장편소설 『북간도』[4]다.

만주 간도의 한인이 참사를 당한 대표적인 사건은 '경신참변'이다. 기미독립운동을 계기로 상해에 대한민국임시정부가 수립되고, 만주에는 국경을 넘어온 인사들이 독립군 부대를 조직하여 항일운동과 독립전쟁을 벌이고 있었다. 국내외의 동포들이 모금한 독립 자금으로 러시아로부터 구입한 무기로 전투력이 증강된 독립군은 일제 군경과의 전투에서 전과를 올렸고, 더러 국내 진공도 가능하게 되었다.

이런 와중에 훈춘의 일본영사관을 공격한 사건이 일어났다. 이 사건의 주체가 누구냐에 대해서는 두 가지 설이 있다. 하나는 일본이 독립군 토벌작전을 펴기 위한 명분을 만들기 위해 마적을 조종해서 저질렀다는 것[5], 다른 하나는 한인 애국청년들이 독립을 쟁취하기 위한 수단으로 일으켰다는 것[6]이다. 발표의 주체에 따라 다르지만, 일본인, 중국인, 한인을 포함한 많은 인명이 살상되었고, 영사관이 불탔다.

[4] 안수길 장편소설, 『북간도 1,2』, 미래의 창, 2004.

[5] 조동걸, 「1920년 간도 참변의 실상」, 역사비평, 1998, 50쪽.

[6] 중화민국국민정부외교부 편, 박선영 옮김, 동북아역사 자료총서17, 『중일문제의 진상』, 동북아역사재단, 2009, 146-147쪽.

어느 쪽이 되었든 일본군이 그냥 있을 리는 없었을 것이다. 한국독립군에게 대한 적의를 앞세워 독립군 소탕 작전을 감행하려 했다. 그러나 일본군의 작전 감행과 거의 같은 시기에 독립군은 이미 일본군의 추격이 미치지 않는 깊은 산속이나 중국과 소련의 국경지대로 이동을 단행함으로써 일본군의 작전은 차질을 빚었다. 이에 대한 보복을 일본군은 한인에 대한 무차별 학살로 대신했다.

일본군은 한인 마을을 포위하고 습격한 뒤, 남자들을 한자리에 집결시켜 총이나 창으로 학살했고, 부녀자들을 보이는 대로 겁탈하고 살해했으며, 가축을 약탈하고 민가를 소각함으로써 마을을 폐허로 만들었다. 어떤 마을에서는 28명의 기독교인들을 세워 놓고 소총 사격 연습의 과녁으로 삼았으며, 어떤 마을에서는 30여 호의 전 주민을 몰살하거나 불타는 집 속으로 밀어 넣어 태워 죽이기도 했다.

또 어린아이를 칼로 죽이고 시체를 태웠고, 어린 소녀를 폭행하고 죽이는 등 만행을 저질렀다. 간토 조선인 대학살과 난징 중국인 대학살의 전초전이었다. 1920년 10월 9일에서 11월 5일까지 17일 동안 간도 일대에서 학살된 한인은 3,469명이었다.[7] 그렇다면 3,4개월 동안 계속된 한인 학살이 어느 정도였을지 짐작이 가는 대목이다.

일본으로의 이주는 주로 유학과 생계를 위한 노동 그리고 강제동원으로 이루어졌다. 유학생은 기미독립선언에 앞서 적지 한가운데인 도쿄에서 2.8독립선언으로 그 존재를 드러냈지만, 일제 당국이 큰 사건으로 비화되는 것을 염려해서인지, 검거와 기소 그리고 몇 개월의 투옥으로 끝냄으로써 비참한 지경에 이르지는 않았다. 그러나 생계를 위해 일본으로 간 노동자들은 앞에서 본 간토 대학살에서처럼 누구의 도움도 없이 비참하게 죽어갔다.

---

7) 만주 간도의 경신참변 또는 간도참변에 대한 언급은, 〈한국민족문화대백과〉 '경신참변'을 참조했음.

그리고 전쟁의 종식과 함께 고국으로 귀환하려던 시간에도 그 비참은, 그 동안의 고된 노동에 조금의 보상도 제공되지 않은 채, 재일조선인을 따라왔다. 광복을 맞은 지 채 열흘도 지나지 않은 1945년 8월 24일 오후 5시쯤, 이틀 전 아오모리현 오미나토 항구를 떠나 부산으로 향하던 첫 귀국선 우키시마호가, 교토부 마이즈루 항구 300미터 지점에서 천천히 멈춰 섰다.

그 배에는 조선인 강제 징용자와 가족 등 수천 명이 타고 있었는데, 대부분은 오미나토 해군 시설부 군무원 또는 노무자로, 비행장과 철도 공사장 그리고 하역 작업장 등에서 강제 노역에 동원된 사람들이었다. 배가 멈춘 뒤에 일본 해군 승무원 250명은 구명보트를 타고 탈출했고, 해군 승무원들이 거의 다 빠져나간 뒤에 폭발음이 났고, 배는 가운데서부터 꺾이면서 침몰했다. 인근 어촌 마을에서 어부들이 거룻배를 몰고 와 인명 구조에 나섰다.

살아난 사람들은 마이즈루 근처 다이라 해병단에 임시 수용되었는데, 생존자들은 이튿날 아침 마이즈루 바닷가로 가족을 찾아 나섰으나, 시신이 기름 범벅이 되어 형체를 식별하지 못했다. 일본 해군은 시신을 밧줄로 줄줄이 엮어 묶은 다음, 기름을 붓고 태워 산골짜기에 매립했다. 일본은 1945년 9월 1일 우키시마호에 승선한 조선인은 3,754명이고, 일본 해군 승무원은 255명이었으며, 조선인 524명과 일본 해군 25명 등 549명이 사망하고, 수천 명이 실종되었다고 발표했다.

이에 대해 피해자들은 조선인 승선자가 7천 명에서 1만 명이고, 사망자 수는 2천 명에 이른다고 주장했다. '재일조선인연맹'은 뒤늦게 자체 조사를 벌여, 승선자는 8천 명, 사망·실종자는 6,500명이라고 발표했다. 이 대참사에 대해 일본정부는 애초에 진상 규명을 할 생각이 없었고, 오히려 왜곡에 치중했다. 일본이 사고 원인을 미군이 설치한 기뢰에 의한 폭발이라고 공식 발표한 것으로 이를 방증한다.

그러나 생존자와 유가족 그리고 인근 사고 현장 목격자들은, 기뢰가 아닌 내부 폭발이라고 주장하며 일본의 발표가 거짓임을 입증하려고 했다. 더구나 우키시마호에 일본 해군으로 근무한 일본인은 기관실 옆 창고에 폭탄이 설치되어 있었다고 증언했고, 우키시마호가 마이르주만으로 들어갈 때 이미 기뢰 소해掃海 완료라는 신호를 받고 입항했기 때문이다. 게다가 배에는 부산으로 가는 해도도 없었고, 충분한 연료조차 싣지 않고 있었다. 배는 부산으로 향하는 항로 대신, 일본 열도 연안을 따라 남하하다가 해상에서 멈춰 섰던 것이다.

우키시마호 인양은 1950년과 1954년 두 차례에 걸쳐 이루어졌는데, 조일우호협회가 나서서 일본정부에 '유골을 원형 그대로 보존·회수할 수 있는 방법으로 인양해 달라'고 요청했지만, 일본정부는 이 요구를 묵살하고, 고철을 재활용하겠다며, 다이너마이트로 폭파한 뒤 인양했다. 그리고 그 과정에서 인양된 유골을 남녀노소 구분 없이 모두 화장해 버렸다.

그 뒤 우키시마호 희생자유족회는 일본정부를 상대로 사죄와 배상을 요구해 왔는데, 2001년 교토 지방법원은 '일본정부의 안전 배려 의무 위반'을 인정해 배상 판결을 내렸지만, 2003년 오사카 고등법원 재판에서는 1심판결이 뒤집혀 원고 패소 판결이 내려졌다. 재판부는 '우키시마호로 한국인을 수송한 것은 치안상의 이유에 의한 군사적 조치이기에 안전 운송 의무가 있다고는 할 수 없다'고 판결했다. 이 판결은 일본 대법원에서 그대로 확정됐다.

1965년의 한일협정에서는 박정희 정부가 우키시마호 침몰이 해방 후 사건이라는 이유로 제외했다. 이후 노무현 정부가 2008년 '일제강점하 강제동원 피해 진상규명위원회'에서 우키시마호 사건을 조사해 자료집 두 권을 펴냈다. 진상규명위원회는 실제 사망자 수와 관련된 승선자 규모, 폭발 원인 등 일본정부의 초기 발표를 신뢰할 수 없다고 밝혔다. 늘 그러했듯이, 일본이 사고 당시 구체적인 실태조사를 벌이지 않았고, 관련 문헌 자료도 공개하지 않고 있었기 때문이다. 향후 일본정부는 책임의식을 가지고 편승자 명부, 유골 수용 명부, 항해일지 등 문헌자료를 제시할 수 있도록 성실하게 협조하는 자세가 요구된다고 진상규명위원회는 밝혔다.

이러한 지지부진한 과정을 지켜본다는 것은 유가족에게는 고문과 진배없었다. 희생자유가족회 회장은 교토 항만청에 수중 수색을 신청해 허락을 받아, 사비로 일본 잠수 전문가들을 고용해, 선체 중심부가 가라앉았던 지역을 수색하기도 했다. 그 부분에는 뻘이 3미터 정도 쌓여 있었다고 하는데, 수중 탐사 전문가들은 뻘만 제거하면, 유품이나 유골이 화석 모양으로 남아 있을 거라고 말했다 한다.

이 수색 결과를 보고서로 만들어 이명박, 박근혜 정부 때 청와대와 국회 그리고 외교부 등에 보냈지만, 한결같이 '주일 한국 대사를 통해 알아보고 있다'는 답변만 돌아왔다고 한다. 가시적인 효과라고는 '민족화해협력범국민협의회'가 유텐사라는 절에 안치된 우키시마호 희생자 280여 위位의 유골을 국내로 봉환하여 제주도의 한 사찰로 옮긴 것 정도다.[8]

8) 우키시마호 침몰 희생과 관련된 언급은, 정희상, 〈74년 동안 가라앉은 수천 명의 죽음〉, 《시사IN》, 2019. 10. 8을 참조했음.

이와 같은 이주 외에도 일제강점기에는 본인의 의사와 관계없이 강제 동원된 조선인의 비참한 자취가 국내와 일본 그리고 동남아 등에 두루 흩어져 있다. 조선인 강제 동원 사실을 빼고 일본이 유네스코 세계유산 등재를 신청함으로써 일반인에게 알려진, '메이지일본의 산업혁명유산' 23곳에 포함된, '하시마/군함도'나 '사도광산'은 그 일부에 지나지 않는다. 그 두 곳에서조차 애초에 약속한 강제동원이나 강제노동을 반영한다는 약속을 지키지 않았는데도, 늘 그렇듯이 우리 정부는 제대로 대응을 하지 못하고 있는 것이 현실이다.

　이렇게 세월이 흐르는 동안, 일본에서, 만주에서, 연해주에서 이주민으로 살며 비참함을 이겨낸 한인 중 일부는 광복 후 고국으로 귀환했다. 일본으로부터의 귀환이 다른 두 곳과 달리 절반을 훨씬 웃돈 것은, 그들 중 다수가 강제 동원되었거나 차별을 많이 받았던 사람들이었기 때문일 것이다. 남은 사람들은 고국의 분단과 무관할 수 없어 두 쪽으로 나뉘어, 재일동포로 또는 귀화한 한국계 일본인으로 정착하여 살고 있고, 연해주에서 중앙아시아로 내몰린 이주민 한인은 정주민 고려인이 되었고, 만주에 머물던 이주민 한인은 정주민 조선족이 되었다.

　이렇게 오랜 이주의 역사를 겪으며, 이주 1세대에서 그 아래로 3, 4세대에 걸쳐 살아가는 동안, 우리는 이주의 기억을 잊은 민족이 되어갔다. 오히려 거꾸로 다른 민족이나 국가의 구성원들이 우리나라로 이주해 오는 현실을 맞게 되었다. 그 대부분은 자본의 흐름에 따라 생계 도모를 위해 들어오는 이주민이지만, 드물게는 자국의 내전을 피해 들어온 난민難民의 경우도 있었다.

　이와 달리 중동에는 석유 자원을 둘러싼 강대국의 탐욕으로 대리전 양상을 띤 전쟁과, 민족과 종교 갈등으로 빚어지는 내전으로 말미암아, 수많은 난민이 발생해 유럽 각지를 향해 떠돌며 정착할 곳을 찾는 바람에, 혼란과 비참이 가중되고 있다. 제국은 식민지에서 물러나지만, 이미 내전의 씨앗이 뿌려진 상태이고, 그 씨앗은 자라서 내전 격화로 불이 붙었고, 그 내전의 와중에서 목숨을 구하고자 국경을 넘는 난민은, 삶을 찾아가는 길이 곧 죽음에 이르는 길이 되는 경우가 허다해졌다.

우리의 경우 이주민의 길을 연 쪽은 연변 자치주의 조선족이었다. 이들도 옛날 만주 간도의 비옥한 땅을 찾았던 함경도와 평안도의 조선과 일제강점기의 농민처럼, 물자와 돈이 그들 땅보다 풍부한 한국을 찾아들었다. 달라진 것은 그들이 옛날의 농민과 달리 상인이었다는 점이다. 그들은 중국의 국민군과 공산군의 내전을 피해 우리나라로 온 화교와 달리 쉽사리 이 땅에 뿌리를 내리려고 하지는 않았다. 이미 만주에 뿌리를 내린 세월이 길었기 때문이었을 것이다.

그러나 조선족 3세대들은 조선학교에서 한국어를 배운데다, 한중수교 이후 그곳 인근 지역 대도시에 진출한 한국기업에 일할 수 있는 새로운 기회도 생겼다. 그곳의 한국 제조업 기업이 철수하거나 동남아 지역으로 이전하자, 그들은 다시 한국으로 들어와 육체노동에 이어 돈을 모아 가게를 열고 사업을 시작해 중산층이 되기도 했다. 1세대들이 했던 보따리상이 아니라, 가게와 점포를 가진 주인이 되어 달라진 면모를 보이고 있는 것이다. 옛날 화교처럼 이들은 이주에서 정주로 옮겨갈 가능성이 커지고 있다.

우리의 산업 발전에 따른 이촌향도에 따라 농촌은, 자식 세대가 떠난 농토를 지키다 사라져 가고, 농가는 폐가가 점점 늘어가는 형편이다. 농사 일손이 부족한 농촌에는 베트남과 필리핀 등 동남아시아와 중앙아시아 이주 노동자들이 채우고 있다. 이제 농촌은 그들 없이 농사짓기가 불가능한 정도가 되었다. 그 외에도 공장이나 항구의 힘든 일자리를 그들이 채우고 있다. 이들은 일자리에서뿐 아니라 숙소에서도 열악한 상태에 놓여 있다.

숙소는 농촌이 더 열악하다. 2020년 12월 20일, 경기도 포천시 일동면의 한 농장 숙소에서 캄보디아 출신 이주노동자 속헹(31세)이 숨진 채 발견됐다. 그는 비닐하우스 안 조립식 건물에서 다른 노동자 5명과 함께 살고 있었다. 영하 16.1도까지 떨어져 한파 경보가 내려진 날, 속헹은 난방기가 고장 난 숙소에서 피를 토한 채 싸늘한 주검으로 발견됐다. 한국에 온 지 4년 8개월, 귀국을 3주 앞둔 날이었다.

속헹의 사망일로부터 보름도 더 지난 2021년 1월 6일, 고용노동부가 대책이라고 내놓은 것은, 가설건축물을 숙소로 제공하는 사업주에게는 외국인 노동자 고용을 허가하지 않기로 한 것이다. 거기에다 예외조항을 달았다. 사업주가 지방자치단체로부터 이주노동자 가설건축물 축조 신고필증을 받으면, 가설건축물을 숙소로 써도 고용허가를 받을 수 있게 해준 것이다.

이주노동자 관련 단체들은 이 예외조항 때문에 비닐하우스 가설건축물 숙소 문제가 여전히 해결될 수 없다고 주장한다. 건축법상 축조신고필증은 몇 가지 요건만 갖추면 발급받을 수 있기 때문에, 그 사건이 있은 후, 2021년부터 3년 동안 전국 지방자치단체에 접수된 가설건축물 외국인 임시숙소 또는 외국인노동자 숙소 사용 신고 82건이 모두 수리됐다.

현해법상 가설건축물은 신고필증이 있어도 임시숙소로만 이용할 수 있고, 상시숙소로는 쓸 수 없다. 그러나 컨테이너, 조립식 패널, 비닐하우스 등을 기숙사로 쓰는 사례는 부지기수다. 게다가 사업주는 숙소를 제공하며 숙식비를 미리 공제하기도 한다. 속헹의 비닐하우스 안 조립식 건물 숙소가 대부분의 이주노동자가 마주하는 현실이라는 지적이 여전하다.

약간의 변화가 없는 것은 아니다. 이주노동자 숙소 관련 정부 지침이 강화되자, 일부 사업주는 가설건축물 대신 원룸이나 빌라 또는 아파트 등을 숙소로 제공하는가 하면, 농림축산식품부가 2021년부터 농촌 빈

집이나 이동식 조립주택을 고쳐 이주노동자 숙소로 사용하려는 농가에 비용 일부를 지원하는 사업을 시작했고, 사업주가 숙소를 제공해도 무료인 것은 아니므로 이주노동자들이 저희들끼리 아예 다른 숙소를 구해 사는 경우도 많아졌다.[9]

한국에 체류하는 이주민은 2022년 11월 기준 225만 8,248명이다. 이주노동자, 결혼이민자, 유학생, 외국국적동포, 귀화자, 이주민자녀 등을 포함한 숫자다. 충청남도 인구(219만 3천 명)를 웃돈다. 그러나 인구 대비 비율은 4.4%로, 경제협력개발기구 회원국 평균인 14%에 한참 미치지 못한다.

이주민들은 일자리가 많거나 출신 나라별로 네트워크가 형성된 수도권 지역을 중심으로 모여 살지만, 점차 변방 지역으로 퍼져나가는 추세에 있다. 비수도권 지역에 이주민 비율이 늘어나는 이유는 지방 소멸과 인구 절벽으로 인한 일손 부족 때문이다.[10] 국내 인구의 수도권 쏠림이 가속화하는 사이, 이주민이 지방의 빈자리를 채우고 있는 셈이다.

농촌지역에서는 이주노동자 없이는 농사를 짓지 못한다는 말이 나온 지 꽤 되었다. 이는 어촌 지역도 마찬가지다. 농어촌을 가보면 금방 확인할 수 있는 사실이다. 항구의 수산 냉동 창고에서 얼음을 배에 싣고 있는 젊은이도 이주노동자이고, 바닷가 마을에서 오징어를 틀에 널고 있는 여성도 이주노동자이며, 상추밭에서 상추를 솎아 종이상자에 넣으며 자기들끼리 얘기를 나누는 여자들도 이주노동자이고, 밭에 심을 종자 마늘을 농가 앞 대문간에서 다듬고 있는 한 떼의 인부들도 이주노동자들이다.

이주노동자들에 비하면 실향민이나 난민들이 훨씬 더 비참한 상황

9) 속행의 죽음 이하 농촌 불법가설건축물에 대한 언급은, 최예린, 〈우리 안의 세계화 '이주민': 2. 우리 할 말 있습니다. 2) 주거, 불법 가설건축물 열악한 환경〉, 《한겨레신문》 창간 기획, 2024. 5. 30에 의거했음.

10) 이주민 수와 비율 그리고 실태에 대한 언급은, 이지혜, 〈우리 안의 세계화 '이주민': 2) 어디에 얼마만큼 모여 사나―이주민 16년 새 4배…인구 빠져나간 지방에 '새로운 이웃으로'〉, 《한겨레신문》 창간 기획, 2024. 6. 17에 의거했음.

에 처해진다. 실향민이나 난민이 되는 사정은 나라에 따라 조금씩 다르지만, 그들이 어려움을 겪는 점에서는 다르지 않다. 경제난을 겪다 생계를 도모하기 위해 고향을 떠나 실향민이 되어 떠돌기도 하고, 마약이나 범죄 조직의 무장 충돌의 폭력을 피해 살던 곳을 떠나기도 하고, 내전이나 쿠데타로 인해 삶의 터전을 잃고 피난민으로 떠돌기도 한다.

이들 중 상당수는 안주할 곳을 찾기도 전 도중에 생목숨을 잃기도 한다. 그러한 곳 중의 하나인 지중해에는 타고 가던 배가 전복되어 익사한 수많은 난민들의 외로운 영혼이 떠돌고 있을 것이다. 가까이로는 난민이 우리와 무관한 존재가 아님을 입증이라도 하듯이, 2018년 예맨 난민 560명이 제주도로 들어왔고, 2019년 11월 17일 저녁에는 후티 반군이 한국 선박 한 척을 나포한 사건이 발생하기도 했다.

예멘은 내전 중 민간인이 1만 명 이상 숨졌고, 그 중 1천 명은 어린이였다. 또한 내전 중에 콜레라 등 전염병이 발생했지만, 의료기관과 체계가 붕괴되어 확산을 막지 못했다. 내전이 길어지면서 520만 명의 아이들이 기아 위기를 겪고 있고, 최소 12만 1천 명에 이르는 이재민이 발생했다. 이러한 상황에서 예멘에서 버틸 수 없는 사람들은 난민이 되어, 다른 중동권 국가나 북아프리카 지역으로 갔고, 일부는 말레이시아, 인도네시아, 유럽권, 호주로 멀리 떠났고, 급기야는 더 멀리 우리 제주도에까지 이르게 된 것이다.[11]

이런 내전이 종식되지 못하는 근본 이유 중 하나는, 내전이 정부군과 반군의 단선적 싸움이 아니라는 데에 있다. 내전은 촉발되고 나면 늘 그렇듯이, 이해관계를 둘러싸고 다른 여러 나라들이 개입하면서 복합적인 전쟁의 양상을 띠며 확산되고 길어진다. 시리아 내전도 이런 양상을 그대로 띠고 있다. 시리아내전이 일어난 지 13년이 지나면서, 전쟁은 정부군, 반군, 지역 민병대, 극단주의 단체 등이 복합적으로 얽혀

11) 예멘내전에 대한 언급은, 〈나무위키〉 '예멘내전'을 참조했음.

확산되었고, 국제 강대국과 지역 강대국인 미국과 러시아, 이란과 튀르키에 등 외부세력의 다양한 이해관계의 개입으로 세계에서 유례없는 복잡하고 국제적인 양상을 띠게 되었다.

내전으로 시리아 국민 약 50만 명이 사망하고, 1,200만 명 이상이 고향을 떠난 난민이 되어 타국으로 떠났으며, 빈곤과 기아가 만연하는 비참한 상태가 되었다. 2024년 12월 8일에 반군이 다마스쿠스를 장악하고 아사드 정권을 축출하면서 내전이 일단 종식되었지만, 내전 동안 찢어지고 부서진 파편을 거두고 새롭고 안정된 초석을 세우는 데는 힘난한 도정이 기다리고 있을 것이다.[12]

이러한 난민을 대하는 자세에서 모범을 보이는 나라는 독일이다. 그래서 많은 난민들이 독일을 최종적인 정착지로 삼는다. 유럽의회 순회의장국이었던 독일은 이주민을 수용하는 태도에서 배타적이지 않았다. 독일 시민들은 더 많은 난민을 수용하라고 정부에 촉구하며, 수도 베를린과 쾰른, 뮌헨, 라이프치히 등 독일 40여 개 도시에서 대규모 시위를 벌이기도 했다.

독일 국민들이 다른 유럽 국가들과 달리 난민 수용에 우호적인 이유는, 2015~2016년의 경험이 자리 잡고 있기 때문이다. 당시 독일은 앙겔라 메르켈 총리의 정치적 결단으로 100만 명의 시리아 난민을 수용했다. 난민과 이주민에 대한 폭력과 테러로 위기의 순간이 있었지만, 메르켈 총리는 일관된 난민 수용 정책을 유지했다. 난민들은 독일 사회에 안정적으로 정착했고, 국가 재정도 건전성을 유지했다. 이를 바탕으로 독일에는 난민 수용에 대한 자신감과 긍정적인 여론이 형성되어 있다[13]고 한다. 물론 이러한 여론이 정권의 향배에 따라 달라질 수도 있겠지만.

12) 시리아내전에 대한 언급은, 〈위키백과〉 '시리아내전'을 참조했음.

13) 독일의 난민 수용에 대한 언급은, 최현준의 DB-deep, 〈4750킬로미터를 뚫고 왔는데…'유럽 방패'에 막힌 아프간 난민들〉, 《한겨레신문》 국제, 2020. 9. 24에 의거했음.

거주의 비참은 지금까지 본 것에서처럼, 제국의 전쟁이나 그로 인한 후유증으로서의 내전과 같은 거창한 사건에 의해서만 발생하는 것은 아니다. 국내에서 그것도 공권력을 등에 업고 공공연하지만 일반인에게는 잘 알려지지 않은 상태로 이루어지는 경우도 있다. 선감학원이나 형제복지원 같은 부랑아수용시설에서 저질러진 비참한 거주가 대표적이다.

그러나 이러한 시설 수용에 따른 거주의 비참을 따지고 올라가 보면, 그 역사는 오랜 뿌리를 가지고 있다. 그것은 종교인류학의 문을 연 제임스 조지 프레이저의 『황금가지』[14]에 닿아 있다. 그의 저술에 의하면, 오랜 옛날 왕과 나라가 동일시되던 시절에, 나라에 기근이 들고 질병이 만연하여 나라가 쇠잔해지면, 그 원인을 왕의 노쇠에서 찾게 되었고, 왕위를 이어받을 젊은이가 노쇠한 왕을 죽여 희생 제물로 바쳐 나라를 쇄신함으로써, 나라에 닥친 재앙을 해결하는 책략으로 삼았다고 한다.

14) 제임스 조지 프레이저 저, 장병길 역, 『황금가지 Ⅰ, Ⅱ』, 삼성출판사, 1977.

현대에 들어와서도 이런 종교인류학적 관념을 영화 제작에 적용한 감독도 있었다. 『대부』라는 영화로 우리에게 알려진 프란시스 포드 코폴라가 제작하여 1979년에 개봉한 『지옥의 묵시록』(원제: 현대 묵시록)이 바로 그러한 영화다. 이 영화는 조셉 콘래드의 『어둠의 심연』을 각색한 것으로 알려져 있는데, 그 심층구조에 황금가지가 들어 있다는 것은 그다지 널리 알려져 있지 않은 것 같다. 옛날 노쇠한 왕의 역할을 한 커츠 대령이 『황금가지』라는 책을 보고 있었는데도 말이다.

커츠 대령은 베트남전에 참가한 장교이지만, 자신의 부대를 이탈하여 내륙 깊숙이 들어가 자신만의 왕국을 건설해 왕이 되어 있다. 미군의 입장에서 볼 때, 커츠 대령은 그가 속한 미군의 사기와 힘을 약화시키는 노쇠한 왕이다. 그래서 미군에서는 군의 사기를 쇄신하고 진작하기 위해 젊은 군인 윌라드 대위를 파견하여, 노쇠한 왕 커츠 대령을 암살하라는 임무를 부여한다.

현대의 부랑아 시설도 이러한 쇄신책의 일환으로 이용된다. 대체로 불의한 쿠데타로 권력을 탈취한 군인정권이 국민의 환심을 사서 정권을 정당화하기 위한 수단으로 그렇게 했다. 다만 옛날의 희생제의가 국가 갱신을 위해 주체 스스로를 희생했다면, 현대의 부랑아 시설은, 불의한 정권이 스스로를 희생함으로써 국가와 사회를 정화하는 것이 아니라, 애매한 객체인 부랑아를 집에서 또는 거리에서 잡아가 가두어, 사회를 정화한다고 법석을 떨었다는 점이 다르다.

선감학원은 일제강점기인 1941년 10월에 설립되어 1982년까지 40년 동안 운영된 부랑아 시설이었다. 경기도 안산시 단원구 선감동의 선감도에서 아동 200여 명을 수용해 시작한 선감학원은 경기도로 이관하여 폐쇄할 때까지 5,000명이 넘는 아동들을 수용했는데, 원아대장에 기록되어 확인된 아이들만 4,689명이었다. 부모가 버젓이 있는 아이들도 잡혀 왔는데, 보도연맹에서도 그러했듯이, 실무자에 이르면 배당 인원이 적시되고, 그에 따라 실적 채우기에 급급했기에 일어난 일이었다.

아이들은 시설에 구금된 채, 강제노역, 폭행, 가혹행위, 성폭력에 노출되어 있었다. 염전이나 축사, 잠실이나 논밭에 나가 중노동을 감수했지만, 대가는 없었고 식사마저 제대로 제공되지 않아, 아이들은 쥐를 잡아먹거나 땅을 파서 흙속의 굼벵이를 잡아먹기도 했다. 숙소는 협소하고 과밀하여 몸을 제대로 눕히기도 힘들었다.

학대와 배고픔의 고통을 견디지 못한 아이들은 밤을 틈타 탈출을 시도했지만, 밀려오는 파도에 떠밀려 익사자가 속출했다. 시신은 남은 아이들이 근처 야산에 묻었는데, 생존자의 말로는 수백 명이 될 것이라고 증언했다. 그러나 학원 내부 자료에 공식 확인된 사망자는 29명뿐이었다. 진실·화해를 위한 과거사정리위원회는 150여구가 매장된 것으로 추정되는 선감묘역에서 유해 발굴 작업을 진행했다.

생존자 중 한사람은 눈물 젖은 목소리로 이렇게 전한다. "내 손으로 친구와 동생 또래 5명을 이곳 매장터에 묻었습니다. 탈출하다가 물에 빠져 죽은 친구들이었어요. 새벽에 떠내려 온 친구의 팔과 얼굴에 소라가 들러 붙어있어, 그걸 떼어내니 빨갛게 부어오른 모습이 아직도 떠오릅니다."[15]

형제복지원은 1975년부터 1987년까지 부산시 북구 주례동에 있었던 강제수용소로, 수용 가능 인원이 3,146명이나 되며, 12년 동안 2만여 명이 입소한, 우리나라 최대의 강제 수용시설이었다. 원장인 박인근은 부산시 남구 감만동에 1960년 소규모 육아시설인 형제육아원을 설립한 후, 1970년 사회복지법인형제원으로 이름을 변경했다. 1975년 정부가 내무부 훈령으로 '부랑인의 신고, 단속, 수용, 보호와 귀향 및 사후 관리에 관한 업무처리 지침'을 발표하며 조직적인 부랑인 수용이 시작되자, 형제복지원은 부산시와 부랑인 수용업무 위탁계약을 체결했다. 이후 1986년 아시안 게임과 1988년 하계 올림픽을 앞두고 대대적인 부랑인 단속에 나서면서 수용자들이 늘어나게 되었다.

부산시는 내무부의 관련 훈령이 제정되기도 전에 형제복지원과 위탁계약을 체결함으로써, 아무런 법적 근거 없이 인신을 구속하고 감금하는 성격의 일을 민간에 위탁하는 불법을 저질렀고, 초법적인 부랑인 단속 정책을 일선 현장에서 집행하는 공권력도 비리로 물들어, 1985~1986년 동안은 부산 경찰 절반이 무차별적인 부랑아와 부랑인 단속에 참여했다는 사실이 밝혀지기도 했다. 이 과정에서 구류 또는 과태료 처분으로 끝내야 할 경범죄 위반자들조차 대거 형제복지원에 인계했다고도 한다.

---

15) 선감학원 실태에 대한 언급은, 정희상, 〈조심스레 흙을 파내자 치아 68개가 나왔다〉, 《시사IN》, 2022. 11. 8, 김봉규, 〈사람아 사람아-제노사이드의 기억: 경기도 안산〉, 《한겨레신문》, 2024. 1. 10에 의거했음.

형제복지원은 강제 입소로 들어온 수용자들을 군대조직처럼, 원장 아래 중대장과 소대장을 두고, 수용자들을 총 48개 소대로 나누어 운영했다. 형제복지원 왕국을 꾸린 원장에게 원생들은 노예이자 축재의 원천이었다. 국고지원금 11억 4,254만 원을 횡령한 것은 말할 것도 없고, 감독관청의 행정지도의 부재 아래, 강제 노역과 임금 착취, 빈번한 (성)폭행과 그에 따른 사망과 사체 처리 등 가혹한 짓을 저질렀고, 가혹행위에 반항하는 이들은 원장의 처가 운영하는 형제정신요양원의 정신병동에 보내기도 했다.

형제복지원 수용 도중 사망한 자의 수는 공식적으로 552명으로 알려졌으나, 진실화해위가 조사한 바로는 100여 명이 더 많은 657명이었다. 생존자 중 한 명인 한종선은 광주시 북구 두암동의 한 건물 지하실에 부산시 북구 주례동의 형제복지원을 재현했다. 비록 축소 모형이지만, 마치 세밀화를 그리듯이 형제복지원에서 있었던 참혹하고 잔인한 장면들을 복원했다.[16]

거기에는 자신과 누나 그리고 그들을 구하지 못하고 정신병원에서 코로나 바이러스에 눈을 감은 아버지 등 공권력에 의해 해체된 가족을 복원했을 뿐만 아니라, 그를 포함한 모든 원생들이 겪었던 참상을 낱낱이 복원해냈다. 그는 왜 이러한 '건축투쟁'에 몰두했을까. 여느 사람이라면 생각하기도 싫은 그 참혹했던 현장을 떠올려 곱씹으며 몰입했을까. 비참의 경험은 트라우마가 그렇듯이, 잊히는 것이 아니다. 그것은 가라앉아 잠복된 형태로 존재한다. 아마 그는 자신 안에 들어 있는 비참한 경험을 밖으로 끄집어내고 객관화하여 응시함으로써만 그 상처를 극복할 수 있을 뿐이라고 여겼을 것이다.

16) 형제복지원 실태에 관한 언급은, 정희상, 〈형제복지원 사망자 100여 명 더 있었다〉, 《한겨레신문》, 2022. 9. 6, 〈위키백과〉 '형제복지원', 이문영, 〈형제복지원 한종선의 '건축 투쟁'〉, 《한겨레신문》, 2024. 3. 2를 참조했음.

노동과 비참

노동은 거주를 가능하게 한다. 거주는 부부의 결혼, 출산, 육아, 교육을 포함한다. 특히 교육은 노동을 위한 준비활동으로 간주된다. 그리고 교육의 연한은 노동 성격에 결정적 영향을 미칠 뿐만 아니라, 승진에서도 고려되는 주요 항목 중에 하나다. 뿐만 아니라 교육 연한이 짧을수록 노동의 보수가 박하고, 어렵고 위험한 작업에 투입되기도 한다. 그래서 거주의 많은 비용이 교육 활동에 할당된다.

교육에서 노동으로 진입하는 문턱에 있는 것이 현장실습이다. 일반계 고등학교 상급반 학생들이 대학에 진학하기 위한 입시 공부에 주력하고 있을 때, 실업계/전문계/특성화 고등학교 학생들은 현장실습에 들어간다. 그러나 실습현장은 밖에서 보는 것과는 달리, 학생의 전공과 무관한 현장에 배치되는 경우가 허다하다. 2012년 한국직업능력개발원이 조사한 바에 따르면, 현장실습 중 전공 분야에 배치된 학생은 30%에도 미치지 못했다.

책임과 관리 감독 소재가 불분명한 상황에서, 학교는 조기취업과 취업률 높이기에만 급급하고, 학생들은 실습 기간에 적기는 하지만 임금을 받기 때문에 큰 불만이 없고, 실습 업체는 값싼 임금 노동자로 학생을 부릴 수 있기 때문에 실습을 마다하지 않는다. 교육부는 실습생의 내실 있는 실습과 업체 감독에는 소홀하지만, 시도 교육청 평가지표에 취업률과 관련된 지표를 반영하는 데는 소홀히 하지 않는다.

이렇게 실습 관련자들의 부실한 운영 아래 있는 실습 현장에 사고가 일어나지 않기를 기대하는 것은 염치없는 일이다. 이런 연유로 실습 현장은 실습 현장이 아니라 사고 현장이 되기도 한다. 연이어 일어나는 실습생의 사고가 이를 방증한다. 사고를 당한 학생은 교육의 문턱을 넘어 노동의 현장에 온전히 진입하기도 전에, 주거와 노동 사이에서 힘들어 하다 결국 사라지기도 하는 것이다.

이는 노동에서 거주로 힘겹게 이동하려던 젊은이들이 전세 사기에 걸려, 그동안 노동으로 모은 돈인 전세보증금을 돌려받지 못해 힘든 상황에 내몰려 고통 받다가 자살로 삶을 마감하는 것, 노동에서 거주로의 문턱을 넘지 못하는 것의 예비 단계일 수도 있다. 탐욕은 타인의 고통, 생명도 짓밟을 수 있는 잔인한 도구이다. 경제 사범은 달리 보면 간접살인범인데, 우리의 법체계는 이들에게 너무 관대한 편이다.

2005년 전남 여수의 엘리베이터 정비업체에서 안전장비 없이 일하던 현장실습생이 엘리베이터에서 추락해 숨졌다. 실습 전에 안전교육이 없었다는 것이 밝혀졌다. 2011년 12월 광주 기아자동차 생산 공장에서 주당 70시간 이상 일했던 실습생이 뇌출혈로 쓰러졌다. 자동차 디자인을 전공했지만, 현장에서 자동차 페인트칠 업무를 맡아 주야 맞교대로 일했다.

2012년 12월 울산 신항만에서 작업선이 전복되어 현장실습 중이던 특성화고 학생이 사망했다. 2014년 1월 CJ 진천공장 현장실습 중 얼차려를 비롯한 폭행 등에 시달리던 마이스터고 학생이 자살했다. 2014년 2월 울산 현대자동차 협력업체에서 현장실습 중이던 특성화고 학생이 폭설로 쌓인 눈에 지붕이 무너지면서 숨졌다. 2017년 1월 전북 전주의

한 통신사 고객센터 해지방어 부서에서 실적 압박으로 힘들어 하던 특성화고 학생이 자살했다. 그는 애완동물을 전공한 학생이었다. 2017년 11월 9일 제주도 구좌읍의 한 음료 제조업체 공장에서 특성화고 실습생이 압착기에 눌려 부상을 입고 병원으로 이송된 지 열흘 만에 숨졌다. 그는 원예를 전공한 학생이었고, 그 업체는 산업안전보건 기준 513개, 근로감독 기준 167개를 위반한 업체였다.

현장실습을 마치고 취업을 한다고 해서 안전한 삶이 보장되는 것은 아니다. 2016년 경기도 분당의 한 외식업체에 현장실습을 나갔다가 취업한 졸업생이 상사의 괴롭힘 등으로 자살했다. 같은 달 현장실습을 나갔다가 서울메트로 하청업체에 취업한 특성화고 졸업생이 구의역에서 스크린도어를 수리하다가 사망했다.[1] 학생들이 실습을 나간 현장이 조기 취업의 형태로서, 저렴한 실습비가 값싼 임금으로, 실습시간이 장시간 노동으로 변질되고, 표준협약서와 근로기준법이 명목으로만 존재한다면, 현장실습을 나가든 취업을 하든 달라지는 것은 없을 것이다.

취업을 하면 실질적인 노동에 진입하는 것이고, 거기에는 현장실습보다 더 열악한 노동여건이 기다리고 있다. 이러한 열악한 노동 여건은 어제 오늘의 일이 아니다. 일제강점기와 우리나라의 산업 근대화 시절부터 있어온 것이다. 일제강점기 철도 공사장이나 근대화의 동맥이라는 고속도로 건설 현장, 조선소의 대형 선박 건조 현장에는 '국가' 또는 '조국근대화'를 내세운 깃발 아래 '개인의 생명'이 초개같이 스러지곤 하는 현장이기도 했다.

그로부터 많은 시간이 흘렀지만 지금도, 돈이 귀중한 것만큼 사람의 목숨이 귀한 대접을 받지는 못하고 있다. 1987년 12월 충남 서산의 중학교 3학년 학생이었던 문송면은, 야간 공고 진학을 위해 서울로 올라

---

1) 특성화고 학생들의 현장실습에 관한 언급은, 임지영, 〈학생들이 자꾸 죽는데 취업률만 높이라니〉, 《시사IN》, 2017. 12. 9, 전혜원, 〈모든 것을 맡겨 놓고 아무것도 책임지지 않았다〉, 《시사IN》, 2017. 12. 9, 이수정, 〈언제까지 '운'에 맡길 겁니까〉, 《시사IN》, 2018. 12. 4를 참조했음.

왔다. 낮에 일하기 위해 취업한 협성계공(주)은 압력계와 온도계를 제작하는 업체였다. 도장실에서 압력계 커버에 페인트를 칠하거나 시너를 이용해 세척하는 보조 업무를 맡았다가, 온도계 팀으로 이동하여 온도계에 수은을 주입하는 업무를 했다. 다시 압력계 부서로 돌아갔지만, 불면증, 두통, 식욕감퇴 증상이 나타나 동네 의원에서 감기 치료를 받았지만 증상은 나아지지 않았다.

병명도 모른 채 고통을 겪다가 수은 중독 진단을 받은 것은 두 달 뒤였다. 그리고 채 4개월이 지나지 않아 15세 소년은 생명을 잃었다. 가족은 회사에 산재 처리를 요구했지만, 회사가 거부하는 바람에, 구로노동상담소의 도움을 받아 언론에 기사화되어 일반에 알려졌다.[2] 자본의 원시 축적기 또는 본원 축적기에는 영국이나 미국 등 어느 나라를 막론하고 아동노동이 일반적이었다.

런던에서는 공장주와 브로커와 빈민수용소가 연계되어, 빈민의 아이들은 쉽게 공장으로 내몰렸다. 아이들이 들어간 곳은 주로 방직, 자수, 잡화 공장 등이었다. 1788년 랭카셔에서 남자노동자가 26,000명이고, 여자노동자가 31,000명이었던데 비해, 아동노동자는 35,000명이었고, 대부분이 10세 이하였다.[3] 아동노동이 이렇게 많은 부분을 차지하는 것은, 아이들이 임금이 싸고 순종적이기 때문이었다. 아동노동이 금지되면 이윤율 계산을 염두에 둔 시선은 여성으로, 다음은 이주노동자로 옮아갈 것이다.

1905년의 미국에서 아동노동이 행해지던 대표적인 현장은 석탄광산, 유리공장, 기계조립공장, 직물공장 등이었는데, 아이들은 13세부터 일할 수 있었다. 영국 랭카셔의 아동노동에서 100여 년이 지난 후, 미국의 펜실베이니아 주에서 아동노동을 규제하는 위원회에서 아동노동에 대해 논의하는 수준은, 주간작업은 14세로, 야간작업은 16세로

2) 문송면의 수은 중독 산재사망은, 김명희, 〈노동자의 시간은 느리게 흘렀다〉, 《시사IN》, 2023. 10. 24를 참조했음.

3) 에두아르트 푹스 지음, 박종만 옮김, 『풍속의 역사 I』, 까치, 1988, 189쪽.

최소 연령을 상향 조정하자는 정도였다.[4]

　이러한 미국에서 아동노동에 관한 규제가 논의된 후 80여년이 지난 후, 한국 서울의 온도계 제작회사에서 15세 소년이 수은중독으로 짧은 생을 마감한 것이다. 그러나 취업으로 인한 직업병과 그로 인한 산재사망은 산업의 발전에 따라 사라지거나 약화되는 것은 아니다. 기업의 지상 목표가 이윤율 제고에 있는 한, 노동자의 보호와 안전에 들어가는 비용을 절감하거나 무시하게 되고, 그러면 노동자는 언제든 질병과 죽음에 노출될 수밖에 없기 때문이다.

　경기도 남양주시에 있던 원진레이온은 레이온사(인조비단실) 생산업체로, 한때 3,000명 노동자가 일할 정도로 큰 업체였다. 이 업체 공장에서 사용하던 이황화탄소는 무색·무취의 독성 물질로서, 혈관과 신경을 공격해 여러 증상이 나타나고, 대량 노출되면 사망에 이르기도 한다. 1988년 7월, 원진레이온 직업병 실태가 언론을 통해 세상에 알려졌다.

　당시 원진레이온은 산업은행의 법정관리 상태였다. 군 장성 출신이 사장과 감사 등을 맡고 있어, 이 공장에서의 직업병 싸움은 정부를 상대로 한 싸움과 다를 바 없었다. 이 투쟁을 함께 한 원진직업병관리재단에 따르면, 직업병 피해자 중에서 확인된 사람이 950명이었고, 사망자가 245명이 이르렀다. 단일 사업장에서는 유례가 없을 정도로 많은 노동자가 이황화탄소 직업병으로 고통을 받았다.

　1993년 원진레이온이 폐업했지만, 직업병 피해자가 계속 나타났고, 직업병 싸움은 1997년 4월까지 이어졌다. 그 결과 원진직업병관리재단과 부설 병원, 경기도 구리시의 원진녹색병원, 서울의 녹색병원이 세워졌고, 보건의료원들이 산재직업병 문제 해결에 적극적으로 동참

---

[4] 김라합 옮김, 『스콧 니어링 자서전』, 실천문학사, 2000, 106–107쪽.

하는 분위기가 만들어졌으며, 한국 사회가 노동자들의 건강과 직업병 문제에 관심을 갖도록 하는 계기가 되었다.5)

삼성전자와 엘지전자 휴대전화에 들어가는 부품을 생산하는, 인천과 부천 지역의 업체에서 청년 노동자들이 잇달아 눈이 보이지 않고 의식이 저하되는 증상을 경험했다. 이들의 공정에는 알루미늄 부품의 절삭과 가공이 포함되어 있었고, 세척 과정에는 메탄올 분사가 있었으며, 남은 메탄올 제거를 위한 에어건 사용도 있었다.

메탄올은 산업안전보건법상 관리 대상 유해물질로 분류되어, 6개월마다 작업환경 측정, 12개월마다 작업자의 특수건강검진을 시행해야 한다. 그래서 메탄올 대신 에탄올 같은 대체물질 사용이 권고된다. 그러나 에탄올 가격이 메탄올의 3배나 되어, 이 권고가 실효성이 있었을지 의심된다. 게다가 노동부의 현장 근로 감독 결과, 회사는 안전교육은 말할 것도 없고, 장갑, 마스크 같은 기본 보호 장비도 지급하지 않았다는 사실이 드러났다.

메탄올이 노동자의 눈과 피부에 직접 닿았고, 대기 중의 유증기/기름 섞인 공기에도 많이 남아 있었으며, 환기마저 제대로 되지 않았다. 안전보건공단 부천지사의 조사 결과로 중독이 확인되고 난 며칠 뒤에도 대기 중 메탄올 농도는 기준의 10배에 달했다. 첫 번째 피해자는 2016년 1월 15일 야간조 근무 중에 증상을 느끼고 1월 16일 오전 퇴근 후 병원 응급실을 찾았고, 1월 22일 메탄올 중독이 확인되어 의사가 노동부에 재해 신고를 했으며, 1월 25일 노동부의 현장 근로 감독이 이루어졌다.

2016년 가을까지 피해자가 6명으로 확인되었지만, 나머지 피해자를 확인하는 것은 힘들어졌다. 추가 피해를 막고 숨겨진 피해자를 찾아야 한다는 시민사회의 요구는 이루어지지 않았다. 메탄올에 중독된 여섯

---

5) 원진레이온 직업병 실태에 대한 언급은, 차형석, 〈원장실은 지하 2층에 재활치료실은 7층에〉, ≪시사IN≫, 2020. 12. 15에 의거했음.

명은 실명했고, 2017년 10월에 이루어진 재판에서, 사용사업주 3명과 고용사업주 5명은 모두 집행유예나 벌금형을 선고받았다. 1,2차 원청 회사와 삼성전자는 아무 책임도 지지 않았다.[6] 위험과 책임의 외주화와 개인화가 거의 완벽하게 실현된 것이다.

특히 전자기기가 우리 일상의 곳곳에 배치되고 개인의 휴대가 늘면서, 반도체 생산 공장에서 일하는 여성들의 직업병도 늘어나고 있다. 2003년 입사하여 삼성 기흥공장에서 1년 8개월을 근무하며 반도체 세정 작업을 하던 황유미는 2005년 6월 급성백혈병 진단을 받았고, 2007년 3월 스무 살의 나이로 세상을 떠났다. 같은 라인에서 일하던 이숙영은 2006년 백혈병 진단을 받았고, 같은 해 서른 살 나이로 숨졌다. 얼마나 더 많은 노동자가 희생되었는지는 제대로 알 수가 없다. 자체 조사를 통해 공장의 안전성이나 그것의 미비로 인한 희생 전모를 밝힌 기업은 없기 때문이다.

다만 우리보다 기업윤리에서 한참 앞선 다른 여러 나라에서 실시된 조사에서, 반도체 생산 현장에서 근무한 여성들이, 유산과 생리불순에서부터 불임, 기형아 출산, 암 등에 시달리고 있음을 밝혔다. 역학조사에서 이처럼 움직일 수 없는 증거가 나와 있는데도 불구하고, 우리나라 반도체 업계는 이를 외면하고 있다.[7] 일류 기업은 생산량이나 매출량 또는 무역량으로만 결정되는 것은 아닐 것이다.

가까운 일본의 노동자가 처한 현실은 어떨까. 하나의 사례로서 전부를 알 수는 없다. 그러나 구체적인 사례로서 일반론을 이끌어낼 생각 없이 그냥 살피기만 한다면, 하나의 사례가 다른 노동 현장을 헤아리고 짐작하는 데 유의미한 자료가 되지 말라는 법은 없을 것이다.

2011년 3월 11일 도호쿠 지방 태평양 해역에 리히터 규모 7.3의 지진이 발생했다. 이 여파로 도쿄전력이 운영하는 후쿠시마 제1원자력발전

---

6) 메탄올 중독으로 인한 실명 사건에 대한 언급은, 김명희, 〈시력 잃은 노동자 범인은 '메탄올'뿐일까?〉, 《시사IN》, 2024. 5. 28, 김현주, 〈여러 명 시력 앗아간 메탄올 중독 사선〉, 《시사IN》, 2018. 12. 11를 참조했음.

7) 문정우, 〈죽음과 위험의 글로벌한 외주화〉, 《시사IN》, 2019. 1. 29.

소의 원자로 1~4호기에서 방사능 누출사고가 일어났다. 방사능 물질은 공기 중으로도 누출되었고, 빗물과 지하수에 의해 오염된 방사능 오염수가 태평양으로도 누출되었으며, 인근 지역은 오염이 심각한 상태였다.

방사능이 가득해 로봇조차 작동하지 못하는 현장에 노동자들이 투입되었다. 2011년 7월 후쿠시마 제1원전에서 넉 달간 일한 작업자는 방광과 대장 그리고 위에 잇달아 암이 발견되었다. 전이된 것이 아니라 각각 발병한 것이었다. 그러나 산업재해로 인정을 받지 못했다. 방사능 피폭에서 암 발병까지 기간이 짧아 인과관계가 있다고 보기 어렵다는 이유였다.

그가 후쿠시마에 가게 된 것은 자발적인 것이 아니라 해고당하지 않기 위해서였다. 피폭보다 해고가 더 무서워 갔지만, 이제는 후회하고 있다고 한다. 7~8단계까지 이뤄지기도 하는 원하청 구조에서 노동자들은 수당도 제대로 지급받지 못한 채 무리한 작업 요구에 시달리며 후쿠시마 참사에 맞서왔다고 한다.

이러한 참사가 잊혀서는 안 된다는 신념으로 현장을 낱낱이 기록해 간 기자도, 후쿠시마 제1원전 사고가 발생한 지 8년째 되는 해에 피를 토하고 인후암 진단을 받았다. 지금까지 (2022년) 11년 동안 취재한 노트는 220권을 넘어가고 있고, 여전히 후쿠시마에 대한 기자로서의 관심을 이어가고 있다고 한다.

참사는 방사능에 의한 암의 고통으로 머물지 않았다. 방사능 오염 지역의 주민들은 피난지를 전전하며 견디기 어려운 고통에 직면했다. 다른 지역에서 따돌림 당했고, 아이들은 학교와 어린이집에서 피난민과 오염물질이라는 시선에 갇혔고, 이혼과 별거가 늘어나 가정이 붕괴되었고, 노인들은 가족과 떨어지는 바람에 목숨을 끊기도 했다.[8] 이러

8) 가타야마 나쓰코 지음, 이언숙 옮김, 『최전선의 사람들-후쿠시마 원전 작업자들의 9년간의 재난 복구 기록』, 〈김진철 서평〉, 《한겨레신문》, 2022. 4. 23 참조.

한 사정을 헤아리기는커녕 피난민들이 받은 보상금을 두고 뱉는 주변의 비아냥, "이제 일 안 해도 되겠네"라는 말은, 우리가 목격한 대형 참사를 겪은 유가족을 두고 주변에서 뱉은 '시체장사'라는 말과 다를 바 없다. 어디에서나 인간의 잔인함은 인류의 진화를 무색케 한다.

산업재해는 앞에서 본 것처럼, 위험과 책임의 외주화와 개인화가 그 일차적 원인이다. 구체적으로 내려가면 원하청의 사업 구조와 안전보호 설비의 미흡을 들 수 있겠다. 그러나 더 내려가면 그 바닥에는 노동자의 목숨 값이 이윤이나 설비비에 비해 싸다는 가치관이 자리 잡고 있다. 그래서 산업재해를 극복하는 길은 멀고도 험난할 것이라는 생각을 하게 된다. 부실한 산업안전보호법이나 중대재해처벌법만으로는 역부족일 것이다.

그래도 그 길을 포기하지 않으려면 참사를 덮고 있는 것들을 되짚어 보는 일이 필요할 것 같다. 우선 사람의 생명을 귀중하게 여기는 사상이 돈을 절대시하는 관념을 얼마나 불식시킬 수 있느냐 하는 것에서 출발하여, 우리 산업의 구조적 문제를 재검토하고, 참사를 개인과 외부에 전가하지 않고 사회화하고 내부화하는 데까지 나아가야, 문제 해결의 실마리가 보일 것이다.

미국의 저널리스트 제시 싱어는 『사고는 없다』라는 책을 출간했다. 그에 의하면, 미국에서는 '3분마다 1명이 사고로 주고', 사망자 '24명 중 1명이 사고로 죽는' 것이 미국의 현실이라고 했다. 흑인은 화재로 죽을 확률이 백인의 두 배이고, 원주민은 길을 건너다 차에 치여 죽을 확률이 백인의 3배라고 한다. 사회적 요인, 구조적 원인이 쌓여 발생한 일을 두고 '사고'라는 말로 규정할 수 없다는 것이 그의 생각이다.[9] 우

9) 제시 싱어 지음, 김승진 옮김, 『사고는 없다』, 장동석 서평, 《한겨레신문》, 2024. 7. 6.

리 사회에서도 이 사회적 요인, 구조적 원인이 쌓여 산업 현장에서 일어나는 참사는 규모의 크고 작업을 가리지 않고 곳곳에서 발생한다.

2020년 4월 29일 경기도 이천시 물류센터 신축 공사장에서 폭발과 함께 화재가 발생했다. 가연성 물질인 우레탄폼 작업 중 발생한 유증기가 용접작업으로 급속히 연소하면서 폭발하여 대화재로 이어졌다. 이 화재는 38명이 사망하고, 10명이 부상을 당하는 대참사를 초래했다. 이보다 앞서 2008년 1월에도 이천시 냉동 물류창고에서 화재가 일어나 40명이 사망하고 10명이 부상한 참사가 있었다.

그러나 사후 약방문이라는 말에서 보듯이, 참사가 일어나면 대책이 요란하게 제시되지만, 늘 똑같은 그 약방문에다 그마저도 지켜지지 않는다. 똑같은 참사가 그치지 않고 일어나는 것에서 확인된다. 시공사 아래 여러 하도급업체가 각기 작업을 하는 바람에, 서로 연계되지 않아 작업의 전체적 조감이 이루어지 않으므로 무슨 일이 벌어질지 아무도 모르는 것이다. 참사의 원인이 다단계 하도급 구조와 안전시설 미비 그리고 관리감독 소홀임을 모르지 않는다.

그러나 참사 이후 수습 과정에서 시공사는 대부분 업무상 과실치사로 최저 수준의 벌금 부가에 그치기 때문에, 하도급 구조나 안전 설비 투자에 그다지 관심을 기울이지 않는다. 시공사가 받은 처벌은 산업안전법 위반으로 2,000만 원 벌금형이었다. 신자유주의 이후 급격히 악화된 산업구조의 쇄신이나, 노동자의 생명에 대한 안전보호를 우선시하는 의식의 변화 없이는, 이러한 대형 참사는 이어질 수밖에 없다.

2024년 6월 경기도 화성시의 일차전지 제조업체 아리셀에서 배터리 화재와 폭발로 인한 대형 참사가 일어났다. 폭발과 화재가 발생한 곳에는 완제품 배터리 3만5천 개가 보관되어 있었다고 한다. 사상자 31명 가운데 10명만 아리셀 소속이고, 21명은 사내 하청업체인 메이셀 소속이었다. 23명이 사망하고 8명이 부상을 입었다. 사망자 23명 중 아리셀 소속이 3명, 메이셀 소속 20명이었고, 한국인은 5명, 중국인 17명, 라오스인 1명이었으며, 남성은 6명, 여성은 17명이었다.[10] 위험의 외주화 곧 산재사망이 어떤 경로-원청에서 하청으로, 내국인에서 외국인으로-를 통해 이루어지는지 확연히 드러나는 대목이다.

참사 관련 업체와 당국의 참사의 원인 규명 및 재발 방지 대책을 또다시 듣는 것은 그다지 의미가 없다. 참사가 일어날 때마다 계속 들어온 내용이기 때문이다. 원인 규명과 대책이 없어서 계속 유사한 유형의 참사가 일어나는 것이 아니다. 문제는 그것들을 적극적으로 실천할 의지가 있느냐 없느냐에 달려 있는 것이다. 기업과 정부의 이해관계와 실천 의지의 결여는, 법령과 현장 곳곳에 틈새를 만들어 산업재해를 초래하여, 많은 인명을 한꺼번에 앗아가는 대형 참사와, 소형 참사를 계속 양산할 것이다.

이러한 대형 참사가 산업 현장이니, 그곳의 노동자와 관련 없이 그와 떨어진 일상의 공간에 있는 사람에게는 무관한 일이라고 생각하기 쉽다. 그러나 꼭 그렇지 않다는 것을 보여주는 일이 주위에서 일어날 수 있다. 그 일을 당한 사람의 입장에서는 마른하늘에 날벼락일 수 있지만, 우리의 일상과 산업은 마른하늘에 날벼락을 내릴 수 있는 구조로 되어 있다.

2021년 6월 9일 오후 4시 22분, 광주시 동구 학동 4구역 재개발 현장에서 철거 중이던 5층 건물이 무너져 내렸다. 건물이 무너지는 데 걸린 시간은 단 10초도 되지 않았고, 무너진 방향은 애초의 계획과 달리 도로 쪽이었다. 도로변 버스 정류장에 멈춰 서 있던 시내버스는 미처 피하지 못한 채 무너진 건물 더미에 깔렸다. 버스 앞쪽에 함께 파묻

---

10) 아리셀 리튬배터리 공장 참사에 대한 언급은, 전종휘·이승휘, 〈당국 허술한 관리·감독 도마: 아리셀, 5년간 정부 안전감독·점검 한번도 안 받았다〉, ≪한겨레신문≫, 2024. 6. 28를 참조했음.

힌 가로수가 충격을 다소 완화시켰다. 버스 앞쪽의 승객 8명은 크게 다쳤고, 뒤쪽의 승객 9명이 숨졌다.

재개발조합은 현대산업개발과 평당 28만 원에 철거 계약을 맺었다. 현대산업개발은 해체/철거 전문 건설기업인 한솔기업에 10만 원으로 하도급을 주었다. 한솔기업은 영세업체인 백솔건설에 평당 4만 원으로 재하도급을 주었다. 하도급에서 재하도급을 거쳐 일감이 내려오는 동안 계약 단가는 85%나 줄어들었다.

재개발 사업은 공공사업임에도 불구하고, 지방자치단체는 재개발 과정에서 발생하는 각종 민원과 책임을 회피하기 위해 인가허가권만 가지고 뒤로 물러나고, 공사 시행은 민간에 맡긴다. 민간이 만든 재개발조합에 공법인의 지위를 부여해 준다. 공공이 해야 할 역할을 민간에 넘겨주는 순간 최우선 목표는 경제적 이익이 되고, 부실과 위험이 상존하는 공사가 된다.

그래서 건물의 해체도 원래의 계획서와는 다른 방법 곧 편법이 성행하게 된다. 원래 건물 해체는 맨 꼭대기 층부터 한 층씩 차례차례로 깨부수며 내려오는 방식이라야 안전하다. 그러나 단가와 시간에 쫓기는 현장에서는 이러한 방식을 따르지 않는다. 옆의 벽체를 죄다 헐어버린 다음 기둥을 하나하나 씹어 들어가, 어느 순간 무게 중심 때문에 건물이 넘어가도록 하는 방식이다. 언제 넘어질지 모르고 위험하지만 아주 빠른 방법이다.

해체 작업에 참여한 적이 있는 굴삭기 기사의 말은, 이 작업과 관련된 많은 사실을 알려준다. "건물이 무너지기 직전에 조짐이 있다. 콘크리트가 우두둑 소리를 내면서 이슬처럼 방울방울 떨어진다. 그러면 곧 건물이 넘어간다는 뜻이니 피해야 한다. 이번 사고에서도 인부들은 자기네 쪽으로 무너질 줄 알고 피했을 건데, 반대쪽으로 넘어갈 줄은 미처 몰랐을 거다."

자신이 콘크리트 더미에 파묻힐 수 있다는 것을 알면서도 굴삭기 기사들이 이 '꺾기'의 방식을 감수할 수밖에 없는 이유는 무엇일까. "공사 기간이 하루 늘어날 때마다 적게는 몇 백만 원에서 많게는 몇 천만 원이 들어간다. 우리 일당뿐 아니라 먼지가 나지 않도록 살수차와 관련 인력에 들어가는 돈, 관리비 등이 추가 지출되는 것이다."

계획서대로 하면 보름 정도 걸릴 해체 작업이 꺾기로 하면 2~3일 만에 끝난다. 한 층씩 부수며 내려오려면 건물 바닥이 꺼지지 않을 만큼 가볍고 작은 굴삭기를 써야 하기 때문에 작업 속도가 더딜 수밖에 없다. 또 한 층씩 부술 때마다 잔해를 반출해야 하는데, 그 과정에 들어가는 품과 품삯도 만만치 않다. 낮은 단가로 작업하는 재하도급 업체에게 꺾기는 위험하지만 불가피한 유혹일 수 있다.

높은 건물을 해체할 때도 일정한 높이에 이르면 이 방법을 쓴다. 정상적인 방법으로 해체해 내려오다가, 밑에 확보된 공터의 면적만큼 낮아졌을 때 꺾기에 들어간다. 마지막 기둥을 절단한 뒤 5분 정도면 건물이 넘어지는데, 그 5분이 굴삭기 기사의 생명을 담보하는 시간이다. 건물 해체 굴삭기 작업을 2년 전에 그만둔 기사는, 정석대로 해체 작업을 하는 현장을 딱 한 번 보았다고 했다.[11]

11) 건물 해체 작업과 관련된 언급은, 나경희, 〈"규정대로 합시다" "장비 빼세요"〉, 《시사IN》, 2021. 6. 29에 의거했음.

이처럼 노동의 비참은 대형 참사로부터 점점 우리의 일상으로 다가와 어느 순간 노동 자체가 비참의 원인이 되어 버렸다. 물론 그 원인은 앞에서 본 것처럼, 노동을 결정하는 구조적 요인에서 유래되는 것이다. 그것이 점점 더 우리 일상의 노동 현장에 속속들이 파고들어, 이제는 위험의 '상존화常存化'로 고착되어 가고 있다. 이제는 그 밑바닥에 이윤율 지상주의와, 하이데거가 말했던, 자연스러운 산출 능력을 초과하여, 과도하게 닦달하고 볶아대고 쥐어짜는 태도와 방식이 자리 잡고 있음을 모르는 사람은 없다.

한국은 경제 규모에 맞지 않게 '재래형' 산재가 많은 나라다. 국제노동기구 통계에 따르면 2014년 기준 작업장 사고의 노동자 사망률이 10만 명당 5.81명이다. 이는 OECD 회원국 평균인 2.61명의 두 배가 넘는다. 한국에선 산업재해 사망자의 53.6%가 사고에 따른 것이다. 국제적으로는 13.7%에 그친다. 사고성 산업재해의 대부분은 간단한 안전장치와 실천으로 예방할 수 있는 사고였다.

2010년 9월 충남 당진 환영철강에서 스물아홉 살의 청년이 용광로에 빠져 숨졌다. 청년은 용광로가 제대로 닫히지 않는 문제를 해결하려고 용광로 위의 고정 철판에 올라갔다가 발을 헛디뎠다. 난간 설치는 기술적으로 대단히 어렵고 비용이 엄청나게 많이 드는 일이 아니었다. 이런 재래형 산업재해의 대부분은 공급사슬의 말단에 있는 하청업체의 영세사업장 노동자들에게 집중된다.[12]

12) 김명희, 〈외나무다리를 안전하게 뛰라는 세상을 끝내자〉, 《시사IN》, 2021. 1.12.

오랫동안 이런 산업재해는 노동자의 부주의나 산업발전 과정에서 불가피하게 일어나는 개인적인 불운한 사건 정도로 치부했다. 유사한 사고가 되풀이되어 일어나도, 구조적 원인 분석이나 사회적 공론화로 나아가지 않았다. 책임 전가나 위로금 지급으로 무마하여 개인화하고 은폐화하기에 바빴다.

2018년 충남 태안 화력발전소에서 하청업체 계약직으로 일하던 스물네 살 청년이 숨진 채 발견되었다. 입사한 지 3개월 된 신입사원이 밤중에 석탄을 옮기는 컨베이어벨트를 홀로 살피는 업무를 하다가 연락이 끊겼다. 5시간을 넘긴 새벽에 청년은 벨트 사이에 끼어 숨진 채 발견되었다.

그의 주 업무는 컨베이어벨트를 비롯한 설비의 순찰/점검이었지만,

벨트에서 떨어진 탄이 쌓여 벨트에 닿지 않도록 삽으로 퍼내는 것도 포함되어 있었다. 낙탄이 손이나 삽에 닿지 않는 거리에 있으면 팔을 뻗어야 하는데, 그때 잘못하면 삽이 벨트에 빨려 들어갈 수도 있다고 숨진 청년의 동료는 말한다. 그리고 설비를 안전하게 바꿔달라는 요구를 회사에 수차례 했지만, 업체는 비용 문제를 내세우며 받아들이지 않았다고 했다.[13]

2019년 2월 현대제철 당진공장에서 원료 이송용 컨베이어벨트에서 보수 공사를 하던 외주업체 소속 쉰 살의 노동자가 협착 사고로 숨졌다. 이 업체는 2018년 8월부터 컨베이어벨트의 풀리래깅/롤러의 고무판막이를 교체하는 작업을 하고 있었다. 사고 당일 외주업체 소속 직원 3명과 함께 작업 중이었다. 그러나 2인 1조의 규정이나 1.2미터의 안전펜스도 사고를 막지 못했다.

현장은 분진과 소음이 심해 일상적인 대화가 불가능하고 손을 뻗으면 자기 손이 보이지 않을 정도였다. 위험한 순간에 줄을 당겨도 기계를 멈출 수 있는 설비인 풀코드 스위치를 잡아도 소용이 없을 만큼 설비가 느슨했다고 한다. 2007년 이후 이번 사고까지 현대제철 당진공장에서 작업 도중 사망한 노동자는 모두 35명이라고 한다. 이 가운데 29명이 사내하청 또는 외주업체 소속 비정규직 노동자였다.[14]

2022년 10월 경기도 평택시의 SPL(파리바게뜨, 던킨도너츠로 유명한 SPC그룹 계열사로 식빵, 샌드위치 등 완제품과 냉동 제빵용 반죽을 생산하는 회사) 공장에서 스물세 살의 노동자가 공장 3층 냉장 샌드위치 소스를 만드는 교반기에 끼여 숨졌다. 2인 1조 작업이었지만, 다른 한 사람은 치즈 비닐 포장을 벗기는 작업을 하며 자리를 비웠다. 사람이 기계로 빨려 들어가는 것을 멈출 조치를 취할 수 있는 사람이 없었다. 2인 1조의 배정만으로는 작업량이나 작업 형식을 감안했을 때, 함

13) 전혜원·나경희, 〈지금 이 순간도 누군가 '죽음의 라인'을 탄다〉, 《시사IN》, 2018. 12. 25.

14) 김연희, 〈'김용균의 죽음' 언제까지 봐야 하나〉, 《시사IN》, 2019. 3. 12.

께 작업하기가 곤란했던 것으로 추정되었다.[15]

2022년 7월 전남 고흥군 도양읍의 청년임대주택 공사장에서 40대 남성 노동자가 공사장 입구에 있는 16미터 전신주에 올라 전선 철거 작업을 하다가 추락해 사망했다. 전신주에 둘러맨 안전로프는 작업자의 무게를 지탱하지 못하고 찢어져 버렸다. 추락 직후 병원으로 이송되었지만, 2시간 후에 사망했다.

같은 해 3월 경북 영덕에서는 전신주에서 건물로 전선 연결 작업을 하던 60대 노동자가 6미터 높이에서 추락해 사망했다. 4월 전남 광양에서도 전선 연결 작업을 하던 50대 남성이 5미터 높이에서 추락해 목숨을 잃었다. 5월에는 KT 협력사의 발주를 받아 무선망 시설 공사 현장에서 작업 중이던 60대 노동자가 5미터 높이에서 떨어져 숨졌다. 전신주에는 전선과 통신선이 설치되어 있어, 전선과 통신선을 새로 연결하고 정비하는 작업자들은 전신주에 올라 안전로프에 몸을 맡긴 채 작업을 한다. 한국전력공사 배전 노동자와 통신 3사 그리고 케이블 방송사 소속 기사와 전기공사 업체 노동자들이 전신주에 올라 작업을 한다. 보조 인력 부족과 성과급에 의존하는 시스템에서는 2인 1조 작업 의무화는 현실성이 결여되어 있다. 전신주 작업자 733명을 상대로 한 조사 결과, 2인 1조가 늘 지켜진다는 답변은 11.7%에 불과했다.[16]

전신주에는 전선과 통신선이 함께 설치되어 있기 때문에, 추락과 더불어 감전의 위험도 잠복되어 있다. 전선으로는 고압 전류가 흐르고 있기 때문에 개폐기에 신경을 써야 한다. 2021년 경기도 여주시의 한 아파트 단지 옆에 새로 들어서는 오피스텔에 전기를 공급하는 작업이 예정되어 있었다. 작업에는 한국전력 여주지사 소속 직원이 작업 담당자로 와 있었고, 실제 시공 하청업체의 전기 노동자가 작업 인원으로

15) 주하은, 〈"피 묻은 빵은 안 먹겠다" 분노는 SPC를 향했다〉, ≪시사IN≫, 2022. 11. 1를 참조했음.

16) 전신주 추락사에 대한 언급은, 주하은, 〈홀로 전신주에 올라 감전되고 떨어지고〉, ≪시사IN≫, 2022. 8. 16에 의거했음.

왔다.

두 사람은 작업에 대해 이야기를 나눈 뒤, 작업 인원이 추락 사고를 예방하는 안전대를 허리춤에 차고 전봇대에 박혀 있는 철봉을 계단삼아 전신주의 10미터 높이까지 올라가 전류 개폐기에 절연봉을 걸었다. 폭발음과 함께 정신을 잃은 그의 머리 뒤쪽으로 2만 2천 9백 볼트의 전류가 흘러나가며 머리카락에 불이 붙었다. 안전대 덕분에 전기 노동자는 추락하지 않았지만, 의식을 잃은 상태로 그는 10미터 허공에 매달려 있었다.

신고를 받고 현장에 도착한 119 응급 구조대는 그에게 접근할 수 없었다. 고압 전류가 여전히 흐르고 있었기 때문이다. 한전 배전 센터에서 전기를 끊고, 활선차량(고압전류로부터 탑승자를 보호하는 바구니 모양의 차량)을 탄 구조대원들에게 내려져 병원으로 갔지만, 감당이 안 돼 다시 닥터헬기로 수원 아주대병원으로 이송되었지만, 사고가 난 지 19일 만에 세상을 떠났다.

사고가 난 작업은 애초에 작업 인원인 그의 업무가 될 수 없었다. 그는 해당 작업을 할 수 있는 자격증이 없었다. 전기가 흐르지 않는 전깃줄인 사선死線을 다루는 가공배전 자격을 가진 배전공이었다. 그럼에도 그날 그에게 주어진 업무는 전기가 흐르고 있는 전깃줄인 활선活線을 만지는 작업이었다. 게다가 한전의 하청을 받은 업체(대성엔이씨)가 직접 작업을 하지 않고, 또 다른 업체(화성전력)로 일감을 넘긴 것이다.

작업 인원이, 작업자를 전류로부터 보호해주는 활선차량 대신 일반 트럭을 몰고 가 직접 전봇대를 타고 올라가야 했던 이유를 묻는 가족에게, 하청업체 대표는 '작업자가 혼자 갈 때는 활선차량을 꼭 타고 가야 한다는 지침이 없다'고 말했다. 하지만 한전은 해당업체에게 지불한 작업 비용에 활선차량 사용 금액까지 포함되어 있으며, 차량이 접근하기 어려운 경우를 제외하면 활선차량을 이용하는 게 원칙이라고 밝혔다.

그리고 한전이 하청업체에 보낸 작업통보서에는 작업자의 안전 지시 사항으로 2만3천볼트급 절연장갑을 착용해야 한다고 적혀 있었다. 그러나 작업자는 절연장갑을 지급받지 못했다. 그는 사선을 다루는 배전공이었기 때문이다. 산업안전보건법상 건설공사 발주자는 외주가 아니라 발주한 것이라며, 하청을 준 뒤 작업에 개입하지 않았다고 주장하면, 산재가 발생해도 책임을 비켜갈 수 있었다.[17] 전국건설노조는 '2015년부터 7년간 전기 노동자 47명이 떨어져 죽고 감전되어 죽었다. 죽음의 행렬은 왜 멈출 줄 모르는가'라고 추모 성명을 냈지만, 이런 죽음의 행렬은 전기 노동자에게만 한정되어 있지 않다.

2021년 4월 22일부터 한 달 사이에 발생한 산재 사망을 일람하면, 우리의 노동여건이 얼마나 열악하며, 그 속에서 노동자가 얼마나 비참하게 노동을 하다가 죽어 가는지 확인할 수 있다. 노동이 거주를 가능하게 하는 활동이어야 하는데, 노동 현장은 노동이 거주로, 일이 삶으로 이어지게 하는 현장이 아닌 경우가 허다하다는 것을 알려주는 현장인 것이다.

4월 23일 오후 2시 지나 부산 섬유공장에서 압력용기 출입구가 열리면서 노동자를 강타해 사망했다. 4월 24일 오전 10시 10분 인천 아파트 공사현장에서 작업 중이던 노동자가 추락해 숨졌다. 4월 25일 오전 9시 31분 경주 블록 조립장에서 일하던 노동자가 26통 블록에 깔려 죽었다. 4월 26일 오후 12시 29분 옥천 고속도로 공사현장에서 노동자가 덤프트럭 뒷바퀴에 깔려 사망했다. 4월 27일 오전 11시 인천 아파트 공사현장에서 철골작업 중이던 노동자가 추락해 숨졌다. 4월 28일 오

[17] 나경희, 〈빛 밝히다 꺼져간 '한낱 일회용' 전기 노동자〉, 《시사IN》, 2022. 2. 15.

후 2시 58분 함양 종합건설 사업장에서 일하던 노동자가 전주에 깔려 사망했다. 4월 29일 오전 8시 14분 전주 터널공사 현장에서 노동자가 떨어진 암석에 맞아 숨졌다. 4월 30일 오후 3시 30분 서울 재개발 현장에서 철거작업 중이던 노동자가 매몰되어 죽었다.

5월 3일 오전 7시 23분 대구 증축공사 현장에서 비계를 설치하던 노동자가 추락해 사망했다. 5월 3일 오후 1시 29분 광양 운수창고에서 작업 중이던 노동자가 기계 사이에 끼여 숨졌다. 5월 6일 오후 7시 시흥 제조공장에서 작업 중이던 노동자가 자동 조립기에 끼여 죽었다. 5월 7일 오전 10시 23분 화성 공장 신축공사 현장에서 작업 중이던 노동자가 추락해 사망했다. 5월 9일 오전 9시 19분 경산 공장에서 도장 작업 중이던 노동자가 추락해 숨졌다. 5월 10일 오후 4시 31분 하남 철거공사 현장에서 철골작업 중이던 노동자가 추락해 죽었다. 5월 11일 오전 8시 6분 김포 근린생활시설 신축 현장에서 일하던 노동자가 추락해 사망했다. 5월 12일 오전 11시 10분 김해 워터파크 사업장에서 청소 중이던 노동자가 물에 빠져 숨졌다. 5월 12일 오전 11시 57분 포천 석재 공장에서 일하던 노동자 2명이 기계에 끼여 죽었다. 5월 13일 천안 공원 조성공사 현장에서 일하던 노동자가 굴삭기와 부딪혀 사망했다. 5월 17일 오후 5시 48분 용인 나무제품 제조공장에서 노동자가 기계 사이에 끼여 숨졌다.[18]

이처럼 거의 매일 전국의 곳곳에서 떨어져 죽고, 끼여 죽고, 부딪혀 죽고, 빠져 죽는다. 해마다 2천 명 이상이 산업재해로 죽는다. 산재 사망률은 경제협력개발기구 회원국 가운데에서 수십 년 간 1위를 다툰다. 매일 5~6명씩 노동현장에서 사라질 뿐 아니라 삶의 현장에서 사라진다. 이를 막기 위해 중대재해처벌법이 제정되었지만, 노동자의 죽음보다는 기업주의 안전을 더 배려하는 쪽으로 흘러, 원래 법의 취지와는

18) 나경희, 〈선호씨 친구들은 향을 꺼트리지 않는다〉, ≪시사IN≫, 2021. 6. 1.

많이 멀어졌다.

이와 같이, 노동 현장과 그에 연관된 거주의 삶은, 안전보호 설비와 같은 실질적 장치, 다단계 하도급과 같은 산업 구조적 요인, 산업안전보호법이나 중대재해처벌법과 같은 법적 제재의 제한으로 규정되는 것만은 아님을 확인할 수 있다. 그 바탕이나 배후에는 눈에 보이지 않는 손이 있어, 노동과 거주의 삶에 그림자를 드리우고 있는 것이다. 그 보이지 않는 손은 바로 과도한 자본주의이고, 지나친 시장주의이며, 이윤율 지상주의이고, 인명경시 사상이다.

폭발과 화재에 의한 대형 참사, 추락사, 감전사, 협착사, 익사 등은 그 원인이 눈으로 확인 가능한 사고다. 그러나 노동 현장에서는 원인을 확인하기 쉽지 않은 죽음도 발생한다. 그 대표적인 것이 과로사다. 과로사의 제1전선에 있는 노동자가 택배기사라면, 우체국 집배원, 그리고 경찰관도 그 뒤를 잇는다.

택배기사 중 과로사한 노동자는 산재 인정 과로사 기준 주당 60시간을 초과하여 근무한 사람들이다. 심야노동은 30%를 할증하므로, 대체로 70시간을 넘어서거나 70시간에 가깝게 일한 것으로 확인되었다. 그러나 이 과로사를 과로사로 인정받는 길은 길고 험난하다. 배송업체의 모회사는 뒷전이고, 자회사는 택배 노동자가 개인사업자라며 책임을 회피하기 때문이다. 원청의 판단에 따라 원청이 주는 일을 하지만, 업무 도중에 문제가 생기면 호소할 데가 없는 것이 택배 노동자나 유족의 처지다.

2016년부터 2017년 9월 5일까지 사망한 집배원 수는 17명이다. 뇌심혈관계 질환 8명, 자살 6명, 업무 중 교통사고 3명이다. 우정사업본부의 집계와 종합하면, 2013년부터 2017년 9월 5일까지 4년여 동안 근무 중 뇌심혈관계 질환, 자살, 교통사고로 사망한 집배원 수는 47명이다. 한 해 평균 10명 가까운 집배원이 일하다 죽었다.

집배원 대부분이 공무원 보수규정과 복무규정을 받는 공무원이기에 근로기준법 적용에서 배제된다. 공무원이 아닌 집배원들 역시 근로기준법 59조에 따른 근로시간 특례업종에 해당하는 통신업 종사자로서, 근로기준법의 보호를 받지 못한다. 그러니까 노동법의 사각지대에 있으면서 업무 부담이 점점 커져간 것이다.

게다가 같은 조원이 아프거나 다치면 결원을 보충하지 않고 나머지 조원이 배달 몫을 나누어 맡기 때문에 업무는 더욱 가중된다. 2015년 기준 한국의 집배원 1인당 가구 수는 1,160호다. 미국은 514호, 일본은 378호다. 집배원 1인당 담당 인구 수는 한국 2,763명, 미국 1,400명, 일본 905명이다.[19]

경찰청에 따르면, 2019년부터 2023년까지 최근 5년 동안 스스로 목숨을 끊은 경찰관이 113명이다. 연평균 22.6명으로 한 달에 경찰관이 1.9명씩 자살했다. 연도별 경찰관 자살자 수는 2019년 20명, 2020년 24명, 2021년 24명, 2022년 21명, 2023년 24명, 2024년은 6월 기준 12명이다. 이들 중 순직이 인정된 경찰관은 12명이다. 경찰관은 직무 스트레스가 높은 특수직 공무원 중에서도 자살자가 많은 편이다.

살인이나 교통사고 등 충격적인 사건 현장에 자주 노출될 뿐만 아니라, 장시간에 걸친 불규칙적인 근무에다 경직된 조직문화 등이 경찰관의 스트레스 가중 원인으로 지목된다. 2018년에 발표된 '자살예방 국가 행동계획'에 따르면, 경찰관 자살률(10만 명당 자살자 수)은 연 20명 안팎으로, 소방관 약 10명, 집배원 약 5명보다 크게 높았다. 현직 경찰 가운데 스트레스 고위험군이 5명 중 1명 꼴(20.2%)이라는 것이 경찰청 자체 조사 결과다.

---

19) 전혜원, 〈'이 아픈 몸 이끌고 출근하라네'〉, 《시사IN》, 2017. 9.23 참조.

경찰청은 2014년부터 트라우마 예방과 치료를 위한 상담소를 운영하고 있지만, 지원 규모는 실효성을 의심할 정도로 형편없다. 전국에 18곳, 상담사 인력은 36명이다. 2020년 기준으로 상담사 한 명이 한 해에 상담하는 경찰관은 427명, 상담 건수는 833회다. 이 속도로 경찰관 전원이 한 번씩 상담을 받으려면 4.4년이 걸린다. 직무 스트레스가 심한 부서를 선정해 고위험군을 발굴하는 지정상담이나 충격 사건 발생시 긴급심리지원은 요원한 이야기가 된다.[20]

이러한 노동 현장의 비참함을 스스로 개선하고자 1970년에 전태일이 '근로기준법을 준수하라'고 분신한 이후, 노동조합을 설립하고자 했지만, 기업과 정부의 공권력은 이를 방해하는 데 주력했다. 노동조합을 인정하지 않을 수 없는 상황이 도래하자 또 다른 방해책으로 대응했다. 이른바 복수 노조 설립 허가와 단체협약 시 창구 단일화 그리고 어용노조의 활용과 같은 것이었다.

그러나 노동자들은 대기업 노조나 산별노조로 이를 돌파하려 대오를 형성하여 단체 협약에 임하거나 파업을 시도했지만, 돌아오는 것은 공장 폐쇄나 손해배상 청구였다. 일자리를 잃은 데다 빚더미에 올라앉은 노동자들은 고통 속에 신음하다 목숨을 끊는 상황에까지 내몰렸다. 그래도 살아남은 자들은 고공농성이나 옥쇄파업까지 시도했지만, 일시적인 관심을 끌다 잊혀 갔다.

여기에다 노동자에게는 또 다른 양태의 압박이 기다리고 있음이 드러났다. 지금까지는 택배기사나 집배원 등의 배달노동자가 가끔 교통사고로 숨지는 경우가 있기는 했지만, 과로사가 비참의 주된 원인이었다. 그러나 이제는 배달 업무에 인공지능 알고리즘이 개입하여 배달노동자를 참사로 몰고 갈 수 있음을 보여주는 사례가 나타나고 있다. 그

20) 경찰관의 자살에 관한 언급은, 이지혜, 〈5년간 113명 세상 등졌는데…상담사는 36명뿐〉, 《한겨레신문》, 2024. 7. 30에 의거했음.

최전선에 서 있는 노동자들이 중국의 라이더들이다.

중국의 배달전문업체인 메이퇀과 어러머는 각각 초뇌超腦와 방주方舟라는 이름의 인공지능 알고리즘으로 라이더들에게 배달 일감을 배분하고, 배송 경로와 시간을 지시한다. 라이더들이 정해진 시간을 초과하면 평점이 떨어지고 벌금을 물어야 하며, 해고될 수도 있다. 라이더들은 컴퓨터 시스템이 지시한 배달 시간을 맞추기 위해 교통 신호를 어기고 역주행을 하며 목숨을 내놓고 달린다.

2017년 상반기 상하이에서 2.5일마다 한 명씩 배달노동자가 교통사고로 숨졌고, 2018년 청두에서는 7개월 동안 배달노동자의 교통법규 위반이 약 1만 건, 사고는 196건, 사상자는 155명으로 집계됐다. 라이더들은 교통법규를 위반하지 않으면 배달 건수는 절반으로 줄 것이라며, '배달은 저승사자와의 경주'라고 말한다.

중국과학원 연구원은 "배달노동자들은 불이익 위협 때문에 어떻게 해서든 시스템의 요구를 맞추려고 애쓰고, 그 정보가 시스템으로 전송되어 빅데이터로 저장되면, 알고리즘은 모두 이렇게 빨리 배달될 수 있다는 결론을 내리고 또다시 배달 속도를 높이게 된다."고 분석한다. 배달노동자들이 목숨을 걸고 배달 시간을 맞추면 인공지능 시스템은 배달 시간을 또다시 단축해버리는 악순환이다.[21]

중국에서 600만 명이 넘는 배달노동자들이 알고리즘 시스템의 통제 속에서 하루하루 목숨을 걸고 거리를 달리고 있는 셈이다. 하이데거가 기계의 닦달과 쥐어짜기라 이름붙인 것, '게슈텔'의 완벽한 실현을 목격하고 있는 것이다. 그리고 유발 하라리는, 인공지능이나 데이터교는 신을 삭제한 인간이 다른 인간이나 다른 생물체에게 한 짓을 이제 인간에게 하겠다고 위협할 수도 있다고 했는데,[22] 여기서 그 구체적인 실현 경로를 보고 있는 것이다.

21) 중국의 배달노동자에 대한 언급은, 〈박민희의 시진핑 시대 열전10〉, 《한겨레신문》, 2020. 11. 11에 의거했음.

22) 유발 하라리 지음, 김명주 옮김, 『호모 데우스』, 김영사, 2017, 541쪽.

인간과 돈

　인간의 몸과 마음은 다층적이고 복합적이다. 그 진화의 내력이 담겨 있기 때문이다. 인간의 마음 안에는 수성獸性과 인성이 깔려 있을 뿐만 아니라, 영성을 거쳐 신성으로 나아가고자 하는 싹도 들어 있다. 인간의 몸은 그 곁에 물품과 상품을 쌓아두고자 하는 욕구를 지니고 있을 뿐만 아니라, 화폐를 거쳐 자본으로 나아가고자 하는 욕망도 담고 있다.

　이러한 몸과 마음은 서로 조화를 이루며 나아가지 않는다. 몸-물품-상품-화폐-자본으로 스스로를 몰고 가는 사람도 있고, 마음-수성-인성-영성-신성으로 스스로를 끌고 가는 사람도 있다. 또한 한 사람 내부에서도 이 둘이 갈등을 일으킬 수도 있다. 어떤 사상과 시대는 전자 쪽으로, 어떤 사상과 시대는 후자 쪽으로 사람들을 견인하기도 했다. 시대에 한정하여 말한다면, 대체로 근대 이전에는 후자 쪽이 우세했고, 근대 이후에는 전자가 우세했다.

　그래서 근대 이전의 사람들이 마음의 최종적 타자인 신이 우세했던 시절에 살았다면, 근대 이후의 인간은 몸의 최종적 타자인 자본이 우세한 시절을 살고 있는 셈이다. 어찌 보면 우세한 정도를 넘어서, 자본이 신을 축출하여 그 자리를 차지하고 있다. 그래서 신을 모셨던 종교는 자본을 모시는 자본교에 자리를 내준 지 꽤 오래된 듯하다. 그리고 자본교는 다른 종교와는 반대로, 교세도 날이 갈수록 확장되어, 전 지구인을 교인으로 확보해 가고 있다.

인간

인간이 수렵과 채취 그리고 어로로 살아가던 시절에는 먹잇감을 자연 상태에서 획득하여 소비하는 것으로 끝냈을 것이다. 먹고 남는 것이 있었다 해도 종족이나 지역 내부에서 나누는 것이 고작이었을 것이다. 이런 자연에서의 획득이 생산으로 바뀌어, 잉여분의 처리나 결여분의 보완에 대한 고려가 생기고 나서야 다른 지역이나 종족과의 교환이나 거래가 이루어졌을 것이다.

인류 최초의 기록이자 최초의 거래 기록은 5천여 전, 기원전 3천2백 년에 이루어졌다. 수메르인이 진흙판에 쐐기문자로, 지금의 계약서에 해당하는 기록을 남긴 것이다. 그 기록에는 매매 당사자들의 명단과 거래 물품이 들어 있었다.[1] 이 최초의 인류 기록이 다른 것이 아닌, 장사에 관한 것이라는 점은 그 가리키는 바가 의미심장하다. 다시 말해 형이상적인 것이 아니라 일상적인 것이라는 점이다.

대체로 인류의 기록은 지배계급의 지배이데올로기에서 출발한다. 신화나 종교 그리고 역사에서 출발하는 것이 보통이다. 그리스 신화, 구약성서, 산해경, 단군신화 등이 그 사례들이다. 이들에서 일상사인 매매나 거래에 관한 용례를 본다는 것을 쉽지 않은 일이다. 일상의 생활세계는 너무나 평범하여 이러한 대열에 끼일 수가 없었기 때문이다. 이러한 일상사가 역사의 한 모퉁이에 들기 위해서는 조금 더 기다려야

1) 중국 CCTV 다큐멘터리 〈화폐〉 제작팀 지음, 김락준 옮김, 『화폐경제』, 가나출판사, 2014, 49–50쪽.

했다.

중국 한나라 때의 사가 사마천은 『사기열전』의 제일 끄트머리에서 이지만, 부자들에 대한 이야기를 수록했다. 왕과 제후, 명신과 장군만 대단한 사람이 아니라는 것이다. 부자들도 역사에서 자신의 몫을 충분히 수행했을 뿐만 아니라, 위정자들 못지않게 자연과 도의 순리를 따르고 인륜을 거스르지 않으면서 부를 창출하여, 왕과 제후에 못지않게 그들과 어깨를 나란히 했으며, 백성들의 삶에 기여했다는 것이다.

백규라는 부자의 입을 빌려서는, 그의 생업 운영이 현인과 백가들에 못지않았음을 보여준다. "내가 생업을 운영하는 것은 마치 이윤과 여상이 정책을 도모하여 펴듯, 손자와 오자가 군사를 쓰듯, 상앙이 법을 다루듯이 했다. 그런 만큼 임기응변하는 지혜도 없고, 일을 결단하는 용기도 없고, 얻었다가 도로 주는 어짊도 없고, 지킬 바를 지키는 강단도 없는 사람은 내 방법을 배우고 싶어 해도 가르쳐주지 않겠다."[2]

이러니 이들에게 갈채를 보내지 않을 까닭이 있겠느냐며, 이를 바탕으로 이른바 정치라는 것을 음미하지 않을 수 없었던 모양이다. "정치를 잘하는 사람은 백성의 마음으로 다스리고, 다음은 이득으로써 백성을 이끌고, 그 다음은 백성을 가르쳐 깨우치고, 또 그 다음은 힘으로 백성을 바로잡고, 가장 정치를 못하는 사람은 백성들과 다툰다."고 덧붙인다.[3]

이 부분을 읽으면, 각각에 대입할 수 있는 인물이 떠오를 것이다. 여기서 초점을 맞추어야 할 부분은 두 번째 부류, '이득으로써 백성을 이끌고'라는 구절일 것이다. 이는 백성을 안내하고 인도할 지점을 가리키는 것이라기보다는, 그 전제나 방법을 가리키는 것으로 보아야 할 것 같다. 그 다음 부분인 '백성을 가르쳐 깨우치고'와 대비시키면 확연히 그 의미가 드러날 것이다.

2) 사마천 저, 최인욱·김영수 역해, 『사기열전Ⅱ』, 동서문화사, 1975, 513쪽.

3) 앞의 책, 508쪽.

'이득으로써 이끌고'가 백성의 현실에 바탕을 둔 것이라면, '가르쳐 깨우치고'는 현실보다는 당위에 무게를 둔 것이다. 전자는 관자나 안자 그리고 한비자 등 현실주의자들이 가진 관점이라면, 후자는 공자와 맹자 나아가 주자에 이르기까지 이상주의자들이 지닌 관점이었다. 후자는 유가라는 정치 윤리를 고집한 부류였다면, 전자는 경세가라고 불릴 만한 경륜을 가진 사람들이었다.

현실의 바탕에서 출발한 현실주의자나 경세가는 현실을 사는 사람들의 일상적 처지에 착목했다. 그리고 그 처지를 향상시키기 위한 제도나 정책을 입안하여 시행했다. 제나라의 관중이 그러했고 안영이 그러했다. 당위의 윤리에 초점을 맞추어 출발한 이상주의자나 도학자는 왕의 윤리적 수준에 착목했다. 그리고 그 수준을 높여 그것이 백성들의 삶에 영향을 미치기를 기대했다. 노나라의 공자가 그러했고 그를 따른 맹자가 그러했다. 그러나 인간은 일차적으로 이익을 좇는 존재이지 윤리를 좇는 존재가 아님을 역사는 증명했다.

당위의 윤리에 비해 현실의 일상이 절실하다고 하여, 모든 일상 현실이 수용되어 긍정되고, 모든 윤리 당위가 비판되어 부정된 것은 아니다. 그 중에서 두드러진 것이 돈에 대한 것이다. 돈은 부의 상징이다. 그러나 돈이 매개하는 상품 없이 운용되는 것, 곧 돈의 대부貸付와 그에 따른 이자에 대해서는 규제가 따랐다. 특히 기독교에서는 그것을 교리에 어긋나는 것이라 금지했다.

최초로 교리와 도덕적 속박을 깨고 돈을 빌려주고 이자를 받는 것을 허락한 민족은 유대인이었다. 유대교의 교리는 유대인 친구에게 돈을 빌려줄 때는 이자를 받으면 안 되지만, 비유대인에게 빌려줄 때는 이자를 받아도 된다고 규정했다. 교리의 차이로 유대인은 최초로 대부 이자를 받는 민족이 되었고, 사회적으로 질책을 받았다.

그들의 지혜서로 알려진 탈무드를 일별하면, 그 안에 얼마나 많은 내용이 '유대인 상술', '돈벌이 공부', '돈벌이 천재 유대인', '유대 부자 철학', '돈 버는 방법, 돈 쓰는 방법' 등 돈과 관련된 것으로 점철되어 있는지 확인할 수 있다. 왜 그들은 탈무드에 이렇게 많은 분량의 상술과 돈벌이에 대한 말을 지치지 않고 수록해 놓았을까. 이는 그들의 삶이 그렇게 만들었다고 볼 수밖에 없는 이면이 있고, 또한 그 때문에 박해를 받았다. 다시 말해 그들의 삶 앞과 뒤에 돈이 매개되어 있었다.

유럽 여러 나라로 이산離散되어 간 유대인에게는 농사지을 땅이 주어지지 않았다. 그들이 할 수 있는 일이란 장사와 돈놀이뿐이었다. 그러나 각국은 기독교 교리에 어긋난 유대인들의 돈놀이를 두고 보지 않았다. 1179년 로마 교회는 돈을 빌려주고 이자를 받는 신자들을 출교하겠다고 발표했고, 1182년 프랑스는 직업적으로 돈을 빌려주고 이자를 받은 유대인을 추방했으며, 1275년 잉글랜드는 돈을 빌려주고 이자를 받는 것을 범죄행위로 선포하고, 1290년 추방령을 발표해 잉글랜드에 사는 모든 유대인을 추방했다.[4]

4) 중국 CCTV 다큐멘터리 〈화폐〉 제작팀 지음, 김락준 옮김, 앞의 책, 59–61쪽.

셰익스피어의 작품에 등장하는 고리대금업자도 유대인이었고, 히틀러가 자신의 자서전에 시도 때도 없이 등장시켜 분노와 증오를 퍼붓는 대상도 유대인이었던 연유다. 유럽의 귀족들은 돈을 가까이 하는 것은 천박한 일이라고 여겨, 돈을 소홀히 하는 듯한 태도를 취했고, 그 틈새를 유대인이 숙련된 솜씨로 파고들었다. 처음에는 유대인 집단인 게토를 대변하다가 결국 궁정의 재정대리인에까지 진출하여 재정을 좌우하는 자리에까지 이를 수 있었다.

중세기에 유대인이 아니면서도 돈과 윤리 사이에 갈등했던 대표적인 가문이 이탈리아의 메디치가였다. 메디치 가문은 양모 사업으로 출발했지만, 은행을 운영하여 엄청난 부를 쌓았다. 그러나 부유했지만 지위가 없었고 사람들의 존경을 받을 수도 없었다. 그보다 더 그를 괴롭힌 것은 내적 갈등이었다. 기독교 교리를 숙독하면서도 은행 장부를 들여다보면서, 부유해질수록 하느님과 멀어질까봐 걱정했다.

메디치 가문의 2대 수장인 코시모 데 메디치는 갈등하는 영혼을 해방시킬 수 있는 출구를 찾아냈다. 바로 예술가와 예술작품에 돈을 투자하면 영혼이 정화되고, 이런 돈은 하느님도 허락하실 것이라 믿어, 자신의 재력을 동원해 문예부흥을 돕기로 했다. 메디치 가문이 후원한 인사 명단에는 다빈치, 단테, 미켈란젤로, 조토, 라파엘, 보카치오, 마키아벨리 같은 위인들이 포함되어 있었다. 갈릴레오도 메디치 가문의 귀빈이었고, 자신이 발견한 행성에 메디치라는 이름을 붙여주기도 했다.

아마 메디치 가문은 이들 중에서도 다빈치를 특별히 중히 여겼는지, 그들 후손인 배우에게 다빈치의 이름을 붙여-레오나르도 디카프리오-그를 기억하게 했다. 어쨌든 메디치 가문은 마침내 피렌체의 정치권력을 장악하여, 교황 3명, 황후 2명, 대공 3명을 배출했다. 결국 1543년 스페인 국왕 카를 5세는 대출 이자를 받는 것을 합법이라고 발표했고, 1545년 신교의 지도자 장 칼뱅은 다른 사람이 생산적인 활동을 할 수 있게 돈을 빌려준 사람은 이자를 받아도 된다고 선포했다.[5]

유대인 중에서도 부에 있어서 메디치 가문을 능가하는 가문이 등장했다. 바로 로스차일드 가문이다. 18세기에 부의 대명사였고, 이 가문이 세운 금융제국은 유럽 전체에 영향을 미쳤다. 1806년 나폴레옹은 유럽 통일을 위해 라인 강변의 헤센 주를 점령했다. 헤센 공작은 자기 재산을 나탄 로스차일드 메이어에게 맡기고 유럽 다른 지역으로 도망갔다. 나폴레옹은 헤센 공작의 재산을 찾으라고 명령하며, 공작의 재산

5) 앞의 책, 61-64쪽.

을 숨겨주는 자는 군사 법정에 세우겠다고 경고했다.

1813년 나폴레옹은 라이프치히 전투에서 패했고, 헤센 공작은 프랑크푸르트로 돌아가 권력을 되찾았다. 로스차일드 가문은 8년 동안 고객의 재산뿐만 아니라 은행가의 명성과 신용을 지켜냈다. 명성을 얻은 로스차일드 가문은 세계 최초로 국제적인 은행 그룹을 만들기 위해 해외로 진출했다. 나탄의 형제들은 프랑크푸르트, 베네치아, 나폴리, 파리 등지에 잇달아 은행을 열었고, 두터운 혈연관계를 이용해 세계 화폐의 흐름을 조종했다. 유럽 초기의 철로, 지하철 등 주요 기반시설을 건설할 때도 그 비용은 로스차일드 가문의 대출금에서 나왔다.[6]

고대 경세가에게 부와 돈은 백성들의 삶과 연계되어 다루어지는 문제였고 정책적인 수준에서였다. 돈을 직접 만지는 사람은 상인들이었다. 그 상인들 중에는 상인자본가로 성장하는 사람도 있고, 돈을 쌓아놓는 화폐축장자蓄藏者도 있었다. 그 다음의 성장단계는 산업자본가이며, 최고로 성장한 것은 금융자본가다. 금융자본가는 상품을 매개하는 화폐가 아닌, 상품을 초월하는 화폐에만 관계한다. 현대 자본주의 사회에서 화폐를 좌우하는 자가 최고의 권력자일 수밖에 없다. 금융자본가가 화폐 발권력을 가진 중앙은행을 노렸던 이유다.

그러나 돈은 개인적 재산일 수도 있지만, 사회적 재앙을 초래할 수도 있다. 특히 돈을 경제 정책의 수단으로 삼을 때 더욱 그러하다. 한 나라의 경제 성장 모델은 두 가지로 집약할 수 있는데, 하나는 저축으로 축적된 자본을 투자하여 경제 성장을 도모하는 것이고, 다른 하나는 중앙은행이 화폐를 대량으로 발행하여 경제 성장을 자극하는 것이다.

전자는 일반인에게 피해가 없지만, 후자는 곧바로 부정적 영향을 미친다. 바로 인플레이션으로 인한 피해다. 연속되는 인플레이션은 정부

6) 앞의 책, 118-120쪽.

가 은밀히 국민의 재산을 빼앗는 것에 진배없다. 케인스의 말을 빌리면, 다수가 가난해지는 과정에서 소수가 벼락부자가 되는 길이고, 그린스펀의 말을 빌리면, 어떤 방법으로도 국민의 재산이 먹히는 것을 막지 못하는 방법이다.[7] 현대의 정부나 금융자본가는 고대의 경세가는 아닌 것이다. 단지 하나의 사적 재산가에 불과하기 때문이다.

인플레이션으로 인한 국민의 고통은 각자도생의 길로 국민들을 내몬다. 그것은 인플레이션의 폐해를 피해 부동산, 주식, 펀드, 금, 비트코인 등으로 향하게 한다. 이러한 골목으로 몰고도 탐욕을 채우지 못하면, 금융자본가들은 국가와 사회를 막다른 골목으로 몰고 갈 수도 있다. 바로 전쟁이다. 전쟁은 빠른 시일 안에 자본가가 탐욕을 채우는 방법이 될 수 있기 때문이다. 특히 그들의 자본이 방산防産에 물려 있을 때는 더욱 그러하다.

1967년 미국 유명 대학의 최고 학자들이 비밀히 연구하여 작성한 〈아이언 마운틴 보고서〉는 국가와 국민의 관계를 고려하는 데 참고가 될 만한 자료다. "국민은 전쟁 시기나 전쟁의 위협에 놓였을 때만 정부에 복종하면서 불만을 드러내지 않는다. 적으로부터의 위협과 정복이나 약탈당할 공포 때문에 국민은 과중한 세금 부담과 희생을 감수한다. 전쟁은 또한 국민의 강렬한 감정 촉진제다. 애국, 충성, 승리라는 정서 상태에서 국민은 무조건 복종하게 되어 있으며, 이런 경우에는 어떠한 반대 의견도 배반행위로 비난을 받는다. 그와 반대로 평화 시기에는 본능적으로 높은 세금 정책을 반대하고 정부가 개인 생활에 지나치게 간섭한다고 불평을 늘어놓는다."[8]

이러한 보고서가 객관적이라는 미명으로 작성되었다는 것이 놀라울 뿐이다. 전쟁으로 인한 국민의 희생이나 인플레이션으로 인한 국민의 피해는 정부와 금융자본가의 안중에는 없어 보인다. 옛날 경세가들이

---

7) 쑹훙빙 지음, 차혜정 옮김, 『화폐전쟁』, 랜덤하우스, 2008, 414쪽, 451-452쪽.

8) 앞의 책, 314-315쪽.

보였던 애민 정신은 어디에도 보이지 않는다. 권력과 물질에 대한 탐욕이 정신과 영혼을 고갈시켜 버린 것이다. 그들에게 민주나 자유 그리고 정의나 평등에 대한 개념은 사라진 지 오래된 것이다.

그럼에도 불구하고 돈에 대한 관념에서 자본가와 비자본가는 극과 극에 있다. 특히 미국 기독교도는 물질적 성공을 하느님의 총애를 받는 확실한 기반으로 본다.[9] 게다가 돈이 행사하는 전지전능한 힘을 맛본 그들은 그 힘을 신의 그것과 동일시하며 만끽했을 가능성도 클 것이고, 기독교와 자본교를 혼동했을 것이며, 마침내 자본교로 기독교를 대체했을 것이다. 이때 기독교는 자본교를 치장하기 위한 것에 지나지 않게 된다.

토마스 모어는 오래 전 1516년에 이미 이러한 상황을 통찰하여 예견했던 듯하다. 비록 자신과 다른 견해를 가지고 있는 라파엘이라는 인물의 입을 통해 하는 말로 설정되어 있기는 하지만, 문제의 핵심을 지적하는 사람이 자기 자신임에는 다를 것이 없다. 설정된 인물이 자신과 다른 견해를 가지고 있더라도, 작자 자신의 또 하나의 분신임에는 틀림없기 때문이다.

"그런데 모어 씨, 내 생각을 솔직하게 이야기하면 사유재산이 존재하는 한, 그리고 돈이 모든 것의 척도로 남아 있는 한, 어떤 나라든 정의롭게 또 행복하게 통치할 수는 없습니다. 우리 삶에서 가장 좋은 것들이 최악의 시민들 수중에 있는 한 정의는 불가능합니다. 재산이 소수의 사람들에게 한정되어 있는 한 누구도 행복할 수 없습니다. 왜냐하면 그 소수는 불안해하고 다수는 비참하게 살기 때문입니다."[10]

물론 모어는 모든 것을 공유하는 것도 잘 사는 길이 될 수 없음을 반론으로 제기한다. 특히 이익을 얻을 희망이 없는 무자극의 공유는 게으름으로 이어지고 다시 물자 부족을 초래하여, 공유하는 것조차 여

9) 헤르만 폰 카이저링 지음, 홍문우 옮김, 『방랑하는 철학자』, 파람북, 2023, 770쪽.

10) 토마스 모어 지음, 주경철 옮김, 『유토피아』, 을유문화사, 2017, 55쪽.

의치 않게 될 것이라 본다. 게다가 통치자에 대한 존경과 권위가 사라져, 홉스가 나중에 이야기하는 것과 같은 혼란과 무질서를 염려한다.

그러나 라파엘은 역설적 사고로 이를 물리친다. 빈곤 문제를 해결하는 데에 필요한 것이 돈이라고 생각하는데, 반대로 돈이 사라지면 빈곤도 돈과 함께 완전히 사라진다는 것이 그의 생각이다. 물론 이 라파엘의 생각은 소규모 공상적 사회주의 사회에 적합한 사유일지 모른다. 그럼에도 불구하고 이러한 사유는, 오늘날 공유 재산을 사유화하고 공공사업을 민영/사영사업으로 돌려 잠식하려는 자본가의 야욕을 저지하는 데에는 참조 사항이 될 수 있다. 그리고 현실적으로 존재하다 사라진 사이비 사회주의의 몰락을 빌미로 공유에 대한 참조를 무시하는 것은 단견에 지나지 않을 수도 있다.

돈

애초에 인류에게는 돈이 필요 없었다. 자연에서 그냥 획득하는 약탈 경제의 시기를 지나 자연에 노동력을 투입하여 물산을 산출하는 생산 경제의 시기에 와서도, 물품을 생산하여 서로 교환하는 것은 힘없고 용맹 없는 자들의 행동이었다. 영웅적인 부족에게 생산과 거래를 통한 교환은 나약함의 증거였다. 약탈하면 되는 것을 굳이 애써 노동을 할 필요는 없다는 것이었다.

서구의 경우 호메로스 시대 훨씬 이전의 그리스 후진 지역들에서는 해적 행위가 합법적인 영리 행위로 유지되었다. 나아가 수많은 원시사회에서는 폭력적인 약탈 행위가 정직한 지불보다 더 고귀한 것으로 간주되었다. 대상에 대한 행위에서 주관성에 매몰되어 있기 때문에, 원시인에게 사물과 그 가치의 객관화와 일치하는 교환은 필요한 것도, 가능한 것도 아니었다. 교환은 주관적 가치 평가의 객관적 측정을 전제로 하는 것이기 때문이다.[11]

그러나 모든 생산 부족이 약탈 부족에게 생산물을 빼앗기고만 있지 않았을 것이다. 성을 쌓고 그들의 물산을 지킴으로써 약탈 부족의 약탈도 줄어들고, 두 부족은 거래의 마당으로 나왔을 것이다. 이로 인해 거래와 교환은 인간들 사이의 평화로운 관계를 촉진하고, 상호작용하는 삶을 구성하는 양식이 되었을 것이다. 거래와 교환에 등장한 물품은 그들의 의식주 생활에 필수불가결한 것들이었다.

담비 가죽, 면포, 짐승 고기와 곡물이 서로 등가 교환되었다. 이때 교환되는 각각은 '물품화폐'로서 질료의 상태가 그대로 남아 있는 것이었다. 화폐라는 말 자체에도 물품의 흔적이 남아 있다. 화폐貨幣의 화와 폐는 재물을 의미했기 때문이다. 이제 소박한 형태지만 물품이 등가성의 원리로 교환되었기에 화폐의 역할을 했고, 교환은 물질적 삶의 조건이자 양식이 되었다.

그러나 물품의 양이 많아지면서 운반에 어려움을 겪어야 했다. 그래서 물품을 이동해 쉽게 모일 수 있는 공동의 장소인 시장이 생기고, 편리하게 물품과 교환할 수 있는 돈이 필요했다. 대체로 여간해서는 마모되지 않는 쇠로 만들어, 보관하기 쉽게 원형에 사각형의 구멍을 내어(실용적인 기능을 고려했겠지만, 정원 연못과 마찬가지로 천원지방天圓地方의 우주관도 반영되었을 것이다), 줄에 꿸 수 있는 금속화폐를 만들어 썼다. 그러나 화폐를 만드는 것과 그것을 모두에게 통용하는 것은 다른 문제였다.

돈에 대한 우리나라의 기록으로 쉽게 접할 수 있는 것은 고려 때의

11) 게오르그 지멜 지음, 김덕영 옮김, 『돈의 철학』, 길, 2021, 103-104쪽, 70-71쪽.

가전假傳인 임춘의 「공방전孔方傳」이다. 엽전이 쇠에서 돈으로 만들어지기까지의 과정과 모양 및 주조, 돈과 관련된 인간의 행태 등을 중국역사와 관련시켜 전개하고 있다. 그러나 이는 어디까지나 중국의 역사에 의탁한 것으로서, 우리의 실질적인 화폐 주조와 유통 그리고 일상생활세계와 경제 영역에서의 의의와는 거리가 먼 얘기다.

우리나라의 경우 동전을 만들어 통용하는 것이 얼마나 어렵고 까다로운 문제인가를 겪은 이는 효종대의 김육이었다. 김육은 백성들의 실질적인 삶의 개선에 행정력을 기울인 드문 재상이었다. 대동법 실시와 행전行錢/동전 통용에 대한 열의에서 이를 확인할 수 있다. 당시까지는 추포麤布/발이 굵고 거칠게 짠 베를 비롯한 물품화폐가 뿌리를 내리고 사용되고 있었다.

게다가 태종 때 저화楮貨/닥나무 껍질로 만든 종이돈 통용책이 실패로 돌아가, 동전 정책에 대한 민간의 누적된 불신, 엘리트 관료들의 비협조와 비판, 동전 원료의 부족, 시장의 미성숙 등이 겹쳐, 수많은 좌절의 고비를 넘겨야 했다. 그러나 김육의 열의는 이러한 모든 것들을 넘어서는 것이었다. 실록편찬자의 기록이 이를 엿보게 한다. "김육은 성급하고 고집이 센 성품으로 하려는 모든 일을 반드시 성취하고 말았다. 비록 온 세상이 그를 그르다 하여도 돌보지 않으니, 사람들이 그의 강인함을 칭찬하였다."[12]

효종과 주위의 반대에 부딪힐 때면 사직서를 내밀고, 부분적으로 받아들여질 때면 일부지역부터 시행하여 자신의 의지를 관철해 나갔다. 황해도와 평안도를 시작으로 행전을 실시하기도 하고, 대동미와 녹봉의 일부를 행전으로 납부하거나 치르기도 하여 연동 정책을 쓰기도 하면서, 행전의 편리성과 효율성 그리고 파급성을 받아들이게끔 했다. 대동법의 확대 시행은 시장을 성장시켜 동전의 전국 통용을 지원했

12) 이헌창 지음, 『김육 평전』, 민음사, 2020, 342쪽.

다. 그리하여 동전 유통은 17세기 후반 시장의 괄목할 성장에 공헌했다. 김육의 정책을 이어받은 영의정 허적, 좌의정 권대운에 의해 1678년 상평통보가 발행되고, 이후 전국적으로 통용되는 되는 데에 김육의 손자 김석주가 힘을 보탰다. 그리하여 벌금, 조세, 환곡의 모곡 등을 동전으로 납부하고, 동전을 쌀, 무명, 은화의 가치와 연계하고, 행전 별장을 파견하는 등의 정책이 계승되었다.[13] 이로써 금속화폐가 물품화폐의 구태를 벗고 백성들의 삶에 온전한 모습으로 등장하게 되었다.

금이 금속의 최고 자리를 차지하였듯이, 금속화폐의 최종 형식은 금화였다. 주조 설비가 미비하여 조금 투박한 형태이긴 하나, 이미 기원전 6세기 리디아 왕국에서 금화가 등장했다. 동서양 문명이 교차하던 곳이라, 무역이 발달하여 화폐 주조를 재촉했던 것으로 보인다.[14] 그 후 금의 변하지 않는 속성으로 말미암아, 금화는 화폐의 최종 형식으로 보편화되어 세계 각국에서 금화가 발행되었다.

김육이 동전 주조와 통용에 심혈을 기울였다면, 영국의 뉴턴은 은화와 금화를 두고 고심하다 엉뚱한 일에 직면했다. 뉴턴은 왕립 조폐국의 총책임자로 일하면서, 금속화폐의 질량과 정확도를 성공적으로 향상시켰지만, 금 가격을 지나치게 높게 잡고 은 가격을 지나치게 낮게 잡는 바람에 예기치 못한 일이 일어나게 했다. 사람들이 조폐국에서 싼 은을 사서 그보다 비싸게 수출하여, 그 이익으로 금을 사서는 조폐국에 비싸게 팔았다.

이런 일이 계속되자 영국은 비축한 은이 많이 줄어들었다. 이에 자극받은 뉴턴은 아예 은화를 폐지하고 금화를 유일한 화폐로 삼는 결정을 내렸다. 100년 뒤 영국은 법으로 황금 가격을 고정했고, 금본위제를 탄생시켰다. 이후 각국은 화폐의 형식과 관계없이 황금과 연계하여 화폐를 발행했다. 금본위제는 영국의 화폐와 물가를 안정시켰고, 영국의

---

13) 앞의 책, 356-357쪽.

14) 중국 CCTV 다큐멘터리 〈화폐〉 제작팀 지음, 김락준 옮김, 앞의 책, 81쪽.

국력은 영국 중심의 국제통화 시스템을 구축했을 뿐만 아니라, 세계의 경제와 무역은 금본위제를 통해 100년 동안 번영을 누렸다.[15]

금속화폐는 물품화폐에 비해 편리하지만, 이 역시 많아지면 그 무게나 분실 위험이 상인들의 활동에 제약으로 작용했다. 이 제약을 돌파한 사람들은 중국 북송 시대의 민간인들이었다. 재력이 있고 신용이 두터운 사람이 점포를 열어, 상인들이 금속화폐를 맡기면 영수증을 써주었는데, 이 영수증이 교자交子였고, 교자를 발행하는 상가가 교자포였다. 이 교자는 '신용화폐'의 출현을 알린 지폐의 선구였다.[16]

그러나 화폐의 형식이 변한다고 해서 화폐로서의 금의 지위를 배제하는 것은 쉬운 일이 아니었다. 그래도 이를 실현한 길로 나아간 나라는 미국이었다. 미국이 세계의 금 60%를 가졌기에 가능한 일이었다. 먼저 미국 국내에서 유통되고 교환되는 금화를 폐지하고, 세계적으로 황금의 화폐 기능을 없애기 위해 1944년 브레턴우즈협정에 따라 달러 환전시스템을 완성하고, 1971년 닉슨 대통령이 금본위제를 폐함으로써 작업을 마무리했다.[17]

그렇다고 화폐의 진화가 이 정도에서 머무는 것은 아니었다. 금융자본가는 화폐의 형식을 달리하며 계속 나아갔다. 화폐는 보험 증권이 되기도 하고, 주식으로 바뀌기도 하며, 채권이 되기도 하고, 선물先物로 전환되기도 했다. 중앙은행은 화폐(공공화폐)를 발행하고, 시중의 상업은행은 대출을 해주며 부채화폐(민간화폐)를 발행했다. 나아가 금융기관과 관련 정부기관을 불신하며 비트코인과 대안화폐 또는 암호화폐까지 등장했다. 더구나 일반인은 이제 물품은 고사하고 화폐까지도 보지 못하고, 숫자로만 돈의 수입과 지출을 감지하며 카드에 사인을 하게 됐다.

---

15) 앞의 책, 89-92쪽 참조.

16) 앞의 책, 65-67쪽 참조.

17) 쑹훙빙 지음, 차혜정 옮김, 앞의 책, 206쪽.

여기에다 1990년대 후반 외환위기 이후 태어난 사모私募펀드 사업은 규모를 늘리다 결국 정책 실패, 불완전 판매, 주가 조작, 사기, 정경 유착 등의 말을 쏟아내며 그 위험성을 드러냈고, 불법 사금융과 대부 중계 사이트는 자금에 취약한 이들을 궁지로 몰고 있으며, 1인 방송 운영자들은 혐오와 분노 콘텐츠로 돈을 만들고 있다. 돈은 이처럼 신을 대체했을 뿐만 아니라 악마도 대체했다. 다시 말해 자본주의사회에서 화폐는 신이자 악마의 위력을 가진 존재가 된 것이다.

흔히 화폐의 기능을 가치 척도, 계정 단위, 교환 매개체, 가치 저장소로 규정한다. 그러나 이것은 화폐의 역사에서 기본적인 것에 지나지 않는다. 화폐는 물품/상품에 매개되었을 때는 이러한 기능을 발휘하는 정도에 머물렀지만, 화폐가 물품이나 상품을 떠났을 때는 그보다 차원이 다른 기능을 발휘하게 되었다. 상품의 유통과 화폐의 유통은 그 경로가 달랐던 것이다.

상품은 생산과 유통 그리고 소비의 경로를 따라가다가 어느 순간 소멸된다. 그러나 화폐는 상품에 부착된 존재도 아니고, 상품에 내재된 존재도 아니다. 상품은 소멸되어도 화폐는 상품에서 떨어져 나와 다른 경로를 따라 이동한다. 화폐가 그럴 수 있는 것은 그것이 상품에 속하는 것이 아니라, 그것에 거리를 둘 수 있는 존재이기 때문이다. 지멜은 이를 '추상화'라 부르며, 그의 저술에서 반복하여 강조하고 있고, 마르크스 역시 상품 없이 진행되는 화폐의 경로를 좇았다.

지멜이 강조하는 화폐의 추상화 능력은 언어의 추상화 능력과 다르지 않다. 언어는 사물에 유래하여 나왔지만 사물에 속해 있지 않다. 개별 사물에서 출발한 언어는 개별 사물을 초월하여 상위 레벨로 올라간다. 레벨은 다층적으로 구성되어 있어, 위의 레벨에 있는 것이 아래 레벨에 있는 것을 포괄하여 장악한다. 남자와 여자의 레벨, 노인과 소년의 레벨은 각각 인간과 남자의 레벨에 포섭되는 것과 같다. 추상화는 이처럼 구체 개별을 가리키는 데는 결함이 있지만, 이들을 집약하고 총괄하는 능력을 발휘한다.

화폐도 마찬가지다. 상품의 판매자와 구매자 사이에서 화폐는 '상품-화폐-상품'과 같이 상품교환의 매개 기능, 가치 측정 기능, 계정 단위 기능, 가치 저장의 기능을 수행하지만, 상품과 거리를 유지하며 '화폐-상품-화폐'의 형태로 유통되다가, 결국 어느 순간 상품을 떨구고 '화폐-화폐'의 길로 간다. 이 길은 바로 화폐가 자본으로 전화되어 자본이 되는 길이다.[18]

앞의 화폐와 뒤의 화폐 사이에 잉여가치가 생겨 가치 증식이 이루어지는데, 이는 화폐의 운동 여하에 따라 무제한적이 될 수도 있다. 상품과 화폐는 전화와 재전화를 거듭하면서, 때로는 상품 유통에 때로는 화폐 유통에 화폐를 투입하면서 자본가는 무제한 자본을 증식할 수 있는 것이다. 수전노나 화폐축장자는 화폐의 유통에서 화폐를 빼내어 간직하는 자라면, 자본가는 끊임없이 화폐를 화폐 유통에 투입함으로써 합리적으로 자본을 증식하는 자다.[19]

화폐가 이런 무제한의 증식을 할 수 있는 것은, 자본주의사회에서 화폐가 가지는 안정성과 항상성 때문이다. 이 안정성과 항상성은 화폐의 추상성을 형성하며 가치의 최상위 레벨을 형성한다. 상품의 구체성은 실제성과 사용성으로 가치의 하위 레벨을 형성한다. 상품의 가치는 구체적인 사용처에 쓰임으로써 소멸하지만, 화폐의 가치는 소멸하는 상품과 거리를 둠으로써 소멸하지 않고 계속 가치를 보유하기 때문이다.

따라서 화폐의 추상성은 모든 가치 대상을 넘어서는 초월성으로 자

---

[18] 칼 마르크스 지음, 김영민 옮김, 『자본 I-1』, 이론과실천, 1987, 176쪽.

[19] 앞의 책, 183쪽.

리 잡는다. 그래서 화폐는 모든 가치에 대해 우월적 지위를 가지며, 가치 실현의 최종적인 수단이 된다. 자본주의사회에서 가치의 실현을 위해서는 자본이라는 수단과 경로를 통과해야 한다. 가치뿐만 아니라 어떤 목적을 이루기 위한 수단에서도 화폐를 능가하는 수단은 없다. 가치 실현, 목적 실현에서 최종적 수단이 화폐가 된 것이다.

최종적 수단은 곧 절대적 수단이다. 이 절대적 수단 앞에서 거의 모든 목적은 절대적 수단의 수단이 되고, 절대적 수단이 목적으로 등극하는 것은 시간문제가 된다. 금전/화폐의 위력 앞에 면역력을 가진 사람은 거의 없다. 돈은 너무나도 쉽게 최종 목적으로 격상되고, 무수한 사람들에게 목적의 종착점을 의미하며, 삶의 세부적인 항목들을 지배하는 하나의 척도를 제공한다.

그 결과 종교적 차원에서 이러한 만족을 추구해야 할 필요성을 감소시킨다. 한스 작스가 결론지어 말한 대로 '지상에서 돈은 세속적인 신'이 되는 것이다.[20] 돈이 최종목적이 됨으로써 다른 목적들을 자신을 위한 수단으로 격하할 수 있는 강력한 힘을 갖게 되었고, 이에 따라 사람들은 돈을 위해서라면 무슨 일이든지 할 수 있는 세상이 되었다. 그리고 신이 인간 세상에 편재遍在하듯이, 신이 된 돈도 인간 세상 어디에나 두루 스며들어 인간을 좌지우지하는 존재가 되었다.

그러면서 돈은 양과 질을 구별하지 않는다고 말한다. 또는 돈은 좋은 돈 나쁜 돈이 없다고 말한다. 돈이 중립적이기 때문이라는 것이다. 그러나 돈이 일차적이고 유일하게 추구해야 할 목표로서 우리의 의식을 지배하고 있다면, 그것은 우리에게 분명하고도 확실한 질을 가지고 있는 것이다.[21] 다시 말해 돈은 그 양이 질로 인식되는 것이다. 지배적인 양, 절대적인 양은 충분히 질로 작용할 수 있는 것이다.

20) 게오르그 지멜 지음, 김덕영 옮김, 앞의 책, 391쪽.

21) 앞의 책, 433쪽.

그러면 화폐가 점령한 가치 이외에 다른 가치는 없을까. 사물의 화폐 가치가 사물 자체가 담지하고 있는 가치를 남김없이 대체하지는 못할 것이다. 사물에는 돈으로 환산하거나 표현할 수 없는 가치가 있을 것이라는 점은 누구나 인정할 것이다. 자본주의사회의 화폐경제 체제에서는 돈으로 대체하거나 환산되지 않는 가치를 은폐하는 경향이 있다. 이 은폐된 경향에서 찾아내야 할 것은 인격적 특징이다. 왜냐하면 화폐 제도는, 고귀한 인격의 특징이며 가치 평가에 내포되는 자존성自存性을 근원적으로 파괴하기 때문이다.[22]

인격적 자존성은 화폐로 파괴할 수도 없고, 화폐로 보상할 수도 없다. 그렇다고 화폐나 화폐제도에 무방비로 나설 수는 없다. 화폐에 의해 인격적 자존성이 파괴되지 않기 위해서는 화폐나 화폐제도가 안고 있는 틈새를 관통하고 나아가야 한다. 그 틈새는 화폐나 화폐제도가 유통되고 성립되는 과정에서 이미 생겨나 있는 것이다. 화폐는 추상성, 화폐제도는 합리성이 바로 그 틈새다.

추상성은 상위 레벨로 올라가는 과정에서 개별의 고유성을 모두 안고 갈 수 없다. 개별을 모두 안고 가는 것은 추상이 아니기 때문이다. 이는 마치 변증법에서 개별이 종합으로 지양되어 갈 때 잔여를 두고 갈 수밖에 없는 것과 같다. 합리성은 계산할 수 있는 것만 적합성의 요소로 수용한다. 계산 불가능한 것은 제도 성립의 요소로 안고 갈 수 없다. 이렇게 성립된 추상성과 합리성은 애초에 엉성한 것일 수밖에 없다. 계속해서 수정이 가해지는 것이 이를 입증한다.

개별의 진정한 요소, 표준화하고 획일화할 수 없는 요소는, 상위 레벨로 올라가지 않고 잔여로 있는 것 속에, 계산되지 않고 내버려져 있는 것 속에 있는지도 모른다. 이러한 요소를 정련하여 구성한 것이 어쩌면 주류가 추상화하고 합리화한 것보다 값진 것인지도 모른다. 전자

---

22) 앞의 책, 684쪽.

의 길로 간 사람들은 후자의 길로 간 사람들보다 더 대담하고 용기 있는 사람들일 수 있다.

지멜은 전자의 길로 간 사람들로서, 인간사의 경제적 고찰과 정당화에 가장 냉담하고 가장 적대적이 될 정신들의 전형이라며, 괴테, 칼라일, 니체를 들었다. 이들은 근본적으로 반지성주의적이며, 엄밀한 계산적 자연 해석을 완전히 거부하는데, 그들의 자연 해석은 화폐제도의 이론적 대응물이었다는 것이다. 이들 유럽의 인물과 더불어 아메리카의 에머슨이나 소로에 의해 '자연'은 화폐의 수단이 되지 않는 최종 목적으로 남아 있었을 것이다. 그리고 러시아의 베르자예프와 더불어 '인격' 또한 화폐 대응물로 남을 수 있었을 것이다.

자유주의와 민주주의 그리고 신자유주의

　프랑스 대혁명은 그 이름에 걸맞게 많은 것을 내재하고 있었다. 이후 인류의 주요 행보와 그에 따른 이념에는 이 사건에서 비롯되는 것으로 이름 붙여진 것이 적지 않다. 혁명의 주동세력은 제3신분인 평민들로서, 이들에는 의사, 변호사, 사업가 등 전문직 종사자, 곧 부르주아지들이 포함되어 있었는데, 계몽 사상가들에 의해 보급된 고전적 자유주의 사상을 지니고 있었다. 또한 제3신분에는 수공업자, 소매상인, 소기업주, 직인, 노동빈민층, 곧 상퀼로트가 혁명의 주된 공격 세력으로 구성되어, 시위와 폭동 그리고 바리케이드 설치 등을 도맡았다.

　이들 제3신분은, 제1신분인 성직자, 제2신분인 군인귀족과 법복귀족을 구성원으로 운영되는 군주제에 대항했다. 두 신분은 프랑스 전체 토지의 40%를 차지하고서도 면세 혜택을 누리면서 권력과 부를 독점했다. 그러나 프랑스 인구의 98%에 이른 제3신분은 각종 세금 부담에 시달리면서도 정치에서 배제되어 있었다. 다시 말해 2%의 인구가 40%의 땅을 차지하고 98% 인구를 지배하며, 세금을 내지 않고 사치와 나태에 빠져 빚에 시달리며 평민을 착취하고 그들의 삶을 황폐화시켰다.

　하층민이 많이 포함되어 있던 프랑스 의용군의 옹호를 받은 자코뱅파는 혁명정국의 주도권을 잡고 국민공회를 구성하여, 군주제를 폐지하고 공화정을 수립함으로써 프랑스 제1공화국을 탄생시켰다. 국민공회는 군주제의 정점인 루이16세를 혁명 재판에 회부하여 처형하고, 혁명의 슬로건이자 공화국의 공식 이념인, '자유'와 '평등'과 '박애/형제애'를 내걸었다. 자유는 부르주아지에게서, 평등은 상퀼로트에게서, 박애 또는 형제애는 이들 모두를 넘어서는 인간 또는 민족에게서 왔다는 것을 어렵지 않게 짐작할 수 있다.

이후 자유는 '자유주의', 평등은 '사회주의', 박애 또는 형제애는 '세계시민주의' 또는 '민족주의'로 퍼져 나가 인류의 삶에 큰 파장을 그리며 나아가게 되었다. 그러나 한편으로는 처음의 이념이 굴절되고 왜곡되면서 예상치 못했던 행보를 하게 되었다. 이는 혁명의 이념을 지속적으로 이어나가지 못한 인간의 한계에서 말미암았고, 그에 따라 일반인이 막대한 고통을 감내해야 하는 오늘날의 현실을 맞이하게 되었다.

자유주의

제3신분이 '자유'를 내세웠을 때, 그 안에는 실제로 어떤 것이 담겨 있었을까. 구체제는 왕족과 귀족 그리고 성직자에 의해 구축되고 유지되는 체제였다. 그것은 다름 아닌 '혈연'에 의해 신분이 세습되고, '교회'에 의해 일상이 통제되는 체제를 말한다. 이는 달리 말하면 인간의 삶이 재주나 능력 그리고 일반인의 일상적 필요와 무관하게 영위되고 있었다는 것을 말한다. 따라서 자유는 바로 이러한 것들로부터 벗어나는 것을 의미했다. 그래서 자유 안에는 혈연보다는 재능, 집단보다는 개인, 종교적 신념보다는 일상의 생활세계가 중요하다는 인식이 들어 있었다.

제3신분이 이러한 인식을 바탕으로 현재의 정체된 사회를 해체하고 미래의 진보된 사회를 향해 나아가려 하자, 이를 터무니없는 행보로 보고 막아서는 세력이 등장했다. 바로 보수주의자들이었다. 이로부터 '보수주의'와 '자유주의'의 대결 구도가 형성되었다. 보수적 의식은 원래 이론이나 사상을 필요로 하지 않는 경향을 갖고 있었다. 인간과 세계가 조화를 이루고 영위되는 체제에서는 특별한 반성의 대상이 두드러지게 있는 것도 아니었기 때문이다. 그래서 보수주의자에게 과거의 반성이나 미래의 진보는 생각할 수 없는 일이었다. 그러니 보수주의에게 자유주의의 행보는 구체성을 갖지 못한 허황된 것이었다.[1]

그러나 이를 다른 측면에서 보면, 이야기는 조금 다르게 전개될 수 있었다. 자유주의자에게 미래가 전부이고 과거는 무였음에 비하여, 보수주의자에게는 과거가 의미와 가치의 전부이고 현재를 가능하게 하는 것이었다. 자유주의자에게는 진보가 의미 있는 것이고, 보수주의자에게는 현존이 중요했다. 따라서 자유주의자에게는 당위가 강조되고, 보수주의자에게는 존재가 강조되었다.[2]

그러면서 보수주의자는 프랑스 혁명과 그 혁명이 내세우는 사회의 원칙들을 사회적인 재앙이라고 생각했다. 혁명이 발발하자마자 보수주의의 기본 저작들이 저술되었는데, 1790년 영국에서 에드먼드 버크가 『프랑스 혁명론』을 출판했고, 곧이어 프랑스에서도 조제프 드 메스트르가 일련의 저작을 선보였다. 이들에게 프랑스 혁명은 사회질서의 근본구조에 대한 급진적 개입이라는 위험한 시도로 비춰지면서, 두 사람은 범보수주의 이데올로기를 표명하는 존재가 되었다.

특히 이들을 분개하게 한 것은, 사회질서가 무한정 유연하게 바뀔 수 있고, 무한정 개선될 수 있으며, 인간의 정치적 개입이 변화를 야기할 수 있을 뿐만 아니라, 또 그 변화를 일으켜야 한다는 주장이었다.

---

[1] 칼 만하임 저, 황성모 역, 『이데올로기와 유토피아』, 삼성출판사, 1979, 452-454쪽 참조.

[2] 앞의 책, 456-457쪽 참조.

보수주의자들은 이러한 개입을 아주 위험한 도전으로 규정했고, 나아가 기존 제도가 이에 대한 도전에 의해 창출된 제도보다 악을 덜 초래할 것이라고 생각했다. 1793년 프랑스 혁명 세력들의 공포정치가 끝난 후에는, 혁명이란 결국 그와 같은 공포정치로 귀결되게 마련이라는 일반화를 내세우며 자신들의 입장을 뒷받침해 나갔다.[3]

보수주의자들은 사회의 전통이나 규칙의 자연스러운 변화까지를 반대한 것은 아니었다. 다만 그 변화를 결정할 수 있는 유일한 존재는 책임 있는 위치에 있는 사람들이라고 주장했다. 대다수 민중은 중요한 사회적·정치적 결정을 내리는 데 필수적인 판단을 한 번도 해본 적이 없었을 뿐만 아니라 앞으로도 있을 수 없는 일이었다. 이는 그들이 늘 위계구조와 그에 따른 질서를 지상에 존재하는 유일한 것으로 간주한 데서 온 결과였다. 시민적 존중이나 개인적 선택과 같은 덕목은 권위에 대한 복종과 의무의 요구를 무시하는 처사였을 뿐이었다.

따라서 그들은 대규모 위계질서인 국가나 그 가장 하위 단위인 가족을 신뢰했다. 사회는 유기적 융합 상태로 존재하는 것이므로, 구성원 간의 갈등은 사회적 병폐일 뿐이었다. 갈등을 진보를 위한 계기로 본다는 것은 불가능했다. 그래서 갈등의 씨앗이 될 우려가 있는 교육을, 또 그것의 대상을 대중으로 확대되는 것도 못마땅해 했다. 교육은 엘리트 간부 교육에 국한되는 것이 마땅하고 충분했다. 상층계급과 하층계급의 능력 격차는 노력에 의해 극복될 수 있는 것이 아니라, 근본적인 인성의 차이이기 때문에, 신에 의해서만 치유될 수 있다고 생각했다.

정치적으로 보수주의 이데올로기는 1794년 이후 곳곳에서 번성하였고, 1815년 나폴레옹의 패배 이후 유럽이 신성동맹의 지배 아래 놓이게 되자, 마침내 권력의 정상에 서게 되었다. 이에 따라 앙시엥 레짐의 복귀란 어떤 식이든 바람직하지 않거니와 가능하지도 않다고 생각했던

3) 이매뉴얼 월러스틴 지음, 이광근 옮김, 『세계체제분석』, 당대, 2005, 142-144쪽 참조.

사람들이 다시 뭉쳐서 보수주의에 대한 대항이데올로기를 개발해야 했다. 이 대항이데올로기가 바로 자유주의라고 불리게 되었다.[4]

자유주의자들에게 변화는 정상적인 것일 뿐만 아니라 불가피한 것이었다. 인간이 살고 있는 세계가 좋은 사회를 향해 끊임없이 전진하고 있기 때문이었다. 자유주의자들은 너무 급격한 변화는 생산적이지 못할 수 있으며, 또 실제로도 그러했다고 인정했으나, 전통적 위계들은 계속될 수 없을뿐더러 기본적으로 정당하지 못하다고 주장했다. 프랑스 혁명 구호 가운데 자유주의자들에게 가장 와 닿았던 것은 "재주만 있으면 어떠한 경력이든 추구할 수 있다."라는, 오늘날 '기회의 평등'과 '능력주의'라는 용어로 더 익숙한 구호였다.[5] 자유주의자들은 이 구호를 중심으로 자신들의 이데올로기를 구축하는 동시에 서로 다른 위계를 구분했다. 자연적인 위계라고 생각했던 것은 부정하지 않았지만 세습적 위계는 거부했다. 자연적 위계는 자연스러운 것일 뿐만 아니라 대부분의 사람들이 받아들일 수 있기에 정당한 것으로, 권위를 행사할 수 있는 정당한 기반을 가지고 있는 것이었다. 반면 세습적 위계는 사회적 지위의 이동을 불가능하게 하는 것이기에 정당한 것이 아니었다.[6] 위계에 대한 변화를 전제로 한 진보적 관념은 제도 개혁을 필요로 했다. 제도 개혁에는 또 그 속도와 주도 세력에 대한 성찰을 필요로 했다. 자유주의자들에게 사회변화의 속도는 너무 느리지도 않고 너무 빠르지도 않게 진행되어야 했고, 주도권은 전문가 집단이 가져야 했다. 변화의 속도가 너무 느리면 변화라고 할 수 없고, 너무 빠르면 부작용이 심할 것이라 생각했을 것이다. 또한 변화의 주도권이 민중에게 간다는 것은 미덥지 못한 것이었다. 자유주의자들에게 민중은 보수주의자들의 생각과 마찬가지로 배우지 못하고 비합리적인 존재로 비쳤기 때

---

[4] 앞의 책, 144–146쪽 참조.

[5] 앞의 책, 146–147쪽 참조.

[6] 앞의 책, 147–147쪽 참조.

문이었다.

여기서 앞으로 있을 갈등의 씨앗이 잠복되어 있게 된다. 자유주의 이야기의 대부분은 일부를 위한 자유주의와 모두를 위한 자유주의 간의 부단한 투쟁과 관련되어 왔기 때문이다.[7] 구체적으로 말하면, 부르주아와 상퀼로트와의 갈등, 경제시민과 정치시민과의 갈등, 자유주의와 사회주의와의 갈등, 자유주의와 민주주의와의 갈등, 고전적 자유주의와 신자유주의와의 갈등 등의 요인이 모두 이미 자유주의의 내부에 복잡하게 얽혀 있었다는 이야기다.

이러한 기반 계층의 차이에 따른 이해관계 이외에도, 또한 자유주의자들이 그들의 이념을 이끌어낸 역사적 토대의 차이도 자유주의 이념을 복잡하게 만든 요인으로 작용했다. 자유주의자들은 '갈등의 불가피성'을 인정했는데, 이는 종교 전쟁이나 경제 변화 그리고 지적 균열이 견고한 사회를 격변으로 몰고 갈 수 있다는 깨달음에 근거한 것이었다. 그리고 '권력에 대한 불신'을 견지했는데, 이는 분립해 있지 않은 권한으로는 복잡한 사회를 통치할 수 없으며, 권력은 견제되지 않으면 무자비해질 수밖에 없다는 깨달음에서 온 것이었다. 또한 '인간의 진보에 대한 믿음' 역시 견지했는데, 이는 종교적 각성과 계몽주의적 열정에서 생겨난 것이었다. 마지막으로 '시민적 존중'을 강조했는데, 이는 인간의 고유한 가치에 대한 종교적 인정과 스스로에 대한 도덕적 책임 그리고 법적 기초에 의한 보장 등에 근거한 것이었다.[8]

어쨌든 결국 자유주의자들이 변화의 주도적 주체로 지목한 것은 전문가 집단이고, 그 중에서도 과학자들이었다. 과학적 지식을 기반으로 한 국가 및 사회 운용 프로그램을 제시할 수 있는 정치가만이 미래 사회를 번영으로 인도할 수 있는 집단으로 간주되었다. 19세기 전반기까지의 이데올로기 구도는 이처럼 보수주의와 자유주의의 대립과 갈등이

7) 에드먼드 포셋 지음, 신재성 옮김, 『자유주의』, 글항아리, 2022, 21쪽.

8) 앞의 책, 19-20쪽 참조.

었다. 자유주의보다 더 급진적인 이데올로기를 내세우는 강력한 집단이 없었고, 집단을 이루지 못한 채 급진적 경향을 띠던 자들도 스스로를 자유주의 운동의 작은 부착세력 정도로 여겼다.[9]

그러나 자유주의는 보수주의와 대립하고 갈등하며 우위를 차지하며 나아가는 과정에서 또 다른 대항이데올로기를 키워냈다. 그것은 앞에서 말한 여러 가지 요인이 작용했겠지만, 크게 두 가지를 생각해볼 수 있겠다. 하나는 변화 속도에 관한 문제일 것이고, 또 다른 하나는 변화의 주도권에 대한 문제일 것이다. 자유주의의 점진적 변화는 변화를 기대하는 자들에게는 너무 느린 것이었을 것이고, 전문가 집단이 주도하는 변화는 대다수 민중의 이해관계를 반영하지 못했을 것이다.

그래서 자유주의에 대항하는 이들은, 자유주의자들이 변화에 미온적이고 실제로는 근본적인 변화를 두려워하고 있다는 것을 깨달았다. 이들은 스스로를 민주주의자나 급진주의자 또는 사회주의자라고 부르기도 했다. 이러한 새로운 변화의 계기가 형성된 것이 1789년의 프랑스대혁명의 연장선상에 있으면서 또 다른 성격을 띤 1848년의 혁명이다. 이 혁명은 그전까지 유지되어 오던 보수주의 대 자유주의의 양대 이데올로기 구도를, 보수주의-자유주의-사회주의 3대 이데올로기 구도로 바꾸어 놓았다.[10]

1848년 혁명을 배경으로 하는 빅토르 위고의 소설 『레미제라블』에는 1848년 혁명의 의의를 간략하게 요약해 놓았다. "민주주의의 위대한 점은 아무것도 부정하지 않고 인간성 모두를 인정한다는 데 있다."[11] 이는 자유주의의 한계를 지적하는 동시에, 오늘날까지 민주주의의 가치가 퇴색되지 않고 이어져 오는 이유를 지목하는 것이기도 하다. 그것은 다음과 같은 표현을 얻기도 한다. "민주주의는 모든 가능한 정치체

---

[9] 이매뉴얼 월러스틴 지음, 이광근 옮김, 앞의 책, 147-149쪽 참조.

[10] 앞의 책, 149쪽.

[11] 빅또르 위고 지음, 송면 옮김, 『레미제라블Ⅰ』, 동서문화사, 2016, 714쪽.

제 중 최악의 것이다. 다만 문제는 다른 것들 중에 더 나은 것이 없다는 점이다."[12]

자유주의는 이렇게 하여 세 가지 자유, 곧 입헌적 자유/대의기관(19세기 초), 경제적 자유/자유시장(19세기 말), 민주적 자유/민주주의적 참여(20세기 중엽) 확립의 길을 열었다.[13] 자유주의가 보수주의와 사회주의에 대해 우위를 차지하는 구도—곧 보수주의에 대해서는 기존체제를 변화시키며 앞으로 나아감으로써, 사회주의에 대해서는 그 프로그램 중 좋은 것을 채용함으로써—가 형성된 것이다.

그러나 이렇게 형성된 구도에서도 각각의 내부에서는 나름의 변화가 없을 수 없었다. 보수주의는 급진주의가 장기적으로 발호하는 것을 사전에 차단하기 위하여 시의적절한 양보전술을 구사했다. 이른바 계몽된 보수주의 형태가 뿌리를 내렸고, 이 계몽된 보수주의는 영국과 프랑스 그리고 독일에서 번성하게 되었다. 급진주의자들 역시 1848년 혁명들의 실패로부터 전략적 교훈을 도출해 내었는데, 더 이상 자유주의 세력에 붙어 있는 존재 역할에 만족하지 않겠다는 의지에서 나온 것이었다. 그 효과적인 대안전략은 근본적인 사회변동을 위한 정치적 발판으로서 체계적이고 장기적인 조직을 마련하는 것이었다. 자유주의 역시 1848년 혁명으로부터 교훈을 얻었는데, 그것은 전문가 집단에게 의지하는 것의 장점을 설파하는 것만으로는 합리적이고 시의적절한 사회변동을 이끌어내기에 턱없이 부족하다는 사실의 깨달음이었다.[14]

12) 김상환·홍준기 엮음, 『라깡의 재탄생』, 창작과비평사, 2002, 568쪽.

13) 에드먼드 포셋 지음, 신재성 옮김, 앞의 책, 40쪽.

14) 이매뉴얼 월러스틴 지음, 이광근 옮김, 앞의책, 150–152쪽 참조.

민주주의

1848년 이후의 자유주의자들에게 구체제에 대한 반대는 주요 관심사가 아니었다. 그들의 주요 관심사는 민주주의 요구의 증대에 어떻게 맞설 것인가라는 것이 되었다. 자유주의자들은 과거를 가리키며 얼마나 많은 것을 성취했는지를 강조했다. 그에 반해 민주주의자들은 미래를 바라보며 아직도 얼마나 많이 실현되어야 할지를 이야기했다. 자유주의는 사회 안에서 도덕적·물질적 갈등이 생기는 것은 불가피하다고 여겼지만, 그 갈등을 논쟁과 실험과 교류를 통해 해소할 수 있기를 바랐다. 그래서 민주주의와 화해한 결과 나타난 것이 이른바 자유민주주의다.

그러나 본디부터 자유주의는 앞으로 나아가는 것, 곧 진보와 자유에 대한 믿음은 견실했지만, 밑으로 내려가는 것, 곧 연대와 평등에 대한 믿음은 희박했다. 자유주의자들의 담론은 다수를 두려워하고, 하층민과 무지한 사람들 그리고 대중을 두려워하는 경향이 있었다. 자유주의는 파시즘의 위협이 임박했을 때처럼 드문 경우에 짧은 시간 동안 대중 시위운동의 정당성을 수용한 적이 있기는 하지만, 대부분 본능적으로 반인민주의적이었다.[15]

15) 이매뉴얼 월러스틴 지음, 백성욱 옮김, 『우리가 아는 세계의 종언』, 창작과비평사, 2001, 128쪽, 131쪽, 133쪽, 135쪽.

그래서 서구와 달리 자유주의 이념이 확립되지 않았던 동양에서는 민주주의 초창기에 변질되는 경향이 적었다. 중화민국의 정치사상이었던 쑨원의 '삼민주의-민족주의, 민권주의, 민생주의'-가 그러했고, 상하이 대한민국 임시정부 헌법에 포함되어 기초 이념이 된 조소앙의 '삼균주의-개인 간, 민족 간, 국가 간 균등/정치적 균등, 경제적 균등, 교육적 균등'이 그러했다. 이들의 민주주의에는 자유보다는 오히려 평등의 개념이 더 뚜렷했다. 이는 아마 자유를 강력하게 주장할 세력으로서의 민족 부르주아지의 형성이 미미했던 것에서 유래한 것일 가능성이 높다.

어쨌든 민주주의자들은 사회주의자들과 더불어, 진보가 평등한 사람들의 박애로의 도약을 의미하는 것이었고, 이것만이 진정한 사회 개선이었다. 따라서 민주주의자들은 배제된 자들을 포함하는 것을 우선해왔으며, 특히 유능한 사람들이 우세한 사회가 좋은 사회라는 자유주의자의 관념에 반대했다. 민주주의란 전문가를 의심하는 것, 유능한 자들을 의심하는 것, 그들의 객관성, 그들의 공평무사함, 그들의 공민적 덕성을 의심하는 것을 뜻했다. 민주주의자들은 자유주의의 담론에서 새로운 귀족제를 위한 가면을 발견했으며, 이 새로운 귀족제가 기존 계서제階序制/위계제의 패턴들을 대체로 유지하는 점에서 더욱 유해하다고 보았다.[16]

이렇게 자유주의와 민주주의는 서로 반목해왔으며, 철저히 상이한 경향들을 나타내기에 이르렀다. 자유주의는 자유에 우선권을 두지만 평등에는 반대했다. 자유주의가 가장 유능한 자들의 박식한 판단에 기반을 둔 합리적인 정부를 옹호하는 한, 평등은 평준화되고 반지성적이며 불가피하게 극단주의적인 개념으로 나타나기 때문이었다. 미리 말해둔다면, 이러한 상이한 경향은 1970년대 후반에 오면 확실한 정체를 드러내게 된다.

다시 말해 자유주의와 자유민주주의 그리고 신자유주의 사이의 거리는 그다지 먼 것이 아니었음을 스스로 드러내게 된다는 것이다. 자유민주주의가 정부의 개입을 타기하며 '시장'의 자유를 옹호하고, 신자유주의가 '복지'를 사회의 병폐로 여기며 불평등을 심화시키는 것을 보면, 이는 자유주의 안에 내재해 있던 자유주의의 속성이 그대로 드러난 것에 지나지 않았음을, 자유주의가 민주주의와 타협한 것의 진정성을 의심하게 만드는 것이었음을 입증했다.

어쨌든 이러한 자유주의에 대해 민주주의자들은 평등에 기반한 체계 내에서가 아니라면 어떠한 자유도 있을 수 없다고 주장해왔다. 불평

16) 앞의 책, 136-137쪽.

등한 사람들은 집단적인 결정에 참여할 수 있는 평등한 능력을 가질 수 없기 때문이었다. 민주주의자들은 또한 자유롭지 못한 사람들은 평등할 수 없다고 주장해왔다. 왜냐하면 이는 사회적 불평등으로 번역되는 정치적 계서제를 뜻하기 때문이었다.[17]

민주주의는 소수의 자유를 다수 또는 만인의 자유로 옮겨놓고자 하는 이데올로기였다. 자유주의가 급진주의 또는 사회주의의 덕목을 받아들이면서는 민주주의에 기여했지만, 평등을 배제하면서는 옹색해질 수밖에 없었다. 민주주의를 끌어와 자유민주주의라는 개념을 만들었을 때에도 그것은 하나의 치장에 불과했다. 특히 민주주의가 나중에 미흡한 점을 보완하기 위해 사회주의를 끌어와 사회민주주의를 실현하기 위해 애쓴 것에 비하면 더욱 옹색하게 보일 수밖에 없었다.

그러니까 자유주의가 민주주의와 타협한 것은 결국 자본주의를 구하기 위한 것이었지 민주주의를 실현하기 위한 것이 아니었음이 드러난 것이다. 민주주의가 요구하는 평등을 정치적으로만 받아들이는 것, 곧 시민권과 보통 선거권을 인정하여 대중민주주의를 받아들이는 데도 비용이 들지만, 경제적인 평등에 조금이나마 접근하는 사회보장과 복지에 소용되는 비용을 감당하는 데는 주저하지 않을 수 없었다. 그런 점에서 북유럽의 사회민주주의는 자유주의적 자본주의가 민주주의 또는 사회주의에 최대한 양보한 이념이고 체제였던 것으로 보인다.

이처럼 자유주의는 정치적 자유주의를 실현하는 데는 그다지 기여하지 못하고, 경제적 자유주의 곧 자본주의를 뒷받침하는 이데올로기로 기여하든가, 학문의 세계로 들어가 관념론 철학을 확립하는 데 기여하는 것으로 현실에서의 몫을 실현했다. 사회주의도 민주주의를 확립하기 위해 그것에 방해가 되는 보수주의나 자유주의와 경쟁하는 데 심혈

17) 앞의 책, 137쪽.

을 기울이기보다는, 경제적인 문제에 초점을 맞춰 시야가 협소해지거나, 자기 진영 안의 이상주의적 경향, 아나키즘이나 생디칼리즘과 같은 세력과 맞서 싸우는 데 몰두하는 경향을 보였다.

자신이 아나키스트로서 스페인 내전에 참가한 조지 오웰은, 『카탈로니아 찬가』에서 위와 같은 코뮤니스트에 대한 불편한 심기를 드러낸 바 있다. 코뮤니스트들은 조직이 무기라는 입장에서 인민전선 내의 다른 세력 사이에서 우위를 점하기 위해 여러 전술을 구사했는데, 아나키스트의 입장에서 보면 그것은 전쟁의 대의를 훼손하는 교활한 책략으로 보일 뿐이었다. 그에 반해 코뮤니스트의 눈으로 보면 아나키스트를 포함해 대의를 내세우는 세력들은 전쟁을 전략이나 전술이 아닌 순진한 관념으로 대처하는 것으로 보였던 것이다.

어쨌든 이러한 상황에서 자유주의는 민주주의와 사회주의의 허술한 구도를 뚫고 나와, 자본주의의 실제적인 경제적 지주, 개인 자본가, 사유 재산 확대 시대의 유럽 산업자본주의의 사회·경제 이론이 되었다. 즉 자유주의는 경제 자유주의, 시장 자유주의가 되어, 옛날의 점진적 발걸음과는 달리 국경을 넘어 무역과 함께 쾌속 질주하는 이데올로기가 되었다. 여기에 기여한 대표적인 학자가 슘페터였고, 뒤를 이은 하이에크와 제임스 뷰캐넌 그리고 밀턴 프리드먼이 1970년대에 이를 신자유주의로 단장했다.

그들은 모두 세금과 국가 지출이 증대되는 것을 우려했고, 정부에 긴축 재정을 요구했다. 이는 곧 기업의 법인세 인하로 이어지고, 소득세 위주의 직접세보다는 간접세 부담을 증가시켜 세금 징수의 편향을 공공연히 했으며, 복지비용의 지출을 감소시켜 불평등을 심화시켰고, 국가공기업을 민영화/사영화私營化하여 옛날의 인클로저로 회귀하는 행태를 보였다. 이로 보면 신자유주의의 민낯은 월러스틴의 말처럼 신자본주의 또는 신보수주의에 지나지 않는 것이었다.

　자본주의의 이 질주를 완화시키고 '간신히 길들여' 불평등을 어느 정도 해소시키고자 누진세와 복지국가를 표명한 사회민주주의는, 1970년대에 발생한 새로운 경제위기로 말미암아 신자유주의의 위협 앞에 놓이게 되었다. 사회민주주의 체제 자체가 애초에 자본주의에 의존하고 좌우되는 것이었기에 항상 위험이 상존하는 체제였다. 자본주의 체제에서 이월되는 비용으로 불평등을 완화하고자 한 것이었으니, 그 길들이기는 처음부터 난망한 것이었다. 불평등의 심화는 중산층의 약화를 의미하고, 중산층의 약화는 민주주의의 위기로 직결되는 것이었다.

　게다가 시장 자유주의가 제국주의로 확대되어 식민지에 잔혹한 침탈을 행사해도, 식민지 종주국인 제국의 국민들에게 혜택이 돌아가는 것에 연연하여 식민주의에 반대한 자유주의자는 희박했다. 뿐만 아니라 식민지 쟁탈 전쟁마저도 당연하거나 불가피한 것으로 받아들였다. 이런 판국에 민주주의가 들어설 자리를 찾는 것은 어려운 일이었다.

　오히려 자유주의와 민주주의 또는 자유민주주의가 제 갈 길을 찾지 못하고 좌고우면, 우왕좌왕 하는 사이에 볼셰비즘과 파시즘이 득세하는 현상이 나타났다. 이는 마치 프랑스 혁명이 쇠퇴하며 급진 자코뱅파에 이어 들어선 테르미도르파가, 부활한 귀족적 반동과 로베스피에르의 몰락을 후회하게 된 하층민들 양쪽으로부터 압력을 받자, 자신들을 향하는 반대를 물리치기 위해 군대에 의존하게 되는 상황과 유사하다.

　이제 민주주의는 파시즘과 히틀러주의 그리고 스탈린주의를 아우르는 전체주의 속으로 함몰되는 위기에 봉착한다. 이 전체주의는 2차 세계대전의 종결과 냉전의 약화로 해소되는 것이 아니었다. 뒤를 잇는, 매스커뮤니케이션의 네트워크에 의한 대중민주주의는 최소한 또 하나의 자유주의, 최대한 또 하나의 전체주의임이 판명되었기 때문이다.

　대중사회의 개념은 새로운 방식으로 시장의 개념을 되풀이하는 것이다. 대중은 참여에 의해서가 아니라, 요구와 선호도의 패턴에 참여함으로써 사회의 방향에 미미한 영향력을 행사하는데, 이것이 새로운 시장의 법칙이다. 자유주의가 신뢰하는 엘리트는 여기에서도 당연히 개개인에게는 별로 관심이 없고, 대중적 패턴의 평균적 수치와 일반화된 풍조에 관심이 있을 뿐이다. 엘리트의 기능을 보증하고 확인하는 이 기술은 어쩔 수 없이 사회에 대한 습관적 사고방식이 되어 버린다. 그러한 사회에서는 오로지 (개인 대신) 계급, (시민 대신) 소비자, 그리고 (창조 대신) 관습들만 존재하는 것처럼 느껴진다.[18]

　이러한 대중사회에서는 민주주의에서 요구하는 인간적 존엄성이나 개성보다는, 전체주의에서와 마찬가지로 표준적 획일성이나 유용성이 요구될 뿐이다. 정부의 적극적 개입에 의한 안전 보장과 복지보다는, 시장 자유주의와 마찬가지로 소극적 자유 곧 개인을 그냥 내버려둘 권리를 더욱 강조한다. 그래야만 대중을 시장이 뜻한 바대로 포섭할 수 있기 때문이다. 이런 상황에서는 사회의 조직 자체가 시장 조직이 된다.[19]

　대중사회에서의 개인주의는 자유주의 초창기의 개인주의와 그 속성이 완연히 달라져 버렸다. 개인은 다른 개인과 진정한 관계를 맺는 것이 아니라, 네트워크의 전자 회로 상에 한정된 관계를 맺게 된다. 개인은 자존감을 확인할 어떤 관계도 맺지 못한 채 고립되어 나르시시즘과 허무주의에 빠져 있다. 나르시시즘은 개인의 정체성을 보장해 줄 어떠한 타자도 없기에 허무주의에 빠질 수밖에 없다. 개인은 개인이라는 종교, 곧 개인교의 단 하나의 신도이자 신이다.

18) 레이먼드 윌리엄스 지음, 성은애 옮김, 『기나긴 혁명』, 문학동네, 2021, 155쪽.

19) 앞의 책, 149쪽.

신자유주의

자유주의가 민주주의와 결별하고 자본주의를 뒷받침하는 이념과 논리로 가는 길에 들어서면서 등장한 것이 신자유주의다. 자유주의가 신자유주의로 쉽게 옮아갈 수 있었던 근저에는 자유주의를 견제할 수 있는 현실 사회주의의 몰락이 한 부분을 차지했다. 자유주의적 자본주의가 현실적 사회주의에 대해 우위를 차지함으로써, 자본주의는 무적이 되었다. 그래서 프랜시스 후쿠야마는 자유주의와 자본주의 이외의 대안은 없다고, 인류의 역사는 종착역에 도달했다며, '역사는 끝났다'고 말한 바 있다.

하기야 자본주의가 아이와 여성 인간 그리고 남성 인간의 노동으로 상품을 만들어 잉여가치로 화폐를 축적하여 자본을 증식하여 왔으니, 더 이상 갈 곳이 없어 보였는지도 모른다. 그러나 자본이 인간을 떠나고 상품을 떠나, 화폐만으로 화폐를 만들어 자본을 증식하며, 화폐 이외의 모든 것을 인간 세상에서 쓸어내 버릴 줄은 몰랐을 것이다. 그래서 그는 옛날과 다른 태도로 신자유주의를 비판하고 나섰다.

그가 보기에 신자유주의는 소유와 거래의 자유라는 자유주의 원칙을 절대화한 경제사상이다. 이 경제사상은 국가의 개입을 반대하고 시장의 자유를 신봉한다. 더 나아가 모든 것을 개인의 책임으로 돌리고, 복지국가의 해체를 주장한다. 그러나 후쿠야마는 삶에는 개인이 통제할 수 없는 상황도 있으며, 그런 상황에 국가가 개입하는 것은 자유주의 신념에 어긋나지 않는다고 반박한다. 복지국가야말로 자유주의 이념의 구현이다. 신자유주의자들은 시장이 국가의 엄격한 규제 속에서만 올바르게 작동할 수 있다는 사실을 이해하지 못했다. 그 결과로 신자유주의는 거대한 불평등만 남긴 채 자멸의 길을 가고 있다고 판단한

다.[20]

신자유주의는 자유주의가 민주주의와 타협하던 시절의 포용력을 스스로 내던져버렸음에도 불구하고, 외면상 그렇지 않은 것처럼 위장하기 위해 자유주의를 끌고 와 스스로를 신자유주의라 명명했다. 이는 마치 자유주의가 민주주의를 배제했음에도 그렇지 않은 것처럼 자유민주주의라 스스로 이름 붙인 것과 같다. 이 둘의 명칭에서 자유는 모든 사람의 자유가 아니라 자본의 자유, 시장의 자유를 노골적으로 내세우기 민망하여 그것을 적당히 가리기 위한 것일 뿐이다.

그 속 내용을 보면, 신자유주의는 앞에서 본 것처럼 보수주의의 회귀인 신보수주의, 새로운 자본주의 곧 금융자본주의에 불과하다. 금융자본주의에는 돈 말고는 아무것도 가치 있는 것이 없다. 돈 놓고 돈 먹는다는 옛말에 꼭 맞는 것이 금융자본주의이고 신자유주의다. 신자유주의에서 돈은 그냥 자본이라는 점잖은 개념도 넘어 서서 투기 수단이 된 지 오래다. 모든 것을 돈과 투기의 논리로 환원시킨다. 재료와 노동과 자본을 투입하여 상품을 만들어 판매하여 이윤을 창출하는 것은 시절에 뒤떨어진 일이다.

보수주의에서 가족이 유기적 융합의 최종 단위였던 것처럼, 신자유주의에서도 가족은 사유재산의 저장고이고 상속지이다. 자유주의에서의 정치 참여가 신자유주의에서는 시장 참여로 바뀐다. 보수주의에서의 국민, 자유주의에서의 시민은 신자유주의에서 소비자로 바뀐다. 사회주의와 민주주의가 무너진 자리에서 신자유주의의 부자와 엘리트는 더욱 부유해지고, 중산층과 서민은 더욱 빈곤해져 양극화는 더욱 심화된다.

신자유주의는 옛날 비스마르크가 사회주의 확산을 방지하기 위해 선제적으로 산업재해 보험제도와 공공 의료보험제도 및 연금제도를 도

[20] 프랜시스 후쿠야마 지음, 이상원 옮김, 『자유주의와 그 불만』, 고명섭 서평, 《한겨레신문》 2023. 3. 25 참조.

입했던 것과 같은 복지 정책을 염두에 둘 필요가 없어졌다. 사회주의가 몰락했으니 오히려 복지에 들어가는 비용을 줄이도록 긴축 재정을 정부에 압박하여, 법인세나 누진세나 소득세를 줄이는 방향으로 나아가고자 했다.

파올로 제르바우도는 신자유주의 세계화 교리의 핵심을 '외부화' 또는 '외향정치'로 풀이한다. 신자유주의는 원심력을 무한히 긍정하는 논리로, 신자유주의 시대 동안 도입된 여러 가지 경영혁신, 외주화, 하청 계약, 사업시설과 생산시설의 해외이전에 근거를 제공했다. 이는 비용을 낮추기 위한 몸짓에 불과했으며, 사회적 불평등의 극심한 확대와 노동자들의 극대화된 고통으로 귀결되었다. 이에 따라 민주주의도 유례없이 희생되었다.[21] 신자유주의가 자본가와 관리자의 타협으로 민중을 배제한 체제였으니, 민중을 포괄하고자 하는 민주주의가 희생되는 것은 불가피했다.

하이에크나 프리드먼을 비롯한 미국의 신자유주의 이론가들은 정부가 할 수 있는 일이 얼마나 되는가에 초점을 맞추는 것이 아니라 정부가 하지 말아야 할 일이 무엇인가에 대해 더 많이 생각했다. 특히 프리드먼은 정부가 하지 말아야 할 열네 가지 일을 제시하기도 했다. 그 안에는 농업에 보조금을 지급하지 말 것, 지대를 통제하지 말 것, 국립공원을 운영하지 말 것, 국민연금 가입을 강제하지 말 것, 의사 면허를 허가하지 말 것, 청년들을 징집하지 말 것, 은행을 규제하지 말 것 등이 포함되어 있었다.[22]

민간과 기업이 기대했던 많은 서비스를 제공하기에 적합한 곳은 정부가 아니라 시장이라고 주장했다. 경제 어휘가 정치로 흘러들어, 시민은 고객이 되었고, 병원의 환자는 소비자가 되었다. 사람들 간의 모든

---

21) 파올로 제르바우도 지음, 남상백 옮김, 『거대한 반격』, 최원형 사평, 《한겨레신문》, 2022. 4. 16 참조.

22) 에드먼드 포셋 지음, 신재성 옮김, 앞의 책, 630쪽.

거래는 경제 용어로 설명될 수 있는 만큼, 시장 법칙의 적용을 받는 것은 당연했다. 이러한 생각을 널리 퍼뜨리기 위해 대학과 기업의 싱크탱크가 합류했다. 그 유포에는 전파 매체와 비즈니스 출판물이 한몫했다. 대학의 학자와 기업의 싱크탱크가 성직자를 대체했다.[23]

국가정부는 이러한 기업의 이익을 실현하는 수단이 되었다. 그래서 정부 수반조차 정부를 업신여기는 지경이 되었다. 영국의 대처 수상은 정부를 이기적이고 못된 것처럼 보이게 만들었고, 미국의 대통령 레이건은 정부를 우스워 보이게 만들었다.[24] 레이건은 세수 부족을 직접세인 소득세에서 보충하여 국민의 원성을 피해갈 줄 알았지만, 대처는 간접세에 부과하여 국민의 원성을 사서 받았다.

그러나 이것은 신자유주의가 남아메리카에 끼친 해악에 비하면 아무것도 아니었다. 군부 쿠데타를 조장하고 지원한 미국에 힘입어 칠레의 피노체트 정권은 1978년과 1980년 두 차례에 걸쳐 새로운 노동법을 공표하는데, 그 핵심은 노동조합 권리 제한과 복수 노조 설립을 통한 노동자 조직 분열에 있었다. 이와 함께 연금과 보건, 교육, 사법, 농업과 농지 문제 등을 망라하는 전면적인 민영화가 추진되었다.

더 나아가 1980년 9월 11일 국민투표를 통해 확정된 개정 헌법은 칠레의 정체를 '주권이 핵심적으로 국가에 있는 민주주의 공화국'으로 정의함으로써, 인민 주권을 부정하기에 이르렀다. 삼권분립이 무색할 정도로 대통령에 쏠린 권한, 상원과 헌법재판소, 중앙은행 등 주요 기관에 대한 제도적 장악 등은 신자유주의적 체제 전환을 완성하다시피 했다.[25]

신자유주의가 벌이는 이러한 행태를 멕시코의 깊숙한 정글에서도 간과하고 있었다. 신자유주의가 피폐화시킨 자국에서의 삶이 곤궁해 국경을 넘어 미국으로 넘어가는 사람들만 있었던 것이 아니었다. 오히

23) 앞의 책, 630-631쪽.

24) 앞의 책, 636-637쪽.

25) 피에르 다르도·크리스티앙 라발·피에르 소베트르·오 게강 지음, 정기헌 옮김, 『내전, 대중 혐오, 법치』, 최재봉 서평, ≪한겨레신문≫, 2024. 3. 2.

려 거꾸로 국경에서 깊숙이 들어가 사파티스타 민족 해방군을 조직하여 신자유주의의 앞잡이가 된 군부정권에 저항하며 자신들의 목소리를 높였다.

"시장의 세계화는 투기와 범죄를 위해서는 장벽을 없애면서 인간을 위해서는 장벽을 몇 배로 늘립니다. 나라들은 돈의 유통을 위해서는 국경을 없애야 하지만, 내부의 경계는 몇 배로 늘여야 합니다. 신자유주의는 많은 나라를 한 나라로 만드는 게 아니라, 각 나라를 많은 나라로 만듭니다."[26]

"오늘날 우리는 새로운 세계 전쟁에, 모든 민중에 맞서, 인류에 맞서, 문화에 맞서, 역사에 맞서 싸우는 전쟁에 시달리고 있습니다. 이것은 본국도 수치심도 없는 한 줌의 금융 중심지들이 벌이는 돈과 인류의 국제전입니다. 이 국제적인 테러를, 벌써 세계 대전보다도 더 많은 죽음과 파괴를 가져온 이 국제 경제 질서를 저들은 신자유주의라고 부릅니다. 그 결과 우리는 더욱 가난해지고 더욱 많은 죽음을 당하는 형제가 되었습니다."[27]

마르코스 부사령관과 마찬가지로, 라틴아메리카의 수탈 5백년사를 쓴 갈레아노도 신자유주의가 라틴 아메리카를 어떻게 수탈하여 옥죄고 있는지를 압축적으로 지적하고 있다. "저개발은 개발의 한 단계가 아니다. 그 결과이다. 라틴 아메리카의 저개발의 외국의 개발에 기인하는 것이고, 그것에 계속 영양을 공급하고 있는 것이다."[28]

"프랑스의 노동자가 1시간에 버는 것을 획득하는 데 브라질의 노동자는 현재 2일 반 동안 일하지 않으면 안 된다. 미국의 노동자가 10시간 미만의 노동으로 버는 것이 브라질 노동자의 1개월 번 노동의 대가에 상당한다. 또한 리오데자네이로의 노종자의 8시간 노동의 대가를 상회하는 임금을 수취하는 데 영국이나 서독이 노동자라면 반시간 노

---

[26] 멕시코 사파티스타 반란군 부사령관 마르코스 지음, 윤길순 옮김, 『우리의 말이 우리의 무기입니다』, 해냄, 2002, 274쪽.

[27] 앞의 책, 353-354쪽.

[28] 에두아르도 갈레아노 저, 박광순 역, 『수탈된 대지』, 범우사, 1988, 41쪽.

동으로 충분하다"[29]

이러한 신자유주의 물결은 미국과 영국의 진원지에서 유럽을 거쳐 남미를 돌아 일본과 한국에도 도달했다. 일본과 한국이 남미에 비해 신자유주의 공세로 인한 피해가 덜했다고 보았는지, 촘스키는 그 근저에 유교적 저력이 있는 게 아닌가 하는 추정을 했고, IMF 금융위기를 국민과 정부의 적극적인 협력으로 생각보다 빨리 극복한 한국을 두고, 신자유주의의 첨병인 IMF는 자신의 공훈처럼 세계에 선전하기도 했다.

금융위기로 인해 금융자본의 세계화를 주도한 신자유주의가 퇴색했다고 속단하는 것은 단견이다. 금융자본가의 정체와 그 금융자본이 투입되는 기관을 보면 더욱 그러하다. 우선 금융경제는 실물경제의 20~50배에 이른다. 1980년대 세계은행과 국제통화기금이 선도한 금융시장의 규제 철폐로 금산분리 원칙이 깨지면서 세계 금융시장이 한 체제로 통합되었다. 하루에 수조 달러가 이동하는 글로벌 돈놀이판이 형성되었다.

워런 버핏과 금융기관인 뱅가드그룹이 운용하는 자산은 2021년 현재 7조 달러다. 118개의 펀드를 거느리는데, 펀드의 큰손은 전 세계 억만장자들이다. 뱅가드가 주식을 보유한 면면을 보면 세계 경제 운용의 행태를 가늠할 수 있다. 애플, 마이크로소프트, 엑손모빌, 존슨앤드존슨, 제너럴 일렉트릭, 메타(페이스북), 아마존, 버크셔 해서웨이, 에이티앤드티, 피앤지, 웰스파고, 제이피 모건, 알파벳, 버라이즌 커뮤니케이션, 셰브런, 화이자, 코카콜라, 홈디포, 펩시코, 듀폰, 몬산토, 바스프, 바이엘 등이 그것이다.[30]

금융자본의 막강한 재력과 그 얽힘 그리고 자본 증식 행태를 확인하고 나면, 신자유주의의 쇠락이 흔히 말하는 것과 다르며, 그것의 극복 또한 말처럼 쉬운 일이 아님을 수긍할 수 있다. 그래서 위의 금융자본

[29] 앞의 책, 375-376쪽.

[30] 카르티케이 시바 지음, 추선영 옮김, 『누가 지구를 망치는가』, 임종업 서평, ≪한겨레신문≫, 2022. 1. 22.

의 한 사례를 짚어본 저자도 금융자본의 폐해에서 지구를 구할 수 있는 방법으로 인도인답게 간디의 조금 오래된 미래를 제시했을 뿐이다. 스와라지(자치: 생물 다양성 회복), 스와데시(국산품 애용: 생태경제와 연결되는 부와 노동), 사티아그라하(비폭력 무저항)가 그것이다.[31]

물론 이는 일상생활에서 일상인이 할 수 있는 일로 제시한 것이겠지만, 신자유주의가 만연하고 그에 대한 비판도 만연하지만, 그 극복책이나 대안책이 막연한 것을 확인시켜 주는 듯한 아쉬움으로 다가온다. 그럴 수밖에 없는 것이, 금융자본이 너무나 막강한 상대이기에 그것이 장악한 세계에 웬만한 힘과 지혜로는 균열을 내기 어려울 것이라는 생각이 먼저 들기 때문일 것이다.

---

31) 앞의 글 참조.

대의제와 관료제

　사회를 운영하는 규칙을 결정하는 데 고려되는 첫 번째 요인은 무엇일까. 대부분의 사람들은 그 규모를 지목한다. 유토피아적 공동체는 구성원이 모두 평등하고 자급자족이 가능할 정도로 극히 소규모이다. 구성원들이 직접 참여하여 의사를 '하의상달' 방식으로 결정하여 운영하는 사회는 소규모이다. 구성원들이 많아 모두가 직접 참여하기 어려워 대표를 뽑아 세우는 사회는 대규모이다.

　이렇게 구성원들이 직접이든 간접이든 뜻이 모아지면 그 뜻이 구성원들의 일상 생활세계에 실행이 되어야 한다. 그 실행은 '상의하달' 방식으로 이루어지는데, 그 운영에 영향을 미치는 요소는 위의 규모 외에 또 하나의 요인이 작용하는데, 그것은 속도 또는 효율이다. 빠른 시간 내에 생활 구석구석까지 파급이 되어야 하기 때문이다.

　인구가 증가하고 사회가 복잡해짐에 따라 극히 소규모 사회나 소규모 사회는 존재할 수 없게 되었다. 모든 국가나 민족은 엄청난 규모의 구성원을 안고 운영되는 사회다. 그래서 구성원 모두가 직접 참여하는 대신 대표자를 뽑아 세우는 '대의제', 빠른 속도와 효율을 꾀하는 '관료제'가 오늘날 사회를 운영하는 규칙과 제도의 대세를 이루게 되었다. 이는 사람들이 대의제와 관료제에 대해 관심을 기울이는 이유가 되었다.

대의제

인류의 거대서사를 쓰는 재레드 다이아몬드는 그가 답사한 곳을 근거로, 사회의 규모와 운영 방식과의 관계를 도출했는데, 거의 위에서 언급한 것과 같았다. 즉 소규모 사회는 구성원들이 서로 힘을 합쳐 문제를 해결하는 하의상달 방식의 접근법이 가능했고, 중앙집권적인 정치 조직을 가진 대규모 사회에서는 상의하달 방식이 적합했으며, 중간 크기의 사회에서는 두 가지 접근법 모두가 적합하지 않았다는 것이다. 또 하나 그가 덧붙인 것은, 피라미드식 위계질서 구조를 갖고 있는 대규모 사회에서는 하의상달 방식과 상의하달 방식이 공존할 수 있다는 것이었다.[1]

중국의 경우, 공자의 유가 그리고 법가 등이 상의하달 방식으로 정치와 사회의 운영을 사유했던 것에 비하면, 묵자의 묵가는 하의상달 방식을 사유한 특이한 경우였다. 공자가 염두에 둔 사회는 천자→제후→대부→배신(대부의 가신)→서인이라는 다섯 신분으로 구성된 봉건제 사회였다.[2] 정치는 천명天命이 천자에서부터 이 수직적 위계를 타고 서인에 다다름으로써 완결된다. 그 다다름에 이르는 길이 왜곡되지 않게 하는 것이 도道이고, 그 도를 가능하게 하는 것이 인仁이며, 그럼으로써 정치는 덕치德治가 된다. 따라서 공자의 정치는 윤리/도덕정치이고, 다분히 추상적이다.

공자의 인에 해당하는 것이 묵자에게는 겸애兼愛다. 인이 강자가 약자에게 도덕적 선을 베푸는 것에 가깝다면, 겸애는 약자끼리 서로 연대하여 안전하게 살고자 한 것에 가깝다. 공자가 기존 주周나라의 봉건제를 염두에 두고 도덕적 종법질서를 사유했다면, 묵자는 그보다 앞선 왕조 하夏나라를 염두에 두고 사유하여 상동尙同 체제를 설계했다. 상

---

[1] 재레드 다이아몬드 지음, 강주헌 옮김, 『문명의 붕괴』, 김영사, 2005, 389-391쪽.

[2] 이승율, 「공자와 묵자의 갈등관」, 경북대 철학과 4단계 BK21 사업팀 엮음, 『철학의 시선으로 본 갈등과 소통 1』, 북코리아, 2023, 76쪽.

동 체제의 핵심은 하급 공동체의 구성원들이 자신의 개별적·주관적 주의·주장을 내세우지 않고, 모든 구성원의 주의·주장을 상급 공동체의 정치 리더의 주의·주장에 일치시키는 것이었다. 일치시키는 방향은 『묵자』 「권3 상동」 상편의 경우는 이장→향장→국군→천자→천으로 하의상달 방식이었는데, 중편에는 향장과 국군 사이에 장군과 대부가 들어가고, 하편에는 이장 대신에 가군, 국군 대신에 재·경과 제후가 들어가 있다.[3]

이처럼 하의상달의 궁극적 도달점은 천이었는데, 그 천의 의지는 다름 아닌 상동과 겸애, 곧 수직적 위계가 아닌 수평적 사랑이었다. 묵가 사상의 수평적 사랑이 오래 유지되지 못하고, 수직적 위계의 사회에서 농민봉기와 같이 간헐적으로 그 위계를 뚫고 나오는 정도로 그친 것을 보면, 대규모 사회에서 두 가지 방식이 가능하다고 하더라도, 하의상달보다는 상의하달이 손쉬운 방식이었음을 역사는 보여주었다.

그래서 하의상달 방식도 근대에 와서는 고대에서처럼 직접적이고 실질적이라기보다는 격식에 가까운 것이 되었다. 시민권이 부여된 사람들이 보통선거를 실시하여 그들의 대표자를 뽑는 것이었다. 이렇게 뽑힌 대표자들이 그들에게 맡겨진 권한을 행사하는 것이 바로 대의민주주의라 일컬어졌다. 이러한 대의제가 민주주의 이념을 실현하는 제도로 자리 잡기 시작한 것은 언제쯤이며, 그 계기는 무엇이었을까.

서구에서는 대체로 홉스의 『리바이어던』이 나오던 시기와 사회계약론을 그 출발점과 계기로 잡는다. 홉스는 자연 상태에 있는 개인들은 군중에 지나지 않으며, 이들은 '만인에 대한 만인의 투쟁 상태'에 있다고 간주했다. 이 아노미적 자연 상태를 끝내려면 개인들이 사회계약을 맺고 자신들의 모든 권한을 대표자에게 위임해야 한다[4]고 했다.

3) 앞의 글, 앞의 책, 108쪽.

4) 모니카 브리투 비에이라·데이비드 런시먼, 「대표」, 고명섭 지음, 『생각의 요새』, 교양인, 2023, 125쪽.

이때 사회계약론은 대의제라는 형식으로 작동하는 민주주의의 정치적 이데올로기를 정당화하는 중요한 논리적 근거로 작동했다.[5] 그래서 100년 뒤 쯤에 등장한 루소는 이 홉스의 사회계약에 근거한 대표 개념을 거부했다. 루소는, 인민이 대표자를 선출함과 동시에 자유를 잃고 타인의 의지에 휘둘리는 노예가 된다고 생각했던 것이다. 지금이나 그때나 대표자가 되려는 사람들은 모두 선출 시기에나 시민에게 관심이 있었지, 선출되고 나면 그뿐이던 모양이었다.

홉스와 루소의 차이를 메우려고 한 사람은 프랑스 혁명 시기에 『제3신분이란 무엇인가』를 쓴 시에예스였다. 시에예스는 홉스를 따라 (현실적으로) 대표만이 정치를 할 수 있다고 주장함과 동시에 루소를 따라 (진정으로) 국민의 정치적 의지만이 대표에게 정당성을 줄 수 있다고 주장했다. 즉 국민이 행동하려면 대표자가 필요하고, 대표자가 행동할 권리를 누리려면 국민의 동의가 필요하다고 보았다. 여기서부터 대표제와 민주주의가 하나로 연결되는 대표제 민주주의가 등장했다.[6]

대의제 민주주의는 이렇게 현실적으로 가능한 최선의 정치체제로 여겨져 왔지만, 시간이 지날수록 그 결함이 노출되기 시작했다. 대표자는 선출된 뒤에 시민이나 지역민의 일반의지를 정책에 반영하는 데 관심을 가지기보다는 자신의 정당이나 개인의 이익에 몰두하고, 그를 뽑아 권한을 맡긴 시민은 정치 영역에서 배제되어 정치의 소비자나 구경꾼으로 전락했다.

그것도 아니면, 의회에 진출하여 국민이나 시민의 생활세계에 직접적으로 관련되는 민생법안을 제출하여 의결하는 입법 활동은 뒷전으로 밀어놓고, 이미 행정기관에서 예산을 편성하여 시행하고 있는 행정활동을, 마치 자신이 힘을 써서 이룬 것처럼 선전하며 다음 선거의 홍보용 자료로 확보하려고 애쓰기도 했다. 이는 물론 지역 주민의 근시안적

---

5) 강신주 지음, 『철학 VS 철학』, 오월의봄, 2022, 133쪽.

6) 고명섭 지음, 앞의 책, 126-127쪽.

요구, 곧 입법 활동보다는 지역구의 직접적 혜택이 있는 요구에 영합한 것이긴 하다.

이런 상황에 하나의 이정표를 세운 사람이 영국의 존 스튜어트 밀이었다. 그는 평소 그의 개혁 운동을 지지해온 런던 지역 주민들의 요청을 뿌리치지 못해 1865년 하원의원 선거에 출마해 당선되었다. 그는 선거의 공공성을 주장하며, "선거 비용을 전부이건 일부이건 후보자가 부담한다는 것은 근본적으로 잘못된 일이다. 왜냐하면 그것은 사실상 돈을 주고 의석을 사는 것이기 때문이다."라고 했다. 그는 소신대로 별도의 선거 비용을 지출하지 않고 선거에 임해 상대방 보수당 자산가 후보보다 더 많은 표를 얻었다.

이러한 공정선거를 실현한 것보다 더 그의 혜안이 빛난 부분은 유권자들에게 보낸 공개서한에서다. 그는 자신이 거주하는 '지방의 이해관계'를 위해서는 자신이 시간과 노력을 들일 수 없다고 선언했기 때문이다. 그는 영국 의회에서 처음으로 소선거구제의 폐해를 지적하면서 비례대표제를 주장하기도 했다.[7] 이는 프랑스의 빅토르 위고가 비슷한 시기에 사형제도 폐지와 빈곤층의 생활 개선 및 보통 교육 실시 등의 문제를 의회에 상정하며 활동한 것과 다르지 않은 정치 활동이었다.

대의제의 한계와 그로 인한 부정적인 현상을 건강한 시민들로서는 그냥 지나치기 힘들 것이다. 각종 시민단체들이 결성되어 시민운동에 나설 수밖에 없는 처지가 된 것이 이러한 상황을 반영한다. 그러니까 시민단체의 정치운동은 대의제가 출발부터 가졌던 한계가 노출되어 생겨난 현상인 셈이다. 그러나 이 대의제와 시민운동의 관계를 어떻게 보느냐 하는 것도 단순한 문제가 아님을, 그 갈등의 전개 양상을 보면 알게 된다.

7) 이석태, 〈국호에 대한 몇 가지 단상〉, 《한겨레신문》, 2024. 3. 22.

우리의 경우로 시야를 좁혀 본다면, 대의제 쪽에 서는 사람들을 대표하는 것으로 보이는 최장집은 대규모 사회운동의 출현을 부정적으로 보는 견해를 가지고 있는 듯이 보인다. 사회운동의 출현을 한국 민주주의가 제도로서 성숙하지 못했음을 보여주는 증거로 이해하는 것이 그것이다. 제도들이 제대로 작동하면 운동의 필요성은 그만큼 작아지고, 민주주의는 운동에서 제도로 발전한다는 것이다. 이는 운동과 제도를 대립과 극복의 관계로 설정하고 있음을 보여준다.

이에 대해 고병권은 민주주의 운동과 민주주의 제도를 보충관계 또는 평행관계로 보아야 한다고 말한다. 그에 따르면 운동은 제도를 만들어내고 개선하는 현실적인 힘이다. 제도가 기관이라면 운동은 그 기관을 가동하는 연료다. 운동이 없다면 언제라도 민주주의는 후퇴할 수 있으니, 민주주의 제도가 제도로서 제대로 작동하기 위해서라도 운동은 필요하다. 그래서 민주주의는 완성될 수 없는 것으로, 자크 데리다가 말한 '도래할 민주주의'로서만 존재한다는 것이다. 그래서 그는 말한다. "민주주의는 좋은 목자를 고르는 일이 아니라, 대중이 양떼로 전락하지 않는 일이다."[8]라고.

그러니까 애초에 홉스가 사회계약론을 말하고, 이에 근거하여 국민의 권한을 국가에 양도하여 대의제가 출현했다는 발상 자체에 대해, 다시 성찰할 필요가 있다는 지점으로 돌아와야 한다. 앞의 런시먼이 말하듯이, 대표제는 민주주의와 성격이 아주 다른 제도라는 사실을 직시해야 한다는 것이다. 민주주의는 그 본질상 다수의 의지와 필연적으로 결부되어 있어 다수의 의지를 따라야 한다. 그런데 대표제는 다수의 의지로부터 떨어져서 대표자가 독자적으로 행동할 가능성을 허용하는 제도다.[9]

그러나 대표제는 대규모 사회에서 현실적으로 다수의 의지를 반영할

8) 고병권, 「민주주의란 무엇인가」, 고명섭 지음, 앞의 책, 534–537쪽 참조.

9) 모니카 브리투 비에이라·데이비드 런시먼, 앞의 글, 고명섭 지음, 앞의 책, 127–128쪽.

바람직한 방식으로 마땅한 것이 없기에 선택된 것이다. 불가피한 선택에 따른 결과가 부정적인 현상을 노출한다면 그것을 지켜보고만 있을 수는 없을 것이다. 그러니까 시민운동도 대규모 사회의 대의제와 마찬가지로, 대표제와 민주주의 사이에서 초래되는 간극을 메우고자 하는 불가피한 선택이라 할 수 있는 것이다.

시민운동은 일단 대의제에서 배제한 정치에 대한 관심과 참여를 회복한 것에 의미를 부여할 수 있다. 그리고 대의 활동이 협소해지고 왜곡된 정치 영역에 자극을 주는 것 또한 마찬가지로 의미 있는 일이다. 그러나 대의제가 염려한 중우정치나 포퓰리즘은 시민운동보다 오히려 제도권의 대의제 자체 또는 정치 자체에서 더 우려되는 현상임이 드러난다. 정치가 경제에 밀리고, 정치의 언어가 광고의 언어를 닮아가는 것을 보면, 대의제가 시민운동을 염려할 형편이 못 되는 것 같다.

그리고 시민운동도 정치 영역에 압력을 행사할 수 있지만, 독자적 영역을 벗어나 지나치게 정치화하는 것은 바람직하지 않을 것 같다. 여러 사람들이 가장 염려하는 것으로 두 가지 정도 들 수 있을 것 같은데, 그 하나는 정체성 정치요, 또 하나는 정치의 팬덤화다. 정체성 정치는 넓은 시야를 차단하여 좁은 영역에서의 갈등을 야기하여 정치적 동력을 소진시키고, 정치 팬덤화는 정치를 연예 활동 정도로 변질시켜 방향성을 상실케 하기 때문이다.

작금의 상황에서 떠오르고 있는 여러 가지 대안, 직접 민주주의나 숙의 민주주의는 그 실행상의 문제를 고려할 때 그다지 가능성이 없어 보인다. 오히려 대의제와 시민운동이 상호 보완하는 관계가 지속될 수밖에 없을 것으로 보인다. 그러나 이 상호 보완도 우리의 민주주의 역사에 비추어 보면 그다지 안심할 수 있는 든든한 관계는 아니다. 권위주의 정권이 들어서서 대의제와 시민운동 모두를 압박하거나 멸절한 역사를 우리는 지니고 있기 때문이다.

나치의 히틀러도 대의민주주의의 맹점을 파고들어 합법적으로 집권한 인물이 아니었던가. 대의민주주의 제도 아래서 국민들은 자신들의 권한을 선거를 통해 대표자에게 양도해 버렸기 때문에 대표자들이 권력을 왜곡되게 행사하더라도 무기력하게 지켜볼 수밖에 없는 상황에 놓인다. 소환제라는 것을 들먹이기도 하지만, 그것이 말처럼 쉬운 것이 아니다. 기껏해야 체념하면서 다음 선거를 기다리거나 아니면 그 소행을 잊어버리는 것이 일반적인 행태가 아니던가.

결국 대규모 사회에서 하의상달 방식이 전개되어 온 역사가 우리에게 가르쳐주는 최종적인 답안은, 시민이 미몽에 빠지지 않고 일상에 밀려온 불완전한 제도의 부정적 한계를 시민의 의식과 활동으로 밀어내며 나아가는 길뿐이라는 것이다. 구체적으로 그것은 대의제가 원인인 정치 무관심과 무기력증, 대의제에서 파생된 정체성 정치와 정치 팬덤화, 그리고 정치 소비와 정치 관객화를 돌파하는 길이겠다.

관료제

마르틴 하이데거는 사유를 계산하는 사유와 숙고하는 사유로 나눈 바 있고, 막스 베버는 사유를 주술적 사유와 합리적 사유로 나눈 바 있다. 인간 사유의 행로를 따라가 보면 이보다 더 촘촘히 사유를 나누어 볼 수도 있다. 정치적 사유, 신화적 사유, 철학적 사유, 종교적 사유, 계산적 사유 등으로. 그러나 하이데거나 막스 베버나 사유의 역사적 행보나 어느 것을 따라가더라도 인간 사유의 종착지가 계산적 사유임은 부정할 수 없을 것 같다.

그 계산적 사유와 체제가 만나 만들어진 것이 관료제다. 중국에서는 관료제를 시행하기 위해 수隋나라 때부터 과거제도를 실시하여 청나라 때까지 지속되었고, 나중에는 공식적인 관리 충원제도가 없던 서구에서 과거제도는 볼테르 등 지식인의 부러움을 사기도 했다. 우리나라에서는 고려 때 호족 세력을 누르고 체제를 정비하고자 했던 광종에 의해 과거제도가 도입되기도 했다. 이처럼 중국과 우리나라에서는 관료제가 정치체제와 관련되어 출발했던 것과 달리, 서구에서는 시기가 시기여서인지 교회와 관련되어 시작되었다.

유럽에서 제일 먼저 관료제가 등장한 것은 세속이 아니라 교회였다. 교회가 세속의 행정보다 앞설 수 있었던 것은, 가톨릭 교구사제들이 주민들에 대한 인적 사항, 곧 출생, 결혼, 사망 등에 관한 기록들을 작성하고 보관할 의무를 지고 있었기 때문이었고, 주교들이 교구들을 정기적으로 방문해 교구의 영적 상태를 점검하게 되어 있었기 때문이었다. 이 과정에서 성당 건물들의 상태, 교구사제들의 교육수준 등은 말할 것도 없고, 신자의 숫자, 신도들의 품행에 이르기까지 엄청난 양의 기록들이 작성되었다.[10]

10) 피터 버크 지음, 박광식 옮김, 『지식-그 탄생과 유통에 대한 모든 지식』, 현실문화연구, 2006, 206-207쪽 참조.

이처럼 중세 유럽의 주민 현황 파악에서 세속 행정은 교회 행정을 따라갈 수 없었다. 관료제에서 교회가 앞섰던 연유다. 우리나라의 경우는 이러한 주민의 현황이 호적대장에 기록되어 징세와 군역과 부역의 토대 자료가 되었는데, 이는 왕정체제의 하부 단위인 지방 군현에 보관되어 있었고, 지금은 향교 등에 유물로 보관되어 있는 곳도 있다.

근대의 관료제는 '책상에 의한 통치'라는 뜻으로, 18세기에 프랑스에서 생겨났다. 당시 전형적인 관료들은 서랍이 달린 책상 옆에 앉아 업무를 보았는데, 이는 관료제 질서의 중심에는 서랍이 있다는 뜻이다.

관료제는 세상을 서랍으로 나누고, 어떤 문서가 어느 서랍에 들어가는지 파악함으로써 문제를 해결하려고 했다. 즉 분리하여 통치하는 것이다. 이처럼 관료제는 세상을 있는 그대로 이해하는 데 초점을 맞추는 대신, 세상에 새로운 인위적 질서를 도입하여 일을 처리했다.[11]

이것이 관료제의 특징인 문서주의와 효율성이다. 문서는 자료의 확실이고, 효율은 일처리의 속도다. 이에는 일처리가 계산 가능한 것이어야 한다는 전제가 들어 있다. 여기에 부합되면 합리적인 것이 된다. 따라서 합리合理에서의 리는 도리道理의 리도 아니고, 섭리攝理의 리도 아니며, 이치理致의 리도 아니고, 단지 처리處理의 리일 뿐이다. 다시 말해 관료제의 합리에서는 계산해서 처리할 수 있는 것 이외에는 배제된다는 뜻이다.

그래서 에리히 프롬은 관료제를 '체제에 소외된 형태'로, 정부기구뿐 아니라, 산업체, 종교생활, 정당 및 교육기구 등에도 팽배해 있다고 본다. 그리고 모든 명령이나 계획 등이 피라미드와 같은 계층제의 정상에서 기저로 전달되는 일방통행의 체제로서, 어떠한 자발성이나 책임감도 있을 수 없으며, 인간은 개성을 가진 인간으로서보다는 컴퓨터에 펀칭해 넣을 수 있는 케이스에 불과하다고 보고 있다.[12]

계산할 수 있는 것은 양과 수이다. 양과 수로 계산한다는 것은 표준화하고 획일화한다는 뜻이다. 표준화와 획일화를 벗어나는 것은 계산에서 배제된다. 여기서 전체주의화로 가는 길은 몇 걸음밖에 되지 않는다. 관료제에서 인간 개인이 배제되는 것은 관료제의 전체주의적 속성에 비춰볼 때 당연한 것이다. 전체가 유지되고 운영되기 위해서는 질서가 필요하고, 질서에는 개인을 일일이 배려할 수 없기 때문이다.

따라서 관료제에서 계산할 수 없어 표준화할 수 없는 인간적 요소,

---

11) 유발 하라리 지음, 김명주 옮김, 『넥서스』, 김영사, 2024, 99쪽.

12) 정문길 저, 『소외론 연구』, 문학과지성사, 1987, 172쪽.

곧 감정이나 질 그리고 배려를 찾는다는 것은 애초에 무리다. 기껏 기대할 수 있는 것은 관료가 자의적 판단으로 일을 처리하지 않고 자료를 근거로 판단해 일을 처리하는 정도일 것이다. 그 외의 고려나 배려는 일처리에 방해 요소로 작용할 뿐이기 때문이다. 인간 부재가 요구되는 곳은 관료제가 번성할 수 있는 터전이다. 그래서 국가행정, 경제경영, 군대운용 등 인간이 대규모로 집단을 이루는 곳에 관료제가 들어서지 않는 곳은 없다.

모든 가치의 총화가 화폐이고, 화폐가 자본이 되어 통용되는 자본주의가 미치지 않는 곳이 없는 것처럼, 모든 대규모 사회는 위계를 구축하고, 위계를 운영하는 제도로 관료제를 채택하지 않는 곳은 없다. 마르크스는 역사적 유물론 또는 유물 변증법으로 자본주의의 종말을 예견했지만, 자본주의는 변신을 거듭하며 살아남았다. 후쿠야마가 신자유주의의 행태를 비판하고, 월러스틴이 또 다시 자본주의의 종말을 예견했지만, 자본주의의 생명력이 쉽사리 소진될 것 같지는 않다. 그 근저인 개인의 사유재산권이 소멸되지 않는 한.

베버의 관점에서는 관료제가 이러한 자본주의보다 더 광범위하고 긴 생명력을 가진 것으로 본다. 관료제는 자본주의나 사회주의, 정치나 경제, 교육이나 문화와 관계없이 모든 사회나 체제에 통용되는 것이기 때문이다. 심지어 사유재산을 인정하지 않고 모든 재산을 국유화화는 사회에서도 관료제는 존속할 것이기 때문이다. 체제의 토대가 달려져도 체제의 운영원리 곧 행정은 바뀌지 않을 것이라는 판단에서다. 지금까지 관료제를 넘어서는 운영원리를 인간이 만들어 내지 못했기에. 그래서 베버에게 행정에서의 선택은 오직 관료제와 딜레탕티즘 사이의 선택밖에 없다는 냉혹한 결론에 도달한다.[13]

관료제는 인격적 원리를 배제하기 때문에 관료제가 확장되는 정도

13) 앨런 스위지우드 저, 박성수 역, 『사회사상사』, 문예출판사, 1987, 227쪽.

만큼 세상은 비인간화된다. 나아가 형식적·합리적 지배로서의 행정은 결국 이성을 물상화시키고, 물상화의 신화를 구축하게 된다.[14] 무사유, 무뇌가 단지 비유만이 아니게 된다. 소수의 관료가 지배하고 있는 관료제는 이제 기계로 대체되어 간다. 관료제는 비인간화이고 비인간화는 기계화이므로. 그래서 관료제의 최종 목표는 인간 없이 굴러가는 기계적 체제가 되는 것이다. 아마 인공지능이 상용화/일상화된다면 불가능하지 않을 것이다.

그래서 인간적 진실은 관료제의 건물 속으로 들어가면 증발되어 버린다. 관료제는 진실을 희생시켜 질서를 유지하는 체제이기 때문이다.[15] 진실보다 질서가 우선하고 우위에 서는 곳이 관료제다. 프란츠 카프카는 이를 명확하게 인식하고 있었다. 단지 그는 그것을 논리적 서술이 아닌 소설적 서사로 표현했을 뿐이다. 소설 「소송」을 두고 여러 차원의 해석이 나왔지만, 근본적이고 일상적으로 표현하고자 하는 바는 '관료제에서 맞닥뜨릴 수 있는 악몽'이다. 다른 소설 『성』에서 그러했던 것처럼, 인간은 진실이나 진리에 결코 도달할 수 없다는 것을 그는 명확히 표현한 것이다.

근대 이후의 관료제에 대해 깊이 연구한 바 있는 막스 베버는 관료제의 증대에 따른 이런 사회가, 가치 있는 인간생활의 여러 요소, 즉 개인적 선택, 책임의 지각, 행위, 신념 등을 억압하는 데 기여할지 모른다고 두려워한 적이 있다.[16] 그리고 자본주의와 사회주의 그리고 민주주의의 3개 체제를 비교하면서 슘페터도, 개인의 창의성을 억압하여 좌절감이나 허탈감을 조성하는 관료기구의 부정적인 면을 언급하기도 했다.[17]

베버가 근대를 특징지으며 말한 탈주술적 사고 곧 합리적 사고가 인간을 주술로부터 해방시킨 면이 있지만, 합리적 사고 역시 주술과 마찬

14) 헤르베르트 마르쿠제 저, 차인석 역, 『부정』, 삼성출판사, 1978, 332쪽.

15) 유발 하라리 지음, 김명주 옮김, 앞의 책, 105쪽.

16) 레이몽 아롱 지음, 이종수 옮김, 『사회사상의 흐름』, 1985, 609쪽.

17) 요제프 알로이스 슘페터 저, 이상구 역, 『자본주의·사회주의·민주주의』, 삼성출판사, 1977, 283-284쪽.

가지로 다시 인간을 억압하는 기능을 수행하고 있는 셈이다. 그리고 슘페터가 관료를 민주주의의 방해물이 아니라 불가피한 보완물이고, 경제 발전의 불가피적 보완물이라며, 관료제의 긍정적 측면을 애써 납득시키려 하면서도, 포괄적인 관료화에서 생기는 여러 문제를 스스로 해결할 수 있는 것은 아니라고 말하기도 했다.

일상에서 감지되는 관료제가 지닌 여러 가지 구체적인 문제, 곧 경직성, 복지부동, 무사안일, 형식주의 등 많은 문제를 안고 있으면서도 대규모 사회에서 상의하달 방식의 체제로 오랫동안 유지되는 것은 나름의 이유가 있을 것이다. 때로는 팀제 등 관료제 안에서 위의 문제점을 극복할 수 있는 방안이 강구되기도 했지만, 그 방안이 관료제 자체나 전체를 흔들만한 것이 되지는 못했다.

자본주의가 그에 저항하는 모든 것을 자신의 내부로 수렴하여 면역력을 키웠듯이, 관료제도 그에 대항하는 모든 것을 자체의 내부로 수용하여 지배력을 키웠다. 특히 정치를 행정으로 변형시켜 정치의 직접성을 간접화했다. 즉, 직접 민주주의를 대의민주주의로 완화시켰다. 그렇다고 정치의 직접성이 언제나 긍정적으로 작용하지만은 않았다. 파시즘 출현이 그 사례가 된다. 대중의 뜻이 일반의지가 되어 정치로 발현되기 전에, 지배 엘리트가 대중을 포섭하고 복종시켜 엉뚱한 곳으로 정치를 몰고 가 버린다.[18]

물론 일부 선발 국가들은 산업화에 따른 경제 성장과 시민의식의 발현으로 말미암아, 상의하달의 중앙집권과 관료체제에 대응하여, 하의상달의 주민자치와 지방분권을 실현하여, 대의제와 관료제의 결함을 보완하기도 했다.

그러나 우리의 경우와 같이, 산업화의 후발 국가들은 고속 성장을

18) 칼 만하임 저, 황성모 역, 『이데올로기와 유토피아』, 삼성출판사, 1979, 370쪽 참조.

빌미로 민의를 대변하는 정치나 활동을 위축시키고 억압했다. 경제성장을 위해 사회 안정이 필요하다며, 경제성장으로 시민의 정치 활동 억압을 상쇄하고자 하는 이데올로기와 전략을 구사했다.[19]

그 결과 권위적 관료제와 이에 반발한 시민운동이 갈등하고 충돌하면서, 사회 발전을 지체시켰고, 아직도 그 요인과 후유증이 잠복하여, 사회의 불안 요인으로 남아 있다. 우리보다 더 후발 국가들은 아직도 군사적 관료제의 터널을 통화하지 못하고 갈등을 겪고 있다. 이런 터널을 이미 빠져 나온 상태를 염두에 둔 베버는 양자택일을 제시한다. '지도자 민주정치'를 택할 것인가, 아니면 '직업정치가 민주정치'를 택할 것인가가 그것이다. 그러나 베버의 이 양자택일의 제시는 이미 오래 전의 이야기가 되어 버렸다. 현대 정치 세계에서 위대성을 갖춘 지도자가 사라진 지 오래되었기 때문이다. 금권정치가 만연한 부유국에서는 사업가가 행정 수반이 되고, 쿠데타가 만연한 후진국에서는 군인이 지배하는 세상에서, 그 지배 아래 있는 관료제가 어떤 새로운 모습을 보이며 나타날 가망성은 없어 보인다.

대의제와 관료제가 대세를 이루는 사회에서 정치는 민주주의로 운영되기보다는, 사업가와 직업정치가가 타협하거나, 사업가가 직업정치가를 굴복시키거나, 직업정치가가 사업가의 눈치를 보며 운영되는 행태를, 시민들은 때로 저항하고, 대중들은 늘 소비하며 보고 있다.

---

19) 한상진 저, 『한국사회와 관료적 권위주의』, 문학과지성사, 2002. 91-92쪽 참조.

전쟁과 정치 그리고 경제

전쟁과 정치 그리고 경제가 각각 독자적인 영역으로 간주되던 시절이 있었다. 전쟁은 이민족을 정복하고 영토를 확장하는 행위에 관한 것이었고, 정치는 지배와 복종 그리고 그것의 정당성과 합법성에 관한 것이었으며, 경제는 산물의 생산과 유통 그리고 소비에 관련된 것이었다. 그러나 지금은 이 세 영역이 긴밀히 얽혀 있다는 것은 공공연한 사실이 되었다. 클라우제비츠가 그의 『전쟁론』 머리말에서 '전쟁은 정치적 수단과는 다른 수단으로 예속되는 정치에 지나지 않는다'고 말한 이후, 이 말은 전쟁과 정치의 관계를 논의할 때 단골 메뉴로 소환되었다.

선진 산업사회가 식민지를 원료 공급과 노예노동 그리고 제품의 시장으로 운용하던 제국주의 시절이 끝나자 이윤율이 급격히 떨어지는 단계에 이르렀고, 떨어진 이윤율을 회복하고 일반 제조업을 대체하기 위한 방편으로 전쟁을 치르며 떠오른 것이 방위산업이었다. 방위산업이 산업의 근간을 차지하면서 전쟁과 경제의 관계가 뚜렷이 부각되었다. 방위산업은 자체의 영역에 군과 정치 그리고 의회와 학계까지 끌어들이면서 엄청나게 몸집을 불려 군산정의학軍産政議學 복합체로 거듭났다.

그래서 이제는 지구 위의 어디에서 전쟁이 일어났다 하면, 그 현장이 어디로 신경이 뻗어 있는가에 시선을 돌리며, 표면의 정치와 그 내막의 군산정의학에 초점을 맞추게 된다. 전쟁은 정치적 결단으로 시작되지 않으며, 그 종결도 정치적 타협으로 이루어지지 않는다고 생각하게 되었다. 다시 말해 전쟁의 촉발과 종식을 결정짓는 인자는 경제적 이해관계라는 것이다. 경제적 이해관계가 충족되지 않으면, 아무리 많은 희생자가 발생해도 전쟁은 지지부진 연장될 수 있고, 1차 전쟁에 이어 2차 전쟁이 일어날 수 있게 된 것이다.

전쟁과 정치

중국에서는 군웅이 할거하며 전란이 끊이지 않던 춘추전국시대를 거쳐 당나라에 이르기까지 수많은 병법서들이 만들어졌다. 그 중에서 일곱을 추려 무경칠서라 일컫는다. 『손자병법』, 『오자병법』, 『육도』, 『삼략』, 『사마법』, 『울료자』, 『이위공문대』가 그것이다. 그 내용도 전쟁의 전략과 전술에 한정된 것이 아니라, 그 위의 정치와 관련시켜 논의된 부분도 많다. 전쟁이 단순히 전략과 전술에 의해 결정되는 행위가 아님을, 정치와 백성의 삶과 얽혀 있는 문제임을 명확히 한 것이다.

다시 말해 무경칠서에는 군사학에만 한정되어 있지 않고, 치세治世와 인도人道 등 제자백가의 사상이 전쟁을 고리로 하여 흘러들어가 있다. 손자병법에는 도가철학이 흘러들어가 있고, 오자병법에는 유가철학이 바탕을 이루고 있다. 육도는 치세의 대도와 인간에 대한 이해를 촉구하고 있고, 삼략에는 전략과 전술보다는 정략政略이 주를 이루고 있다. 사마법 역시 인의仁義에 입각한 전쟁론을 펴고 있는 것으로 보아

유가사상을 바탕으로 삼고 있으며, 울료자는 유가, 묵가, 법가, 병가 등 제자백가의 사상을 두루 흡수하고 있다. 이위공문대는 앞의 모든 병서들을 분석하여 사례를 들어 자신의 이론으로 종합하고 있다.[1]

현대에 이르러서 이러한 종합적인 통찰력으로 전쟁을 살핀 저술을 찾기는 어렵다. 현대전은 철학이나 사상이 배어든 전쟁론에 입각한 전쟁이 아니라, 주로 정치 및 경제의 이해관계나 무기의 파괴력으로 전쟁 상황이 벌어지고 결정되기 때문일 것이다. 그래서 현대에는 일관된 안목으로 전쟁에 관한 논의를 펼친 것을 보기보다는, 전쟁에 관한 단편적인 언급이나 무기의 파괴력에 관한 선전 팸플릿을 대하는 것이 손쉽게 되었다.

유명한 철학자 또는 사상가들 중에도 전쟁을 옹호하는 견해를 표현하는 것에 거리낌이 없는 경우가 많다. 프란시스 베이컨은 국가의 전쟁을 신체의 운동에 비유했다. 신체가 운동을 해야 건강을 유지할 수 있듯이, 국가도 전쟁을 해야 올바르고 명예를 유지할 수 있다고 했다. 나태한 평화의 시기에는 정신이 유약해지고 도덕도 퇴폐해지기 때문이라는 것이다.[2]

헤겔도 이에 못지않은 전쟁 옹호론을 폈다. 칸트의 평화론에 대해 부정적인 반응을 보이면서다. 이는 그의 닫힌 변증법의 필연적 귀결이기도 했다. 그는 정과 반의 모순을 열린 차원에서 시유하지 않고, 현실과 쉽게 타협하여 종합으로 몰고 갔다. 인간과 국가의 관계에서도 마찬가지였다. 국가를 인간 정신과 윤리의 최종적 실현으로 보았기에 그는 국가주의자요 전체주의자의 모습을 보였다. 따라서 국가 위에 있는 어떤 윤리적 이념도 있을 수 없고, 국가가 분규에 연루되었을 때는 전쟁에 의해서만 해결될 수 있다고 보았다.[3]

베네데토 크로체 역시 모든 형태의 전쟁 및 전쟁의 위협 자체를 없애

---

[1] 이상의 무경칠서에 대한 언급은, 김원태 역주, 『무경칠서』, 책과나무, 2016 참조.

[2] 프란시스 베이컨 지음, 이종구 옮김, 『에세이/학문의 진보』, 동서문화사, 2015, 368쪽.

[3] 칼 포퍼 저, 이명현 역, 『열린 사회와 그 적들II』, 민음사, 1984, 100-101쪽.

는 것은 변증법과 모순되는 공상이자 허튼 꿈이라고 보았다. 그는 전쟁이 생활에서 필수적인 요소라고 하면서 다음과 같이 말했다. "전쟁은 결코 없어지지 않을 것이다. 왜냐하면 전쟁 없이는 현실은 이해될 수 없기 때문이다."[4]

이들 세 사람과 조금 달리, 정치를 경세經世의 관점도 아니고 이해관계의 측면도 아닌, 그보다 훨씬 협소화하여 전쟁으로 몰고 간 사람도 있다. 카를 슈미트다. 그는 「정치적인 것의 개념」에서 '적과 동지'로 나뉘는 이분법적 세계관으로 정치를 논한다. 그에게 적은 상업적 경쟁 상대도 아니고 이념적 논쟁 상대도 아니다. 적은 적 이외의 다른 어떤 존재도 아니다. 적은 타인이고 이방인이며 이질적인 존재다.[5]

이 적의 존재는 부정되고 제거되어야 한다. 그 부정과 제거의 행위가 곧 전쟁이다. 어느 새 정치는 전쟁이 된다. 전쟁에서는 적과 동지, 적군과 아군밖에 없다. 적군을 고립시켜 제거하기 위해 우군이 필요하다. 국제질서가 이렇게 편성되어 이루어진 것이 오늘날 보게 된 주적, 동맹과 같은 개념이다. 그러나 정치의 전쟁화는 이 국제질서에만 적용되는 것은 아니다. 국내 정치질서에도 그대로 적용되어, 조정이나 타협이나 통합과 같은 정치 본래의 모습은 보기 어렵게 되어 버렸다.

전쟁을 객관적으로 냉혹하게 보려한 사람도 있다. 한나 아렌트도 그 중의 한 사람이다. 그에 의하면, 전쟁 행위가 여전히 존재하는 주요 원인은, 국제 문제에 있어서 이 최종적인 중재자(전쟁)의 대체물이 아직까지 정치무대에 나타나지 않았다는 단순한 사실 때문이다.[6] 화이트헤드는 개인 간의 교섭이든 사회 집단 간의 교섭이든 교섭에는 두 가지 형식, 곧 힘이나 설득 가운데 어느 한 형식을 취한다고 했다. 상업이 설득이라는 방법에 의한 교섭의 대표적인 사례라면, 전쟁이나 노예제

---

4) 소비에트 과학 아카데미 철학연구소 편, 이을호 편역, 『세계철학사X』, 중원문화, 1990, 50쪽에서 재인용.

5) 고명섭의 카이로스, 〈마니의 포용인가, 슈미트의 적대인가〉, 《한겨레신문》, 2023. 6. 21.

6) 한나 아렌트 지음, 김정한 옮김, 『폭력의 세기』, 이후, 1999, 26-27쪽.

도나 행정적 강제는 힘의 지배를 예증하는 것들이라고 했다.[7]

그러나 이제 설득의 방법은 보기 쉽지 않게 되었고, 그 사례인 상업도 힘 곧 전쟁의 부수적인 형식으로 이루어지는 것이 예사롭게 되었다. 요즈음 흔히 보는 경제제재가 그 예다. 그래서 표면적으로 보면 전쟁 옹호론보다 전쟁 비판론 또는 전쟁 부정론이 대세를 이루어가고 있는 듯하다. 공공연히 전쟁 옹호론을 펴기 힘들어서일 수도 있겠다. 그러나 세계적인 지성을 갖춘 사람, 전쟁에 참가한 경험이 있는 사람 또는 전선기자로 복무한 사람들은 전쟁 비판론과 부정론을 확실히 한다.

아인슈타인과 함께 반전시위를 주도했던 버트런드 러셀은 "전쟁은 누가 살아남는지만 결정할 뿐, 누가 옳은지를 결정하지 않는다."고 했고, 레지스탕스 활동을 하기도 했고 베트남 전쟁을 반대했던 사르트르는 "가진 자들이 전쟁을 일으킬 때 못 가진 자들이 죽는다."고 했으며, 정치인이자 반전운동가였던 아서 폰손비는 "전쟁이 선포되면 진실이 그 첫 번째 희생자가 된다."고 했다.[8]

그런가 하면 일본에 원자폭탄을 싣고 가 터뜨리고, 전후에 일본을 찾아 사과하기도 한 하워드 진은, "전쟁은 그것이 영속적이더라도, 인류의 삶에서 그것이 얼마나 장구한 역사를 갖고 있더라도, 불가피한 것은 아니다. 전쟁은 어떤 본능적인 인간 욕구에서 나오는 것이 아니다. 그것은 정치 지도자들이 만들어낸 것이며, 그러기 위해 그들은 보통은 전쟁을 꺼리는 국민들을 전쟁터로 내몰려고 엄청난 노력-속임수, 선전, 강압-을 해야 한다."[9]며, 정치 지도자를 지목했다.

특히 전쟁이 오래 지속되어 본국의 젊은이들이 전쟁터로 파견되어 희생자가 늘어나면 반전운동이 일어나고 확대되어 간다. 그렇다고 정치 지도자들이 자국의 젊은이들이 희생되는 것이나 반전운동에 자극을 받아 전쟁을 그만두지는 않는다. 반전운동의 지속적 참여자 중에는 참

---

7) 엘프레드 노스 화이트헤드 지음, 오영환 옮김, 『관념의 모험』, 한길사, 2000, 155쪽.

8) 전선기자 정문태, 〈전쟁의 진짜 얼굴〉, ≪한겨레신문≫, 2013. 5. 15.

9) 하워드 진 지음, 유강은 옮김, 『달리는 기차 위에 중립은 없다』, 이후, 2002, 142쪽.

전 군인의 가족들이 많다. 반전운동의 규모나 기간을 축소시키는 방법 중 하나는 이 가족들을 줄이는 것이다.

그 방법이 바로 징병제를 모병제로 바꾸는 것이다. 그러면 전쟁은 모든 국민의 문제가 아니라 모병제에 응한 가족, 대체로 사회적 영향력이 그다지 크지 않은 빈곤한 가족의 문제로 협소해지고, 사회의 더 큰 문제에 파묻힐 정도의 문제로 약화되어 버린다. 베트남 전쟁의 반전운동을 계기로 전후 미국의 닉슨 행정부가 실시한 정책이었다. 반전운동으로 국내 여론 전선이 무너지면 더 이상 전쟁을 치를 수 없게 되기 때문이었다.

이처럼 전쟁은 국내정치와 국제정치를 양면적으로 동시에 규정할 수 있는 지배력으로 작동한다. 위정자가 전쟁의 유혹을, 국제전이든 국지전이든 내전이든 뿌리칠 수 없는 이유이기도 하다. 특히 평화적인 방법으로 정치력을 발휘할 수 없는 위정자일수록 더욱 그러할 것이다.

10) 강신주 지음, 『철학 VS 철학』, 오월의봄, 2022, 804쪽 참조.

그래서 진정한 전쟁의 극복 대상이 국가주의임을 지적하는 이도 있게 된다. 국가는 내부의 비판적 구성원들을 잠재우고, 외부의 국가 국민을 적대 관계를 유지하며 전쟁을 일으킨다. 사르트르와 하워드 진이 말한 것처럼, 여기서 이득을 얻는 것은 국가이고, 피를 흘리면서 사라지는 것은 스스로를 방어하지 못하는 개별 인간이다. 개별 인간이 여기서 벗어나려 하면, 그는 비겁자이고 기피자이며 심지어 매국노가 된다. 전쟁을 일으키는 나라는 개별 구성원을 먹이 삼아 성장하고 공고해지는 리바이어던인 셈이다.[10]

그러나 이것은 전쟁을 일으킨 나라의 문제다. 전쟁의 포탄과 총구에 직면한 나라의 사람들은 어떻게 되는가. 에릭 홉스봄은, "오늘날의 전쟁은 본질적으로 전투원이 아니라 민간인을 목표로 한다. 재래전에서 무차별적이고 대규모 파괴의 목적은 정부와 국민들의 사기를 꺾고, 아울러 재래전을 수행하기 위해 의존해야 하는 산업적, 행정적 기반을 파괴하는 데 있다."[11]고 했다. 대부분의 현대전이 절멸전이나 초토화가 되는 이유다.

요즘처럼 통신망이 발달해 피해 민간인이 직접 매체에 등장하여 절멸전이나 초토화의 참상의 일부를 보여주기도 한다. 그러나 그 깊숙한 참상을 속속들이 알려줄 수는 없다. 그가 당한 것만큼만 보여줄 수 있기 때문이다. 아무래도 참상을 제대로 알려줄 수 있는 사람은 전쟁에 직접 참가한 병사들이나 전선을 취재하기 위해 전선에 뛰어든 전선기자들일 것이다. 그러나 병사들은 트라우마로 인해 입을 다물기 십상이다. 전선기자의 활약이 두드러지는 연유다.

영국의 전쟁사학자 존 키건이, '폭력은 거의 아무것도 해결하지 못한다'는 말이 그가 들어온 말 중에서 가장 기억이 남는 명언이라고 한 적이 있지만[12], 현재 강대국이라 일컬어지는 미국이나 러시아 그리고 중국 등 군산정의학 복합체 완성을 국가의 중심 과제로 삼고 있는 나라들에는 통하지 않는 말일 것이다. 베트남 전쟁 하나만을 보더라도 이는 충분히 입증된다.

오늘날 미국에서는 신보수주의자들이 잔인한 정책을 만들어내고 자유주의자들은 이를 은폐할 덮개를 만들어낸다. 둘 사이에 다른 차이점은 없다. 전쟁은 자유주의자들의 마음속에서는 최후의 수단이지 제일 먼저 선택할 수단이 아니다. 그러나 요즈음 미국정부에 전쟁은 여전히 선택 범위 안에 있는 수단에 속하며, 그 중에서도 최우선으로 쓸 수단이다.[13]

1950년 미국은 '국가안전보장회의 보고 68호'라는 정책문서를 작성했다. 소련의 전 세계적인 공산적화를 막기 위해 미국 국방비를 304배

11) 에릭 홉스봄 지음, 김정한·안중철 옮김, 『혁명가-역사의 전복자들』, 길. 2008, 235쪽.

12) 존 키건 지음, 정병선 옮김, 『전쟁과 우리가 사는 세상』, 지호, 2004, 147쪽.

13) 토니 주트 지음, 조행복 옮김, 『재평가-잃어버린 20세기에 대한 성찰』, 열린책들, 2014, 490-491쪽, 16쪽 참조.

늘려야 한다는 것이었다. 이후 미국은 압도적인 전 세계 최대 군사대국이 되었다. 미국의 연간 군사비는 중국, 러시아를 포함한 나머지 2~10위 군사비 지출 국가를 모두 합한 것보다 더 많다.[14]

 미국이 베트남 전쟁에 본격적으로 개입하기 시작한 1965년부터 1975년 사이에 340만 명(로버트 미국 전 국방장관)에서 510만 명(베트남 정부 발표)에 이르는 희생자가 발생했다. 또한 라오스를 인도차이나반도의 공산화를 막는 방파제로 삼아, 1964년부터 1973년까지 50여만 톤의 포탄을 라오스에 퍼부어 20만 명에 이르는 시민을 학살했다. 그 공습이 끝나고도 지난 40년 동안 2만여 명이 집속탄을 비롯한 온갖 불발탄에 목숨을 잃었다. 마찬가지로 미국은 베트콩을 섬멸하겠다며, 1969~1973년 사이에 중립국 캄보디아에 폭탄 54만 톤을 퍼부어 30만~80만 명에 이르는 시민을 학살했다. 그 50만 톤의 폭탄은 미군이 제2차 세계대전에서 일본에 투하했던 16만 톤의 3배 이상이 되는 양이었다.[15]

 그 뒤로 미국은 아프가니스탄(1980년대), 이란-이라크(1980~1988년), 엘살바도르(1981년), 레바논(1982~1983년), 그레나다(1983년), 파나마(1989~1990년), 이라크(1차 1991년, 2차 2003년) 등의 나라에, 자국의 이해관계를 관철하기 위해 개입하거나 침공했다. 미국이 개입한 전쟁의 희생자는 제한적인 지면을 통해 보아도 대략 1,500만 명을 웃돈다고 전선기자 정문태는 말한다. 그리고 전쟁사 연구자들은 제2차 세계대전을 포함해 그 동안 미군이 전쟁에서 죽인 사람 수를 2천만~3천만 명을 헤아린다고 덧붙인다.

 이로 미루어 보면, 국가는 내국인과 외국인의 피 흘림 위에서 자라는 것임이 확연해진다. 단지 그 희생되는 자들이 위정자들이 아님은 틀림없다. 이러한 사태를 왜 사람들은 멈추지 못할까. 일차적으로 국가 운

---

[14] 〈권태호-에이드리언 루이스 직격인터뷰〉, 《한겨레신문》, 2023. 9. 13.

[15] 〈정문태의 제3의 눈 (4): 2차 세계대전 종전 68주년, '미국은 사실상 제3차 세계대전 중'〉, 《한겨레신문》, 2013. 8. 10.

영체제라는 시스템에 문제의 원인을 돌릴 수도 있겠지만, 이러한 체제 아래 사는 인간에게는 문제가 없는 것일까. 러셀은 반전운동에 참가하며 확신하게 된 것인지 몰라도, 체제에서보다는 오히려 인간에게서 그 원인을 찾는다.

러셀은 제1차 세계대전을 경유하며, 화이트헤드 등과 같은 절친들마저 호전주의자로 변해 가는 것을 보며 이렇게 말했다. "나를 두렵게 만든 것은 국민의 거의 90%가 대학살을 기대하며 즐거워한다는 사실이었다. 대부분 사람들이 다른 무엇보다도 돈을 좋아한다고 생각했으나, 돈보다 파괴를 훨씬 더 좋아한다는 것도 알게 되었다."[16] 아마 프로이트라면 에로스의 반대편에 있는 타나토스에서 그 원인을 찾았을 것이다.

그러나 돈과 파괴 사이에 긴밀한 연관이 있음을 당시의 러셀은 짐작하지 못했을 수도 있겠다. 그는 반전운동을 했지만, 전선에서 전쟁을 경험하지는 않았다. 현장의 바깥에서 관찰자가 되어 전체적 국면을 조감할 수도 있지만, 현장 속에서만 실감하고 확인할 수 있는 구체적 진실도 있는 법이다. 작가 황석영은 월남전에 참전하면서 그것을 깨달은 바 있다. 그는 그것을 그의 자전에서 다음과 같이 언급한 바 있고, 나중에 그것을 『무기의 그늘』이라는 장편소설에서 구체적으로 형상화하기도 했다.

"내가 전선에서 극한적인 인간 조건과 죽음, 그리고 폭력과 야만을 즉물적으로 보고 느낀 것에 그쳤다면, 다낭 암시장의 조사원 노릇을 하면서 비로소 미국이 벌인 전쟁의 총체적인 성격을 파악하게 된다. 2차 대전 이후 미국이 비서구권에서 벌인 전쟁의 성격은 크게 세 가지로 나눌 수 있는데, 세계 속에서 미국의 패권을 유지하기 위한 전쟁,

16) 버트런드 러셀 지음, 송은경 옮김, 『러셀 자서전-인생은 뜨겁게』, 사회평론, 2014, 233-234쪽.

종교적·문화적·인종적 편견에 의한 전쟁, 그리고 가장 중요하게는 사업, 즉 비즈니스로서의 전쟁이다."[17]

그러나 국가나 위정자들은 이러한 전쟁의 참상과 진실이 드러나는 것을 원하지 않는다. 그것이 드러나면 전쟁을 지속하여 그들이 의도하고자 한 것에 지장을 초래하기 때문이다. 그래서 전쟁을 수행하는 한편, 전쟁의 진실을 드러내려는 자들을 제거하는 작업도 전쟁 수행 목록에 들어가게 된다. 전시 언론 통제가 여의치 않으면서 전쟁을 수행하는 각국의 정부가 전선기자들을 직접 공격하는 것이 그것이다. 이는 대외 전이든 내전이든 마찬가지다.

전선에서 전쟁을 취재하여 보도하는 기자의 출현은 종군기자가 시초다. 글자 그대로 군대를 따라다니면서 자국(아군)의 승전보를 전하는 전령사들이었다. 이들의 취재보도가 한정되어 있기는 했지만, 위험하지 않은 것은 아니었다. 제1차 세계대전에서 4명, 제2차 세계대전에서 68명, 한국전쟁에서 17명이 목숨을 잃었다고 한다.

그러다가 베트남 전쟁을 계기로 아군의 만행이나 자국의 패전 가능성을 보도해 반전운동의 기폭제가 된 전선기자가 등장했다. 베트남 전쟁(제2차 인도차이나 전쟁: 1955~1975년) 20년 동안 베트남에서 33명, 캄보디아에서 34명, 라오스에서 4명을 합해, 모두 71명의 전선기자가 목숨을 잃었다고 한다.

전선기자가 직면한 이러한 희생은 1990년대로 들어서면 더욱 늘어나, 20년 사이에 1,000여 명이 넘는 기자가 포괄적 전선인 전쟁, 분쟁, 정치혼란 지역을 취재하는 도중에 숨졌고, 2000년대를 넘어서면서는 2003년 미국의 제2차 이라크 침공부터 2013년까지 10년 동안 이라크 한 지역에서만 기자 153명이 희생됐다. 또 2012년과 2013년 2년 동안 시리아 내전에서만 기자 53명이 목숨을 잃었다. 최근 4년만 따져도

17) 황석영 자전, 『수인 2』, 문학동네, 2017, 226쪽.

2010년 58명, 2011년 67명, 2012년 88명, 2013년 52명으로 모두 265명이 죽었다.

희생자 수도 문제지만, 더욱 문제적으로 새로워진 사건은, 전선기자를 표적 공격해 살해하는 것이다. 1980년대까지만 해도 희생당한 전선기자 거의 모두는 교전이나 공습에 말려들어 목숨을 잃었다면, 1990년대를 넘어서면서부터는 정부군이나 반군 세력들로부터의 직접 공격으로 살해당하는 경우가 늘어났다고 한다. 국가나 정부의 이익을 관철하는 길에 방해가 되는 자는 기자든 구호 단체든 어느 누구를 막론하고 제거 대상인 것이다.[18]

스탈린이 말했다던가. '한 사람의 죽음은 비극이지만, 수백만 명의 죽음은 통계'일 뿐이라고. 스탈린이 통계로 처리하는 희생자들은 현대 미군에 오면 '부수적 피해'가 된다. 그러나 국가는 전체이고, 개별 인간은 그 전체를 이루는 극히 미미한 부분으로 간주할 수도 있지만, 개별 인간도 충분히 전체일 수 있다. '한 사람을 구원하는 것이 세계 전체를 구제하는 것'이라는 말이 역설적 진리가 되는 이유다.

피해자들이 개별 인간일 뿐이고 가해자가 전체 체제라고 간주한다면, 늘 보듯이 진상 규명이나 처벌은 기대 난망일 것이다. 국가주의나 전체주의가 이슈가 되던 시절은 지나가 버린 것이다. 모든 국가나 정부 그리고 체제가 그렇게 되어가고 있으니까 말이다. 이러한 정부나 위정자들에 대한 규제로 유일한 국제기구로는 2002년에 설립된 국제형사재판소가 있을 뿐이다.

지금까지 무아마르 카다피 전 리비아 국가원수, 오마르 알바시르 전 수단 대통령, 블라디미르 푸틴 러시아 대통령에 대한 체포 영장을 발부한 바 있고, 최근에는 이스라엘-팔레스타인 전쟁의 두 축 가운데, 하

[18] 이상의 전선기자에 대한 언급은, 성문태의 〈제3의 눈: (13) 전선기자의 죽음—살인, 그것은 가장 효과적인 언론 통제〉, 《한겨레신문》 2013. 12. 21에서 가져왔음.

마스 쪽 가자지구 지도자 야흐야 신와르, 군사 지도자 무함마드 다이프, 카타르에 근거를 둔 정치 지도자 이스마일 하니야가 영장 청구 대상이 되었고, 이스라엘 쪽은 네타냐후 총리와 요아브 갈란트 국방장관에 대해 영장이 청구됐다.[19]

국제형사재판소에는 123개 나라가 회원국으로 참여하고 있지만, 미국과 이스라엘은 참여하지 않았다. 호전적인 국가들이 참여하지 않은 기구가 얼마나 실효성을 거둘 수 있을지 의심스러워지는 지점이다. 마치 기구협약에 앞장서야 할 나라들이 자국 산업의 이해관계를 우선하여 기후협약 의정서를 비준하지 않고 미루거나 협약에서 빠져나가는 것과 마찬가지다.

국제기구가 이해관계를 속셈으로 대처하는 강대국에 속수무책이거나 그 대리 역할에 머물고 있는 것이 오늘날의 현실이지 않던가. 지구와 인류의 삶에서 평화의 시기보다 전란의 시기나 그 잠복의 시기가 더 길게 느껴지는 것도 이와 무관하지 않을 것이다. 그리고 이러한 세상은 노자가 살았던 2500여 전의 세상, 가진 쪽이 못 가진 쪽에 베푸는 것이 아니라, 가진 쪽이 못 가진 쪽의 것, 생사가 달린 것을 빼앗아 자기 배를 채우는, 양육강식의 수준에서 한 걸음도 진화하지 못한 것을 입증하는 것으로 보인다.

전쟁으로 인한 이익이 체제 유지의 주요 동력이 되면, 전쟁 및 사업 논리가 정치 논리가 되고, 그것은 다시 일상의 생활세계를 영위하는 논리로 내려앉는다. 그러면 우리의 일상도 적과 동지, 적군과 아군의 논리가 지배하게 된다. 전쟁 때문에 정치가 망가지고, 정치 때문에 일상이 망가진다. 일상의 가족, 친구, 연인 사이의 관계에 적대적 정치 논리가 스며들어 균열과 파탄이 다반사로 일어나기도 한다.

19) 이본영, 〈네타냐후 체포영장 청구에 '국제형사재판소 제재 검토' 맞불 놓은 미국〉, 《한겨레신문》, 2024. 5. 22.

전쟁과 경제

황석영이 그러했듯이 조지 오웰도 스페인 내전에 참전했을 때, 전쟁의 정치적 측면이나 경제적 측면에 무심했거나 애써 무시했다. 그러나 지성을 갖춘 자라면 그러한 측면이 눈에 들어오지 않을 수 없었을 것이다. 그래서 정치적 측면은 아나키스트로서 공산주의자들과의 갈등에서 눈을 뜰 수 있었고, 경제적 측면은 스페인의 철도회사와 그것에 투자한 외국 자본과의 관계가 눈에 들어옴으로써 알게 되었다.

바르셀로나 철도회사에는 영국 자본 1,000만 파운드가 유입되어 있었는데, 카탈로니아에서는 노동조합이 모든 교통수단을 접수했다. 혁명이 진행되면 영국은 아무런 보상을 받지 못하거나, 받아도 아주 조금밖에 받을 수 없었다. 그러나 만일 자본주의 공화국이 승리하면 영국의 투자 자본은 안전할 것이다. 따라서 혁명을 진압해야 했기 때문에, 상황을 아주 단순화하여 혁명 같은 것은 일어나지도 않은 듯이 호도했다. 이런 식으로 모든 사건의 진정한 의미를 덮어 버렸기 때문에, 스페인 밖에서는 이곳에 혁명이 일어났다는 사실을 파악한 사람은 거의 없었다.[20]

20) 조지 오웰 지음, 정영목 옮김, 『카탈로니아 찬가』, 민음사, 2023, 78-79쪽.

그러니까 혁명은 혁명 만에, 전쟁은 전쟁 만에 초점을 맞추어 진행되는 것도 아니고, 또한 그것에 참가한 사람들만의 의지대로 굴러가는 것도 아니라는 것을 목격한 것이다. 전쟁이 혁명을 덮어 혁명은 알려지지 않을 수도 있고, 전쟁은 바람대로 민주주의로 나아가지 않고 자본주의로 굴절되어 진행될 수도 있음을 깨달은 것이다.

흔히 그렇듯이, 깨달음은 사건을 겪고 난 뒤에야 뒤따라오는 경향이 있다. 자신 속에 내재한 파괴 본능, 남성적 용기나 동지애나 애국심과 같은 허위의식이나 명분에 사로잡혀 참전한 병사들 중에는 끝내 그것에서 벗어나지 못하는 경우도 있지만, 전쟁을 겪고 난 뒤 그것의 참모습을 깨닫는 경우도 있다.

2차 세계대전에 참전했던 미군병사 토미 브리지스는 전후에 경찰관이 되어 한 인터뷰에서 그 깨달음을 다음과 말했다. "세상 그 어디에도 싸울 만한 가치를 가진 전쟁 따위는 없습니다. 어디서 전쟁이 났는가는 아무 차이가 없어요. 돈, 돈이 전쟁을 일으키는 유일한 원인입니다. 저는 전쟁을 일으키고 또 조장하는 사람들이 돈을 버는 사람들이라는 것, 탄약을 만들고 군복을 만들고 기타 여러 가지를 만드는 사람들이라는 것에 대해 조금도 놀라지 않아요."[21]

미국 경제는 60~70%가 군산정의학 복합체에 연동된 상태에 있어 전쟁 없이 굴러갈 수 없는 체제를 구축해 왔다. 미국의 2013년 회계연도에서 군사비는 6,330억 달러(약 681조 원)로 한국의 2012년 정부 총예산 325조의 2배를 웃도는 돈이다. 같은 기간 세계 군사비 총액(1조 7,560달러)의 40% 수준이다. 이런 막대한 군사비 지출을 통해 미국은 독일, 일본, 한국을 비롯한 63개국에 737개 해외 군사기지(펜타곤 발표로는 865개)를 두고, 156개국에 25만 명을 넘는 군인을 파견해, 국제사회를 통합전쟁시스템으로 관할하며, 전쟁과 경제라는 불가분의 미국식 세계체제를 작동시키고 있다.[22]

미국의 경제학자였던 스콧 니어링도 처음에 전쟁의 효능을 과소평가했다고 스스로 고백했다. 그러나 연구와 관찰과 경험을 통해 서구사회가 어느 정도까지 정책 도구로서의 전쟁에 의존하고 있는지 깨닫게 되었다고, 국가의 이익과 안전을 위해서라면 국가 지도자와 대중들이 얼마든지 전쟁을 치를 각오가 되어 있다는 사실에 눈뜨게 되었다고 말했다.

그래서 1931년 『전쟁: 계획된 파괴와 대량 살상』을 저술하여 전쟁의

---

[21] 하워드 진 지음, 이아정 옮김, 『오만한 제국』, 당대, 2001, 183쪽.

[22] 앞의 주 15)의 글과 신문에서 가져왔음.

사회학과 전쟁의 경제학 그리고 전쟁의 정치학을 다루었다. 그는 이 책에서 역사상 문명사회에서 전쟁을 도모하는 자들은 전문가들이며, 전쟁은 명성과 권력과 부로 통하는 명예롭고 신속한 길이자 대내외 정책을 결정하는 데 사용되는 주무기라고 지적했다. 전쟁기구는 이렇게 문명사회의 전문기관이 되었다고 말했다.[23]

이러한 과정에서 정부가 금융업자가 되고, 무기제조업자가 되는 것은 당연할 것이고, 일상에 영향을 미치는 것도 자연스러운 일일 것이다. 최근 통계에 따르면, 2021년 총을 구입한 미국인은 약 2,000만 명에 달했다. 총기 사고로 사망한 사람도 어린이 1,500명을 포함해 4만 5,000명에 달했다. 약 60%에 달하는 미국 국민이 강력한 총기 규제를 원하지만, 대다수 공화당 의원들은 총기 규제에 반대하는 전미총기협회의 영향권 안에 들어 있기 때문에 총기 규제가 쉽지 않다.

전미총기협회는 1871년 창립 때만 해도 사냥 등 취미활동을 위한 레크리에이션 클럽에 불과했다. 1970년대 들어 정치 로비 단체로 변신하기 시작하여, 1977년 '정치행동위원회'를 출범시켜 의원들에게 정치자금을 후원하면서 입법 활동에 영향을 미치기 시작했다. 조직 책임자였던 할런 카터는 정기 회비를 내는 회원을 300만 명까지 늘리면서 전미총기협회를 막강한 정치 압력단체로 키웠다. 총기 규제 문제와 관련해 의원들을 학점을 매기듯 A에서 F 등급까지 분류해 관리하고 있다고 한다.[24]

일상의 총기나 전장의 무기나 무기제조업체에서 나오기는 마찬가지일 것이다. 미국에 관한 뉴스에서 심심찮게 보게 되는 총기로 인한 무차별 살상은, 미국이 벌이거나 개입한 수많은 전쟁에서의 민간인 무차별 학살의 일상적 버전, 모방적 버전이 아니라고 쉽사리 말할 수 있을

[23] 스코 니어링 지음, 김라합 옮김, 『스코 니어링 자서전』, 실천문학사, 2000, 346쪽.

[24] 이상의 미국 총기 사고와 총기협회에 관한 언급은, 정재민의 〈미국의 자유는 총기 소유에서 나온다?〉, 《시사IN》, 2022. 6. 28에서 가져왔음.

까. 일상에서 벌어지든, 전쟁에서 벌어지든, 살상이 끊임없이 반복되는 것에는 미국의 정치체제가 어떤 경제적 메커니즘과 연동되어 있는가를 확인할 수 있는 사례가 될 것이다.

미국 행정 수반으로 있다 물러나며 아이젠하워는, 1961년 대통령 고별 연설에서 점증하는 군산복합체에 대해 경고하며 대중에게 주의를 환기시키기도 했다. 미국의 사회학자 라이트 밀스는, 제2차 세계대전 이후 군대의 부상은 문민 통치라는 미국의 오랜 전통을 파괴했고, 산업화된 사회에서는 군인의 역할이 줄어들 거라는 19세기 자유주의자들의 낙관적인 가정을 뒤엎었다.

군사 지도자들은 정치 지도자들이 남겨 놓은 권력 공백을 채워 나갔고, 대개 스스로 주도권을 쥐고 외교를 수행하고 해외 정책까지 만들었다고 밀스는 주장했다. 새로운 정치권력에 덧붙여, 군인들은 경제 분야에서도 점점 더 중요한 역할을 했다며, 은퇴한 군사 지도자들이 증액된 군사비로부터 이익을 얻는 여러 기업에서 중역 자리를 차지하고 있음을 보여 주었다.[25]

중국 작가 쏭훙빙은 자신의 저술을 통해 전쟁과 자본이 어느 정도로 밀착되어 있는지를 밝히고 있다. 전쟁은 위정자에게만 정치를 수월하게 수행할 수 있는 계기가 되는 것이 아니라, 자본가 특히 금융자본가에게도 돈을 얼마나 많이 벌 수 있는 호재인가를 보여주고자 했다. 왜냐하면 국민은 극단적이고 특수한 상황에서만 어쩔 수 없이 자신의 천부적 권리를 잠시 포기하는데, 은행가들이 심각한 위기와 불경기를 필요로 하는 이유가 여기에 있다는 것이다.

위기와 경기 쇠퇴의 위협 아래 국민은 가장 쉽게 타협하고 단결력도 쉽게 무너지며, 여론도 쉽게 오도할 수 있고, 사회의 주의력은 쉽게 분산되며, 은행가의 권모술수도 쉽게 실현할 수 있다는 것이다. 역사적

---

25) 대니얼 기어리 지음, 정연복 옮김, 『C. 라이트 밀스』, 삼천리, 2016, 260-261쪽.

으로도 위기와 금융의 쇠퇴는 은행가들에게 정부와 국민을 상대하는 가장 효과적인 무기로 되풀이되어 사용되고 있다는 것이다. 그는 제2차 세계대전에서의 독일의 강화講和를 예로 들고 있다.

1943년 1월 13일, 루즈벨트와 처칠은 카사블랑카에서 독일에게 무조건 투항하라는 성명을 발표했다. 독일은 원래 1942년 8월에 동맹국과 강화한다는 조건으로 1939년 9월 1일 이전의 경계선으로 후퇴하여 패색이 짙은 이 전쟁을 끝내려고 했다고 한다. 그러나 전쟁에서 돈을 불리는 금융재벌들이 이 강화를 손 놓고 지켜보지 않았다는 게 쑹훙빙의 생각이다.

전쟁은 2년 넘게 더 연장되었고, 1930년에 160억 달러에 불과하던 미국의 국채는 1946년 2,690억 달러까지 올랐다. 대신 그 기간 동안 무고한 생명과 재산이 잿더미로 변했는데, 그 중에는 나치에게 희생된 600만 명의 유대인도 포함되어 있었고, 전쟁이 1943년에 끝났다면 그들 중 상당수가 화를 면할 수 있었을 것이라고 말한다.[26]

26) 쑹훙빙 지음, 차혜정 옮김, 『화폐전쟁』, 랜덤하우스, 2008, 201쪽, 218-219쪽 참조.

그러나 쑹훙빙의 이런 생각에 의문이 일지 않는 것은 아니다. 당시 금융재벌이라면 유대인인 로스차일드 가문을 빼놓을 수 없는데, 히틀러의 유대인 학살을 전혀 예상하지 못하고 전쟁 연장에 동참했을까 하는 의문이다. 아무리 돈을 유일 가치로 떠받드는 유대인이라 하지만, 그 돈을 위해 동족의 희생을 감수하기로 했을까. 책임 회피로 내세우기 좋은, '몰랐었다'는 것이 있기는 하지만, 히틀러의 책을 몇 페이지만 보았더라도 예상할 수 있지 않았을까.

어쨌든 미국뿐만 아니라 중국과 러시아도 정치와 경제가 손잡고 군산정복합체를 향해 매진하고 있음에는 다를 바 없다. 미국은 2014년에 '제3차 상쇄전략'을 내놓았다. 1차는 1950년대 동유럽에 배치된 소련의 재래식 군사력의 수적 우위를 상쇄하기 위해 핵무기 개발을, 2차는 소련의 핵과 미사일 역량을 상쇄하기 위해 스텔스, 위치정보시스템 등의 기술을 개발한 것을 일컫고, 3차에서는 인공지능, 바이오, 레이저, 극초음속 등이 '게임 체인저' 기술로 꼽힌다.[27]

물론 이 상쇄 전략이 다 통했던 것은 아니었다. 때로 뒤처진 자가 불쑥 앞으로 나오기도 했기 때문이다. 미사일의 경우, 소련은 파괴력에 비해 무거운 미사일을 쏘아 올리기 위해 추진력에 힘을 기울인 반면, 미국은 크기와 무게에 비해 파괴력이 강한 작은 미사일 개발에 집중했다. 이렇게 미사일에서는 미국이 효율적이고 앞서갔지만, 문제는 이와 관련되어 있긴 했지만 다른 부문에서 터져 나왔다.

소련은 무거운 미사일을 쏘아 올리던 추진력을 조금 더 강화하여 우주선 스푸트니크를 대기권 밖으로 쏘아올린 것이다. 이에 놀란 미국은 부랴부랴 과학교육부터 점검하는 부산을 떨고 한참 지나서야 상쇄전략이 통하는 성과를 이루어냈다. 우주선을 쏘아 올리는 데서는 소련에 뒤졌지만 달에 유인 우주선을 안착시켰다 지구로 귀환하는 데는 소련을 앞질렀던 것이다.

위 정도의 큰 문제는 아니었지만, 최근에도 미국을 포함한 서구 여러 나라의 체제와 러시아의 체제 차이에서 오는 문제가 생기기도 했다. 서구가 신자유주의 체제라면 러시아는 국가자본주의 체제다. 우크라이나 전쟁에 소용되는 포탄 제작에서 양 체제의 격차가 드러난 것이다. 러시아는 여전히 국영기업인 소련 시대의 포탄제작소를 보유하여 포탄을 제대로 공급하고 있지만, 머지않아 전쟁이 끝나면 포탄 수요가 급감할 것이라는 전망을 가진 구미권의 민영 군수회사들은 쉽게 포탄 증산에 투자하지 못하는 것이다. 전시 상황에서는 신자유주의가 국가자본주의를 따라가지 못하는 상황이 벌어지는 것이다.[28]

---

[27] 박현, 〈G2 기술패권 05: '미 군산복합체'-중 '군민융합', 무기경쟁 불붙다〉, 《한겨레신문》, 2021. 11. 2.

[28] 박노자의 한국, 안과 밖, 〈우크라이나, 미국 실패의 그림자〉, 《한겨레신문》, 2024. 1. 17.

그러나 포탄에서의 이러한 뒤처짐은, 미국이 우크라이나 전쟁에서 얻은 이익에 비하면 빙산의 일각에도 미치지 못한다. 나토의 확장과 러시아의 저지 사이에서 발생한 러시아의 우크라이나 침공은 유럽 국가들의 미국 의존도를 더욱 높였을 뿐 아니라, 유럽 전체가 군비 증강 열기에 휩싸이면서 국방비 또는 군사비를 대폭 증액하고 무기구매를 늘렸으며, 그에 따라 미국 군수업체의 수익도 크게 늘어났다.

유엔난민기구 공식 통계에 따르면, 우크라이나 전쟁 1년 동안 우크라이나를 떠나 외국으로 간 난민은 800만 명이 넘고, 우크라이나 안에서 피란길에 오른 이들도 800만 명에 이른다. 4,100만 인구 가운데 1,600만 명이 집을 떠났다. 국외로 떠난 난민의 90%는 여성과 아동들이다. 폴란드, 슬로바키아, 헝가리, 루마니아, 몰도바 등 접경국으로 빠져나간 뒤 유럽의 다른 나라들로 이동한 이들이 많고, 유럽이 아닌 지역으로 간 사람들도 많은데,[29] 멀리 한국까지 온 사람들도 있다. 이제 지구 전체가 난민의 도래처가 된 세상이 된 것이다. 그러나 전쟁을 일으키고 전쟁으로 이득을 챙긴 사람들은 난민들에 별 관심이 없다. 인도적 관심이 있는 척 구호품을 던지는 정도다.

29) 구정은, 〈헌실지구—우크라이나 전쟁 1년 ③: 지구 반대편 브라질이 우크라 난민을 품어준 방법〉, 《한겨레신문》, 2023. 2. 25.

우크라이나 전쟁과 달리 미군이 직접 개입하여 벌인 가장 긴 전쟁은 아프가니스탄 전쟁이었다. 2001년 9.11테러 뒤, 조지 부시 정부가 시작한 아프가니스탄 전쟁은 테러의 온상으로 지목된 이슬람 무장단체 탈레반을 섬멸하기 위한 것이었다. 그러나 지지부진 20년을 끌어, 2021년 8월 아프가니스탄은 탈레반 통치로 넘어감으로써 전쟁은 끝났다.

아프가니스탄 전쟁이 미국이 치른 가장 긴 전쟁으로 기록될 수 있었던 것에는 두 가지 요인이 작용한 것으로 보인다. 하나는 미국 정부와

군 지휘부가 전쟁의 진실을 은폐했기 때문이고(어떤 전쟁이든 진실을 알리는 정부와 군 지휘부는 없게 마련이지만). 또 하나는 민간과 군사를 확연히 분리한 정책 때문이다.

실제로 2006~2007년 아프가니스탄 동부 산간 지대에서 전투를 치르고 전역한 뒤에 변호사가 된 스티븐 컨스는 《유에스에이 투데이》에 기고한 글에서, 친구가 전사하는 아픔을 겪으며, 젊은 군인인 그가 보기에도 아프가니스탄 전쟁은 이길 가능성이 없었다고 회고했다. 그러면서 아프가니스탄 전쟁이 미국 사회의 극심한 '민간-군 디바이드' 덕분에 정치적으로 감당할 수 있었다고 말했다.

어쨌든 전쟁이 오래 간 덕분에 미국 방산업계는 전에 없는 호황을 누렸다. 미국의 스탠더드앤푸어스 500지수는 지난 20년 동안 6배가 상승했는데, 보잉, 록히드마틴 등 5대 방산업체의 주가는 10배가 상승했다. 그래서 스티븐 컨스는, 아프가니스탄 전쟁은 미국 방위산업과 탈레반의 승리였고, 미국한테는 패배였다고 말했다.[30]

30) 이상돈, 〈아프간 '20년 전쟁'의 끝: 방산기업과 탈레반이 이겼고, 미국은 패배했다〉, 《한겨레신문》, 2021. 8. 28.

그러나 과연 미국은 패배한 것일까. 전쟁에 져서 군대가 철수하였다고 해서 미국이 진 것일까. 컨스가 미국인이라서 그러한 결론에 도달한 것이 아닐까. 미국 정부와 방위산업체가 따로 된 몸이 아니라면, 밀스가 말하는 파워 엘리트가 정부와 방위산업체 사이에 걸쳐져 있다면, 자본의 효율에서 무기 판매가 가장 우월하다면, 결과적 판단이 달라져야 할 것이다. 아프가니스탄의 파괴와 미국 젊은이의 희생 위에 미국 정부와 방위산업체의 성공이 있었다고.

전쟁에 발맞추어 방위산업도 진화해야 한다. 폭탄이 원자폭탄이 되듯이. 그래서 군산복합체에서 군산정복합체로, 군산정의학 복합체로 나아갔고, 이제는 복합체가 아니라 융합체로 진화하려는 조짐을 보이고 있다. 그것은 우선 민간의 혁신적 상업용 기술을 군사기술에 접목시키고, 이를 위해 방산업체의 공장을 군사기지에 입주시키는 형태로 나타난다. 그리하여 군은 방산업체에 군사기술을 이전해 군수산업을 육성하고, 방산업체는 군에 첨단무기를, 정부에는 세금과 정치자금을 제공한다.

미국 정부만 이런 경로를 따라가는 것은 아니다. 덩샤오핑의 도광양회韜光養晦에서 상당히 멀어진 행보를 걷고 있는 시진핑 체제는 첨단기술을 활용한 군현대화를 진행시키며 미국을 뒤좇고 있다. 전통적 군사력 경쟁에서의 열세를 신기술을 활용한 도약을 통해, 미국에 대등하거나 추월하려는 목표를 세운 것이다. 그래서 미국의 3차 상쇄전략에서 내세운 인공지능, 바이오, 레이저, 극초음속 등을 따라, 중국도 인공지능, 바이오, 퀀텀컴퓨팅, 극초음속 등에 주력하고 있다.

이를 달성하기 위해 중국이 꺼내든 전략이 '군민융합'이다. 첨단기술 분야에서 군과 민간의 시너지 효과를 높임으로써 경제발전과 군의 현대화를 동시에 이루겠다는 것이다. 시진핑은 2017년에는 중앙군민융합발전위원회를 설치하고 직접 주임까지 맡기도 했다. 군민융합 전략은 미국의 군산복합체를 벤치마킹한 것으로 짐작된다.

이러한 중국의 행보에 미국은 겉으로 태연한 표정을 지었지만, 중국이 2021년 여름 극초음속 미사일을 시험 발사한 사실이 뒤늦게 알려지면서는 태연한 표정을 짓지 못한 모양이다. 극초음속 미사일이 가진 위력 때문이다. 이 미사일은 미국이 천문학적 돈을 들여 구축해 놓은 미사일 방어(MD) 체제를 무력화시킬 수 있기 때문이다.[31]

31) 중국의 군민융합에 대한 언급은, 박현, 〈G2 기술패권 05: 미 '군산복합체'-중 '군민융합', 무기경쟁 불붙다〉, 《한겨레신문》, 2021. 11. 2 참조했음.

초강대국들이 이렇게 방위산업에 혈안이 되어 있는데, 그 밖의 나라들이라고 가만히 있을 리 없다. 특히 전쟁을 치르고 있는 나라들은 더욱 무기와 무기 판매에 신경을 쓰고 있다. 러시아의 푸틴은 우크라이나 전쟁이 뜻대로 풀리지 않으면 '핵무기' 사용을 들먹이고, 이스라엘은 가자 전쟁을 치르며 전장을 살상무기의 실험장으로, 전투를 무기 구매의 관심을 끌 기회로 삼고 있다.

가자 전쟁이 시작된 지 보름 지난 2023년 10월 22일, 이스라엘군은 자국 방산업체 엘비트시스템스가 개발한 신형 정밀 유도 박격포탄 아이언 스팅을 실전 배치하는 영상을 공개했다. 이 업체는 2021년 이스라엘군에 통합된 뒤부터 웹사이트에 '레이저와 지피에스를 이용해 표적을 정확히 타격하고 부수적 피해를 줄인다'며 이 무기를 홍보하고 있다고 한다.

이스라엘의 군용 드론과 주력 메르카바 전차, 이이언 돔 미사일 요격 시스템은 세계 무기 시장에서 인기 품목이며, 2023년 5월 이스라엘 일간 하아레츠는 '최근 8년 동안 이스라엘은 46억 달러 상당의 드론을 판매한 세계 최대 드론 수출국'이라고 보도하기도 했다. 더구나 전쟁은 이제 전쟁과 관련된 국제 협정을 위반해 가며 치러지는 것이 예사롭게 되었다. 인체에 달라붙으면 불이 꺼질 때까지 타들어가 살과 뼈가 녹아내리는 백린탄과, 모탄이 폭발하면서 수천 개의 자탄을 흩뿌리는 집속탄도, 국제인도법이 금지하는 대량살상 무기지만, 현재 러시아와 우크라이나 전쟁의 양쪽 모두에서 집속탄이 쓰이고 있다.[32]

세계대전 후에 제국의 식민지로 있던 나라들이 독립하며 국경선이 강대국에 의해 임의로 그어졌듯이, 지금은 강대국의 의도대로 잠재적 전선이 그어지고 있다. 미국을 중심으로 한 유럽과 아시아 그리고 호주를 연결하는 선이 있고, 중국과 러시아를 중심으로 하여 아프리카와 라틴아메리카를 연결하려는 또 하나의 선이 있다. 이 양대 세력은 군사력과 자본력으로 세계를 휘두르고 있다. 그 휘하에 있는 나라들은 이에 대한 대응 이념이나 목표를 세우지 못하고 눈치를 보며 생존 전략을

32) 이상의 무기에 관한 언급은, 조일준, 〈고삐 풀린 글로벌 군비 통제〉, 《한겨레신문》, 2023. 12. 2를 참조했음.

짜기에 바쁘다. 따라서 당분간은 생명과 평화의 사상이, 정치와 자본이 결탁하여 벌이는 전쟁을 돌파하여 우위에 서는 모습을 보는 것은 쉽지 않을 듯하다.

이스라엘과 팔레스타인

1894년 말 프랑스군 참모본부의 유대인 장교 알프레드 드레퓌스 대위는 독일군의 스파이 활동을 했다는 혐의로 기소되어 유죄 판결을 받았다. 프랑스의 유대인 작가이자 법률가인 베르나르 라자르는 드레퓌스의 형에게 위임을 받아 이 사건을 기록한 첫 번째 팸플릿인 「하나의 사법적 오류, 드레퓌스 사건에 관한 진실」을 발행했다. 1898년 8월 헝가리 태생의 유대인 테오도르 헤르츨은 빈 신문을 위해 제1차 드레퓌스 재판을 취재하기 위해 왔다가, "유대인에게 죽음을!"이란 폭도들의 외침을 들었고, 『유대국가: 유대인 문제의 현대적 해결 시도』를 집필하기 시작했다. 라자르와 헤르츨은 이렇게 드레퓌스 사건과 그 재판에서 목격한 '반유대주의'에 맞닥뜨리면서, 유대인이 유럽사회에 동화될 수 있다는 환상, 곧 동화주의를 철회하고 현대 시온주의의 1세대가 되었다.

1921년 7월 독일의 국가사회주의 독일노동자당을 장악한 아돌프 히틀러는, 독일 국민의 생활이 최악의 상태에 빠진 상태에서, 중앙정부가 붕괴하면서 내각이 비상사태를 선포해 극우세력을 억압하자, 베를린 중앙정부를 타도하기 위한 전초 작업으로 바이에른 주정부 전복을 시도했다. 히틀러의 시도는 실패했고, 히틀러는 체포되어 5년 금고형에 처해졌다. 그는 란츠베르크 요새 감옥에 갇혔으나, 다수의 독일 보수주의자들에게 영웅이자 애국자로 추앙받았다. 그는 이 옥중에서 『나의 투쟁』을 집필했는데, 이 저술에서 그는 '아리아 인종 지상주의'를 바탕으로 하여, 유럽에 만연한 반유대주의를 포괄적으로 수렴했다.

1963년 5월 독일에서 미국으로 건너가 활동하던 유대인 한나 아렌트는, 1960년에 체포되어 뉘른베르크 전범 재판을 받던 아돌프 아이히만을 취재하여 잡지 ≪더 뉴요커≫에 연재한 후, 1963년 5월 『예루살렘에서의 아이히만: 악의 평범성에 대한 보고서』를 출판했다. 그가 법정에서 본 아이히만의 인상은 평범했고 악마나 괴물 같지 않았다. 그가 아이히만에게서 발견해 낸 것은 단지 '사유하지 않음'이었다. 악이 별도로 존재하는 것이 아니라, 사유의 부재 곧 '무사유'가, 자기 성찰 없이 불의한 명령에 복종한 것이, 바로 악이라는 사실이었다.

이로부터 아렌트에게 악은 아이히만 같은 인간에게서만 발견될 수 있는 것이 아니라, 사유하지 않는 모든 인간 부류에게서 발견될 수 있는 것이었다. 이것이 새로운 악의 개념이자 '악의 평범성'이다. 그리고 자신들은 순전히 선이고, 나치는 순전히 악이라는 이스라엘 우파 내지는 극우 등이 그의 책이 나왔을 때 아렌트를 비난한 이유이고, 이스라엘이 독일의 막대한 피해자로 자처하다가, 스스로 팔레스타인인을 똑같이 학살하며 가해자가 될 수 있음을 예견한 것이기도 했다. 자신이 행하는 것을 인식하지 못하는 무사유성은 어느 특수한 민족에게만 한정된 것은 아니기 때문이다.

독일과 이스라엘

프랑스 대혁명은 유지되어 오던 기존의 봉건 질서에 균열을 내며 서구 세계에 새로운 질서의 태동을 알리는 역사적 대사건이 되었다. 그것은 민족주의에 근거한 국민국가 형성의 길을 열었다. 그러나 각 민족의 토대와 배경에 따라 그 양상은 다양한 형태로 전개되었다. 민족주의 연구에서는 이를 두 갈래의 길로 요약하는데, 그 하나는 오래전부터 자유의 개념이 확립되고 지방 분권적인 자치 제도가 이루어져 통치 권력에 대한 견제가 마련되어진 지역에서의 민주주의 강화의 길이었고, 다른 하나는 그런 토대가 없는 지역에서의 군사적이고 호전적인 경향의 길이었다.[1)]

전자는 미국, 영국, 프랑스, 스위스, 네덜란드 등 서유럽의 나라들이 간 길이었고, 후자는 러시아, 독일, 폴란드 등 중유럽과 동유럽의 나라들이 간 길이었다. 전자의 민족주의는 정치적 힘을 가진 시민적 제도들이 구축되어 자유주의적 민주주의 형성에 결정적 역할을 했다. 자신감을 가진 부르주아지가 수립한 민족 정치는 대체로 개방성과 포용성을 지향했다. 그래서 시민이 되기 위해서는 혈통과 출생뿐 아니라, 이 나라들에 속하겠다는 의지만 있으면 되었고, 귀화한 이는 누구라도 법적, 이념적으로 민족의 일원으로 여겨졌다.

후자의 민족주의에서는 중간계급이 그다지 힘을 갖지 못했으며, 그들이 수립한 시민적 제도들 역시 중앙과 귀족의 권위에 순종적이었다. 그들이 받아들인 민족 정체성은 소심한 것이었고, 자신감도 결여되어 있었다. 그 결과 혈연과 고대 기원에 더 의존하는 민족 정체성이 만들어졌고, 민족 또한 더 경직되고 배타적인 실체로 여겨졌다. 따라서 이 지역에서 융성한 민족주의 사상은 반동적이고 비합리적인 성격을 띠게 되었다.[2)]

혈연과 고대의 기원에 더 의존하는 민족 정체성을 바탕으로 한 이 후자의 민족주의는 필연적으로 '인종주의' 또는 '종족주의'로 나아가게

---

1) 한스 콘 저, 진덕규 역, 『민족주의시대』, 박영사, 1980, 16-17쪽 참조.

2) 앞의 책, 105-106쪽 참조.

되었고, 그 결과 마침내 인종주의가 학술적 논란으로 떠오르게 되었다. 프랑스의 외교관이자 고고학자였던 아더 드 고빈누는 1853년에 출간한 『인종불평등론』에서, 독일인 곧 아리아 인종의 우월성을 주장하며, 인종적 우수성만이 세계 인류의 존립을 보장할 수 있는 유일한 방법이라고 말했다. 아리아 인종과 다른 열등 인종 간의 결혼은 세계의 가장 훌륭한 인종의 종말을 가져오게 될 것이며, 진정한 운명은 오직 아리아 인종이 절대적인 위치를 차지하고 있는 지역에서만 가능하다고 주장하여[3], 반세기 후에 등장하는 히틀러를 예견한 셈이 되었다.

고빈누의 저서가 출간된 후 10년이 지난 1863년에 루이 졸리는 『민족의 원리』에서, 공통된 혈통에서 빚어지는 애증을 초월한 인종과 인종 간의 결합을 주장하는 이념은, 혈통에 의한 자연적인 애증의 인식 위에 기반을 둔 인종주의의 이념을 훨씬 능가한다고 주장했다. 그리고 이 세계에서 지도적인 위치를 차지하고 있는 국가들은 다양한 민족과 인종들로서 하나의 국가를 형성하였지만, 인종이나 민족의 성격은 거의 소멸되어 흔적조차 찾을 수 없게 되었다고 말했다.[4]

토크빌은 고빈누의 이념이 독일이라는 기름진 땅에 사악한 씨앗을 뿌리게 되리라고 비판적 예견을 제시했다. 유럽에서 오직 독일 사람들만이 현실적으로 어떠한 결과를 초래할 것인지에 대해서는 조금도 생각하지 않고, 막연히 추상적인 이념에 사로잡히는 천성적 기질을 가지고 있을 뿐만 아니라, 자기들의 이러한 이념을 밖으로 전파하려고 노력하며, 장차 프랑스에서도 그 여파가 미칠 것이라 우려했다. 토크빌의 예견은 적중하여, 고빈누의 이론을 지지하고 추종한 리하르트 바그너의 인종주의는 유대인에 초점을 맞추어, 유대인은 독일에서 창조적인 활동을 할 수 없으며, 결국은 외국인으로 존립하게 될 것이라고 생각했다.[5]

[3] 앞의 책, 38쪽.
[4] 앞의 책, 38쪽.
[5] 앞의 책, 41쪽.

프랑스 대혁명은 독립국의 지위에 관한 프랑스인의 감정을 극에 달하게 하고 프랑스인에게 자신감을 주었던 반면, 대혁명도 없고 나폴레옹의 회전會戰도 없었던 독일인들에게 그것은 그들의 분열과 정치적 후진성을 깨닫게 해주었다. 프랑스의 영광이 독일인에게는 긴급사태이고 비상사태가 되었을 뿐이었다. 프랑스인은 시민을 향해 나아갔지만, 독일인은 동포를 향해 뒷걸음쳤다.[6]

독일의 인종주의가 아리아 인종 지상주의로 심화되는 만큼이나 반대급부로, 유대인 인종 차별주의도 강화되어 가다가 마침내 히틀러에 와서 폭발했지만, 유대인에 대한 인종 차별의 역사는 꽤 길고 깊다. 유대인이 노예로 살았던 고대 이집트나 바빌로니아 시절은 제외하더라도, 고대 로마에서도 유대인은 배척되었는데 주로 그들의 종교와 포교 활동 때문이었다.

로마 시인 호라티우스는 유대인의 포교 욕망을 그의 시 구절에서 언급했다. "유대인들처럼, 우리[시인들]도 그대를 사람 많은 우리 편으로 강제로 끌어오리다." 철학자 세네카는 유대인들을 아예 몹쓸 인종으로 여겼다. "이 저주 받은 인종의 관습이 그토록 영향을 키운 결과 이제는 세상을 통틀어 이들의 관습을 받아들이지 않는 곳이 없다. 패자가 승자에게 법을 내린 꼴이다." 유대인을 전혀 좋아하지 않았던 타키투스는 유대교 개종에 대해 훨씬 더 신랄한 태도를 보였다. "많은 인종들 가운데 가장 미천한 자들, 그 신앙을 멸시받던 자들이 다른 인종들에게 공헌한 바와 선물을 내밀었다. 이런 방식을 통해 유대인들의 부가 늘어났다."[7]

로마 시대를 지나 중세에 들어와서도 유대인에 대한 차별과 혐오는 그치지 않았다. 그것은 주로 예수를 십자가에 매달아 죽인 유대인에

[6] 유진 카멘카, 「정치적 민족주의–이념의 전개」, 유진 카멘카 책임기획, 서울문학과 사회연구소 번역, 『민족주의』, 청하, 1986, 24쪽 참조.

[7] 슐로모 산드 지음, 김승완 옮김, 『만들어진 유대인』, 사월의책, 2021. 314쪽.

대한 기독교의 박해로 집중되었지만, 돈에 대한 유대인의 행태에 관련된 증오로도 표출되었다. 1596년에서 1598년 사이에 창작된 것으로 추정되는 희극 「베니스의 상인」에서, 셰익스피어는 유대인 사채업자/고리대금업자의 전형인 샤일록을 등장시켜, 유대인 고리대금업에 대한 당시의 만연된 혐오를 형상화했다. 이처럼 유대인에 대한 악감정은 선민의식에 바탕을 둔 유대교 신앙 및 포교 활동과, 이산離散된 땅에서 토지를 소유하지 못해 업으로 삼은 상업과 고리대금업에 초점이 맞추어져 있었다.

신앙의 확대와 부의 축적은 유대인의 생활에 기여하기도 했지만, 그들의 삶을 핍박케 하는 요인이 되기도 했다. 유대인에 대한 핍박이 가장 포괄적이고 집약적으로, 그리고 집요하게 이루어진 것은 주지하다시피 히틀러의 나치 이데올로기와 국가사회주의 체제에서다. 히틀러는 감옥에서 쓴 그 책에서, 독일 민족의 생존에 무거운 짐이 되는 것이 마르크스주의와 시온주의임을 밝혔고, 그것을 과거의 흑사병보다 더 악질적인 전염병으로, 정신적인 페스트로 규정했다.[8]

8) 아돌프 히틀러 지음, 황성모 옮김, 『나의 투쟁』, 동서문화사, 2013, 150쪽, 186쪽.

이러한 생각은 그를 열광적인 반유대주의자가 되게 했고, 1939년 1월 30일 국회 연설에서, 유럽과의 전쟁을 유럽 내에서 유대인의 절멸을 목표로 하는 것이라고 단언함으로써 실현의 단계로 들어서게 되었다. 그리고 자신의 국가사회주의에 대비되는 서유럽 민주주의를 마르크스주의의 선구라고 규정하고, 마르크스주의는 민주주의 없이는 작동할 수 없는 이데올로기로 규정했다. 그리고 의회주의와 대의제는 민주주의의 표현방식이고, 다수결은 그 표현방식의 하나로 채택된 것이라 여겼다.

그러니까 히틀러에게 유대인은 전염병 보균자이고, 거기서 나온 민주주의=마르크스주의=의회주의=대의제=다수결은, 다수=군중=바보

=비겁자의 사상이고 체제였다. 이는 자연의 귀족주의적 근본사상을 욕보이는 것이었다. 백 사람의 바보로부터는 한 사람의 현인도 태어나지 않고, 마찬가지로 백 사람의 비겁자로부터는 하나의 호탕한 결단도 나오지 않는다[9]고 했다.

그런데 유대인은 어떻게 독일 민족의 생존에 무거운 짐이 되고, 계속 정신적 페스트를 유럽에 퍼뜨려, 자연적인 사상과 체제와는 다른 세상이 되도록 만들었는가. 히틀러는 유대인의 생태와 행보를 순차적으로 파악하여 제시하면서, 자신의 얘기가 터무니없는 것이 아님을, 설득력을 갖추었음을 보여주고자 했다. 히틀러는 유대인의 생태와 행보를 9단계로 나누어 순차적으로 추적했다.

1) 맨 처음 정착지가 확정되면, 그와 동시에 유대인은 재빠르게 바로 거기에 와 있다. 그들은 상인으로 와서 아직 유대인이다.

2) 차츰 그들은 생산자로서가 아니고 중개인으로서 완만히 경제 활동을 시작한다. 그들은 1000년에 걸친 노련한 상인으로서, 서툴고 정직성을 가진 아리아 인종보다 훨씬 우세하다.

3) 유대인은 완전히 정착한다. 그들은 도시나 마을의 특수한 구역에 정착해서 차츰 국가 안에 국가를 형성한다. 상업과 금융업을 고유한 특권으로 생각하며 그것을 이용한다.

4) 금융업과 상업이 유대인의 독점물이 되어 버린다. 높은 이자는 반항을, 증대하는 뻔뻔스러움은 격노를, 부는 시기심을 초래한다. 대중은 그들의 실체를 알게 되고, 그들이 페스트와 같이 위험하다는 사실을 알아차린다.

5) 유대인은 자신의 본디 성격을 드러내기 시작한다. 아첨을 해서 정부에 접근하여 돈의 힘으로 그들을 움직인다. 그들은 희생자를 새로

[9] 앞의 책, 208쪽, 210쪽.

착취하기 위한 특허장을 확보한다.

6) 제후에게 다가가 특허장이나 특권을 요구하여, 재정적으로 곤란한 군주들에게 상응한 지불을 하지만, 얼마 안 되어 지출한 돈을 복리이자와 함께 거두어들인다. 그들은 불행한 국민의 육체에 달라붙은 진정한 흡혈충이다.

7) 유대인의 제후 농락은 제후를 퇴폐로까지 끌고 간다. 자기를 필수불가결한 존재로 만듦으로써 제후의 끊임없는 재정 곤란을 촉진한다. 제후는 백성에게서 더 많은 돈을 짜내어 백성을 죽음의 길로 내몬다. 이리하여 어느 궁정이나 궁정 유대인을 가지고 있다.

8) 지금까지 유대인이었던 유대인은 이제 자신을 변화시켜 독일인이 되려고 한다. 제후 세력이 흔들리기 시작하니, 새로 서야 할 발판을 찾아야 한다. 그들의 금융 지배를 유지하고 증대하기 위해서는 국가 시민권을 확보해야 한다.

9) 이리하여 궁정 유대인으로부터 서서히 국민 유대인으로 발전한다. 유대인은 지금까지 지은 죄를 보상하기 위해 자선가로 변장한다. 그러면서 주식이라는 간접 수단으로 국민 생산의 순환 과정에 스며들어, 기업체로부터 개인적 소유권의 기초를 빼앗는다. 그들은 경제적 영향력이 증권거래소를 통해 확대되어 가도록 하여, 공공기업의 국유화가 폐지되어 그들의 금융 지배에 종속될 때까지 국가를 흔들어댄다.[10]

10) 앞의 책, 440-458쪽 참조.

이와 같은 히틀러의 파악은, 아렌트가 유대인 중의 일부로 규정한 파르브뉘/벼락출세자의 행보, 상인에서 전당포업자, 고리대금업자, 게토의 대표자, 세금 징수원, 궁정 유대인, 은행업자, 금융업자로 승승장구한 유대인의 행보를 요약한 것이다. 이들은 돈과 높은 이자로 일반인의 시기와 미움을 샀고, 유대인 대중보다 우월한 의식을 가지고 있었으며, 체제의 편에 섰기 때문에 체제의 변화를 요구하는 계급이나 그룹의 적대감을 초래했다. 히틀러는 물론 유대인에 대한 연구 결과 중에서 자신에게 유리한 측면만을 발췌한 것이겠지만, 유대인에 대한 부분적 진실의 파악이 자리 잡고 있는 것도 사실이다.

특히 반유대주의 감정을 선동하고 선전하기에 적절한 부분에 치중한 측면이 많다. 히틀러에게 정치는 우매한 민중을 지도자가 끌고 가는 것이고, 지도자의 위대성은 지도자가 민중을 끌고 가는 능력과 기술로 판가름 난다. 민중의 주의력을 분열시키지 않고 유일한 적에 집중시켜 적에 대한 타격을 강화시키는 것이 지도자의 능력과 기술인데, 그 방법이 바로 선동과 선전이다.

선전과 선동은 지식층을 대상으로 하는 것이 아니라 대중을 상대로 행해지는 것이다. 그러므로 그 내용이 학술적 교화로 이루어져서는 안 된다. 선전은 광고지가 예술 자체일 필요가 없는 것과 같으므로, 전시회에 출품된 예술품의 대용품이 되어서는 안 되고, 대중에게 전시회의 취지에 대한 관념을 널리 전하는 것이어야 한다. 따라서 그 지적 수준은 선전이 목표로 하는 것 가운데 가장 낮은 정도의 사람이 알 수 있게 맞춰져야 한다.[11] 이는 히틀러 자신의 선동과 선전의 수준을 스스로 알게 하는 것이며, 모든 선동과 선전이 왜 그렇게 허접한지를 알게 하는 것이기도 하다.

그러나 이 선동과 선전의 지적 수준이 낮은 것은, 그것을 무시한다고 끝나는 것이 아니라는 데 문제가 있다. 이 선동과 선전이 실제로 현실에서 실현된다는 것이 문제인 것이다. 반유대주의 이데올로기뿐만 아니라 아리아 인종 지상주의에서도 이 낮은 지적 수준이 현실화되었다. 앞에서 본 추상적인 인종주의 이데올로기가 사이비 과학과 결합하면서

---

11) 앞의 책, 305-306쪽 참조.

생물학적 인종주의로 나아간 것이다. 이 사이비 과학 곧 골상학과 우생학으로 인종 간 우열을 정당화하고 순혈주의를 내세우게 되면서, 인종 청소 수준의 대학살의 계기를 마련해주게 된 것이다.

독일은 아리아 인종 순혈주의로 유대인을 학살했고, 규모는 적지만 이스라엘은 유대인 순혈주의로 팔레스타인인을 인종 청소한 바 있고, 지금도 학살을 멈추지 않고 있다. 그들은 진정한 과학 또는 생물학과 정반대의 길로 가는 것을 멈추지 않는다. 아주 오랜 옛날부터 족외혼이 왜 제도로서 굳어져 왔던가를 한번만이라도 생각해 보았다면 순혈주의가 얼마나 자연의 이치 또는 생물의 법칙과 동떨어진 것인지 알았을 것이다. 이로 미루어 보건대 순혈주의는 정치 이데올로기 차원에서 만들어졌을 가능성이 크다고 보아야 할 것이다.

동식물을 막론하고 서로 다른 변종 사이, 또는 변종은 같지만 계통을 달리하는 개체 사이의 교잡에서는, 힘과 번식력이 강한 자손이 태어난다는 것, 근친 사이의 동계교배에서는 힘과 번식력이 줄어든다는 것, 이러한 사실만으로도 모든 생물은 혈통을 영속시키기 위해 자가 수정을 하지 않는다는 것이 자연계의 일반법칙임을 믿게 하는 것들이다.[12]

12) 찰스 다윈 지음, 송철용 옮김, 『종의 기원』, 동서문화사, 2018, 112쪽.

앞에서 본 것과 같은 자연과 과학에서 벗어난 사이비 학술에 근거를 둔 히틀러의 아리아 인종 지상주의, 반유대주의, 국가사회주의, 그리고 전쟁을 통해 저지른 범죄는 널리 알려진 바 있다. 그러나 친절하게도 그의 범죄 목록을 작성하여 제시한 사람도 있다. 제바스티안 하프너가 바로 그 사람인데, 우리도 그를 따라 그 목록을 다시 살펴보는 것도 무의미하지는 않을 같다.

① 사회적 약자 근절: 영웅적 지도자, 귀족정치, 대중 이용 및 무시라는 그의 일관된 관념으로 보아 사회적 약자에 대한 배려를 기대한다

는 것은 어려울 것이다. 전쟁이 일어난 1939년 9월 1일, 히틀러는 독일 국내의 환자를 학살하라는 문서명령을 내렸다. 그로부터 2년 동안 약 10만 명의 독일인이 '쓸모없는 밥벌레'로서 살해되었다. 요양소 및 보호시설의 환자 7~8만 명, 선별된 강제수용소에 보내어진 환자와 신체장애자 1~2만 명, 정신병원에 입원하고 있는 유대인, 3~13세까지의 특수학교 학생 및 보호시설 원아 약 3,000명이었다.

② 집시 근절: 지배 질서에 통합되지 않고 떠돌아다니는 집시는 불안을 야기하는 존재였을 것이다. 불안 요소는 사전에 제거하는 것이 지배 질서에 유리했을 것이다. 1939년 9월부터 독일 국내에서 집시 근절 운동이 시작되었다. 일제히 체포되었다가 두 그룹으로 나뉘어 1941년과 1943년에 절멸수용소에 보내어졌다. 50만 명이 살해되었다고 추정되었다. 1939년 시점에 독일에서 살고 있었던 약 2만 5,000명의 집시 가운데 1945년까지 살아남은 사람은 5,000명 정도였다.

③ 폴란드 지도층, 교양층의 근절: 대중은 이용 가치라도 있지만, 지식인과 교양층은 그의 정치에 방해꾼이 될 뿐이다. 1939년 10월, 폴란드에서의 전투를 끝마치자 히틀러의 구두명령에 의해 5년 동안 폴란드의 신부, 대학교수, 언론인, 기업경영자 등의 지식인과 지도층이 희생되었다. 공식 발표에 의하면, 폴란드에서는 약 600만 명이 죽었다. 그 중 약 300만 명이 유대인, 전사한 폴란드인이 약 30만 명, 난민이 되어 죽은 자 및 자연사한 사람이 약 70만 명, 그 나머지가 200만 명이었다.

④ 러시아에서의 포로 학대와 대량 살육: 러시아의 슬라브인도 유대인과 마찬가지로 아리아 인종의 순혈에서 보면 마땅히 제거되어야 할 인종이다. 독일군은 2~3년 동안 러시아를 광범위하게 점령하면서, 러시아 주민과 러시아 지도층을 없애고, 국민의 인권을 예속화하고자 했

다. 1942년까지 약 4년에 걸친 전쟁의 처음 10개월 동안, 출동부대의 북방 A대는 25만 명, 중앙 B대는 7만 명, 남방 C대는 15만 명, 그리고 남방전선 D대는 9만 명을 처형했다고 보고했다.

⑤ 대량 학살 중 가장 처참했던 유대인 학살: 아리아 인종의 순혈을 위해, 금융업 지배와 시민권 획득으로 독일 국민경제를 위협하는 존재를 박멸하기 위해, 민주주의와 마르크스주의로 국가사회주의를 동요케 하는 위험을 막기 위해, 유대인은 절멸시켜야 할 중심적인 인종이다. 처음에는 1941년 중간부터 폴란드와 러시아의 유대인이 살해되었고, 1942년 초부터는 독일 및 독일 지배의 유럽 전역의 유대인이 희생되었다. 서쪽에서 동쪽까지 갈퀴로 긁어모으듯이 유대인이 연행되었다. 살해된 유대인 수는 적어도 400만 명 이상, 최대 추정치는 600만 명에 이르렀다.[13]

홀로코스트 실무 최고책임자였던 하인리히 힘러가 최초로 구상했고, 독일 외무성이 전쟁 발발 이전에 공식적으로 채택한 마다가스카르 방안은, 엑스레이를 이용해 모든 유대인 남성(다른 비독일계 민족과 더불어)을 대량으로 불임으로 만드는 것(단종斷種)이었다. 그러나 이 방안은 전쟁 발발과 함께 뒤쳐진 방안으로 치부되어, 대량 불임은 실행되지 못했다.[14] 그보다 훨씬 효율적인 방안, 곧 가스실로 보내는 방인이 채택되었다.

제노사이드 연구자들은 대량학살 방식을 시기적으로 원시적 학살과 문명적 학살로 구분했다. 원시적 학살은 희생자들을 대면하는 가운데 이루어지는 학살이다. 그에 비해 문명적 학살은 대상의 수집, 분류, 살해, 처리 등 모든 과정을 분업화된 공정처럼 다루었다. 기관사는 유럽 각 지역에서 절멸 대상을 절멸 수용소로 실어 나르기만 했고, 이발

13) 제바스티안 하프너, 「히틀러, 그는 누구인가」, 아도프 히틀러 지음, 황성모 옮김, 앞의 책, 44-45쪽 참조.

14) 한나 아렌트 지음, 홍원표 옮김, 『유대인 문제와 정치적 사유』, 한길사, 2022, 864-865쪽.

사는 가스실로 들어가기 전 머리카락만 잘랐고, 사진사는 그들의 마지막 얼굴을 필름에 담기만 했고, 독가스 담당자는 가스실이 사람들로 가득 차면 밸브 손잡이만 돌렸다.

머리를 깎고 가스실까지 들어가는 데 걸린 시간은 15분에서 20분밖에 걸리지 않았다. 분업화된 공장처럼 대량학살이 체계적이고도 정교하게 이루어졌다. 학살의 각 공정에 관여한 사람들은 자신이 직접 희생자들을 죽인 게 아니었기 때문에 아무런 죄책감도 트라우마도 없었다고 말했다. 희생자를 직접 보지 않고 대량 살해하는 현대전의 군인 소외나, 현대 산업사회에서 분업이 노동자의 소외를 초래하는 것과 다를 바 없다.[15]

히틀러의 이러한 유대인 학살을 두고, 독일의 패망 직후 카를 야스퍼스는 '우리는 살아 있다는 게 유죄다'라고 했고, 아도르노는 '아우슈비츠 이후에 시를 쓴다는 것은 야만적이다'라고 했는데, 지금 야스퍼스나 아도르노가 살아 있어, 이스라엘이 팔레스타인인에게 자행하는 것을 보면 무엇이라 말했을까. 빌리 브란트 전 수상은 희생자들의 영령 앞에 무릎을 꿇고 사죄했지만, 독일 국민의 약 40퍼센트가 전범 재판을 반대하고, 다른 40퍼센트는 이들에 대해서 아무것도 알고 싶어 하지 않는다는 여론 조사도 있다. 대중은 공동 혜택은 누려도 공동 책임은 지지 않으려는 속성이 있긴 하다.

독일의 히틀러와 군대가 이스라엘인에 대한 죄의식이 없었듯이, 이스라엘의 네타냐후나 군대 역시 팔레스타인인에 대한 죄의식을 찾아보기는 힘들 것 같다. 독일에게 받은 피해를 전범 재판과 사과를 통해 한풀이한 것이 부족해, 팔레스타인인에게 가해를 통해 보상받고자 하는 것일까. 그것은 아닐 것이다. 결론부터 말하면, 이스라엘과 독일은 유대인과 아리아인이라는 차이만 있을 뿐, 동일한 수준의 인종주의에

---

[15] 이상의 제노사이드에 대한 언급은, 김봉규, 〈사람아 사람아-제노사이드의 기억: 폴란드 ④〉, 《한겨레신문》, 2022. 3. 30 에서 가져왔음.

서 나온 쌍생아이기 때문이다.

이스라엘과 팔레스타인

앞의 현대 시온주의 1세대 중 한 사람인 테오도르 헤르츨은 1897년 제1차 시온주의의회를 개최해 세계시온주의기구를 창설했다. 또 한 사람인 베르나르 라자르는 행동위원회에 선출되었지만, 1898년 제2차 시온주의의회에 참석해 의원직을 사임하고, 1899년 시온주의기구와 결별했다. 행동위원회가 유대인 대중을 마치 무지한 어린이들 취급하며 그들에게 지시하는 것이 독재정권과 다를 바 없었기 때문이었다.

그러나 이보다 더 근본적인 두 사람의 차이는 반유대주의를 극복하는 방식의 차이였다. 헤르츨에게는 반유대주의가 미치지 않는 곳의 조국 건설이 해결책이었다면, 라자르에게는 반유대주의라는 적들에 대항하여 민족 혁명으로 스스로 해방되는 것이 해결책이었다.[16] 전자는 단기적이고 현실적으로 보이지만, 그 때문에 미해결된 많은 문제를 안게 되고, 후자는 장기적이고 이상적으로 보이지만, 근본 문제를 해결하여 후환을 없애고자 하는 방안으로 보인다.

유대인은 기본적으로 영토 없는 민족, 역사 없는 민족, 정치 없는 민족이었다. 헤르츨은 영토에 치중하여 민족 문제를 해결하려 했고, 라자르는 민족에 치중하여 영토 문제를 해결하려 했다. 그러나 이들을 뒤따르는 2세대, 3세대 시온주의는 어느 하나도 제대로 시원스럽게 해결하지 못하고, 각자의 길을 가거나, 문제를 착종시켜 해결을 어렵게 하고 말았다. 영토를 마련하려고 하면서 팔레스타인인을 고려하지 않았고, 역사를 마련하려고 하면서 신화를 역사로 만드는 수준에 그쳤으

16) 론 펠드만, 「파리아로서 한나 아렌트」, 한나 아렌트 지음, 홍원표 옮김, 앞의 책, 159-160쪽 참조.

며, 정치를 마련하려고 하면서 군사주의로 흘렀고, 민족을 통합하려고 하면서 인종/종족주의에 빠져 들었다. 이것이 현재 이스라엘의 모습이 되었다.

마르틴 부버, 아하드 하암, 바이츠만, 마그네스 등이 2세대를 대표하는 인물이고, 개척자 운동을 전개한 인물들이 3세대에 속한다. 세계시온주의기구는 서유럽을 대표한 마르틴 부버와 동유럽을 대표한 아하드 하암의 영향 아래 팔레스타인에서 실천 활동과 문화 활동에 집중할 것을 촉구했다.

바이츠만은 정치행위에 대한 실천적 개척 작업의 우위성을 원칙으로 강조했으며, 하암은 유대인의 정신적 발전을 촉진시키지만 인종적 동질성과 국민 주권을 필요로 하지 않는 문화 중심지를 팔레스타인에서 찾았다. 마그네스는 유대인 문제의 해결책으로 이중민족 국가를 주장했고, 아랍-이스라엘 전쟁 때는 이스라엘과 팔레스타인 국가 사이의 연방을 제안했다.

시온주의 2세대는 결국 문화적 시온주의와 정치적 시온주의로 대별할 수 있겠는데, 3세대는 앞의 세대와 또 다른 공동체주의로 명명할 수 있는 길을 간 것으로 보인다. 시온주의 3세대는 할루츠 운동과 키부츠 운동을 통해 새로운 가치를 확립하고자 했는데, 그것은 물질적 부·착취·부르주아 삶에 대한 멸시, 문화와 노동의 독특한 결합, 소규모 사회 내에서 사회적 정의의 엄격한 실현, 비옥한 토양·손을 이용한 노동에 대한 애정 어린 자긍심, 개인적 소유물에 대한 어떤 욕구도 갖지 않는 태도다.

이런 성과는 대단했지만, 주목할 만한 정치적 영향력은 없었다. 그들은 자신들의 이상을 실현할 수 있었던 소규모 모임 내에서 스스로 흡족해했다. 그들은 유대인 정치나 팔레스타인 정치에 별로 관심을 갖지 않았고, 종종 그것을 싫어했으며, 자기 민족의 운명을 의식하지 않았다. 이들 가운데 가장 훌륭한 사람은 정치에 관여해 손을 더럽힐까 두려워했다.[17]

이렇게 시온주의가 세대를 이어 내려가면서, 문화주의와 공동체주의가 정치적 관심에 소홀해지면서, 소수파였던 정치적 사온주의가 서서히 다수를 차지하는 역전이 일어났다. 정치적 시온주의는 1904년 헤르츨의 사망 이후, 헤르츨의 수준 높은 외교 모험의 실패를 감안하여 바이츠만의 실천적 시온주의로 전향했다가, 그마저도 실질적 성공을 거둘 수 없어 실천적 시온주의자들은 일반 시온주의자들이 됐다. 그들은 이산 상태에 있는 유대인을 위해 반유대주의에 대한 대답으로서 시온주의가 기여할 수 있는 것이 무엇인가를 찾아냈다. 반유대주의에 대응하는 최선의 대답은 '범유대주의'였다.[18]

범유대주의는 반유대주의의 반사적 대응이었다. 아리아 인종 지상주의의 반사인 유대인 인종 우월주의였다. 지난 날 고빈누가 그러했던 것처럼, 많은 이들이 뒤를 이어 유대인 우월주의 견해를 제시했다. 마르틴 부버도 민족주의 운동을 시작할 때는 유대 민중을 혈연 공동체로 묶어내기 위한 틀을 짠 주역의 한 명이었다. 그러나 궁극적으로는 종교적 휴머니즘으로 피의 종족적 요구를 극복했다고 평가받는다.

반면에 러시아계 유대인 블라디미르 제예프 야보틴스키는, 민족이란 인종집단(종족성)에서 생겨난 것이고, 인종집단의 생물학적 기원이 민중의 영혼(멘탈리티)을 형성한다고 보았다. 야보틴스키에게 인종은 언제나 과학적 개념이었다. 그는 비록 진정으로 순수한 인종은 없다고 해도, 이른바 인종적 조합 공식은 있다고 믿었다. 그래서 미래에는 혈액 검사나 내분비선 검사 등을 이용해 그러한 조합 공식에 따른 분류체

[17] 한나 아렌트 지음, 홍원표 옮김, 앞의 책, 48쪽, 715쪽.

[18] 앞의 책, 734쪽.

계를 세우는 것이 가능할 것이라고 주장하기도 했다.[19]

영국 출신 시온주의자인 레드클리프 네이션 살라만은 비록 유대인들이 순수한 인종이 아니라 해도, 그들이 여전히 뚜렷한 생물학적 독립체라는 사실에는 변함이 없다는 주장을 고수했다. 두개골 모양, 특징, 신체 지수 등을 통해 유대인을 구별할 수 있다는 점 외에도, 특징적인 신체적 외양에 상응하는 유대인만의 대립형질도 있다고 보았다. 20세기 우생학이 가져온 비극적 결과만 없었다면 그냥 웃어넘기고 말았을 것이지만, 우생학은 끔찍한 이데올로기적 도착 사태를 낳는 데 일조했으며, 유대 민중이 세운 국가의 생명과학 분야에는 살라만의 후예들이 너무 많았다.[20]

'선민의식'이나 '자기민족중심주의'는 모든 민족의 신화에 공통된 요소이기는 하다. 그러나 자기민족중심주의가 신화에서 벗어나 종교, 역사, 사이비 과학이 되어 정치이데올로기로 작동하면 문제가 달라진다. 그래서 이러한 유대인 인종 우월주의를 포함하여 인종론에 대한 반론이 끊임없이 제기되었지만, 정치적 이데올로기로 활용하려는 체제에게는 유용한 것이었다. 다만 그것이 그들이 생각했던 것보다 엄청난 결과를 초래하리라는 것을 예견하지는 못했을 뿐이다.

프랑스의 에르네스트 르낭은, 유대 인종이란 없으며, 전형적인 유대인 외양이란 것도 없다는 이야기를 반복했다. 기껏해야 자기 고립과 내부 결혼, 그리고 오랜 기간에 걸친 게토 생활 등의 결과로 특정한 유대인 유형들이 생겨났을 뿐이라고 주장했다. 고립된 사회생활이 그들의 행동과 인상에까지 영향을 준 것이며, 여기에 유전과 피는 아무 관계도 없다는 것이다.

체코계 오스트리아인으로서 독일에서 활동했던 카를 카우츠키는, 자본주의 시대의 과학이론 중 많은 것들이 지배계급의 독점과 착취를

19) 슐로모 산드 지음, 김승완 옮김, 앞의 책, 474-475쪽.

20) 앞의 책, 483-484쪽.

정당화하는 데 이용되었다고 보았다. 인종에 대한 새로운 관념도 식민주의적 확장 욕망과 손을 잡고 거대 열강의 야만적 힘을 정당화하는 데 동원되었을 뿐이었다. 반유대주의 주장이 과학적으로 가치가 없다면 유사한 추론으로, 그 주장에 반대하여 그것을 극복하고자 하는 시온주의자의 이데올로기 역시 과학적으로 가치가 없는 것이었다.[21]

그럼에도 불구하고 시오니즘 교육을 담당한 정치적 시온주의자들은 자기 민족의 종족적 특별함을 믿는 학생들을 수 세대에 걸쳐 길러냈다. 그 결과 그들 민족을 가스실로 보내 대량 학살한 국가사회주의 정당인 나치당이나 파시스트당과 흡사한 정당인 자유당/해방당(헤루투)이 신생 이스라엘 국가에서 등장하게 했다. 이 당은 팔레스타인 테러리스트, 우익 국수주의 단체의 회원 및 지지자로 구성되었다.[22] 이들의 후예가 바로 현재 이스라엘 권력을 장악하고 있는 우파 정당 리쿠드이다.

애초에 시온주의는 유대인 대중을 토대로 이루어진 것이 아니었다. 일부 지도자의 이념적 경향을 표현하는 것이었다. 이런 상황에서 정치적 시온주의는 문화적 시온주의와 공동체 시온주의가 엄두를 내지 못할 정도로 대중에 뿌리를 내리고 시온주의의 주류가 되었다. 그 와중에 유대인의 자랑으로 내세울 만한 인물들, 아렌트가 의식적인 파리아/국외자局外者로 규정한 인물들, 하인리히 하이네, 라헬 파른하겐, 숄렘 알라이헴, 베르나르 라자르, 프란츠 카프카, 발터 벤야민, 찰리 채플린 등으로 이어지는 유대인의 면면한 문화·예술적 전통은 망각되어 버렸다.

오히려 현실적으로 강력한 힘을 발휘한 세력은, 아렌트가 파르브뉘/벼락출세자로 규정한 자들이었다. 이들 중 가장 영향력이 있는 사람들은 로스차일드 가문 출신이었다. 이 가문은 국가의 채권자이며 대금업

21) 앞의 책, 487-490쪽 참조.

22) 앞의 책, 815쪽.

자로서 거의 모든 유럽 국가에게 대부를 한 배후의 투자 은행가로 변신했으며, 자신들이 긴밀하게 연대한 메테르니히 반동체제 덕택에 19세기 한참 때까지 특이한 권력 지위를 누렸다. 나폴레옹 전쟁 기간 중 영국이 동맹국에 제공한 대부금의 거의 절반, 약 2,000만 파운드가 로스차일드 가문의 수중을 거쳐 전달되었다.[23]

이는 나아가 제1차 세계대전 중인 1917년 11월 2일, 영국 외무장관 벨푸어가 대전 전비를 제공해준 로스차일드 가문에 편지를 보내, 그들의 통치령인 팔레스타인 땅에 '유대인을 위한 조국'을 건설하는 것을 호의를 가지고 살펴보겠으며, 그 목표 달성을 위해 최선의 노력을 할 것이라는 약속을 받아내는 데까지 이르게 되었다. 그러나 영국은 이미 그 전인 1915년 10월, 영국의 외교관 헨리 맥마흔이 후세인-맥마흔 서한을 통해, 전후 아랍인의 독립국가를 건설하는 것을 지지하기로 약속한 바 있었다.

23) 한나 아렌트 지음, 홍원표 옮김, 앞의 책, 316쪽.

이런 모순된 정책에도 불구하고, 이스라엘의 정치적 시온주의자들은 벨푸어 선언에 고무되어, 유대국가 건설에 집중하는데, 유대인 내에서 나온 이중민족국가 대안이나 국제연합이 제시한 두 국가 해결 방안을 심각하게 받아들이지 않았다. 심지어 스웨덴 왕족 외교관으로 제2차 세계대전 당시 협상을 통해 덴마크 유대인을 포함해 3만 1,000명을 테레지안슈타트 강제수용소에서 구해낸 베르나토테가, 국제연합 안전보장 이사회로부터 아랍-이스라엘 분쟁 중재자로 활동하다가, 1948년 9월 17일 예루살렘에서 시온주의 무장단체 레히(일명 슈테른)에게 암살당하는 사건이 발생하기도 했다.

현대의 다양한 시온주의는 이렇게 정치적 시온주의로 수렴되고, 정치적 시온주의는 직업적인 정치인들의 독점물이 되면서, 인종주의적 국수주의로 변질되어 갔다. 그들에게 벨푸어 선언이 나올 당시 팔레스타인 일대의 인구 60만 명 중 유대인은 10만 명을 밑돌았고, 나머지는 전부 아랍인이었다는 것, 유대인은 팔레스타인에 거주한 지 40년도 채 안 되지만, 아랍인은 돌 많은 사막을 옥토로 바꾸는 데 1500년이 걸렸다는 것 등은 고려 사항이 아니었다.

그들은 600만 명이 학살된 홀로코스트가 유대국가 건국의 정당성을 입증한다고 선언했지만, 그 권리는 팔레스타인 땅에 2,000년 간 살아 온 팔레스타인 사람들이 국가를 가질 권리와 충돌했다. 이스라엘이 반유대주의에 대응하며 시온주의를 강화해온 것처럼, 아랍인은 시온주의에 대항하며 '아랍 민족주의'를 강화해 왔다. 이제 아랍인의 요구와 유대인의 요구는 서로 용납할 수 없으며, 군사적 결정만이 그 해결의 수단이 되어 버렸다. 이것만이 현실이고 다른 모든 것은 우매한 감상적 의견에 불과하게 되었다.[24]

[24] 앞의 책, 777-778쪽 참조.

이스라엘의 이러한 일련의 정책은, 1944년 10월 애틀랜틱시티에서 개체된 세계시온주의기구의 정례회의에서 '분할되지 않고 축소되지 않은 팔레스타인 전체를 포괄해야 한다는…자유롭고 민주적인 유대 공동체'를 요구하는 결의안을 만장일치로 채택함으로써 발판을 마련했고, 1948년 5월 14일 건국 이후 중동 전역을 포괄하는 숱한 분쟁과 전쟁의 도화선이 되었다. 정치적 해결은 처음부터 배제된 채 군사적 해결만이 가능한 수단이었다.

이스라엘이 지금까지 벌인 전쟁은 열거하면, 1948년 독립전쟁(1차 중동전쟁), 1956년 시나이 전쟁(수에즈 위기, 2차 중동전쟁), 1967년 6일 전쟁(3차 중동전쟁), 1967~1970년 이집트와의 소모전, 1973년 욤키푸르 전쟁(4차 중동전쟁), 1982년 레바논 전쟁, 1987~1993년 1차 인티파다(팔레스타인 민중봉기), 2000~2005년 2차 인티파다, 2006

년 레바논 전쟁, 2008년 이후 가자전쟁(네 차례의 주요 전투 및 현재 본격적인 이스라엘-하마스전쟁) 등이다.

그러니까 이스라엘은 독립 이후 76년 동안 공식적으로 41년 동안 전쟁을 한 그야말로 전쟁국가다. 나머지 기간도 사실은 저강도 교전의 전쟁 기간이라 볼 수 있다. 이스라엘은 팔레스타인, 이집트, 요르단, 레바논, 시리아, 이라크, 이란, 예멘의 후티 반군과 전쟁을 하거나 무력 충돌했다. 그리고 이들과 전쟁을 치른 것에는 일정한 패턴이 있다. 이스라엘이 도발을 하고, 상대가 대응하면, 이스라엘이 그에 대한 자위권으로 전쟁을 벌이고, 서방은 이를 지지하는 패턴이다.

이에 힘입어 이스라엘 건국의 아버지 다비드 벤구리온 전 총리는, 세계유대인 총회 나훔 골드만 의장에게 다음과 같이 말한 적이 있다. "내가 아랍 지도자라면, 결코 이스라엘과 타협하지 않는다. 우리가 그들의 나라를 빼앗았다.····우리는 (고대) 이스라엘 출신이기는 하나, 2천 년 전이고, 그게 그들에게 뭐란 말인가? 반유대주의, 나치, 히틀러, 아우슈비츠가 있었지만, 그게 그들의 잘못인가? 그들이 보는 유일한 것은 우리가 지금 여기 왔고, 그들의 나라를 빼앗았다는 것이다. 왜 그들이 그것을 받아들여야만 하는가?"[25]

이는 중동 분쟁과 전쟁에서 정치적 해결이 이루어지지 않는 연유를 짐작케 하는 발언이라 하겠다. 1967년의 6일 전쟁(3차 중동전쟁)에서 이스라엘은 요르단 영토이던 요단강 '서안지구'와 이집트 영토이던 '가자지구'를 점령해 현재까지 점령 중이고, 가자지구에서는 아직도 전쟁 중이다. 이스라엘 포병장교로 1982년 레바논 전쟁에 참전한 바 있는 아론 브레크먼은 『6일 전쟁 50년의 점령』에서 이스라엘이 점령한 서안지구 및 가자지구, 골란 고원, 시나이 반도에서 어떤 야만과 파렴치가 벌어졌는지 고발했다. 그는 직접 목격한 이스라엘의 파렴치에 환멸을

25) 이상 이스라엘의 전쟁에 관한 언급은, 정의길, 〈세계 그리고-이스라엘과 네타냐후의 '자위권'에 돌을 던져라〉, 《한겨레신문》, 2024. 8. 13에서 가져옴.

느끼고 영국으로 망명했다.

1988년에 이스라엘의 존재를 인정한 팔레스타인은 옛 팔레스타인 영토 78%를 실질적으로 포기하면서 그 대신 남은 22%에는 이스라엘의 침입을 불허하기로 하며 양보를 했다. 다시 말해 현재 가자지구와 서안지구만을 자신들의 독립국가 영토로 요구한 것이다. 그러나 이스라엘은 이 지역에 이스라엘 주민 정착촌을 건설했다. 그 정착촌을 확대하여 이스라엘화하는 방법은, 마치 미국이 아메리카 인디언을 고사시키기 위해 황폐한 지역에 '인디언보호구역'을 설정한 것을 연상시킨다.

이스라엘은 오슬로 평화협정 등으로 팔레스타인 독립국가에 이 땅을 반환하겠다고 약속한 뒤에도 정착촌을 오히려 확대했다. 가자지구는 지하까지 외부와의 소통을 차단하는 육해공 봉쇄를 실시해 실질적 점령을 유지하고 있다.[26] 그래서 어떤 이는 전쟁 중인 현재의 가자지구를 '지붕 없는 감옥'이 '지붕 없는 지옥'으로 변했다는 묘사를 통해 그 끔찍한 광경을 전했다.

전쟁에 참전한 병사들은 어떤 심정일까. "병사들은 휴가를 얻어 처참하고 우울한 모습으로 집으로 돌아온다. 겉모습은 젊지만 정신은 황폐하고, 몸은 전쟁에 지쳐 망신창이가 된 상태였다.…'모든 기억들은 그냥 스쳐 가는 것에 지나지 않아요. 난 모든 것에 무감각해졌고, 신체적으로는 정상이지만 정신적 불구자가 된 것 같습니다.'…'당신들 민간인은 아무것도 할 수 없는 건가요? 40만 명 모인 시위 한 번이면 그것으로 끝인가요? 당신들이 할 일은 그게 전부인가요? 우리가 시체가 되어 관에 실려 오기만을 기다릴 건가요?'"[27]

이제 이러한 참전 병사의 항변을 듣는 것도 쉽지 않게 되었다. 하마스에 인질로 잡힌 이스라엘인의 가족을 제외하고는 반전 시위를 하는

26) 아론 브레커먼 지음, 정의길 서평: 〈6일 전쟁 50년의 점령〉, 《한겨레신문》, 2016. 3. 25 참조.

27) 노암 촘스키 지음, 유달승 옮김, 『숙명의 트라이앵글2』, 이후, 2001, 234-235쪽.

이스라엘인을 보기도 힘들어졌다. 오히려 80~90%의 이스라엘 유대인들은 가자 전쟁을 지지하고, 하마스 박멸을 주문하는 상태이기 때문이다. 전쟁은 통치를 편리하게 하고, 국민을 눈멀게 한다. 국민이 보는 것은 통치가 가리켜 보여주는 것뿐이다.

나치즘의 반유대주의는 유대인에 대한 분노를 집합적으로 승인받아 국민들을 조작하여 유대인을 학살했다.[28] 유대인의 시온주의는 나치즘의 반유대주의에 대한 반사작용으로서, 또는 동물의 세계에서 흔히 보이는 '공격성의 방향 전환', 곧 강자에게 공격당한 약자가 저보다 더 약한 자를 공격하여 보상받고자 하는 것으로서, 팔레스타인인에 대한 학살을 감행하는 것이다.

아리아 인종 우월주의: 열등한 유대인=유대인 우월주의: 열등한 아랍인 구도에서, 열등화가 악마화로 바뀌는 순간, 인종 차별은 인종 청소 곧 학살로 변하는 것이다. 18세에 이스라엘 방위군에 징집되어 욤키푸르 전쟁에 참전한 적이 있는 일란 파페는, 이스라엘이 팔레스타인에 자행한 전쟁 범죄와 참혹한 추방의 역사에 대한 지속적인 연구 활동으로, 살해 협박과 동료 교수들로부터 배척을 받다 영국 대학으로 자리를 옮겼다.

그가 2006년에 쓴 『팔레스타인 종족 청소-이스라엘의 탄생과 팔레스타인의 눈물』에는, 이스라엘의 건국 과정에서 작성된 마스터플랜에 따라 팔레스타인인의 종족 청소가 어떻게 진행되었는지를 상세하게 서술하고 있다. 그러니까 이스라엘의 건국은 평화로운 협정으로 이루어진 것도 아니고, 적지를 침략하고 정복하여 이루어진 것도 아니라는 것이다. 그것은 전쟁범죄에 해당하는 '제노사이드'(집단학살)의 바탕 위에서 이루어졌다는 것이다.[29]

이로 미루어 보면, 팔레스타인에서 유대인 우월주의는 건국 초기부

---

28) 테오도르 아도르노 · 막스 호르크하이머 지음, 김유동 옮김, 『계몽의 변증법』, 문학과지성사, 2001, 141쪽, 이종영 지음, 『내면성의 형식들』, 새물결, 2002, 270쪽 참조.

29) 알란 파페 지음, 유강은 옮김, 『팔레스타인 종족 청소』, 교육서가, 2024.

터 그 이후 내내 아랍인을 공격하는 기제로 충분히 역할을 다하고 있는 셈이다. 그러나 오늘날 극소수의 외부인만 이스라엘을 희생자로 본다. 진짜 희생자는 팔레스타인 사람들이라는 것이 널리 인정되는 바다. 팔레스타인 사람들이 유대인을 대신하여 박해받는 소수 민족, 공격에 취약하고 굴욕을 당하는 '나라 없는 소수 민족'의 유일한 상징이 되었다. 홀로코스트조차 더는 이스라엘의 행태를 변명하는 데 도움이 될 수 없는 것이 되었다.[30]

한때, 1993년 9월 미국의 중재로 팔레스타인 독립국가를 약속하는 오슬로 협정이 이츠하크 라빈 이스라엘 총리와 야세르 아라파트 팔레스타인해방기구 의장 사이에 체결된 적도 있었다. 그러나 가자와 서안에 팔레스타인 국가를 세운다는 오슬로 협정은, 라빈 총리가 1995년 극우파에게 암살당하면서 파기되었다. 결국 이스라엘과 협상했던 팔레스타인해빙기구는 서안지구에 국가가 아닌 자치정부를 구성했고, 이스라엘을 부정했던 하마스는 가자지구를 거점으로 이스라엘에 공격의 날을 세웠다.

'이슬람저항운동'의 아랍어 약칭인 하마스는 이스라엘에 반대하는 팔레스타인 민중봉기인 1차 인티파다가 발발한 1987년 12월에 공식 창립되었다. 이들의 기원인 팔레스타인 이슬람주의 세력은 1970년대에 팔레스타인 저항운동을 주도하던 좌파 아랍민족주의 세력인 팔레스타인해방기구를 견제하려는 이스라엘의 묵인과 간접 비호 속에서 성장했다. 이들은 무장투쟁뿐만 아니라 주민들에 대한 사회 복지사업으로 대중적 지지를 확보했다. 2006년 시행된 팔레스타인 입법부 총선에서 하마스가 압승하여, 자치정부와의 알력 끝에 2007년 6월 자치정부를 가자에서 추방하고 독점적 권력을 확보했다.

30) 토니 주트 지음, 조행복 옮김, 『재평가—잃어버린 20세기에 대한 성찰』, 열린책들, 2014, 372-374쪽 참조.

이스라엘은 이후 자신들을 인정하지 않는 하마스가 통치하고 있는 가자지구를 봉쇄하여, 두 세력은 4차례나 전쟁을 벌였다. 이 전쟁은 2006년 이후 지금까지 18년을 넘기고 있다. 하마스는 2017년, 이스라엘 영토를 포함한 팔레스타인 전역을 이슬람의 땅으로 규정하고, 이 땅에서 존재하는 유대국가를 부정하던 기존의 헌장을 바꾸어, 이전의 팔레스타인 영역인 가자지구, 서안지구, 동예루살렘에 임시 팔레스타인 국가를 수립하는 것을 공식 수용했다. 그러나 이러한 변화가 전쟁을 평화로 바꾸지는 못했다.[31]

이스라엘은 고강도와 저강도 전쟁을 병행하며 팔레스타인에 대한 공격을 멈추지 않을 것이고, 미국은 중동 석유를 비롯한 아랍 세력에 대한 전략적 자산으로서 이스라엘을 두둔하고 활용할 것이며, 아랍 세력은 종파와 체제를 달리하면서 단일대오를 형성하지는 못할 것이므로, 팔레스타인인이 평화로운 삶을 영위하기는 쉽지 않을 것이다.

이스라엘은 팔레스타인 저항세력과 전쟁을 벌이면서, 병사와 인질의 희생을 감수하면서, 전장을 각종 신무기 시험장으로 활용하여, 각종 신무기를 판매함으로써 막대한 이득을 취하고 있다. 이는 아랍지역에 둘러싸여 생긴 무역의 한계를 전쟁 특수로써 돌파하는 수단이 된다. 또한 네타냐후 같은 이에게 장기집권 야욕을 실현하는 수단으로서 전쟁만큼 좋은 수단은 없을 것이다.

가자에서 이스라엘이 전쟁을 효과적으로 치루는 방법으로 고안한 전략은 '잔디 깎기'로 일컬어진다. 이는 하마스를 팔레스타인 사회에서 뿌리 뽑을 수도, 정치적 해결도 불가능하다고 판단한 이스라엘의 전략이다. 웃자란 잔디를 주기적으로 깎는 것처럼, 가자지구를 통치하는 팔레스타인 무장정파 하마스를 주기적으로 때려서 약화시키고 억제하는 것이다. 이 전략에 따라 이스라엘은 17년 동안 가자지구로 들어가는

---

31) 이상 하마스에 대한 언급은, 정의길, 〈50년 만에 최대 공격 '하마스'는?〉, ≪한겨레신문≫, 2023. 10. 9에서 가져왔음.

물자를 철저히 통제하면서 주기적으로 공습과 포격을 가했다.

이번의 가자 전쟁은 여태까지와 달리 하마스의 기습 선제공격으로 시작되었다. 핵심 원인은 미국이 주도한 이스라엘-사우디의 수교협상이었다. 이 협상으로 아랍 세계 내에서 고립될 것을 우려한 하마스는 선제공격이라는 예외적이고 극단적인 선택을 하게 된 것이다.[32] 이스라엘은 2024년 7월 현재, 4만 명의 병력을 투입해 가자지구 주민 230만 명 가운데 80%를 난민으로 만들었고, 3만8천 명(민간인 70%)을 죽이고, 최소 7만 톤의 폭탄을 투하했다. 병원, 학교, 난민촌 등이 표적 공격을 받아, 가자지구 내 인프라는 당분간 회복할 수 없는 수준으로 파괴되었다. 살상과 파괴가 쉽게 회복되지 않는 만큼 팔레스타인 현상도 쉽게 평화로운 상태를 회복하기는 어려울 것으로 보인다.

[32] 정의길, 〈이스라엘-하마스 전쟁, 왜 격화했나〉, 〈이-하마스 전쟁 두 달〉, 《한겨레신문》, 2023. 10. 24, 2023. 12. 5 참조.

찾아보기

【 1 】
1848년 혁명 352, 353

【 6 】
68혁명 180

【 7 】
731부대 264, 270, 276, 277, 278, 279, 280

【 ㄱ 】
가다머 172
가자 427
가자 전쟁 402, 429
가자지구 392, 424, 425, 427, 428, 429
간디 115, 116, 118, 198, 199, 200, 226, 227, 236, 366
간소화 226
간접성 179, 180
간접화 170, 171, 214, 379
간토 대학살 264, 267, 276, 290
간토대지진 263, 264, 267
갈레아노 364
갈브레이드 173

감전사 323
감정이입 85
감통 121, 122, 123, 178
강덕상 267
개념화 233
개벽사상 125
개성화 74, 75
개인교 359
개인성 84
개인적 진리 180
개인주의 78, 90, 147, 359
개인화 84, 96, 310, 312, 317
개혁 88
개혁가 90
객관화 337
객체화 94, 96
갱도 59, 60, 61, 62, 63, 64, 65
걸익 30
게르첸 241, 243
게리 스나이더 217
겸애 21, 244, 245, 368, 369
겸재 41
경물 26
경신참변 289

경인 26
경제 시민 95
경제적 신민 95
경제적 자유주의 356, 357
경천 26
경천/경인/경물 121
계산적 사유 96, 374, 375
계산하는 사유 374
계시적 진리 180
계시종교 200
고갯길 204
고공농성 325
고공단보 27
고리대금업 409
고리키 153
고병권 372
고비 사막 219
고빈누 407, 419
고산 218
고속도로 213
고속철도 203, 213, 214
고유성 344
고전 비극 254, 258
고전적 자유주의 78, 95, 346, 351
고흐 61, 62, 63, 64, 236
골령골 283, 284
골령골 학살 283
골목길 203, 205, 206, 208, 211
골상학 413

공감 178, 179
공공화폐 340
공동사회 92
공동존재 85, 86, 87
공동체 시온주의 421
공동체적 진리 180, 181
공동체주의 419
공산주의 242
공자 20, 21, 22, 23, 24, 29, 30, 41, 150, 151, 175, 233, 234, 244, 245, 251, 330, 368
공화정 131, 347
과도자본주의 78
과로사 323
과학 239
곽희 39, 40
관념론 철학 356
관동군방역부 276
관동군방역수부 277
관례 102
관료제 75, 162, 163, 367, 375, 376, 377, 378, 379, 380
관자 149, 150
관중 330
광풍각 44
광한루원 43
괴테 101, 345
교자 340
구법의 길 218, 219

구체성 342
구티에레즈 118
국가사회주의 234, 409, 413, 415, 421
국가사회주의 독일노동자당 404
국가자본주의 398
국가주의 234, 235, 386, 391
국민 유대인 411
국수주의 422
국제형사재판소 391, 392
군담소설 131, 132
군민융합 401
군사주의 418
군사학 382
군산복합체 396, 400, 401
군산정관 복합체 161
군산정복합체 99, 397, 400
군산정의학 382
군산정의학 복합체 381, 387, 394, 400
군수산업 401
군주신 192
군주정 154, 163, 238
군주제 346, 347
굴원 30
궁정 유대인 411
권대운 339
권업회 286, 287, 288
귀향길 209
규격화 74, 77, 79
그람시 159, 232

그린스펀 334
그림자 67, 69, 70
극장의 이돌라 167
근로기준법 325
근본주의 177
금강지 219
금본위제 339, 340
금속화폐 337, 339, 340
금욕적 유형의 영성 115, 116
금욕주의 114
금융자본주의 361
금화 339, 340
급성백혈병 310
급진주의 353, 356
기계화 75, 378
기능적 지식인 232
기사소설 131, 139, 140, 142, 143
기찻길 213
길드 247, 248
김병연 220, 221
김석주 339
김시습 41, 153, 154, 220, 221
김육 338, 339
김인후 43
김정호 59
김좌진 287
김형효 123

【ㄴ】

나다니엘 호손 69
나로드니키/인민주의 242
나로드니키주의자 158
나르시시즘 79, 147, 359
나치 424
나치당 421
나치즘 426
나폴레옹 332, 333, 349, 408
나폴레옹 전쟁 422
난민 294, 297, 298, 299, 399, 414, 429
난징대학살 264, 270, 272, 273, 275, 276, 290
남효온 41
내면화 78, 84, 118, 140, 184, 228, 229, 231, 239
내부 망명자 89, 92
내부화 312
내성외왕 233
내전 281, 294, 298, 299, 300, 390
네루 176, 185, 186, 231, 240
네일 120
네타냐후 392, 416, 428
노다 다케시 272
노자 23, 27, 32, 33, 37, 41, 45, 49, 181, 183, 241, 392
논리학 174
뉴턴 339
능동적-실용적 유형의 영성 117, 118

능산적 자연 184, 185
니스벳 37, 42
니체 56, 66, 226, 238, 345
니코스 카잔차키스 70
닐스 보어 173

【ㄷ】

다비드 벤구리온 424
다신교 190, 191, 192
다신론 190, 192
다원주의 94
다윈 102
단순화 171, 242
단일신화 126
답전부 30
대동사회 122, 233, 234, 241, 243, 244, 245
대량학살 268
대상화 184
대승불교 119, 121, 123
대아 111
대안화폐 340
대외전 390
대의민주주의 369, 374, 379
대의제 367, 369, 370, 371, 372, 373, 374, 380, 409
대자적 민중 155
대중 148, 156, 157, 161, 164, 354, 359, 379, 412, 413, 414

찾아보기 433

대중민주주의 356, 358
대중서사 131
대참사 313
대처 363
대표제 370, 372, 373
대표제 민주주의 370
대한독립군 287
대한독립군단 287
대항이데올로기 229, 231, 235, 236, 239,
　　　　　240, 241, 350, 352
덩샤오핑 401
데리다 24, 118, 123, 124, 198, 199, 226,
　　　　234, 372
데모크리토스 108
데이터교 201, 326
데카르트 66, 168, 216
도고부대 276, 277
도광양회 401
도구적 이성 104, 169, 176
도덕종교 201
도스토예프스키 70, 71
도연명 32, 37, 43, 44, 240
독립적인 지식인 162
돈키호테 133, 139, 140, 141, 142, 143,
　　　　144, 145
동물성 101, 102, 104, 108
동중서 22, 23, 35
동질화 75
동학 25, 125, 248

동혈의 이돌라 167
동화 88
동화주의 404
두보 38
둘레길 204
들뢰즈 49, 87
들판길 203, 205, 206, 208, 211
등극식 128
등급화 163
등질화 75, 77
디스토피아 32, 97, 98, 249
디오니소스 축제 252, 254
디지털 78
디지털화 79, 80
디트리히 본회퍼 118, 196, 199
딜타이 175, 176
뚝방길 203, 205, 207, 211

【ㄹ】

라빈 427
라에르티우스 108
라이언 250
라인홀트 메스너 55, 211
라자르 404, 417, 421
라즈니쉬 116
라헬 파른하겐 421
러셀 202, 385, 389
러시아 혁명 180
런시먼 372

434

레닌 247
레드클리프 네이선 살라만 420
레비나스 72, 73, 118, 165
레이건 363
레이먼드 윌리엄스 88, 141, 258
레이먼드 윌리엄즈
로버트 윌슨 274
로버트 파크 84
로베스피에르 358
로스차일드 가문 332, 333, 421, 422
로스차일드 메이어 332
롤랑 바르트 196
루소 234, 370
루시앙 골드만 71
무신 40, 207
루이 졸리 407
루즈벨트 397
루카치 86, 96, 147, 169, 256
류영모 72, 115, 199
르네 지라르 137, 140, 141
르완다 대학살 281
르페브르 78, 80
리비도/이드 67
리어왕 258
리언한 273
리얼리즘 180
리얼리티 229
리오 라이언 249
리쾨르 72, 165, 195, 249

리쿠드 421
리하르트 바그너 407

【ㅁ】

마그네스 418
마녀 264
마녀 사냥 194, 269
마다가스카르 방안 415
마르셀 프루스트 216
마르코스 364
마르쿠제 234
마르크스 96, 230, 231, 232, 240, 247, 341, 377

마쓰이 이와네 275
마틴 루터 킹 118
만하임 160, 161, 230, 231, 232, 233, 239, 240
말 142
망명자 88, 89, 90
매슈 아놀드 155
매클루언 160
맥베드 258
맹자 20, 21, 22, 23, 24, 150, 245, 330
메디치 가문 331, 332
메르켈 299
메를로-퐁티 66
메탄올 309
멜빌 69

찾아보기 435

멩겔레　270

모더니즘　146, 147, 180

모리무라 세이이치　277, 278

모병제　386

모세　126

모어　151, 158, 241, 243, 335

목적론　17

목적인　183

몽테뉴　108, 111, 225, 226, 251

무경칠서　382

무사유성　405

무신론　193

무왕　19, 20, 21, 22, 29

무위당 장일순　164

무위이화　25

무위자연　23

무카이 아키토시　272

무한자　72, 73, 118

무함마드 다이프　392

묵자　21, 22, 24, 244, 245, 368

문명적 학살　415

문서주의　376

문송면　306

문왕　19, 21

문자　142

문화적 시온주의　418, 421

문화주의　419

물길　202, 208, 209, 211, 214

물상화　378

물신　183, 197, 201

물자체　170, 175, 214

물질적 상상력　47

물품화폐　337, 338, 340

물화　96

뮤어　45, 187, 188, 189

미르　241, 242, 243

미륵신앙　246

미륵하생　246

미슐레　152, 153, 240

미클로시 니슬리　270

미타신앙　246

민간화폐　340

민영화　357, 363

민족주의　347, 406, 419

민주정　131

민주주의　78, 94, 95, 351, 352, 354, 355, 356, 357, 358, 359, 360, 361, 362, 363, 369, 370, 372, 373, 378, 379, 380, 393, 409, 415

민중　148, 149, 150, 151, 152, 153, 154, 155, 156, 157, 158, 161, 164, 240, 246, 264, 265, 349, 350, 352, 362, 364, 412

민중/대중　156

밀스　236, 396, 400

【ㅂ】

바다 57, 58, 70
바디우 180, 181
바람길 209, 215
바보제 254
바쇼 220, 221, 222
바슐라르 46, 48, 55
바이츠만 418, 419
박목월 51
박세당 178
박애 244
박인근 302
반역자 88, 89, 90
반유대주의 404, 405, 412, 413, 417, 419, 421, 423, 424, 426
발주 321
방관자 181
방사능 누출사고 311
방산 334
방위산업 381, 400, 401
방자 133, 134, 135, 139
방자형 소설 135, 136, 137, 139, 146
백규 329
백린탄 402
백혈병 310
뱃길 203, 208, 209, 211, 215
번지 30
범보수주의 348
범신론 188, 190, 192, 196

범유대주의 419
범주화 171
법가 368
베네데토 크로체 383
베르그송 178, 179
베르나토테 422
베르자예프 226, 345
베르톨트 브레히트 257
베른트 하인리히 49, 109
베버 172, 374, 377, 378, 380
베이컨 166, 167, 168, 176, 383
베트남 전쟁 385, 386, 387, 388, 390
벤야민 136, 421
벨푸어 422
벨푸어 선언 422
변신론 236
변증법 123, 124, 344
변태 109, 110, 111
보수주의 348, 349, 350, 351, 352, 353, 356, 361
보트린 274
보편종교 200, 201
보헤미안 88
보헨스키 171
복수 노조 325, 363
복합체 400
본심 122
볼셰비즘 358
볼테르 375

봉선의식 18, 20, 232
봉화길 209, 215
부랑자 88, 90
부르주아 351
부르주아지 346, 347, 354, 406
부버 242, 243, 418, 419
부수적 피해 391
부채화폐 340
북로군정서 287
분업화 96
불공 220
불멸자 181
불화 88
불확정성 원리 173
브레턴우즈협정 340
비공 21, 244
비극 252, 253, 254, 255, 256, 257, 258, 259, 391
비노바 바베 116
비스마르크 361
비약 244
비의적 영성 114
비인간화 96, 378
비장미 255
비참 252, 259, 260, 281, 285, 286, 290, 294, 297, 299, 300, 303, 316, 321
비통 252, 259
비트겐슈타인 168

비평 88
비평가 88, 90
빌리 브란트 416

【ㅅ】
사념 122
사랑 179, 180, 369
사르트르 85, 86, 87, 385, 386
사마법 382
사마천 19, 27, 28, 237, 329
사막 217
사모펀드 341
사무엘 베케트 147
사물화 96
사상가 159
사실적 진리 173, 174
사영화 357
사용성 342
사유화 336
사이비 과학 412, 413, 420
사인여천 26
사티아그라하 366
사파티스타 민족 해방군 364
사할린의용대 287
사회민주주의 94, 356, 358
사회비극 258
사회신 192
사회운동 372
사회적 이성 176

사회주의 94, 95, 231, 232, 242, 243, 249, 287, 336, 347, 351, 352, 353, 356, 357, 361, 362, 377, 378
사회학 174
사회화 84, 85, 96, 312
산길 203, 204, 205, 208, 211
산수시 37, 38
산수화 39, 40
산업안전법 313
산업안전보호법 312
산업재해 312, 314, 317, 322
산업화 242
산재 사망 321
산재 사망률 322
산초 133, 141, 142, 144, 145
산토카 220, 222
산해경 241, 328
살가두 186
삼균주의 125, 354
삼략 382
삼민주의 354
삼신산 241
삼차원 76, 77
상동 22, 246, 368, 369
상보성 원리 173
상앙 329
상의하달 367, 368, 369, 379
상존화 316

상징화 129, 130
상퀼로트 247, 346, 347, 351
상평통보 339
상하이파 287
생디칼리즘 357
생물학적 인종주의 413
생텍쥐페리 181, 222
샤일록 409
서사극 257
서사무가 127
서안지구 424, 427, 428
석가모니 124
선감학원 300, 301
선로 213
선민의식 420
선지후행 123, 159, 175, 177
선험적 타인 87
설정 전략 264
성격 비극 258
성인 257
성인식 83, 102
성자 257
세계시민주의 347
세계화 362, 364, 365
세네카 195, 408
세르반테스 139, 141
세속적 영성 114
세이센세이 222
세인 85, 86, 156, 157

찾아보기 439

셰익스피어 69, 331, 409
셰익스피어의 비극 258
셸드레이크 114, 119
소강사회 244
소동파 38, 44, 49
소로 45, 48, 59, 105, 186, 187, 188, 189, 198
소산적 자연 184, 185, 186
소상팔경 39
소쇄원 43, 44
소아 111
소외 96
소크라테스 168, 198, 204, 253
소태산 박중빈 125
소포클레스 258
소환제 374
속담 142, 143, 144, 145
속물 88
속행 295, 296
손자 329
손자병법 382
송광사 44
송순 43
송적 39
숄렘 알라이헴 421
수성 102, 124, 327
수피즘 116
숙고하는 사유 374
숙의 민주주의 373

순례길 210, 216
순수 이성 168
순자 22, 23
순혈주의 413
숨은 신 72, 73, 112, 196, 198, 199
숭고미 255
슈바이처 71
슈티르너 91
슘페터 357, 378, 379
스보보드니 287
스와데시 366
스와라지 366
스콧 니어링 238, 394
스탈린 234, 288, 391
스탈린주의 358
스티븐 컨스 400
스피노자 45, 66, 178, 183, 184, 190
시골길 223
시리아 내전 298
시모마토 마사키 278
시몬 베유 195, 196, 199
시민운동 371, 373, 374
시선 86, 87
시에예스 370
시오니즘 243, 421
시온주의 404, 409, 417, 418, 419, 421, 422, 423, 426
시장 자유주의 357, 358, 359
시장의 이돌라 167

시장이데올로기 238
시종 133, 139
시종 소설(기사소설) 146
시진핑 401
시천주 25, 26
신국 245, 246
신동엽 248
신민 88
신보수주의 358, 361
신비적 유형의 영성 116
신성 111, 112, 210, 327
신성화 129, 233
신소설 127
신영복 154, 155
신용화폐 340
신유물론 26, 119, 121
신자본주의 78, 95, 357
신자유주의 78, 80, 95, 238, 313, 351,
　　　　　355, 357, 358, 360, 361, 362,
　　　　　363, 364, 365, 366, 377, 398
신작로 203, 206, 212, 213
신정국가 201
신정사회 98
신정정치 98, 99
신정주의 177
신체의 연장물 103
신화적 사유 374
실습생 305, 306
실습현장 304

실제성 342
실존성 79, 80
실존적 진리 15, 35
실존적 체험 85, 113
실천적 시온주의 419
심층수 57
십자군 전쟁 194, 268, 269
싯다르타 260, 261, 262
쑨원 354
쑹훙빙 396, 397
쓰네이시 게이이치 277, 278

【ㅇ】
아나키스트 91, 357
아나키스트적인 지식인 164
아나키즘 90, 91, 357
아낙시만드로스 72
아니마 67, 69
아니무스 67, 69
아더 드 고빈누 407
아도르노 84, 168, 176, 198, 259, 416
아동노동 307, 308
아랍 민족주의 423
아렌트 103, 384, 405, 411, 421
아론 브레크먼 424
아리스토텔레스 235, 253, 254
아리아 인종 순혈주의 413
아리아 인종 우월주의 426
아리아 인종 지상주의 405, 408, 412, 413,

419
아마디스 데 가울라　140, 141, 142
아사카노미야 야스히코　275
아서 밀러　258
아서 폰손비　385
아스팔트길　203
아우슈비츠　424
아이젠하워　396
아이히만　405
아인슈타인　385
아틀란티스　241
아프가니스탄 전쟁　399, 400
아하드 하암　418
아힘사　227
악마화　426
안수길　289
안영　330
안자　330
안정성　342
안축　42
알라존　146
알론조 키하나　145
알튀세르　238, 239
알프레드 드레퓌스　404
암호화폐　340
애덤 스미스　237, 238
앨런 위닝턴　283
야마다　274
야보틴스키　419

야세르 아라파트　427
야스퍼스　416
야흐야 신와르　392
양명학　119, 121, 123, 159, 178
양산보　43
양지　122, 178, 179
양천　26
양천주　26
어용노조　325
언어철학　174
에고이즘　91
에드먼드 버크　348
에르네스트 르낭　420
에리히 프롬　376
에릭 호퍼　48
에릭 홉스봄　386
에머슨　45, 189
에스퀼로스　197, 258
에우리피데스　258
에이론　146
에코사이드　187
에크하르트　116, 169, 195
엘리트　148, 157, 158, 159, 160, 161, 240, 249, 338, 349, 359, 361, 379, 400
엘리트주의자　161
여불위　31
역동적 상상력　47, 48, 54
역사적 이성　176

역학조사　310
연기법적 사유　124
열등화　426
영생　113
영성　46, 102, 108, 109, 110, 111, 112, 113,
　　　　114, 116, 118, 119, 121, 123, 124,
　　　　125, 189, 327
영성적 사유　125
영웅담　127, 128
영웅서사　128, 129, 131, 133, 135
영웅서사시　131
영웅소설　127
영웅신화　126, 127, 128, 129, 130, 131,
　　　　132, 146
영웅의 일생　127, 128
예수　71, 126, 199, 408
예언적-비판적 형식의 영성　118
옛길　203, 204, 205, 212
오구라 기조　123
오대양 사건　97
오델로　258
오르테가 이 가세트　140
오마르 알바시르　391
오솔길　203, 207, 208, 211, 223
오슬로 평화협정　425
오슬로 협정　427
오웰　61, 64, 65, 357, 393
오이디푸스　129
오자　329

오자병법　382
오충공　265
오토 랭크　126, 128
옥쇄파업　325
올레길　204
왕권신수설　232
왕도　122
왕수인　177, 178, 179
왕안석　158
왕양명　122
왕유　38, 39, 42
왕충　23
외부화　362
외재화　78, 119
외주　321
외주화　310, 312, 314, 362
외화　96
요아브 갈란트　392
욘 라베　274
욤키푸르 전쟁　426
용화세계　246
우르바누스 2세　193
우생학　413
우주산　17
우크라이나 전쟁　398, 399, 401, 402
우키시마호　291, 292, 293
우화　136, 137
우화 소설　139
우화각　44

우화소설 136
운동적 과정 객체론 120, 121
운명 비극 258
운조루 44
울료자 382, 383
워즈워스 220, 223
원불교 125, 248
원시적 학살 415
원진레이온 308
원청 314, 323
원효 119, 121, 123, 124, 125, 178
월남전 389
월러스틴 95, 357, 377
위고 152, 155, 352, 371
윌리엄 하비 212
윌헬미 274
유대인 순혈주의 413
유대인 우월주의 426
유대인 인종 우월주의 419, 420
유대인 인종 차별주의 408
유마힐 117
유신론 191
유아론 15
유일무이성 179, 180
유일신 192, 196
유일신교 194
유일자 91, 92
유종원 38
유토피아 32, 97, 98, 162, 229, 231, 233, 235, 239, 240, 241, 243, 245, 246, 247, 249, 250
유한 표면 77
유협 37
육도 382
윤휴 178
융 67, 68, 226
융합체 400
융화 124
은자 29, 30
은폐화 317
은화 339
의식적인 파리아/국외자 421
의회주의 409
이규보 39
이념형 172
이념화 181
이데아 166, 167, 233
이데아론 166, 167
이데올로기 75, 93, 97, 148, 199, 228, 229, 230, 231, 232, 233, 234, 235, 236, 237, 238, 239, 240, 250, 257, 259, 348, 349, 350, 351, 352, 356, 357, 370, 380, 409, 412, 413
이돌라 167
이돌라론 166, 167
이드 67
이르쿠츠파 287

이몽룡 133, 134
이백 37, 38
이븐 와라크 193
이상국가 233, 243, 253
이상적인 지식인 160
이상화 223
이색 41
이성종교 200, 201
이세종 115
이숙영 310
이스라엘 98, 242, 268, 391, 392, 402, 405, 413, 416, 418, 421, 422, 423, 424, 425, 426, 427, 428, 429
이스라엘인 425
이스마일 하니야 392
이슬람저항운동 427
이시이 시로 276
이신론 72
이와네 275
이원론 123, 124, 132, 176
이원론적 신앙 63, 64
이원화 98, 160, 235, 236
이위공문대 382, 383
이이 42
이익사회 92
이인로 39
이재설 23
이제현 39

이차원 77
이츠하크 라빈 427
이타주의 91
이현보 42
이황 41, 42
익사 323
인간성 101, 102, 103
인격 344, 345
인격성 101, 102
인격신 190, 193, 196, 198
인격적 자존성 344
인내천 26, 248
인류세 186
인민사원 97, 249, 250
인상파 180
인생길 202
인성 101, 102, 108, 109, 111, 124, 327
인식론적 진리 175
인식적 진리 15, 35, 166, 167, 168, 169, 173, 174, 175, 179, 180, 184
인식적 차원 85
인욕 24, 25, 102, 123, 177
인종 청소 269, 413, 426
인종/종족주의 418
인종주의 406, 407, 408, 412, 416
인즉천 26
인지혁명 130
인티파다 427
인후암 311

일란 파폐 426
일반화 359
일신교 190, 192, 193
일신론 191, 192, 193
일원론 123, 124, 132
일원론적 신앙 63
일원화 98
일차원 76, 77, 78
임춘 338
입센 258
입체파 180

【 ㅈ 】
자갈길 203
자기 68
자기민족중심주의 420
자동차 도로 213
자동화 76, 96
자라 138, 139
자로 29, 30
자발적 망명자 89, 92
자발적 복종 228, 231
자본교 328, 335
자본세 186
자본주의자 91
자살률 324
자살자 324
자아 67, 68, 69
자연시 38, 39

자연신 193, 196
자유당/해방당(헤루투) 421
자유롭게 부동하는 지식인 160, 231, 233
자유롭게 유동하는 지식인 161, 164
자유민주주의 94, 238, 354, 355, 356, 358
자유시 참변 287
자유주의 94, 95, 238, 245, 347, 348, 350, 351, 352, 353, 354, 355, 356, 357, 358, 359, 360, 361
자존성 344
자치정부 427
잔도 204
잔디 깎기 428
잔여 344
장 칼뱅 332
장성 274
장소 25
장소 체험 15, 25
장인 55
장자 168, 217, 224, 226, 260
장저 30
재레드 다이아몬드 105, 368
저화 338
전문가 159, 160, 350, 351, 352, 353, 355, 395
전미총기협회 395
전선기자 387, 388, 390, 391
전원시 37, 38

전유 78, 255
전자 330
전쟁신 192
전쟁의 경제학 395
전쟁의 사회학 394
전쟁의 정치학 395
전쟁화 384
전체주의 75, 78, 131, 156, 358, 359, 376, 391
접 248
정교화 173
정당성 381
정당화 129, 130, 228, 230, 232, 234, 236, 239, 345
정도전 30
정보고속도로 215
정비석 38
정산 송규 125
정선 39, 40
정적 객체론 120
정제두 179
정착촌 425
정찬 266
정체성 정치 373, 374
정치 관객화 374
정치 소비 374
정치 시민 95
정치의 팬덤화 373, 374
정치이데올로기 420

정치적 사유 374
정치적 시민 95
정치적 시온주의 418, 419, 421, 422
정치적 시온주의자 422
정치적 이데올로기 420
정치적 자유주의 356
제1원자력발전소 310
제1원전 311
제3신분 346, 347, 348
제노사이드 187, 259, 268, 269, 282, 415
제도화 93, 130
제로 차원 79
제로 차원화 78
제바스티안 하프너 413
제시 싱어 312
제월당 44
제의학파 128
제임스 러브록 35
제임스 뷰캐넌 357
제임스 스콧 128
제임스 조지 프레이저 300
제천의식 18, 20
조광조 43, 158
조동일 127
조셉 캠벨 126
조셉 콘래드 300
조소앙 125, 354
조수옥 33
조식 41

찾아보기 447

조연　133, 134, 146
조제프 드 메스트르　348
조지 스타이너　256, 258
조직적 지식인　159
존 뮤어
존 스튜어트 밀　371
존 키건　387
존재론적 진리　169
존재적 차원　85
종교인류학　300
종교적 사유　374
종교적 영성　114
종족 청소　426
종족의 이돌라　167
종족주의　406
주공　19, 20, 29
주동적 인물　133, 134
주몽　129
주몽신화　127
주술적 사유　374
주연　133, 134, 146, 147
주자　330
주체화　74, 75
주희　21, 24, 25, 42, 102, 123, 175, 177, 178, 179
중대재해처벌법　312, 322, 323
즈나니에츠키　88
즉위식　128
즉자적 민중　155

증산교　248
지각장　87
지도자 민주정치　380
지멜　218, 341, 345
지방도　204
지배이데올로기　246, 328
지성인　159
지식기사　160, 161
지식의 장　120
지식인　148, 149, 157, 158, 159, 160, 161, 164, 231, 232, 233, 240, 245, 414
지양　344
지인　22
지젝　259
지폐　340
지하수도로　60
지하철도　203
지행합일　123, 159, 177, 179
직관　178
직업병　308, 310
직업정치가　380
직업정치가 민주정치　380
직접 민주주의　373, 379
직접성　179, 180
진리 사건　180, 181
진리 이념　181
진원　60, 65, 66
진화론　239

짐 존스 249, 250
집강소 91, 97, 162, 248
집속탄 402
징병제 386

【 ㅊ 】
차연 124
찰리 채플린 421
참사 311, 312, 313, 314, 316, 323, 325
참여자 181
창조론 239
창조신화 126
창조자 88
창조적 지식인 159, 232
책 142
처칠 397
천년왕국 245, 246
천도 21, 22, 23, 24
천론 22, 23
천리 24, 25, 102, 123, 177
천명 18, 19, 20, 21, 22, 24, 233, 368
천명사상 20, 232, 233
천명의식 20
천원지방 44, 337
천의 21, 24
천인감응 23, 35
천주교정의구현전국사제단 119
천지 21, 22, 24
천지창조 신화 16

철도 212, 213
철로 213
철인왕 233
철학적 사유 374
체험적 진리 175, 176, 179, 180, 184
초월성 342
초자아 67
촘스키 160, 365
최시형 26, 118, 121, 125
최장집 372
최재형 286, 287
최제우 25, 125
최치원 41
최흥종 115
추락사 323
추론적 진리 174
추상성 179, 342, 344
추상화 170, 171, 172, 180, 341, 342, 344
추포 338
춘향 134
춘향전 135
친애 21, 244

【 ㅋ 】
카를 슈미트 384
카를 카우츠키 420
칸트 45, 101, 102, 103, 168, 170, 175, 199, 200, 201, 383
칼 힐티 101

칼라일 345

캄파넬라 241, 243

캉유웨이 25, 245

컨스 400

케인스 334

코뮌 162, 240, 247, 248

코시모 데 메디치 332

쿠오 202

크리스나무르티 116

크리스티나 로세티 209

클라우제비츠 381

클로드 마조릭 250

키르케고르 71, 73

키부츠 241, 242, 243

키부츠 운동 418

【 ㅌ 】

타키투스 408

탄쓰퉁 25

탈레반 399, 400

탈무드 331

탈피 109, 110, 111

태양의 나라 241

테네시 윌리엄스 258

테리 이글턴 258

테오도르 모노 211

테오도르 헤르츨 404, 417

토끼 137, 138

토끼전 136, 137

토마스 88

토마스 쿤 173

토미 브리지스 394

토인비 94, 154, 163

토크빌 407

톨스토이 153, 236

통과의례 54

통신길 209

통제사회 78

통합전쟁시스템 394

투명화 78

투치족 281, 282

티아나의 아폴로니오스 224

【 ㅍ 】

파르메니데스 169

파르브뉘/벼락출세자 411, 421

파리코뮌 91, 97, 247, 248

파블로 네루다 59, 66

파스칼 209

파시스트당 421

파시즘 354, 358, 379

파올로 제르바우도 362

파워 엘리트 161

파웰 277, 278

팔레스타인 98, 391, 405, 413, 418, 422, 423, 424, 425, 426, 427, 428, 429

팔레스타인 민중봉기 427

팔레스타인인 243, 416, 417, 426
팔레스타인해방기구 427
패러다임 173
페르디난트 퇴니스 92
페르조나 67, 68, 226
평준화 75
포 248
포스트모더니즘 146, 147
포스트휴머니즘 26, 119, 121
포월 109, 111
포이어바흐 190, 200
표면화 76, 78
표상 170, 214
표준화 74, 77, 79, 344, 376
표층수 57
푸틴 391, 401
풍경시 38, 39, 40
풍경화 39, 40, 41, 42
풍자 135, 136, 139, 146
프라유드 파유토 118
프란시스 포드 코폴라 300
프란츠 카프카 378, 421
프랑스 대혁명 346, 352, 405, 408
프랑스 혁명 180, 247, 348, 349, 350, 358, 370
프로이트 67, 102, 389
프롤레타리아 231
프리드먼 357, 362
플라톤 166, 167, 233, 234, 235, 243, 253

피노체트 363
피에르 부르디외 285

【ㅎ】

하늘길 215
하디시즘 116
하라리 195, 326
하마스 391, 425, 426, 427, 428, 429
하버마스 84, 176
하수도 59, 60
하암 418
하워드 진 385, 386
하의상달 367, 368, 369
하이데거 50, 85, 86, 87, 116, 156, 165, 169, 170, 185, 195, 198, 218, 256, 316, 326, 374
하이에크 357, 362
하이젠베르크 173
하인 88
하인리히 4세 193
하인리히 하이네 421
하인리히 힘러 415
하청 314
한계상황 54, 86
한국전쟁 282, 283, 284
한비자 330
한스 작스 343
한완상 155
한종선 303

할런 카터 395

할루츠 운동 418

합리성 344

합리적 사유 374

합리화 216, 230, 232, 236, 344

합법성 381

합법화 93

항상성 342

해석학 172

해체적 사유 123, 124

해혼 115

햄릿 258

행복교 78

행전 338

행정적 지식인 159, 232

향단 135

허균 154

허만하 51

허위 욕망 140

허위의식 75, 159, 230, 231, 235, 236, 393

허적 339

허행 31, 32

헤겔 91, 96, 383

헤르츨 417, 419

헤센 332, 333

헨리 맥마흔 422

헨리 밀러 216

혁명가 88, 89, 90

현실 민주주의 95

현실 사회주의 95, 360

현자 27, 30, 150, 224, 225

현장 218, 219

현장실습 304, 305, 306

현장실습생 305

협애 244

협착사 323

형제복지원 300, 302, 303

형태적 상상력 47, 52, 54

혜초 219

호라티우스 408

호르크하이머 84, 176, 198

호수 58, 59

홀로코스트 415, 423, 427

홉스 91, 234, 237, 336, 369, 370, 372

홍대용 33, 108

홍범도 287

화이트헤드 384, 389

화쟁 123, 124, 125

황석영 52, 55, 389, 393

황유미 310

회의론 94, 257

회통 121, 123, 124, 125, 178

획일화 74, 77, 344, 376

횔덜린 169

후설 85, 168, 177

후세인-맥마흔 서한 422

후직 28, 129

후쿠시마 310, 311

후쿠야마 360

후쿠이 아츠시 272

후투족 281, 282

희극 254

희생양 264, 267

희생양 전략 264

희화화 134

히사오 275

히틀러 234, 331, 358, 374, 397, 404,
         408, 409, 410, 411, 412, 413,
         414, 416, 424

책 속을 걷다 3—대비적 사유에 기대어

1판 1쇄 · 2025년 4월 25일

지은이 · 하창수
펴낸이 · 서정원
펴낸곳 · 도서출판 전망
주　소 · 부산광역시 중구 해관로 55(중앙동3가)
우편번호 · 48931
전　화 · 051-466-2006
팩　스 · 051-441-4445
출판 등록 제1992-000005호
ⓒ 하창수 KOREA
값 24,000원

ISBN 978-89-7973-647-2
jmw441@hanmail.net

*저자와의 협의에 의해 인지를 생략합니다.
*이 책 내용의 전부 또는 일부를 재사용하려면 저작권자와 도서출판 전망 양측의 동의를 받아야 합니다.